商业秘密案例解析与合规指南

庞力衡　董树涛◎编著

知识产权出版社
全国百佳图书出版单位
—北京—

图书在版编目（CIP）数据

商业秘密案例解析与合规指南/庞力衡，董树涛编著. —北京：知识产权出版社，2024.3
ISBN 978-7-5130-8997-5

Ⅰ.①商… Ⅱ.①庞…②董… Ⅲ.①商业秘密—保密法—研究—中国 Ⅳ.①D923.404

中国国家版本馆CIP数据核字（2023）第235572号

责任编辑：高　超　　　　　　　　　　责任校对：谷　洋
封面设计：王洪卫　　　　　　　　　　责任印制：刘译文

商业秘密案例解析与合规指南
庞力衡　董树涛◎编著

出版发行：	知识产权出版社有限责任公司	网　址：	http://www.ipph.cn
社　址：	北京市海淀区气象路50号院	邮　编：	100081
责编电话：	010-82000860转8383	责编邮箱：	morninghere@126.com
发行电话：	010-82000860转8101/8102	发行传真：	010-82000893/82005070/82000270
印　刷：	三河市国英印务有限公司	经　销：	新华书店、各大网上书店及相关专业书店
开　本：	787mm×1092mm　1/16	印　张：	20.25
版　次：	2024年3月第1版	印　次：	2024年3月第1次印刷
字　数：	380千字	定　价：	128.00元
ISBN 978-7-5130-8997-5			

出版权专有　侵权必究
如有印装质量问题，本社负责调换。

序　言

　　商业秘密，作为一类特殊的知识产权，是一项重要的民事权利，更是企业最重要的无形资产。

　　近三十年来，我国通过逐步完善科学立法、规范行政执法、加强司法保护、强化法制宣传教育等手段，已经形成了体系较为完整、保护较为有力的商业秘密法律保护体系。与此同时，随着工业和信息化的不断融合，企业的商业信息数据化、数据信息化、信息智能化的趋势不断发展，市场竞争环境不断变化，企业商业秘密的管理和保护面临更新、更大的挑战。2019年《中华人民共和国反不正当竞争法》关于举证责任附条件转移到被告的新规定以及2020年一系列商业秘密相关司法解释的出台，经营者之间的商业秘密权属争议、侵权纠纷以及与此有关的技术合同争议、劳动争议、专利权属争议、专利侵权纠纷等各类知识产权纠纷依然普遍存在。很多企业发现在依法成功维权后，侵权行为依然持续。商业秘密失密、泄密及侵权行为发现难、举证难、维权难、损失认定难，依然是学者、公检法机关、律师和广大企业的共识和困惑。

　　由此，笔者发现：企业维权难，其根源不在于商业秘密法律保护制度不完善以及法律规则不够清晰，而在于商业秘密权属争议、侵权纠纷案例公开的信息有限，公检法机关和社会公众，无法全面、准确地了解商业秘密的内容及其认定规则、保密措施的合理性及有效性认定规则、侵权事实的脉络和认定标准，尤其难以洞察涉案企业在经营管理中存在的问题及其可能引发相关法律风险、管理风险及经营风险的具体原因。尤其很多案例中披露的法律规则相互矛盾、难以理解并运用。企业对商业秘密内容的识别、风险识别、管理措施等往往经不起诉讼的检验。因此，商业秘密法律保护规则，在企业日常经营管理过程中失灵了。很多企业因为失泄密及侵权行为遭受了特别重大损失，仍然不自知，或者明知失泄密事实和侵权行为也无可奈何。

　　基于此，《商业秘密案例解析与合规指南》应运而生。本书主要面向企业从事科技管理、知识产权管理、法律合规业务人员以及知识产权律师。笔者基于在大型国企多年从事知识产权管理、信息安全管理的工作经验，结合参与处理商业秘密侵权刑事、民事诉讼的经验,以及后续从事商业秘密管理咨询与法律服务的经验,通过对商业秘密侵权案例要点的解析,结合法院视角和笔者的研究与思考,分析企业商业秘密全流程管理与保护的经验。

首先,笔者简要梳理了商业秘密法律保护制度的演进与司法保护的规则,方便读者基于案发当时的法律规则出发考察案件事实、解读确权和侵权认定规则;其次,笔者基于科技管理一线的工作经验,解读法律法规演进所引发的商业秘密内容范畴、载体形式、保密措施的新要求,思考企业涉密人员参与商业秘密产生、固化、流转、运用过程中的授权方式、接触方式、运用方式以及各类管理措施的相应变化,思考企业发生失泄密事件以及相应预防的策略;最后,笔者基于参与科研、生产、运营和诉讼等全业务、全流程的经验,更多从企业经营的全局出发系统地策划、构建以及实施更加积极、科学、可行的管理措施甚至给出管理指引或者部分模板供读者参考,而非单纯从有限的案例经验中被动地提出拼图式、防御性的管理建议。

总之,商业秘密的法律保护,固然是企业管理商业秘密资产并形成核心竞争力的必要前提;更重要的是,企业商业秘密合规管理,才是企业确认商业秘密权利、保护商业秘密资产、赋能企业创新发展的重要保障。

笔者希望,各位读者通过阅读本书,可以系统地理解和运用商业秘密的法律规则,从而可以帮助企业更好地实现商业秘密的合规管理,促进广大企业创新发展、基业长青,以及共同构建规范有序的市场竞争秩序。

董树涛
二〇二四年一月写于牡丹园

目 录

第一篇　商业秘密的认定　001

第一章　商业秘密的法律保护规则 … 003
　一、我国现行商业秘密立法及其演进 … 003
　二、我国已经形成了体系较为完整、保护有力的商业秘密法律保护体系 … 005
　三、中国商业秘密法律保护的基本框架 … 007

第二章　商业秘密及构成要件 … 009
　一、商业秘密的词源 … 009
　二、商业秘密法定构成要件 … 010
　三、商业秘密认定案例解析 … 012

第三章　涉密信息合规管理指南 … 065
　一、涉密信息的保护要求 … 065
　二、涉密信息的分级与分类 … 066
　三、涉密信息合规示例 … 067
　四、涉密信息管理制度示例 … 071

第二篇　涉密人员与保密组织　077

第四章　保密义务与涉密人员 … 079
　一、保密义务 … 079

二、竞业禁止与竞业限制 ·· 080
　　三、人员招聘与雇佣的保密注意事项 ···································· 081
　　四、脱密期的设置 ·· 082
　　五、企业保密组织 ·· 083
　　六、涉密人员与保密组织案例解析 ······································ 083
第五章　涉密人员与保密组织合规指南 ······································ 122
　　一、保密组织机构 ·· 122
　　二、涉密人员的分级 ··· 123
　　三、反舞弊 ·· 123
　　四、保密培训与保密文化 ··· 124
　　五、涉密人员与保密组织合规示例 ······································ 125

第三篇　保密措施的实施　　131

第六章　保密措施的认定 ·· 133
　　一、法律规定的保密措施 ··· 133
　　二、技术的法律保护方式选择 ··· 134
　　三、技术秘密的表现形式及非公知性的认定 ························· 136
　　四、商业并购保密 ·· 137
　　五、保密措施案例解析 ·· 140
第七章　保密措施合规指南 ··· 185
　　一、商业秘密的保护必须结合技术防范措施 ························· 185
　　二、现有内网安全产品和技术分析 ····································· 186
　　三、反窃密技术 ··· 187
　　四、保密措施合规管理制度示例 ·· 189

第四篇　行政与刑事合规　　197

第八章　行政与刑事商业秘密规则 ·· 199
　　一、商业秘密行政法律依据和救济要点 ······························· 199
　　二、商业秘密刑事法律依据 ·· 199

第九章　刑事合规 ··· 204
　　一、最高检建议企业刑事合规 ··································· 204
　　二、企业刑事合规进程 ··· 204
　　三、侵犯商业秘密犯罪刑事合规风险防范 ······················· 206
　　四、行政与刑事案例解析 ······································· 206

第十章　商业秘密合规 ··· 256
　　一、ISO 37301 合规管理体系 ··································· 256
　　二、国资企业合规管理 ··· 258
　　三、合规体系搭建及认证基本程序 ······························ 259
　　四、商业秘密合规计划书 ······································· 260

第五篇　泄密危机管理　263

第十一章　商业秘密的救济方式 ····································· 265
　　一、救济方式 ··· 265
　　二、商业秘密侵权赔偿数额的确定 ······························ 266
　　三、商业秘密司法鉴定 ··· 268
　　四、诉讼程序中商业秘密保护 ··································· 270
　　五、泄密危机管理案例解析 ····································· 271

第十二章　泄密危机管理合规 ······································· 309
　　一、泄密危机管理 ··· 309
　　二、商业秘密合规风险管理 ····································· 310
　　三、泄密危机合规管理 ··· 312

后　记 ··· 316

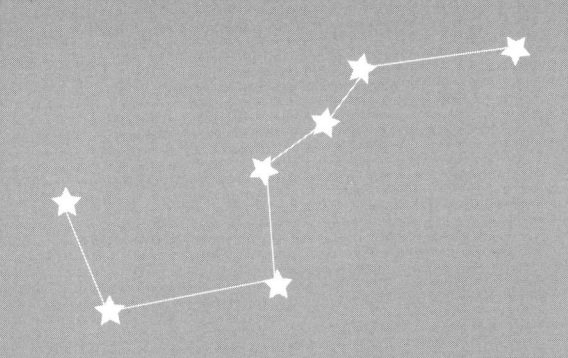

第一篇
商业秘密的认定

第一章　商业秘密的法律保护规则

商业秘密是一类特殊的知识产权，也是一项重要的民事权利。

商业秘密，是市场经济发展的产物。随着经济全球化的发展，各国政府、跨国公司和本土企业越来越重视商业秘密，并利用法律保护商业秘密以实现其商业目的。二十年来，欧美国家和中国商业秘密法律体系发展迅速。

正如世界银行发布的《2020年营商环境报告》中所体现的，过去的两年中，全世界见证了中国营商环境的逐步优化。其中，中国对商业秘密的尊重和保护、对良好的竞争秩序和创新环境的维护与提升，无疑是衡量营商环境的重要指标。我国正在通过逐步完善立法、规范行政执法、加强司法保护等手段，着力提升市场竞争者及社会各界对商业秘密的认知及其法律保护的价值。尽管如此，近年来中国企业在全球范围内，仍频频受到关于侵犯知识产权、窃取商业秘密的指控，甚至有部分企业因此被"扼住了咽喉"，其中折射出的合规问题不容小觑。同时，外商投资企业对于商业秘密受到侵犯，也有诸多抱怨，甚至上升到了国家层面，中美贸易中的商业秘密保护是一个焦点问题。

一、我国现行商业秘密立法及其演进

改革开放以来，我国社会主义市场经济和法治建设取得了巨大成就。我国对商业秘密的法律保护，随着改革开放不断深入、市场经济不断发展以及经济全球化进程不断演进，为企业创新发展、参与市场竞争以及构建规范有序的市场竞争秩序，而逐步发展并完善。

我国现有商业秘密立法源于1985年5月24日国务院颁布的《中华人民共和国技术引进合同管理条例》，该法率先明确以"专有技术"对技术秘密进行保护。1986年颁布的《中华人民共和国民法通则》第一百一十八条以"其他科技成果权"的字样间接涵盖了对商业秘密中专有技术/秘密的保护。在当时没有其他商业秘密立法的情况下，司法实践中常援引此条作为专有技术进行保护的法律依据。1987年，第一部由全国人大常委会制定的涉及技术秘密保护的法律《中华人民共和国技术合同法》问世，该法第一次明确了"非专利技术"与"专利技术"的并列地位。第七条明文规定了对"非专利技术成果"的保密要求；第三十九条明文规定了转让合同的转让方和受让方对"非专利技术"的保密义务；第十五条将"技术情报和资料的保密"列为技术合同的必备条款；以及第四十一条明确了"非专利技术"受让方泄密的赔偿责任。1989年国务院颁布了《中华人民共和国技术合同法实施条例》。与此同时，国务院及其相关部委还针对科技人员频繁流动的现实出台了保守技术秘密的一系列规定。例如，1986年国务院发出的《关于促进科技人员合理流动的通知》规定，科技人员离职时不得带走原单位的技术秘密，不得泄露国家机密或者侵犯原单位技术权益；1988年国家科委制定的《关于科技人员业余兼职若干问题的意见》对科技人员兼职导致技术秘密的泄露作出了原则性规定。市场经济对商业秘密的法律保护需求日益增多。1991年的《中华人民共和国民事诉讼法》（以下简称《民事诉讼法》）第一百二十条规定了"涉及商业秘密的案件，当事人申请不公开审理的，可以不公开审理"。这是新中国历史上第一次正式提出和规定了"商业秘密"，继而1992年7月14日最高人民法院《关于适用〈中华人民共和国民事诉讼法〉若干问题的意见》第一次对商业秘密的外延作了解释："民事诉讼法第66条、第120条所指的商业秘密主要指技术秘密、商业情报及信息等，如生产工艺、配方、贸易联系、购销渠道等当事人不愿公开的商业秘密。"虽然《民事诉讼法》及其司法解释只是商业秘密诉讼中的一些程序性规定，但对社会各界强化对商业秘密的认识，以及后续立法和司法作了必要的铺垫。

随着我国市场经济体制的逐步建立和知识经济的迅猛发展，商业秘密作为一种鼓励市场主体创新、赢得竞争优势并塑造市场竞争格局的重要手段的观念被人们日益接受，市场迫切需要通过立法加强对企业商业秘密的法律保护。1993年《中华人民共和国反不正当竞争法》（以下简称《反不正当竞争法》）应运而生。该法的颁布具有划时代的意义，标志着我国商业秘密保护制度的确立。1995年国家工商总局发布了《关于禁止侵犯商业秘密行为的若干规定》，大部分省、自治区、直辖市也以条例、实施办法的立法形式对《反不正当竞争法》中关于商业秘密的条款作出了具体化的解释。商业秘密第一次在劳动法领域的规定见于1994年通过的《中华人民共和国劳动法》（以下简称《劳动法》），该法对劳动关系中涉及的商业秘密作出了原则性规定。1997年国家经贸委办公厅公布的《关于加强国有企业商业秘密保护工作的通知》，明确规定了商业秘密的定义、范围，以及国有企业保护商业秘密应采取的措施和手段。同年，我国《中华人民共和国刑法》（以下简称《刑法》）第一次将侵犯商业秘密情节严重的行为规定为犯罪，即侵犯商业秘密罪。1999年在三大合同法的基础上，我国重新制定了《中华人民共和国合同法》（以下简称《合同法》），吸收了涉外经济合同法、技术合同法和经济合同法有关商业秘密保护的相关规定，对合同的附随义务、技术合同当事人的保密义务等都进行了规定。随后颁布的一系列法律法规，例如，《中华人民共和国个人独资企业法》《中华人民共和国海关法》《中华人民共和国对外贸易法》《中华人民共和国证券法》《中华人民共和国反垄断法》《中华人民共和国劳动合同法》（以下简称《劳动合同法》）等均对依职权或业务之便知悉他人商业秘密的行为主体设定了保守商业秘密的义务。在完善国内商业秘密立法的同时，我国还签署和缔结了一些国际条约和双边或多边条约。例如，《巴黎公约》《与贸易有关的知识产权协议》（以下简称 TRIPS 协议）、中美延长和修改两国政府科学技术合作协定达成的协议、中美关于保护知识产权的谅解备忘录，等等，这些都有商业秘密保护的相关规定。

二、我国已经形成了体系较为完整、保护有力的商业秘密法律保护体系

我国目前的商业秘密法律保护的特点为：以《反不正当竞争法》为核心，以《中华人民共和国宪法》（以下简称《宪法》）为根基，以《中华人民共和国民法典》（以下简称《民法典》）《中华人民共和国刑法》（以下简称《刑法》）为前提，以《民事诉讼法》《中华人民共和国刑事诉讼法》为手段，以《中华人民共和国促进科技成果转化法》等法律、《中华人民共和国技术进出口管理条例》《中华人民共和国技术引进合同管理条例》等行政法规和《最高人民法院关于审理不正当竞争民事案件应用法律若干问题的解释》等司法解释为补充。具体来说，我国《宪法》第十三条规定，公民的合法的私有财产不受侵犯，这是商业秘密权利的基础；在实体法中，《民法典》第一百二十三条规定，民事主体享有的知识产权权利中包括商业秘密；在刑事法律方面，目前主要是通过《刑法》第二百一十九条规定的"侵犯商业秘密罪"来提供刑事救济；在程序上，民诉法规定了商业秘密案件可以不公开审理、证据不得在公开开庭时出示等商业秘密案件程序保障。可以说，目前我国已经初步形成了较为体系化的商业秘密保护法律法规制度。

2019 年 4 月 23 日，我国对 2017 年修订的《反不正当竞争法》再次进行了修正。本次修正主要集中于商业秘密部分，修正的内容具体如下。

第一，在第九条第一款第一项关于通过不正当手段获取商业秘密的行为方式中，与 2017 年修订的相比，明确增加了"电子侵入方式"。这是基于多年来商业秘密侵权案件中常见的侵权行为的总结，在电子侵入方式与破坏计算机系统或者其他侵权行为可能存在竞合的情况下，将有利于市场经营者及利害关系人对商业秘密侵权行为的性质认定。

第二，第九条第一款增加一项关于教唆侵权、帮助侵权的规定，即"教

唆、引诱、帮助他人违反保密义务或者违反权利人有关保守商业秘密的要求，获取、披露、使用或者允许他人使用权利人的商业秘密"。

第三，第九条增加一款除经营者外其他主体侵犯商业秘密的规定，即"经营者以外的其他自然人、法人和非法人组织实施前款所列违法行为的，视为侵犯商业秘密"。

第四，第九条关于商业秘密的描述性定义，扩展了商业秘密的范围："本法所称的商业秘密，是指不为公众所知悉、具有商业价值并经权利人采取相应保密措施的技术信息、经营信息等商业信息。"此次修订在"技术信息、经营信息"后面增加一个"等"字且用"商业信息"作为上位概念，但又不对其进行具体描述和界定，显然该表述将会使"商业秘密"具有更为灵活和广阔的解释空间，即"商业信息"除了经营信息、技术信息这两部分传统的内容，还有更多的其他各种商业信息。当然，可能也给大家带来更多的模糊认识。因为按多年来的常规理解，秘密分为国家秘密、（企业）商业秘密及保密商业信息。此次扩展商业秘密信息的内容的范围，在保密商务信息是否属于商业秘密方面，将会带来更多解释的空间及相应的更多争议。

第五，第三十二条增加了关于商业秘密侵权纠纷民事审判程序中，关于举证责任附条件转移的条款，这无疑大大降低了权利人举证的难度，有利于权利人维权。这是此次修正最重大、最亮眼、最有意义的修正，大大增加了商业秘密法律保护力度。首先，在侵犯商业秘密的民事审判程序中，只要商业秘密权利人提供了初步证据证明其已经对其所主张的商业秘密采取了保密措施，且合理表明商业秘密被侵犯，则涉嫌侵权人应当证明权利人所主张的商业秘密不属于法律规定的商业秘密。一般而言，权利人证明其主张的商业秘密信息不为公众所知悉时，证明消极事实相对困难而且无法穷尽各种行业公众可能获取或者知悉涉案商业信息的途径或者方式。其次，法律不再强求权利人必须提交充足的证据证明其采取的保密措施足够合理从而具有"保密性"，也无须举证证明其所主张的商业信息是否具有"价值性"。最后，商业秘密权利人提供初步证据合理表明商业秘密被侵犯，且提供以下证据之一的，则涉嫌侵权人应当证明其不存在侵犯商业秘密的行为：①有证据表明涉嫌侵权人有渠道或者机会获取商业秘密，且其使用的信息与该商业秘密实质上相同；②有证据表明商业秘密已经被涉嫌侵权人披露、使用或者有被披露、使用的风险；③有其他证据表明商业秘密被涉嫌侵权人侵犯。这一规定极大地减轻了商业秘密权利人的举证负担。在修法前的商业秘密民事侵权诉讼中，原告往往因为发现侵权行为、取得侵权行为的证据尤其使用行为的证据，导致其主张密点往往靠猜测涉嫌侵权方可能获取的商业秘密的内容及其范围、可能使用了哪些商业秘密以及可能如何修改或者改进后使用了涉案商业秘密，相应地，原告也就无法证明涉嫌侵权方的"侵权行为"给原告带来了多少损失或者涉嫌侵权方的"非法获利"的部分事实证据和计算方法。可见，经过以上修订，我国的商业秘密的法律保护体系更加完善、保护力度得以加强，为保护商业秘密权利人的合法权益提供了更大的保护空间。

鉴于各类智力活动成果自始即商业秘密，专利权、著作权、集成电路布图设计专有权、动植物新品种甚至商标权等各类知识产权的保护客体在获得相关组织授权之前，往往都是企业或者各市场主体的商业秘密。因此，此次修正，将激发越来越多的权利人依法维护自身的合法权益，进一步改善我国的市场竞争秩序，对更好地保护创新热情、创新成果，促进经济社会良性发展注入一剂强心针和安装了加速器。

当然，中国商业秘密保护的关键问题不在于立法、执法和司法，而更多在于商业秘密权利人的自我保护。如各市场竞争主体、创新主体及相关方对创新的理解，对知识产权法律保护的意识，对法律保护规则的认识，特别是国内市场中的各市场主体、创新主体及相关方有没有从企业经营战略高度出发、从行业生态、竞争格局或者市场地位出发，科学地理解商业秘密的全部内容，客观地廓清商业秘密的合理边界，以及研究如何高效运用和有效保护，也就是说基于法律制度提供的商业秘密法律框架合法、规范而正确的方式实施商业秘密的科学管理和充分保护。尤其，我国正研究企业知识产权合规管理规范，以及采用合规管理指南规范企业的相关风险，尤其商业秘密法律风险、经营风险和管理风险，商业秘密专项合规管理将会成为企业保护商业秘密的必由之路。

三、中国商业秘密法律保护的基本框架

随着《反不正当竞争法》的连续修改、《民法典》以及商业秘密相关一系列司法解释陆续出台，中国已然形成了集民事、行政、刑事法律于一体、法律规范丰富且全面的商业秘密立法保护体系。商业秘密的司法保护主要指司法机关及其工作人员依照法定职权和程序，运用法律规范处理商业秘密相关案件，主要体现在民事司法与刑事司法两方面。执法保护则指国家行政机关针对商业秘密侵权行为进行的行政执法活动。

我国一些省市的地方立法机关也颁布了反不正当竞争条例或实施办法。这些地方性法规，进一步明确和细化了对商业秘密的保护。如《上海市反不正当竞争条例》就具体列明了商业秘密的范围：指"技术信息和经营信息，包括原料配方、工艺流程、技术诀窍、设计资料、管理方法、营销策略、客户名单、货源情报等。"四川、吉林、厦门、重庆的反不正当竞争条例都规定：经营者不得以获取、使用商业秘密为目的，聘用掌握权利人商业秘密的人员。重庆市的反不正当竞争条例还明确规定了工商部门认定侵权行为的权限和各方的

举证责任。此外,国家工商总局依据《反不正当竞争法》颁布的《关于禁止侵犯商业秘密行为的若干规定》对商业秘密保护的行政执法作出了具体规定。

综合来看,我国的商业秘密保护的法律制度基本上形成体系。我国现行商业秘密的法律保护的基本框架可概括如下:

(1)《反不正当竞争法》(1993年发布,2017年、2019年修改)关于商业秘密的定义、对象、范围及侵权行为的规定,以及关于侵权损失的计算方法及侵权责任的规定。

(2)国家工商行政管理局《关于禁止侵犯商业秘密行为的若干规定》对该条的完善。

(3)《劳动合同法》第二十三条、第二十四条、第九十条,关于"竞业限制"的规定和赔偿责任。

(4)《中华人民共和国公司法》(以下简称《公司法》)第六十一条、第六十二条、第一百一十五条关于董事、监事、经理"竞业禁止"的规定。

(5)《中华人民共和国专利法》中的"模糊申请法",即在整体专利中保留核心秘密,使外人难以掌握全套技术。

(6)《民事诉讼法》第七十一条、第一百三十七条和第一百五十九条规定公开审理的例外、公开质证的例外、查阅法律文书的限制。和《最高人民法院关于诉讼代理人查阅民事案件材料的规定》第八条规定证据材料自由复制和公开展示的例外。

(7)《中华人民共和国律师法》第三十三条关于律师应当保守在执业活动中知悉的当事人的商业秘密;

(8)《刑法》第二百一十九条"侵犯商业秘密罪",在1997年10月1日之前,则适用刑法中关于"泄露国家机密罪""盗窃罪""贪污罪"的规定。

(9)1994年4月15日签署、1995年1月1日生效的TRIPS协议第7节关于"未披露的信息的保护"。由于我国已于2001年12月11日正式成为世界贸易组织的成员,根据该组织的条约的规定,它对我国已经产生法律拘束力。

(10)《最高人民法院关于审理侵犯商业秘密民事案件适用法律若干问题的规定》。

《民法典》第一百二十条关于"侵权"的规定和第一百二十三条关于"商业秘密"的规定。

关于适用《中华人民共和国反不正当竞争法》若干问题的解释,《最高人民法院关于审理不正当竞争民事案件应用法律若干问题的解释》(2022年3月废止)。

第二章 商业秘密及构成要件

一、商业秘密的词源

商业秘密,自人类社会有工商业以后即以各种形式存在于各经营主体尤其是实控人的头脑中或者锦囊里,甚至有些秘密通过口口相传。例如,6000 年前两河流域出现的青铜器,以及后续不同国家陆续出现的青铜器,其各自配方皆秘不外宣。

而法律意义上的"商业秘密"(trade secret)一词,较早可见于美国 1939年《侵权法重述》:"商业秘密是指商业活动中使用的各种配方、图案、设计和资料索引。商业秘密所有人与不知道或不使用它的竞争对手相比,处于更有利的地位,它可以是某一化学配方,一种制造、处理、贮存材料的程序,一部机器或其他设计的图形,或客户名单。它不同于商业领域里其他的秘密情报……它不是商业活动中单一的与别的事情没有联系的简单的情报。"而后,美国《统一商业秘密法》将其定义为:"特定信息,包括配方、样式编辑、产品、程序、设计、方法、技术或工艺等。该信息:(1) 由于未能被可从其披露或使用中获取经济价值的他人所公知且非采取不正当手段不能获得,因而具有实际或潜在的独立经济价值;(2) 是在特定情势下已尽合理保密努力的对象。"与《侵权法重述》相比,《统一商业秘密法》并不以商业上的连续使用作为商业秘密的构成要件,从而拓宽了商业秘密的范围。

日本在 1990 年修订的《不正当竞争防止法》将商业秘密定义为:"在商业上具有实用性、被作为秘密进行保守,不为一般公众所知悉的技术信息和经营信息。"

上述国家有关商业秘密概念的表述虽不尽相同,但在其基本属性或要素构成上的认识基本一致,即商业秘密是具有秘密性、商业价值并被采取保密措施的信息。而且,各国学者和法律并未明确就"商业秘密"给出统一的或者含义一致的定义,而是采用了描述性定义。包括 TRIPS 协议没有使用"商业秘密"这个术语，而是采用"未披露信息"。TRIPS 协议所指的商业秘密，必须符合下列全部条件：第一，它们必须是秘密的、没有被公开过；第二，它们必须因为被保密才具有商业上的价值；第三，合法控制它们的人已经为保密而采取了措施。但从 TRIPS 协议给"未披露信息"的描述性定义来看，它主要就是指商业秘密，而不是仅与个人的"隐私权"等有关的秘密信息。在 2017 年修订时，在保留了"未披露信息"相关描述之外，也增加了"商业秘密"的描述（参见 TRIPS 协议第三十四条第三项：在引述相反证据时，应考虑被告方在保护其制造和商业秘密方面的合法权益）。

在我国，"商业秘密"作为法律术语最早出现在 1991 年修改的《民事诉讼法》中，但该法并未对其定义、内容及边界作出界定。与国外的学术界及较早的商业秘密立法相类似，我国第一次对"商业秘密"作出明确界定，首推 1993 年《反不正当竞争法》。该法第十条第三款将其定义为："商业秘密，是指不为公众所知悉能为权利人带来经济利益、具有实用性并经权利人采取保密措施的技术信息和经营信息。"在经济全球化以及市场经济不断发展的大背景下，企业面临越来越激烈的竞争环境——技术、人才、产品、市场，等等——市场需要规范不正当的竞争行为从而建立有利于市场经济良性发展的竞争秩序，《反不正当竞争法》及相关商业秘密法律制度框架应运而生。1995 年《关于禁止侵犯商业秘密行为的若干规定》第二条对此作了进一步解释。单从字面上看，我国对"商业秘密"的界定与上述国家及 TRIPS 协议的规定基本相同。对商业秘密保护的行政执法作出了具体规定。

因此，商业秘密，其性质是某种技术信息或者经营信息，但是，并非所有的技术信息和经营信息均可以构成法律意义上的商业秘密。依据 2017 年修订的《反不正当竞争法》第九条关于商业秘密的描述性定义：本法所称的商业秘密，是指不为公众所知悉、具有商业价值并经权利人采取相应保密措施的技术信息、经营信息等商业信息，企业、组织或者个人拥有的商业信息，需要同时具备三个法定构成要件，才能构成法律意义上的商业秘密，才能受到法律保护。因此，无论我们是在日常经营活动中识别、运用和管理商业秘密，还是遭遇商业秘密权属争议和侵权纠纷等，准确理解商业秘密的构成要件及判定标准，对加强商业秘密的日常保护以及未来法律保护而言，不可或缺。

二、商业秘密法定构成要件

（一）不为公众所知悉——秘密性要件

不为公众所知悉，指的是某一技术信息、经营信息或者其他商业信息**在某**

一特定时间点或者时间段内**处于一种不为公众所知悉的状态，可以认定这类信息具有秘密性**，并有可能成为法律可保护的对象。可见，秘密性，是商业信息构成商业秘密的核心要件，是商业秘密得以维系其经济价值和受法律保护的前提条件，也是商业秘密与专利技术、公知技术、上市财报或者其他公知经营管理信息等公开信息最根本的区别。我国《反不正当竞争法》中规定的"不为公众所知悉"描述的即相对处于"秘密状态"的要求，即某项技术信息、经营信息或者商业信息尚未进入公有领域而属于非"一般知识""公共信息"或"公知技术"。基于《反不正当竞争法》的立法目的及其所提供的法律保护可知，其对商业秘密的秘密性要求并不是绝对的，而是"相对秘密性"的标准——"不为公众所知悉"中的"公众"是指通常涉及"该信息所属领域的相关人员"，而不是一般的社会公众；破坏秘密性的知悉程度是"普遍知悉和容易获得"。为了保证商业信息具备秘密性，权利人需具有保密意愿并投入一定的人财物力成本加强管理和自我保护，社会公众需要付出一定的努力才能获知相应信息。当然，在商业秘密法律保护不断发展的不同历史阶段，随着企业和社会公众对商业秘密的法律保护制度的认知不断提升，以及经济社会信息化程度不断加深，互联网日益发达，社会公众对商业秘密的认知及获取途径的增加，商业秘密的秘密性要求也越来越高，相应地，无论在企业日常经营管理还是商业秘密纠纷诉讼程序中，秘密性的标准也不断处于变化之中。

（二）具有商业价值——价值性要件

能为权利人带来经济利益，是指一项商业信息能在市场中为其权利人带来实际的或潜在的经济价值或者竞争优势。商业秘密的价值性是商业秘密获得法律保护的必备要件，也是对商业秘密提供法律保护的利益基础。我国《反不正当竞争法》中商业秘密的价值性主要体现在两个方面：一方面是经济利益，另一方面是竞争优势。不管是现实的、可直接使用的商业秘密，还是正处在研究、试制、开发等过程中而具有潜在价值的信息；不管是技术性信息还是经营性信息；也不论是对生产、销售、技术开发等生产经营活动直接有用的信息，还是间接有用的信息，如失败的实验报告，都可以构成商业秘密。也可以从另外两个方面理解，一个是直接利益，即正向信息，即企业使用该商业秘密能够带来财富，在同类行业中获得竞争优势；另一个是间接利益，即负面信息，是指从失败的经营信息中所获取的潜在的经济价值。

（三）具有实用性——实用性要件

《反不正当竞争法》要求商业秘密须具有实用性，然而该法并没有对商业秘密的实用性作出解释。对于我国法律中关于商业秘密构成要件中的"实用性"要件，法学界存在不同的看法。商业秘密构成要件中的实用性包括客观有用性、具体性和确定性三个方面——商业秘密对其控制人不应是主观上有用，而必须是客观上有用；它应该是有用的具体方案或信息，不应该是大概的原理和抽象的概念，权利人应当能够对商业秘密说明详细内容和划定明确边界。

（四）经权利人采取与商业秘密价值相应保密措施——保密性要件

商业秘密，作为一种智力成果权，其生命在于它的"秘密性"。权利人须基于其商业秘密成果/资产的价值采取相应必要、合理的保密措施以使其处于秘密状态，进而谋求维持该商业秘密的秘密性。当然，前提是该信息的确具有秘密性。如果有关人不能举证保密措施证明自己主张的权利，从法律上来说，就没有占有该商业秘密的主观意图，不能成为权利人。而权利人只有通过采取保密措施，表明了商业秘密的存在，才能通过进行控制商业秘密而主张其权利。换言之，权利人必须首先有将商业信息作为秘密进行保护的主观意图，同时还必须实施客观的保密措施，通过保密措施将其商业信息控制起来，形成独占状态，法律才能够给予保护。系列合理的保密措施包括：限定特定涉密信息的知悉范围，如只对特定范围内、必须知悉的人员告知，让其知晓商业秘密的存在；对涉密信息采取一些防范措施，如将其放置在保险箱中设置复合型密码、在涉密信息的载体上注明"保密"字样、签订保密协议等。所采取的保密措施并不需要绝对，只要达到合理程度即可。

三、商业秘密认定案例解析

No.1【（2019）最高法民再 268 号】华阳公司诉麦达可尔（天津）科技有限公司、华阳新兴科技（天津）集团有限公司侵害商业秘密纠纷案

案情介绍

华阳公司是一家从事工业清洗维护产品研发、生产和销售的企业。其产品范围主要包括清洗剂、润滑剂、密封剂等工业化学品。

麦达可尔公司成立于 2015 年 10 月 30 日，由王某刚创立，成立之初所登记的法定代表人为张某娟，系刘某之母，登记的股东林某娜系王某刚亲属，于

2016 年 4 月变更法定代表人为王某刚，主要经营清洗剂的生产销售。

王某刚于 1996 年入职华阳公司，曾任华阳公司董事、销售副总经理、总经理、副总裁，自 2012 年至 2016 年任华阳公司的法定代表人，于 2015 年 10 月底创立麦达可尔公司，现任法定代表人和总经理。

张某星于 2001 年入职华阳公司，曾任华阳公司技术部经理、技术服务部经理，于 2016 年 1 月入职麦达可尔公司，任技术部经理。

刘某于 2010 年入职华阳公司，曾任华阳公司销售服务部经理，于 2015 年 10 月底入职麦达可尔公司，负责人事行政工作。

华阳公司与张某星、刘某签订了保密协议，保密范围包括了与客户业务、产品、服务有关的信息等商业秘密。华阳公司对客户信息采用 ERP 系统进行管理。在华阳公司的 ERP 系统中，存储的客户信息包括：客户名称、品名、货品规格、销售订单数量、单价、联系人、电话、地址等。在本案维权过程中，华阳公司对 ERP 系统中的部分客户信息进行了公证，并提交了已发生交易相应的发票。

华阳公司在本次诉讼中选择包含有 43 家客户信息的客户名单作为被侵犯的商业秘密。具体名单为：×××厨卫用具厂（略）。华阳公司在本次诉讼中主张的秘密点为：与上述 43 家客户交易中所掌握的客户名称、品名、货品规格、销售订单数量、单价、联系人、电话、地址。

上述 43 家客户与华阳公司在 2014 年及 2015 年间的交易次数均在 5 次以上。华阳公司计算其与上述客户在 2014 年及 2015 年间的销售额为 2611162.14 元，麦达可尔公司成立后与上述客户均有交易且销售额为 1298163.3 元。

法院视角

根据华阳公司提交的证据，华阳公司对其客户名单采取了保密措施，也与相关客户进行了交易，但该客户名单是否属于反不正当竞争法保护的商业秘密，应根据反不正当竞争法和最高人民法院相应司法解释规定的构成要件进行分析和判断。本案中，被告麦达可尔公司根据其提供的公证书，抗辩前述 43 家客户信息通过网络搜索容易得到。华阳公司提供的 43 家被侵权客户名单（2012—2015 年），其主要内容为：订单日期、单号、品名、货品规格、单位（桶或个）、销售订单数量、单价、未税本位币，以及联系人、电话、地址等。根据该客户名单，该表格为特定时间段内华阳公司与某客户的交易记录及联系人。

本院认为：首先，在当前网络环境下，相关需方信息容易获得，且相关行业从业者根据其劳动技能容易知悉；其次，关于订单日期、单号、品名、货品规格、销售订单数量、单价、未税本位币等信息均为一般性罗列，并没有反映某客户的交易习惯、意向及区别于一般交易记录的其他内容。在没有涵盖相关客户的具体交易习惯、意向等深度信息的情况下，难以认定需方信息属于反不正当竞争法保护的商业秘密。

此外，根据麦达可尔公司提供的对比表，43家客户名单中重要信息相关联系人及电话号码，与华阳公司请求保护的客户名单中相应信息均不相同的占比约86%，联系电话不同的占比约93%，且26家客户证明其自愿选择麦达可尔公司进行市场交易。考虑本案双方均为工业清洗维护产品研发、生产和销售的企业。产品范围主要包括清洗剂、润滑剂、密封剂等工业化学品，由于从事清洗产品销售及服务的行业特点，客户选择与哪些供方进行交易，不仅考虑相关产品的性能、价格等信息，也会考虑清洗服务的质量，在联系人、联系电话较大比例不相同的情况下，也难以认定麦达可尔公司使用了华阳公司43家客户名单相关信息进行市场交易。

本案启示

本案争议的焦点为：华阳公司主张为商业秘密的客户名单是否属于商业秘密。

依据2007年最高人民法院《关于审理不正当竞争民事案件应用法律若干问题的解释》第十三条有关规定，客户名单可以构成商业秘密：商业秘密中的客户名单，一般是指客户的名称、地址、联系方式以及交易的习惯、意向、内容等构成的区别于相关公知信息的特殊客户信息，包括汇集众多客户的客户名册，以及保持长期稳定交易关系的特定客户。

客户基于对职工个人的信赖而与职工所在单位进行市场交易，该职工离职后，能够证明客户自愿选择与自己或者其新单位进行市场交易的，应当认定没有采用不正当手段，但职工与原单位另有约定的除外。

"简单客户信息"并不能作为商业秘密法律保护的对象。企业的客户名单材料应当包含付出一定劳动获取、长期积累并深度加工的信息，在简单的名称、地址、联系人、联系电话之外，应当包含客户交易的特定需求、交易意向、交易习惯或者价格优惠等具有一定深度的不容易通过公开信息渠道获取的信息，从销售日常拜访、销售计划执行、营销方案制定，落实到具体的销售过程管理文件或CRM系统中。

No.2【(2013)民申字第 1238 号】【(2013)高民终字第 77 号】王某安与被申请人卫生部国际交流与合作中心、李某山、原某林侵害商业秘密纠纷案

案情介绍

王某安 1998 年到卫生部国际交流与合作中心工作至今。2000 年 5 月 26 日，国家卫生健康委国际交流与合作中心召开人事制度改革小组会议，参加人员包括王某安，会议对人事制度改革进行了初步部署。2000 年 5 月 30 日，会议一致同意确定王某安为执笔人，起草人事改革方案的草案。2000 年 10 月前，国家卫生健康委国际交流与合作中心多次召开了主任办公会和中心办公会讨论人事制度改革方案。王某安主张其于 2000 年 3 月前制定的《卫生部国际交流与合作中心分配制度改革办法》和相应的《岗位工资管理细则》《绩效工资管理细则》《奖金管理细则》（简称诉争相关信息）是其独立制作完成的商业秘密。王某安认为，2000 年 11 月，国家卫生健康委国际交流与合作中心的法定代表人李某山在要求王某安给其看过诉争相关信息后，没有按照王某安的要求保密，而在国家卫生健康委国际交流与合作中心实施了诉争相关信息中的改革方案，侵害了王某安的商业秘密，故起诉要求国家卫生健康委国际交流与合作中心承担侵权责任。

法院视角

王某安并非"从事商品经营或者营利性服务"的经营者，其与三被申请人之间亦不存在市场竞争关系。王某安与国家卫生健康委国际交流与合作中心为劳动合同关系，王某安与李某山、原某林为同事关系，且王某安起草、制定《卫生部国际交流与合作中心分配制度改革办法》系履行工作职责、完成工作任务，故本案三被申请人的行为未对王某安构成反不正当竞争法规定的"不正当竞争"。关于王某安在一审中称，《卫生部国际交流与合作中心分配制度改革办法》能为其带来竞争优势，即"王某安凭借自己的薪酬方法，在 2001 年竞争综合人事部处长职位，将具有绝对的竞争优势。……从 2001 年至今的任何一次领导岗位竞争，王某安都会保持优势。因李某山有预谋地骗取了王某安的薪酬方法，并且将此方法给王某安的竞争对手原某林使用，直接导致王某安的竞争优势丧失"。本院认为，反不正当竞争法所规范的"竞争"，并非任何形式、任何范围的竞争，而是特指市场经营主体之间的"市场竞争"。因

此，王某安上述主张中提到的"工作岗位竞争"，系单位内部职位竞争，并不属于反不正当竞争法规范的"市场竞争"。因此，三被申请人未侵害王某安的商业秘密。

本案启示

首先，《反不正当竞争法》（1993年）所称商业秘密，是为了规制不正当竞争行为所侵害的市场经营主体之间竞争秩序，并非任何形式、任何范围的竞争。本案涉及同一单位内部不同劳动者在特定职务与职位上的竞争，不是反不正当竞争法调整的行为对象。当然，2019年反不正当竞争法修订后扩大了责任主体的范围。《反不正当竞争法》第九条第二款规定：经营者以外的其他自然人、法人和非法人组织实施前款所列违法行为的，视为侵犯商业秘密。

其次，本案系争"《卫生部国际交流与合作中心分配制度改革办法》"仅涉及同一单位不同职工职务晋升过程中彰显个人能力的工作思路，并非市场经营主体可以用于参与市场竞争并获取相关市场经济利益的信息，因此不具有市场经济价值，并不属于商业秘密保护的对象，即不属于商业秘密。因此，各市场主体及其员工应清楚地认识到，法律保护的商业秘密，需要满足《反不正当竞争法》及相关司法解释关于商业秘密的法定构成要件，即不为公众所知悉、具有价值性并经权利人采取了相应保密措施。

No.3【（2011）民监字第414号】【（2005）高民终字第440号】高某茂与被申请人北京一得阁墨业有限责任公司、原审被告北京传人文化艺术有限公司侵犯商业秘密纠纷案

案情介绍

北京一得阁墨汁厂成立于1965年1月1日，1997年12月26日更名为北京一得阁工贸集团，2000年11月16日又更名为北京一得阁工贸中心，2004年7月7日又更名为北京一得阁墨业有限责任公司。高某茂于1978年调入一得阁墨汁厂工作，先在技术股工作，1987年后任副厂长、副经理等职务，曾主管生产、行政、劳动、技术检验、市场开发等工作。其中1987年至1995年任主管技术的副厂长，其职责是负责全厂的技术开发、产品升级换代、技术改造、技术攻关及日常技术管理方面的组织领导工作，组织领导制定技术标准、工艺操作规程等。一得阁墨汁厂于1967年研制成功了"北京墨汁"，又于20

世纪 80 年代研制开发了"一得阁墨汁"和"中华墨汁"；1996 年 5 月 24 日，上述两种产品被列为北京市国家秘密技术项目。1997 年 7 月 14 日一得阁工贸集团还成立了保密委员会，高某茂任副组长。此外，一得阁公司还自 1995 年开始研制开发了"云头艳墨汁"，"云头艳墨汁"于 2003 年正式投产。一得阁公司采取主、辅料分别提供的办法对墨汁配方进行保密。传人公司成立于 2002 年 1 月 9 日，系家族式企业，共有股东 13 人，高某茂出资 20 万元，是该公司最大的股东，其妻王某云为法定代表人。2002 年底传人公司生产出了"国画墨汁""书法墨汁""习作墨汁"三种产品。2003 年 5 月 9 日，一得阁公司与高某茂解除了劳动关系，同年 5 月 27 日一得阁公司公证购买了传人公司生产的三种产品，一得阁公司认为上述三种产品的品质、效果指标与其生产的"一得阁墨汁""中华墨汁""北京墨汁"相同或非常近似。

国家科委、国家保密局 1998 年 1 月 4 日发布的《国家秘密技术项目持有单位管理暂行办法》第七条第二款规定，涉密人员离、退休或调离该单位时，应与单位签订科技保密责任书，继续履行保密义务，未经本单位同意或上级主管部门批准，不得在任何单位从事与该技术有关的工作，直到该项目解密为止。

法院视角

"一得阁墨汁"以及"中华墨汁"于 1995 年 11 月被列为北京市国家秘密技术待审项目，并于 1996 年 5 月列为北京市国家秘密技术项目，保密期限为长期。国家秘密是关系国家的安全和利益，依照法定程序确定，在一定时间内只限一定范围的人员知悉的事项。对于纳入国家秘密技术项目的持有单位，包括国家秘密的产生单位、使用单位和经批准的知悉单位均有严格的保密管理规范。我国反不正当竞争法所指的不为公众所知悉，是有关信息不为其所属领域的相关人员普遍知悉和容易获得。国家秘密中的信息由于关系国家安全和利益，是处于尚未公开或者依照有关规定不应当公开的内容。被列为北京市国家秘密技术项目的"一得阁墨汁""中华墨汁"在技术出口保密审查、海关监管、失泄密案件查处中均有严格规定。既然涉及保密内容，北京市国家秘密技术项目通告中就不可能记载"一得阁墨汁""中华墨汁"的具体配方以及生产工艺。根据国家科委、国家保密局于 1998 年 1 月 4 日发布的《国家秘密技术项目持有单位管理暂行办法》第七条第二款规定，涉密人员离、退休或调离该单位时，应与单位签订科技保密责任书，继续履行保密义务，未经本单位同意或上级主管部门批准，不得在任何单位从事与该技术有关的工作，直到该项目解密为止。因此,"一得阁墨汁""中华墨汁"产品配方和加工工艺在解密前,一、二审判决认定该配方信息不为公众所知悉,并无不当。

一得阁公司的涉案墨汁是在传统配方的基础上发展而来,正如其创始人谢崧岱曾言,"一艺足供天下用、得法多自古民书"。一得阁的墨汁能够传承一百多年,在业界享有盛誉,并被列为国家秘密,其配方的组成部分、比例及(或)加工工艺必有不为公众所知悉,能够给其带来竞争优势的信息。虽然高某茂提交的1959年出版的《墨汁制造》以及其他文献中记载了有关一得阁生产墨汁的制造工艺和配方,但并不意味着一得阁公司生产的墨汁配方于1959年被公众知悉。否则,也与1996年一得阁公司的相关墨汁被列为国家秘密的事实相矛盾。在高某茂提交的《北京工商史话》中,有1987年9月26日潘怡采编的"开墨林先河的一得阁墨汁厂"一文,记载了一得阁公司在企业的发展传承方面通过改变溶胶操作、调整墨汁原料等进行创新、博采众长、精益求精的事实。商业秘密的技术信息和经营信息关乎企业的竞争力,其内容是可以在原有的基础上进行改进和完善的,只要信息内容不为公众所知悉,具有实用性并能为权利人带来经济利益,同时,权利人采取了保密措施,就应当依法予以保护。一得阁公司在一、二审中称其墨汁配方是不断改进的,存在延续性的主张符合市场规律和实际情况。高某茂主张一得阁公司生产墨汁的配方已被公开无事实依据,本院不予支持。

高某茂提交的《精细化学品配方1000例》《新编实用日用化学品制造技术》《碳黑生产与应用手册》《实用化工产品配方工艺手册》中描述了墨汁制造的有关配方以及某项组分在每一种配方中可能起到的作用。上述文章中,墨汁的配方具体组分各不相同,有交叉也有重合;对于制作方法的描述也各有不同。因此,不能因为配方的有关组成部分被公开就认为对这些组分的独特组合信息亦为公众所知。相反,正是由于各个组分配比的独特排列组合,才对最终产品的品质效果产生了特殊的效果,他人不经一定的努力和付出代价不能获取。这种能够带来竞争优势的特殊组合是一种整体信息,不能将各个部分与整体割裂开来。一得阁公司的有关墨汁被纳入国家秘密技术项目,且一得阁墨汁在市场上有很高的知名度也反证了其配方的独特效果。高某茂关于一、二审判决对传人公司的墨汁配方是依据公知资料独立研制的抗辩理由是错误的主张,本院不予支持。

高某茂在1978年进入一得阁墨汁厂工作,1984—1985年担任副厂长,主管墨汁新产品的研究开发及生产车间的设计,1995—1996年高某茂担任副厂长期间提出研制高档墨汁,此后研制高档墨汁的工作一直进行,研制工作要向高某茂汇报。2001年高某茂被聘任为副经理任职期限三年,自2000年11月

16日起算。高某茂在一得阁公司的工作领域涉及生产、技术、市场以及检测、技术革新等方面。一、二审查明的事实足以证明高某茂具有接触墨汁的保密配方的可能或条件。高某茂申请再审关于其为一得阁公司行政人员，从未接触墨汁生产的主张，本院不予支持。

高某茂是传人公司最大的股东，其妻王某云是该公司的法定代表人。高某茂、传人公司在一审中就独立开发研制墨汁产品提交的证据，有的是由于证人没有出庭作证，一得阁公司对真实性以及所要证明的目的有异议；有的是因为虽提交了证人证言，但一得阁公司向法院提交了反证，证明该证人推翻了曾向传人公司出具的证言。传人公司出具的《传人牌墨汁初步研制阶段的记录材料》，研制人员为传人公司的法定代表人及股东，与本案有直接利害关系，在没有证据佐证下，其真实性无法证实。一、二审法院对高某茂、传人公司提交的以上证据没有采信，并无不当。通过公知资料中对生产墨汁的配方组分进行有机排列组合，生产出符合市场需要的高质量的墨汁必定需要大量的劳动和反复的实验，而传人公司在成立后短短时间内凭借几个没有相关技术背景的个人，很快就开始生产出产品，并在北京、深圳等地销售，在没有现成的成熟配方前提下是不可能的。一审庭审中，传人公司的股东曾陈述，其问过高某茂关于墨汁的材料、配方等问题。根据一得阁公司的相关墨汁作为国家秘密的事实，高某茂有接触一得阁公司商业秘密的条件，结合传人公司设立及主张独立研发的证据，依据日常生活经验法则，一、二审法院关于高某茂向传人公司披露了一得阁公司生产墨汁的配方，传人公司非法使用了高某茂披露的墨汁配方的认定，并无不当。

本案启示

首先，"商业秘密"在1979年颁布的《民事诉讼法》中第一次提出，在1993年颁布的《反不正当竞争法》中通过描述性定义规定了法律特征。自此，商业秘密开始被各市场经营者关注并依法受法律保护。涉案高档墨汁配方系1993年以后研制所得，其依法理应获得保护。

其次，在企业经营实践中，部分商业秘密可能在某个特定时期涉及与国家科技秘密重合的问题。即可能涉及商业秘密与国家秘密法律保护的竞合。"国家秘密"这一概念是1982年《宪法》中提出来的，后来在《中华人民共和国保守国家秘密法》（以下简称《保守国家秘密法》）中对其法律特征又作了规定，意在告诫公民如果在自己从事的工作中接触国家秘密，应当合法利用国家秘密，均应遵守《保守国家秘密法》的规定。

最后，关于商业秘密的内容与界限。不同墨汁的配方具体组分各不相同，有交叉也有重合，对于制作方法的描述也各有不同。即使配方的有关组成部分被公开，由于各个组分配比的独特排列组合，才对最终产品的品质效果产生了特殊的效果。他人不经一定的努力和付出代价不能获取。这种能够带来竞争优势的特殊组合是一种整体信息，不能将各个部分与整体割裂开来。类似组合信息是否构成商业秘密一直存有争议。2020年9月12日，最高人民法院《关于审理侵犯商业秘密民事案件适用法律若干问题的规定》第四条第二款："将为公众所知悉的信息进行整理、改进、加工后形成的新信息，符合本规定第三条规定的，应当认定该新信息不为公众所知悉。"

No. 4【（2019）沪0115民初44492号】广州市玄武无线科技股份有限公司上海分公司与吴某姣、裴某玉侵害经营秘密纠纷案

案情介绍

2016年5月3日，原告广州市玄武无线科技股份有限公司南京分公司与被告吴某姣签订劳动合同，被告职务为大客户经理。合同中约定双方另行签订保密协议作为合同附件。同日，原告与被告吴某姣签订保密协议。2016年5月16日，原告与被告裴某玉签订劳动合同一份，合同期限自2016年5月16日至2019年12月31日，职务为大客户经理。合同中约定双方另行签订保密协议作为合同附件。

广州市玄武无线科技股份有限公司南京分公司与被告吴某姣因劳动纠纷提起诉讼，江苏省南京市玄武区人民法院作出（2018）苏0102民初12216号民事判决。该判决书查明，2018年8月26日被告吴某姣从广州市玄武无线科技股份有限公司南京分公司处离职，于2018年9月4日提起劳动仲裁并于2018年12月4日提起诉讼。该法院于2019年5月5日判决广州市玄武无线科技股份有限公司南京分公司支付被告吴某姣提成款106700元。二审中，改判广州市玄武无线科技股份有限公司南京分公司支付2018年6月和7月的业绩提成91958元。

姓名为朱某方的原告公司员工出具证明称，掌隆（上海）科技有限公司系客户一部已签约核心客户。2018年8月下旬，掌隆（上海）科技有限公司的商务总监提到有一个叫云之树的公司联系他，并称是朱某方让云之树公司联系他们的。该商务总监后来确认云之树公司的联系人为本案被告裴某玉。同一

期间，上海浦叙金融信息服务有限公司亦有与掌隆（上海）科技有限公司类似的经历。姓名为周某明的原告公司员工出具证明称，上海趣租废旧物资回收有限公司系增值业务部已签约核心客户。2018年8月上旬，上海趣租废旧物资回收有限公司的技术总监提到有一个叫云之树的公司联系其公司合同签署人员并知晓合同内签约的执行价格。该技术总监确认云之树公司的联系人为本案被告裴某玉。同一期间，上海霈钧信息科技有限公司、上海融斗金融信息服务有限公司亦有与上海趣租废旧物资回收有限公司类似经历。

法院视角

原告没有证据证明被告通过合同管理员的账号、密码盗用了其在本案中主张的12个客户的合同及客户的相关信息，亦未证明相应信息符合商业秘密秘密性的要求。此外，本院认为，市场经济系竞争经济，竞争就是为了让提供质优价廉的商品或服务的经营者胜出，从而提升效率以达到资源合理配置的目的。法律所要规制的是那些采取不正当的竞争手段，破坏他人的竞争优势的行为，通过价格竞争、服务升级、技术优势等正当途径获取的商业机会则不在此列。在市场竞争中，因人员变动而带来的客户流动是正常的，特别是建立在对离职人员个人信赖基础上的客户流动更是市场的常态。侵害商业秘密纠纷案件作为不正当竞争纠纷案件的一种，当事人寻求商业秘密保护的前提是受保护的客体构成商业秘密且被告不正当地获取、使用了该商业秘密，对此原告负有相应的举证责任。对当事人未能尽到相应举证责任的，法院对其诉请不予支持。

本案启示

首先，我们应当清楚反不正当竞争法规制的是不正当竞争行为，而不是封锁员工的自然流动和客户流动。法律保护职工的择业自由、追求幸福生活的自由，更保护员工创新的积极性及相应创新成果的收益权。在某些行业中建立在对离职人员个人信赖基础上的客户流动是正当的商业行为。

其次，商业秘密侵权民事诉讼程序中，原告有义务举证证明其主张的所谓"商业秘密"的具体内容及其界限。本案中涉案信息合同中约定的事项往往是公开渠道难以获得的信息，但法院只能依据原告的主张进行审理，即使法庭可以当庭释法引导原告主张。

再次，原告有义务举证证明其主张的所谓"商业秘密"要满足反不正当竞争法以及最高人民法院《关于审理侵犯商业秘密民事案件适用法律若干问题的规定》中关于商业秘密构成要件的规定。

最后，对待掌握重要技术的工程技术人员以及掌握重要市场情报和客户信息的营销人员，建议企业签署竞业限制协议。

总之，企业在维权主张时应认清自身的行为是否正当，把更多的精力放在经营管理提升与合规工作改进上。

No. 5【(2019)浙 01 民终 4315 号】杭州杭诚专利事务所有限公司诉侯某玉、嘉兴永航专利代理事务所侵害商业秘密纠纷案

案情介绍

侯某玉于 2008 年 9 月 23 日进入杭州杭诚专利事务所有限公司（以下简称杭诚专利所）从事专利代理工作，双方于 2008 年 12 月 17 日签订《知识产权保护及保守商业秘密协议》，约定侯某玉应当长期保守杭诚专利所的商业秘密，在职期间或离职两年内不参加其他企业组织的与杭诚专利所竞争的活动。侯某玉于 2016 年 4 月 29 日从杭诚专利所辞职后，利用在杭诚专利所任职期间掌握的该所客户联系方式、交易习惯、客户需求等商业秘密信息，于 2016 年 6 月即参与发起成立嘉兴永航专利代理事务所（以下简称永航专利所），并使用上述信息，通过与杭诚专利所的客户达成多笔交易获利。杭诚专利所遂诉至杭州铁路运输法院，请求判令侯某玉、永航专利所停止不正当竞争行为，不得披露、使用或允许他人使用其所掌握的杭州杭诚专利事务所有限公司的商业秘密，并要求赔偿损失 30 万元、维权合理支出 5000 元。

法院视角

杭州铁路运输法院经审理认为：杭诚专利所未能提供充分有效的证据证明其主张的客户名单已构成商业秘密，应承担举证不能的法律后果。遂于 2019 年 3 月 19 日判决驳回杭诚专利所的诉讼请求。

杭州杭诚专利事务所有限公司不服，上诉至杭州市中级人民法院。

杭州市中级人民法院经审理认为，侯某玉曾在杭诚专利所担任专利代理人助理职务，其在任职期间，可以接触到的客户信息包括了诸多通过公开渠道难以获知的信息，上述信息由杭诚专利所在长期经营过程中付出智力劳动和经营成本而积淀形成，并不为从事专利代理领域的相关人员普遍知悉和容易获得，已经构成了区别于相关公知信息的特殊客户信息。从上述信息中可以获知客户的交易习惯、特殊需求、精确详尽的联系方式等，故而上述信息能为杭诚专利

所带来竞争优势，具有商业价值。根据杭诚专利所提供的证据可知，杭诚专利所已经为防止上述客户名单泄露而采取了一系列保密措施，包括与侯某玉签订《知识产权保护及保守商业秘密协议》、在侯某玉离职时由其签署承诺书等。杭诚专利所主张的涉案客户名单符合"不为公众所知悉""具有商业价值""经权利人采取相应保密措施"的法定条件，构成商业秘密。侯某玉从杭诚专利所离职后，将这些客户申请的百余件专利的代理机构从杭诚专利所变更为永航专利所，经比对可见，上述客户信息与杭诚专利所主张权利的客户名单信息实质相同。侯某玉违反其与杭诚专利所之间有关保守商业秘密义务的要求，使用其在杭诚专利所任职期间所掌握的客户名单，侵害了杭诚专利所的商业秘密。遂于2019年12月13日判决：侯某玉立即停止侵害杭州杭诚专利事务所有限公司商业秘密的不正当竞争行为，不得使用杭州杭诚专利事务所有限公司的涉案客户名单，赔偿杭州杭诚专利事务所有限公司经济损失及其合理费用12万元。

侯某玉向浙江省高级人民法院申请再审，后被驳回。

本案启示

本案是人民法院依法保护权利人客户名单商业秘密的典型案例。

客户名单是商业秘密的保护对象之一，是权利人在长期经营过程中付出智力劳动和经营成本积淀而成的重要的商业秘密资产。员工从原单位离职后，把从原单位处获取的商业秘密和其他有价值的客户资源等运用到新单位的工作中——典型的同业竞争行为，破坏了公平竞争的市场秩序，是反不正当竞争法规制的不正当竞争行为。

二审法院在认定权利人商业秘密的基础上，通过判决书中清晰的说理对该类行为做出否定性评价，规范因行业内人员流动而产生的乱象，保障了各行业企业创新、创业和良性竞争的营商环境。

客户名单符合不为公众所知悉、具有商业价值、经权利人采取相应保密措施这三项法定构成要件的，构成商业秘密。客户的交易习惯、特殊需求、价格优惠、精确详尽的联系方式通过公开渠道难以获知，并不为从事这一领域的相关人员普遍知悉和容易获得，构成了区别于相关公知信息的特殊客户信息。离职员工违反其与原单位之间有关保守商业秘密义务的要求，使用其在原单位任职期间所掌握的客户名单，侵害了权利人的商业秘密。

No. 6【(2019)浙0782民初13094号】义乌市微星百货有限公司诉义乌市拓谱工艺品有限公司等侵害商业秘密纠纷案

案情介绍

被告熊某霞、张某某于2017年入职原告义乌市微星百货有限公司(以下简称微星百货),并与原告签订劳动合同,合同中明确约定须严守原告的商业秘密(包括产品资料、供应商资料、客户资料等)。二被告在原告公司上班期间,使用原告提供账号密码的富通天下外贸管理软件进行业务管理,该软件集合了各种客户信息、产品编码、报价信息等。被告熊某霞、张某某各自管理各自账号下的相应信息。在任职期间,被告熊某霞、张某某以被告邱某科名义设立被告义乌市拓谱工艺品有限公司(以下简称拓谱公司)。2019年上半年,被告熊某霞、张某某从原告公司离职,设立被告义乌市梦享工艺品有限公司(以下简称梦享公司),同时以两个公司名义在阿里巴巴国际站上开设网店,销售与原告相同的产品,并与部分外国客户进行了交易。

原告主张,五被告使用原告客户信息、供应商信息的行为侵害了原告的商业秘密,为此诉至义乌市人民法院,请求判令五被告停止侵权、向原告赔礼道歉并赔偿原告经济损失及合理费用214000元。

法院视角

义乌市人民法院经审理认为,原告与两位外国客户达成多次交易,掌握了客户的名称、地址、电子邮件,也掌握了客户的交易习惯、付款方式、购买产品的意向以及客户的特殊需求等深度信息,该两位客户信息属于保持长期稳定交易关系的特定客户,具有价值性;且原告就上述客户信息采取了保密措施,属于原告的商业秘密。至于供应商信息,原告证据不足以表明其对供应商信息采取了保密措施,不属于商业秘密。被告熊某霞、张某某原系原告的员工,有机会接触到原告的客户信息,其在任职期间成立被告拓谱工艺品公司,并在之后成立梦享工艺品公司,进而由该两个公司与两个客户发生交易,交易产品与原告此前的交易产品均相同。被告熊某霞、张某某未能提供证据证明其取得上述客户具有合法来源,故应认定该两个客户信息来自原告。被告熊某霞、张某某以不正当手段获取了权利人的商业秘密并披露给被告拓谱工艺品公司、梦享工艺品公司使用;被告拓谱工艺品公司、梦享工艺品公司明知被告熊某霞、张某某系原告的前员工,仍然使用了上述商业秘密,四被告的行为共同侵犯了原告的商业秘密，均应当承担停止侵权的责任。至于被告邱某科，原告现有证据无法表明其不当获取、使用或者允许他人使用了上述商业秘密，故要求其承担责任的依据不足，法院不予支持。该院遂于 2019 年 12 月 20 日作出判决：被告义乌市拓谱工艺品有限公司、熊某霞、张某某、义乌市梦享工艺品有限公司立即停止侵权行为并赔偿原告经济损失 12 万元。

一审判决后，双方均未上诉，被告已按判决履行。

本案启示

本案原告主张的经营秘密包括两类，一类是常见的客户信息，另一类则是供应商信息。对于符合商业秘密构成要件的客户信息予以保护，维护了原告的正当权益；对于不符合商业秘密构成要件的供应商信息不予保护，防止了过度保护可能造成的侵蚀公共信息空间、损害公共利益的后果。

商业秘密中的客户信息包括汇集众多客户的客户名册，以及保持长期稳定交易关系的特定客户。对于特定客户，仅凭客户名称、地址、电子邮件等容易从公开渠道获得的信息难以被认定构成商业秘密，还应从客户的交易习惯、付款方式、购买产品的意向以及特殊需求等深度信息来审查。供应商信息，属于原告的货源信息，同样具有一定商业价值，但在认定是否构成商业秘密时应当十分慎重，因为供应商必然希望拓宽销路，其在向被告供货的同时也可以向原告供货，认定供应商信息构成商业秘密，容易产生垄断货源的后果，不利于市场的充分竞争。

No. 7【（2018）川民终 1271 号】四川精控阀门制造有限公司与坤升油气工程技术有限公司、康某、童某佳侵害商业秘密纠纷案

案情介绍

康某原系精控阀门制造有限公司（以下简称精控阀门公司）国际贸易部经理，童某佳原在精控阀门公司国际部任职从事国际贸易工作。康某与童某佳在精控阀门公司任职期间共同设立坤升油气工程技术公司（以下简称坤升油气公司）。精控阀门公司主张其客户波斯湾公司联系人的联系方式、交易习惯、采购意向构成经营秘密，康某和童某佳在精控阀门公司任职期间，违反与精控阀门公司有关保守商业秘密的约定，披露、使用以及允许坤升油气公司使用其所掌握的前述经营信息，构成共同侵权，应当承担连带赔偿责任。

法院视角

成都市中级人民法院审理认为：在精控阀门公司与波斯湾公司达成的交易中包含了其相关产品的报价信息，以及针对波斯湾公司具体交易意向，上述信息共同组成了有关波斯湾公司的客户信息。这些信息需要经过长期积累才能形成，非交易参与者未经努力将无从知晓，也很难在公开领域直接获得，且能够为精控阀门公司带来经济利益。在精控阀门公司采取了相应保密措施的情况下，应认定为经营秘密，依法予以保护。

成都市中级人民法院判决康某、童某佳、坤升油气公司立即停止使用精控阀门公司的客户名单，并连带赔偿精控阀门公司经济损失 759724 元，维权合理开支 69425 元。康某、童某佳、坤升油气公司不服，提起上诉。四川省高级人民法院判决驳回上诉，维持原判。

本案启示

在生产经营活动中，员工违背职业道德和商业伦理带走客户资源，企图用低成本获得竞争优势，成为困扰许多经营者的难题。客户名单的价值在于其作为一种商业信息能够给经营者带来竞争优势，客户信息的稳定性越强，其商业价值越突出，受保护的可能性越大。认定是否构成客户名单不在于客户数量多少，而在于质量即是否包含客户需求、交易习惯、经营规律、价格承受能力、采购意向等深度的客户信息。本案的裁判既对在职或离职员工使用企业经营信息的合理性划定了边界，也为企业防范在职或离职人员可能带来的法律风险提供了指引。

No.8【（2015）深中法知民终字第 769 号】【（2013）深宝法知民初字第 911 号】深圳维远泰克科技有限公司诉深圳莱特利森科技有限公司、王某丽、马某、龙某平、陈某侵害商业秘密纠纷案

案情介绍

2013 年 7 月 29 日，深圳维远泰克科技有限公司以深圳莱特利森科技有限公司、王某丽、马某、龙某平、陈某共同侵害其商业秘密为由，向深圳市宝安区人民法院提起诉讼。

2009年11月23日，王某丽与深圳维远泰克科技有限公司签订劳动合同，约定：王某丽应保守深圳维远泰克科技有限公司的技术机密及商业机密。2012年12月12日，王某丽经批准离职。

2010年7月7日，马某与深圳维远泰克科技有限公司签订劳动合同，约定：马某应保守深圳维远泰克科技有限公司的技术机密及商业机密。

2012年4月26日，深圳莱特利森科技有限公司成立，2013年3月19日，变更法定代表人为龙某平，股东为龙某平、陈某，监事为王某丽。王某丽系龙某平之女，马某与陈某系夫妻关系。

2012年，深圳维远泰克科技有限公司和深圳莱特利森科技有限公司先后分别向浙江仙琚制药股份有限公司出售洁净室环境监测系统、便携式粒子计数器两台。2013年，深圳维远泰克科技有限公司又与该浙江公司签订《环境在线监测系统工程服务合同》。

法院视角

广东省深圳市宝安区人民法院一审认为，本案属于侵害商业秘密纠纷，深圳维远泰克科技有限公司与浙江仙琚制药股份有限公司交易中所获得的客户信息，不仅包括名称、地址、联系方式还包含交易习惯、意向、内容，马某掌握此内容，能及时了解其意向和价格等，并根据其交易习惯而获取订立合同的机会，该客户信息体现了经济利益，在深圳维远泰克科技有限公司采取了保密措施的情况下，构成商业秘密。王某丽、马某与深圳维远泰克科技有限公司所签订的劳动合同中，深圳维远泰克科技有限公司已要求其对客户资料等经营信息要予以保密，王某丽、马某违反约定，披露、使用并允许深圳莱特利森科技有限公司使用其所掌握的客户浙江仙琚制药股份有限公司的信息资料，损害了深圳维远泰克科技有限公司的经济利益；深圳莱特利森科技有限公司明知该信息来源，却予以使用以牟取经济利益，因此，王某丽、马某、深圳莱特利森科技有限公司共同侵害其商业秘密。

深圳市中级人民法院二审认为，从被上诉人提供之该证据载明的内容来看，双方联系人的电话、传真、邮箱等普通信息，没有反映出浙江仙琚制药股份有限公司作为特定客户的"交易的习惯、意向、内容"等特殊信息。且被上诉人与浙江仙琚制药股份有限公司此前仅有过一次交易，不符合"长期稳定交易关系"的法定构成要件，因此判决不构成侵害商业秘密。

本案启示

客户名单，一般是指客户的名称、地址、联系方式以及交易的习惯、意向、内容等构成的区别于相关公知信息的特殊客户信息，包括汇集众多客户的客户名册，以及保持长期稳定交易关系的特定客户。在司法实践中关于经营信息的纠纷往往发生在原告公司与原告离职员工之间，客户曾经与该公司发生交易，其后又与离职员工或者该员工新设的公司发生交易，原告公司理所当然认为，该客户资源系其特定客户，认定其离职员工与自己的客户发生交易，员工"抢了其客户"就侵害其商业秘密。特定客户的法定构成要件主要包括：①保持长期稳定交易关系。②区别于相关公知信息的特殊客户信息。

No. 9【（2021）陕 01 知民初 1978 号】中星伟业通信科技有限公司与西安翼展宏图信息技术有限公司等侵害技术秘密纠纷案

案情介绍

中星伟业通信科技有限公司（以下简称中星伟业公司）于 2019 年 4 月 19 日应用户单位要求，立项研发涉案商业秘密北斗信标一体机。吴某龙曾在科研院所工作，2009 年 5 月 20 日入职中星伟业公司任总经理职务至 2020 年 3 月，其间系公司法定代表人。吴某龙在中星伟业公司任职期间，签订了保密协议。在涉案商业秘密项目立项审批、内部评审、研发制图、设备销售、出厂质检的过程中，吴某龙作为该公司时任总经理有多处签字确认。中星伟业公司在企业生产经营过程中制定了多部保密规定及企业涉密文本管理规则。

西安寰宇赛特信息科技有限公司于 2018 年 11 月 27 日登记成立，2021 年 2 月 9 日更名为西安翼展宏图信息技术有限公司（以下简称翼展宏图公司）。翼展宏图公司的法定代表人及股东之一刘某，系吴某龙的妻弟。吴某系吴某龙之子，无相关技术背景，自翼展宏图公司成立以来，任市场部负责人。2019 年 6 月 30 日翼展宏图公司向国家知识产权局提出发明专利申请，发明人吴某、李某曦、刘某雅，其他发明人请求不公开姓名；该专利申请公布日 2019 年 9 月 17 日。在该发明专利的说明书中，专利文件对权利要求中所限定技术方案进行了说明，提供了具体实施方式，并公开了专利技术方案的结构图、电气原理图、耐压结构体组成示意图和安装法兰示意图。

翼展宏图公司称该专利正在实质审查过程中，申请涉案专利系用于高新企业申请之目的，从未计划对涉案专利进行生产制造和销售。经比对，翼展宏图公司申请的专利文件所载内容，与中星伟业公司技术秘密载体所载内容，存在诸多部分相同或实质性相似。中星伟业公司认为，翼展宏图公司、吴某龙、吴某的行为，导致其技术秘密已经被公之于众，严重损害了中星伟业公司的合法权益，故原告诉至法院，请求：①翼展宏图公司立即停止使用中星伟业公司的技术秘密"北斗信标一体机技术"；②翼展宏图公司、吴某龙、吴某共同赔偿中星伟业公司损失300万元。

法院视角

陕西省西安市中级人民法院经审理认为，中星伟业公司主张的部分技术符合商业秘密的特征；翼展宏图公司、吴某龙、吴某有机会获取商业秘密；被控侵权人申请的专利与权利人主张的商业秘密相同；被控侵权人不能提供其使用商业秘密的合法来源；因吴某龙违反保密义务，将中星伟业公司"北斗信标一体机"技术秘密向他人披露，构成对中星伟业公司技术秘密的侵犯；翼展宏图公司明知吴某龙向其披露的技术信息系中星伟业公司的技术秘密，仍然使用该技术秘密并作为发明专利予以公开，同样构成对中星伟业公司技术秘密的侵犯；吴某在明知或应知上述事实的情况下，在侵害中星伟业公司技术秘密的发明专利上作为第一发明人署名，从中获得特定利益，侵犯了中星伟业公司的技术秘密。考虑到本案的实际情况，对中星伟业公司"北斗信标一体机技术"尚未公开的技术秘密，翼展宏图公司应停止使用至该技术全部秘密内容已为公众所知悉为止；参考中星伟业公司提出的"北斗信标一体机"技术的研发成本、设备单价、设备销量、因维权而支付的合理支出等因素后，本院确定全额支持中星伟业公司损失数额为300万元。遂判决：翼展宏图公司、吴某龙、吴某立即停止使用中星伟业公司"北斗信标一体机"技术秘密至该技术全部秘密内容已为公众所知悉为止；翼展宏图公司、吴某龙、吴某连带赔偿中星伟业公司损失（包括合理维权费用）300万元；驳回中星伟业公司其余诉讼请求。

本案启示

秘密性，是指商业秘密不为行业公众普遍知悉和不容易获得。

首先，商业秘密权利的特点，权利主体的相对排他性，不同的权利人可能分别独立持有相同或者相类似的商业秘密。

其次，商业秘密的内容，按照反不正当竞争法规定的构成要件，将为公众所知悉的信息进行整理、改进、加工后形成的新信息，在被诉侵权行为时符合本规定第三条规定的，应当认定该新信息不为公众所知悉。可见，对公有领域的信息重新汇编和组合后仍可构成商业秘密，并不要求权利人独占控制该秘密信息。

再次，在本案中，被控侵权人因职务之便有机会获取涉案商业秘密（或许获取了更多商业秘密，但原告在本案中未主张）后，违反保密义务使用了与权利人主张的商业秘密相同的技术方案并以申请专利的形式公开了该部分技术信息，且不能提供该部分技术信息的其他合法来源。

最后，被告依法应停止使用该专利技术。同时，涉案技术信息可能并未因涉案专利的公开而全部丧失秘密性，对尚未公开的部分，被告应停止继续披露使用该技术全部秘密至其已为公众所知悉为止。

在本案中，被控侵权人违反《公司法》规定的高级管理人员的保密义务和约定的保密义务，不当获取、对外披露、允许他人使用原告公司的商业秘密，侵犯了原告的商业秘密。同时，被告盗用他人技术成果申请专利并谋求国家高新技术企业认定，在侵犯了原告商业秘密的侵权行为之外，还骗取国家对于自主创新企业及其成果的产业扶持补贴，这不仅损害了权利人的利益，实质上还在明知其盗用他人创新成果的情况下破坏了国家的专利保护制度，也涉嫌不当利用国家的高新技术产业发展政策故意骗取国家税收补贴。

可见，被告采用"不当获取秘密＋申请发明专利＋获取高新认定"的手段，既给企业带来多重法律风险，也给公司的可持续经营带来诸多不确定性影响。正确理解商业秘密及相关法律法规、政策的有关规定，依法、合规经营，对企业健康、可持续发展，是至关重要的。

No. 10【(2019)闽民终715号】福建省新天国际会展有限公司、领肯（厦门）会展服务有限公司侵害经营秘密纠纷案

案情介绍

福建省新天国际会展有限公司（以下简称新天公司）成立于2007年1月11日，经营范围为展览服务，对外贸易，日用百货、五金、交电、化工、服装、鞋帽、工艺美术品的批发。（一审被告一）领肯（厦门）会展服务有限公司（以下简称领肯公司）成立于2015年7月6日，经营范围为市场管理、会议及展览服务、提供企业营销策划服务、经营各类商品和技术的进出口等。（一审被告二）黄某盛于2007年11月1日入职新天公司。2015年1月7日，

新天公司与黄某盛签订劳动合同。同日，新天公司与黄某盛签订竞业限制协议。2015年10月8日，黄某盛与新天公司协议终止劳动合同的履行，黄某盛从新天公司处离职，离职前黄某盛担任新天公司市场部高级经理。（一审被告三）贺某于2007年入职新天公司。2015年1月12日，新天公司与贺某签订劳动合同，约定贺某的工作岗位为销售类别。同日，新天公司与贺某签订竞业限制协议。2015年4月24日，贺某与新天公司协议终止劳动合同的履行，贺某从新天公司处离职。离职前贺某担任新天公司美容组高级经理。

2016年3月24日，新天公司向黄某盛发函，告知黄某盛因其离职后就职于与新天公司有竞争关系的领肯公司，违反了与新天公司签订的竞业限制协议，新天公司停止向其支付竞业限制补偿金。

新天公司将本案中请求保护的客户信息存储于新天公司奥汀CRM客户管理软件数据库中，该管理软件对新天公司不同层级的员工设置了不同的查询、使用权限，员工因工作需要导出客户信息的，须在系统中提出导出申请，经数据管理员核实审批之后方可导出相应数据。经新天公司审核，黄某盛先后于2015年7月1日、8月19日导出部分新天公司石材类客户信息。新天公司奥汀CRM客户管理软件数据库中记载的客户信息除客户名称、联系电话等一般性信息外，还包括客户的产品分类、意向参加的展会、跟过我团或他团、客户等级以及参展决策人姓名、联系方式等深度信息。庭审中，新天公司主张福建晟晟贸易有限公司等42家客户信息，以及印度国际石材展（INDIASTONA）组委会的相关信息为其经营秘密。

（一审被告二）黄某盛在其微信号朋友圈中多次发布以领肯公司的名义组织、带领客户（参展商）参加境外会展或者与领肯公司有关的会展广告信息，为领肯公司的会展服务进行营销推介。领肯公司微信公众号上发布的2017年石材会展计划显示"大盛"是领肯公司石材组的联系人。（一审被告三）贺某在其微信号朋友圈中多次发布以领肯公司的名义组织、带领客户（参展商）参加会展或者与领肯公司有关的会展广告信息，为领肯公司的会展服务进行营销推介。2017年7月19日，博罗那展览（上海）有限公司发布声明，声称领肯公司及贺某冒充该公司的母公司博洛尼亚展览集团的代理商，违规向客户发送2017年北美拉斯维加斯美容展的招展函、相关宣传资料并销售国际区域的展位给中国公司。

法院视角

根据新天公司提交的展会付款凭证，新天公司与福建晟晟贸易有限公司等客户2012年至2016年存在稳定的交易关系。通过与这些客户的沟通、交易，新天公司会对这些客户的参展习惯、参展所需面积、可以接受的展位价格、实际决策人信息甚至生活习惯等深度信息有一定的了解，如果新天公司将这些深度信息记载在某些载体上，比如其工作使用的奥汀数据库，并采取与之相适应的保密措施，这些信息应当属于法律所保护商业秘密中的"客户名单"。但是，本案中新天公司主张商业秘密所列明的具体秘密点主要是客户地址、电话、网址、所属行业、客户产品、跟随展团名称、联系人电话、邮箱等，尽管对于不熟悉情况、不属于会展行业的人可能不会快捷地获得这些信息，但这些信息仍然可以通过公开渠道，例如参加展会、收集展会会刊、查看相关政府网站等方式获得，因此，这些信息不能认定属于"不为公众所知悉"的信息。事实上，从新天公司的陈述看，其众多客户名单的形成，也是基于参加展会、收集行业年刊等公开渠道所获得。作为商业秘密保护的经营信息，应当是权利人与特定客户之间在经营过程中形成的、一般公众通过公开渠道无法接触到的特殊信息，新天公司不能仅因整理、汇总相关企业信息就获得法律对这些信息的商业秘密保护。新天公司主张的客户名称、跟过我展团名称、跟过他展团名称等经营信息，不属于法律保护的经营秘密范围，其所主张的商业秘密不能成立。领肯公司、黄某盛、贺某对此上诉有理，应予支持。一审法院认定实际决策人、参展习惯、参展需求、历年参展情况等深度信息属于新天公司的商业秘密，与新天公司主张不符，应予纠正。

本案启示

客户名单中相关信息是否属于商业秘密，往往是企业普遍重视、多发侵权且争议较大的一部分商业信息。

首先，本案中权利人并未将客户的参展习惯、所需参展面积、可接受的展位价格区间、内部决策流程、实际决策人信息甚至生活习惯等对达成交易并稳固合作关系有价值的深度信息及时、完整地记载在某些载体上——比如其工作使用的奥汀数据库，并采取与之相适应的保密措施。尽管对于不熟悉情况、不属于会展行业的人可能不会快捷地获得这些信息，但这些信息仍然可以通过公开渠道，例如参加展会、收集展会会刊、查看相关政府网站等方式获得，因此，这些信息不能认定属于"不为公众所知悉"的信息。管理措施的疏漏导致其主张的客户名单中的信息容易被行业公众获得从而不具有秘密性。

其次，新天公司与员工签署保密协议、竞业限制协议的时间较晚，说明其对商业秘密的认知和法律保护的认识明显不足，导致公司及其员工的保密意识较弱，对保密对象的内容及其范围或者边界认识也相对模糊。当然，在保密协议签署后相关商业秘密依法可以受到法律保护，但签署保密协议以前形成的商业信息，就很有可能因为保密要求不清楚而不能被依法认定为商业秘密。这也为员工无意识泄密或者认识错误泄密留有隐患。

最后，任何公司如果想通过商业秘密手段保护其商业信息及其带来的竞争优势，从而保护其市场份额或者地位甚至声誉，在上述全面认识商业秘密的法律规定和法律特征并依法采取合理的保密措施以外，在起诉不正当竞争行为前，应全面收集证据并审慎评估各项证据的证明力，必要时可通过委托律师采取模拟法庭测试攻防策略及时补足证据，防止浪费不必要的资源在诉讼程序中，当然也浪费了司法资源。

笔者在分析该案例过程中发现，本案一审被告二黄某盛诉原告福建省新天国际会展有限公司股东知情权纠纷案【（2017）闽0111民初5357号案】一审民事判决书。可知，企业与员工间的雇佣关系、合作关系和竞争关系一直并存，需要多种法律予以规范和调整。因此，企业在日常经营中需要全面了解不同经营行为、管理行为可能存在的法律关系、法律事实，以及可能会面临哪些类型的经营风险、管理风险及法律风险。

No.11【（2019）豫知民终229号】张某峰、王某娟侵害商业秘密纠纷案

案情介绍

海通公司成立于2008年7月2日，类型为自然人独资有限责任公司，经营范围：汽车零配件、机电设备、润滑油销售等。

2016年1月1日，海通公司与张某峰签订了一份从2016年1月1日至2018年12月31日的有固定期限的劳动合同及保密及竞业限制协议。2019年3月31日，张某峰与海通公司签订了离职协议，解除双方的劳动合同关系，海通公司在竞业限制期满后15日内一次性支付给张某峰经济补偿4800元。

海通公司的客户信息包括客户名单、地址、联系电话、客户需求规律、产品定价策略、历史销售记录、物流方式、返利政策等信息，存储于ERP云系统。在该系统中，通过身份认证、权限限定、业务权限申请及分配等保密手段，来实现客户信息的保密。张某峰是海通公司的前员工，负责江淮重卡配件的采购与销售，有ERP云系统的操作、业务等相应权限，有机会接触并知悉海通公司的上述客户信息。

张某豪承租郑州新豪汽配（万通汽博园 B2-08）房屋，与张某峰、王某娟以该房屋为中转点共同经营汽车配件。其通过黑豹物流进货，进货来源（上游客户）与海通公司（合肥）、欧某会、朱某风、王某岩、耿某等上游客户相同。其通过"万××"物流、贰仟家等多家物流向客户发货（下游客户），这些下游客户中有海通公司河南省驻马店市曹某飞、河南省信阳市尚某等 19 家客户相同。

2018 年 10 月以来，海通公司与涉案的 19 家客户交易信息。2019 年 3 月至 2019 年 10 月，张某峰、王某娟、张某豪与涉案的 19 家客户交易信息。

法院视角

关于是否不为公众所知悉的问题，海通公司称张某峰、王某娟、张某豪侵犯其商业秘密，主张其在多年经营过程中形成的客户信息包括客户名单、地址、联系电话、需求规律、产品价格、历史销售记录、物流方式、返利政策等，不是客户名单的简单罗列。关于保密措施，海通公司的客户信息存储于 ERP 云系统，进入该系统需要账号和密码，通过身份认证、操作权限限定、业务权限申请分配等保密手段，而且相关员工都签署了《保密及竞业限制协议》，使得该客户信息不被公众所知悉。为证明张某峰、王某娟、张某豪存在侵犯其经营秘密的行为，海通公司提交了张某峰、王某娟、张某豪与汽车配件经销商之间的物流单，根据物流单载明的内容，张某峰、王某娟、张某豪与涉案客户之前存在长期合作关系，交易频繁，交易金额大。海通公司提供的物流单内容显示，包含有发货人、收货人的姓名、电话，发货时间，运费，代收款等内容。且张某峰与海通公司签订有保密协议，对海通公司的客户信息、经营信息有保密义务，可以认定海通公司拥有的客户名单信息符合商业秘密的法定条件。

本案启示

商业秘密的自我管理，是具有保密性并获得法律保护的重要条件之一。而 ERP 云系统为代表的企业信息管理系统，是加强商业秘密管理的有效工具之一。

ERP 云系统在企业经营中被广泛应用，而且跟日常业务流、审批流充分融合，因此不同类型的商业信息尤其商业秘密会在系统内产生、存储、流转和审批。ERP 信息系统的使用也使得证据的固化、收集、留痕、存储、分类分级、调取和审计更加方便，类似的还有客户关系管理 CRM 系统、销售管理系统等等，企业的信息化程度也从一定程度上助推了商业秘密管理水平的提升。商业秘密的保护在实践中应特别注意软硬件的结合，并配以相对应的管理策略和管理流程，才可能取得比较好的保密效果。

No. 12【(2021)粤 73 民终 5578 号】广州晟视电子科技有限公司、刘某雯等侵害商业秘密纠纷案

案情介绍

广州晟视电子科技有限公司（以下简称晟视公司）成立于 2006 年 9 月 25 日，法定代表人孙某。

2015 年 4 月 21 日，晟视公司（甲方）与刘某雯（乙方）签订劳动合同，约定由乙方在甲方市场部门担任经理岗位。2020 年 4 月 20 日，晟视公司（甲方）与刘某雯（乙方）再次签订劳动合同，约定由乙方在甲方市场部门担任市场销售经理岗位。其他内容与前述合同相同。刘某雯在晟视公司处任职期间一直使用"刘某雯"作为其名字。

2019 年 2 月 28 日至 2020 年 4 月 13 日，刘某杰在晟视公司技术部门担任技术工程师岗位。2020 年 4 月 13 日，刘某杰因个人原因向晟视公司提出离职申请，晟视公司于同日出具《离职证明》，双方解除劳动关系。刘某雯、刘某杰系姐弟关系。

2019 年 7 月 16 日，天予嘉蓝公司成立，法定代表人为刘某杰，类型为有限责任公司（自然人独资），刘某杰为其唯一股东。

2014 年、2015 年、2017 年，晟视公司分别中标广州农村商业银行（以下简称广州农商行）监控设备项目，成为广州农商行相关项目的成交供应商。其中，2015 年的《监控安防设备项目》授权代表为孙某、刘某雯，经过两次投标报价中标；2017 年的《监控设备项目》授权代表为孙某、刘某雯，经过三次投标报价中标。晟视公司在 2017 年中标广州农商行的项目后，与广州农商行签订了《广州农村商业银行监控安防设备采购框架合同》。

晟视公司、天予嘉蓝公司均参加了 2020 年广州农商行"监控设备项目（第二次）（子包一）（子包二）"（以下简称涉案项目）的投标，晟视公司的授权代表为孙某、刘某雯，天予嘉蓝公司的授权代表为刘某杰、成某宇。在"监控设备项目（第二次）（子包一）"第二轮报价中，晟视公司投标品牌为松

下,投标价格分别为 1280 元、1450 元、1380 元、5600 元,天予嘉蓝公司的投标品牌为霍尼韦尔,投标价格分别为 1245 元、1350 元、1245 元、5200 元。

2020 年 6 月 29 日,晟视公司向广州农商行发送了《投诉书》,其认为刘某雯、刘某杰两人在晟视公司任职期间知悉其重要商业机密和竞争优势的情况下,直接影响了中标结果,损害了其正当权益。2020 年 7 月 1 日,晟视公司出具《开除员工通知书》。2020 年 7 月 28 日,广州农商行与晟视公司法定代表人孙某、松下电器(中国)有限公司梁某彬就"关于监控设备项目(第二次)中标结果异议的回复"进行了约谈,根据《约谈记录》,广州农商行接到有关投诉后,经调查,认为天予嘉蓝公司在监控设备项目(第二次)投标过程中存在提供不实材料的行为,且天予嘉蓝公司法定代表人与晟视公司本项目授权代表为姐弟关系。广州农商行取消天予嘉蓝公司在监控设备项目(第二次)的中标资格,监控设备项目(第二次)采购失败。

法院视角

本案中,对于涉案投标报价是否构成商业秘密,刘某雯、刘某杰、天予嘉蓝公司以涉案投标报价不具有实用性为由主张其不构成商业秘密。对此,本院认为,根据涉案项目招标文件的记载,涉案项目采用综合评分法进行评标,具体评分项包括测试和价格。从广州农商行往年的项目评标规则来看,价格评分占项目的综合评分的 60%,价格评分系根据投标人的有效报价与基准报价的偏离程度,对投标人的价格分数进行扣减后计算得出,分数由 20 分到 60 分。可见,投标人的有效报价直接影响其是否中标,而中标必然能为投标人带来经济利益。在投标人的有效报价被披露的情况下,投标人必然会丧失竞争优势,而竞标方获取另一方的报价必然增加了竞争优势。本案中,天予嘉蓝公司的四项报价均低于晟视公司,从而成功中标的事实也印证了投标价格能为竞标人带来竞争优势。因此,涉案项目的投标价格具有实用性。刘某杰、天予嘉蓝公司还主张涉案投标价格不具有秘密性,其以参与投标的产品价格不具有秘密性为由主张投标价格不具有秘密性,明显不能成立。故一审认定涉案投标价格构成商业秘密正确。对于客户信息是否构成商业秘密,晟视公司主张的客户信息载体为若干商业合同,但这些商业合同中,部分为晟视公司与客户签订,部分为天予嘉蓝公司与客户签订,这些合同没有体现晟视公司所主张的客户的交易习惯、意向等深度信息。晟视公司亦未举证证明这些合同中的客户信息具有区别于公共信息的特定性,以及经过晟视公司花费相当的时间和经费获得。因此,晟视公司上诉主张涉案客户信息构成商业秘密,理由证据不足,本院不予支持。

本案启示

对于总承包工程类公司来说，客户信息以及与客户间的关系是公司的生命线。由于产品与服务的来源主要是第三方，商业秘密相对于常见的其他知识产权，构成了公司商业竞争的基石。本案中招投标信息被确认为商业秘密，作出了不利于不正当竞争方的判决，维护了市场竞争的秩序。

No.13【（2022）京73民终68号】有家（天津）企业管理有限公司与北京市盈科（大连）律师事务所等侵害经营秘密纠纷案

案情介绍

2018年8月24日，张某辉（甲方）与有家（天津）企业管理有限公司（以下简称有家公司）（乙方）签订《委托服务合作协议》。另外，该合同所附格式条款还约定了合作内容、双方的权利和义务、违约责任、争议解决方式等内容。合同所列附件：第一，合作房屋情况；第二，甲方身份证明；第三，装修授权书（本案中当事人未将其作为证据提交）。

后张某辉与有家公司因履行《委托服务合作协议》产生争议。张某辉作为申请人，有家公司作为被申请人，张某辉委托北京市盈科（大连）律师事务所，于2019年2月11日向中国国际经济贸易仲裁委员会（以下简称贸仲）申请仲裁。经审理，贸仲于2019年8月13日出具（2019）中国贸仲京裁字第1205号《裁决书》。

1205号《裁决书》第三部分"裁决"：根据上述仲裁庭意见，仲裁庭裁决如下：第一，本案《委托服务合作协议》于本裁决作出之日解除；第二，被申请人向申请人退还人民币640000元；第三，驳回申请人的其他仲裁请求；第四，驳回被申请人的仲裁反请求；第五，本案仲裁费为人民币29800元，由申请人承担10%，即人民币2980元，由被申请人承担90%，即人民币26820元。本裁决为终局裁决，自作出之日起生效。

有家公司因不服1205号《裁决书》，向北京市第四中级人民法院提起撤销仲裁裁决申请。北京市第四中级人民法院于2019年11月14日作出（2019）京04民特567号《民事裁定书》，裁定驳回有家（天津）企业管理有限公司的申请。

2018年12月3日，有家公司（乙方）与案外人高某滨（甲方）签订《委托服务合作协议》。后高某滨与有家公司因上述《委托服务合作协议》产生争议，高某滨作为申请人向贸仲申请仲裁（案号 DE20200123），高某滨委托盈科律师事务所曲仁民律师作为代理人。2020 年 11 月 17 日，曲仁民律师向贸仲提交《关于提交〈(2019) 中国贸仲京裁字第 1205 号裁决书〉材料的使用说明》，载明：中国国际经济贸易仲裁委员会：鉴于《(2019) 中国贸仲京裁字第 1205 号裁决书》与本案具有共通性，为本案仲裁庭的参考材料，现予以提交，仅供仲裁庭内部参考使用。由于《裁决书》为另案裁决文书，结合《仲裁规则》对保密的有关规定，该《裁决书》的使用范围仅限于本案仲裁庭相关人员内部参照使用，均不得对外界透露本《裁决书》的有关情况。

另查明，2020 年 12 月 7 日，有家公司、北京天下有家信息技术有限公司与北京市炜衡律师事务所签订《委托代理协议》；甲方拟向北京市盈科（大连）律师事务所与北京市两高律师事务所举报两起违规行为。

法院视角

本案中，认定张某辉、盈科律师事务所是否侵权的前提是有家公司所主张的客体是否属于商业秘密。依据有家公司一审中提出的事实、理由，其所主张的侵权行为是盈科律师事务所将 1205 号《裁决书》提交给另一相似案件的仲裁庭，以获取另案的胜诉机会，因此，有家公司所主张的商业秘密的客体是 1205 号《裁决书》记载的基本事实、仲裁庭意见以及裁决结果，并不是一审法院所认定的该裁决书载明的张某辉与有家公司《委托服务合作协议》合同具体内容。一审法院对此认定错误，本院予以纠正。关于 1205 号《裁决书》载明的相关信息是否属于商业秘密，本院认为，反不正当竞争法所称的商业秘密，是指不为公众所知悉、具有商业价值并经权利人采取相应保密措施的技术信息、经营信息等商业信息。仲裁制度设立的目的是保证公正、及时地仲裁经济纠纷、保护当事人的合法权益，裁决书则是仲裁机关依照法定的程序作出的有法律效力的文书，裁决书所记载的事实、仲裁庭意见以及裁决结果等是法律规定必须写明的信息，是认定争议事实和责任承担的载体，这些信息并不会给当事人的经营活动带来商业意义上的具有现实的或者潜在的商业价值，不符合法律规定的商业秘密的价值性要件。此外，商业秘密中的保密措施应当是为防止信息泄露，权利人主动采取的与其商业价值等相适应的措施，而本案中有家公司主张的对商业秘密采取的保密措施是《中国国际经济贸易仲裁委员会仲裁规则》第三十八条规定，该规则并不是有家公司自身设立的保密措施，因此，有家公司所主张的裁决书信息亦不符合法律规定的商业秘密的保密性要件。综上，有家公司所主张的裁决书并不属于反不正当竞争法规定的商业秘密，因而张某辉、盈科律师事务所并未侵犯其所主张的商业秘密。有家公司的诉讼请求无事实和法律依据，应当予以驳回。一审法院裁判结果正确，本院予以维持。

本案启示

裁决书不具有价值性，从而不具备法定三个构成要件，并不属于反不正当竞争法所称的商业秘密。同理，在法院已公开判决书里记载的商业信息，也不宜作为商业秘密加以保护。

律师在代理当事人案件时应恪守《律师法》所规定的相关义务。

No. 14【（2021）粤民申 4737 号】广州市宝力达电气材料有限公司、周某东等侵害商业秘密纠纷案

案情介绍

广州市宝力达电气材料有限公司（以下简称宝力达公司）申请再审称：①原审未依当事人申请调查收集涉案关键证据，导致案件事实未能查明，构成程序违法。②二审判决认定客户信息不构成商业秘密，事实认定错误。③二审法院未考虑 2019 年《反不正当竞争法》第三十二条对是否构成商业秘密以及是否侵犯商业秘密问题举证责任倒置的要求，仍然要求申请人承担举证责任，法律适用有误。④二审判决援引《最高人民法院关于审理侵犯商业秘密民事案件适用法律若干问题的规定》第二条，认定被申请人并未采用不正当手段获取申请人的客户信息，应由周某东对信息披露承担责任，属于事实认定错误、法律适用错误。⑤申请人请求赔偿数额合理合法，请求再审法院依法改判支持申请人全部请求。综上，请求法院：①依法撤销一、二审判决；②依法改判硕津公司立即停止侵犯宝力达公司商业秘密的行为；③依法改判硕津公司就其侵权行为赔偿宝力达公司 22330667.61 元。

法院视角

本案申诉程序中，宝力达公司主张其要求保护的客户信息不限于单一客户名称及基本信息，还包含了客户交易的意向、习惯、销售对接渠道、销售价格

等多项内容，且有具体的载体即宝力达公司提交的历年以来与福斯特公司等的交易合同、交易发票和送货单、与客户的往来邮件，构成商业秘密。对此，本院认为，福斯特公司的工商登记信息可以通过公开渠道获得，不具有秘密性。至于宝力达公司主张客户信息还包含了客户交易的意向、习惯、销售对接渠道、销售价格等多项内容，并在申诉程序中主张前述信息具体的载体为宝力达公司历年以来与福斯特公司等的交易合同、交易发票和送货单、与客户的往来邮件，对此，本院认为，宝力达公司在二审主张其提交交易合同、交易发票和送货单、与客户的往来邮件的目的是，用以证明福斯特公司是宝力达公司付出大量人力、物力开发、维护，建立并维系了长期交易习惯的客户，并未提及其证明目的是证明硕津公司总经理童某接触过前述交易合同、交易发票和送货单、邮件并通过此获得宝力达公司主张保护的商业秘密。再者，童某作为硕津公司员工应其上级公司德国优耐德公司的要求至宝力达公司担任翻译工作，根据其工作职责考虑，一般情况下，其并无机会接触到宝力达公司历年以来与福斯特公司等的交易合同、交易发票和送货单、与客户的往来邮件。而且，若宝力达公司主张童某有前述接触行为，应当举证证明，其却未提交该方面的证据。综上，由于宝力达公司在原审并未主张，且本案没有证据证明童某是通过接触前述交易合同、交易发票和送货单、与客户的往来邮件了解宝力达公司主张保护的商业信息，故宝力达公司在申诉中主张前述交易合同、交易发票和送货单、邮件是本案要求保护的商业秘密的具体载体，依据不足，本院不予支持。如前所述，宝力达公司要求保护的客户信息仅有福斯特公司一个主体，且其要求保护的信息无具体的载体，故宝力达公司要求保护的信息不构成商业秘密。宝力达公司对此并未完成初步举证责任，不存在举证责任转移到对方的问题。因此，原审法院对此问题的认定及举证责任分配并无不当。宝力达公司的该项申诉理由依据不足，本院不予支持。

鉴于宝力达公司主张保护的客户信息不构成商业秘密，硕津公司的行为不构成侵权，本院对其余争议焦点不予述评。

本案启示

保密管理，企业应制定商业秘密识别、分类、管理、使用和审计等一系列保密管理相关制度，在商业秘密的产生、运用中，平时注意相关证据留痕并及时积累，而不是等发生纠纷后费力收集甚至在诉讼中请法院依职权调取证据。

而且，虽然2019年反不正当竞争法修订时增加了举证责任附条件转移的条款，依然需要原告起诉时有初步证据证明其已经对所主张的商业秘密采取保密措施，且合理表明商业秘密被侵犯。

No. 15【（2020）沪73民终596号】沈某等与江苏万千化学科技有限公司等侵害经营秘密纠纷案

案情介绍

其一，当事人的基本情况。

慎则公司成立于2010年12月2日，经营范围包括化工、电子科技领域内技术开发、技术咨询、技术服务、技术转让，化工原料及产品，电子商务等。其中，电子商务这一经营范围系2017年7月28日增加。慎则公司系案外人密尔克卫公司的全资子公司。

江苏万千化学科技有限公司（以下简称江苏万千公司）成立于2017年11月2日，经营范围包括化工科技领域内的技术开发、技术服务，化工产品，电子商务服务等。其中，电子商务服务这一经营范围系2019年5月7日增加。案外人江阴A公司为江苏万千公司的母公司，二者拥有共同的股东及高级管理人员曹某。

沈某、詹某平分别于2017年4月20日和8月28日进入慎则公司处工作，分别担任线上交易部总经理和副总经理。肖某梅于2018年11月1日进入慎则公司，在慎则公司平台部从事电商运营工作。2019年6月10日，肖某梅从慎则公司处离职。同年6月20日，沈某离职。同年6月26日，詹某平离职。

其二，各方当事人分别与涉案客户的关系。

（1）各方当事人与阿科玛公司的关系。

2018年5月28日，慎则公司与阿科玛公司签订《网店运营服务及销售合同》，该合同由慎则公司的线上交易事业部员工言某提交审批表，沈某在"BU总经理意见"处签字审批。

阿科玛公司的员工于2019年5月7日将阿科玛公司与慎则公司间续签合同的补充协议空白文本发送给詹某平的工作邮箱。

2019年6月11日，言某提交合同审批表，显示审批事项为"1. 阿科玛电商服务已终止，提供完毕。剩下代开票，未结事宜6660元。2. 延展期我公司不承担任何违约责任，原有服务已作内部交接安排并签订保密协议"，沈某在"BU总经理意见"处签字。审批后，慎则公司与阿科玛公司及其关联方签订《补充协议》。

阿科玛公司的员工于 2019 年 7 月 8 日将阿科玛公司 1688 网店的周报数据发送给沈某的个人邮箱，并抄送给詹某平的工作邮箱。2019 年 7 月 11 日，案外人上海 C 有限公司（以下简称 C 公司）在阿科玛公司的 1688 网店购买 1300 元的产品，江苏万千公司收取货款并开具发票。2020 年 3 月 31 日，詹某平曾在慎则公司处使用的工作邮箱收到阿科玛公司员工发送的邮件，内容为 1688 网店准备上线的产品列表。

肖某梅的电脑中有以下材料：①阿科玛公司 1688 网店的买家须知，称阿科玛公司授权慎则公司对本店产品进行网络分销并由其提供售后服务，所售产品由慎则公司开具增值税发票。②盖有江苏万千公司及 C 公司、江阴 A 公司公章的连带保证书，内容为江阴 A 公司作为保证人，为江苏万千公司（客户）向 B 公司（受益人）购买货物的相应责任承担连带保证。

（2）各方当事人与赢创公司的关系。

2017 年 9 月 1 日，慎则公司与赢创公司签订《网店代运营合同》，约定慎则公司为赢创公司提供 1688 网店的开通、设计、装修、维护、运营、产品营销和促销等服务。

2019 年 6 月 18 日，赢创公司的员工给慎则公司员工发送电子邮件，内容为"我们与上海慎则的合同即将到期。之前联系沈总，他用万千化学的名义报价了。昨天接到你的电话才知道沈总已经离开慎则……"现慎则公司仍与赢创公司继续前述 1688 网店的代运营合作。

（3）各方当事人与诺维信公司的关系。

2019 年 4 月 25 日开始，沈某、肖某梅、詹某平使用在慎则公司处的工作邮箱多次就诺维信网店的开通、装修、运营等事宜与诺维信公司员工进行沟通，肖某梅还两次向诺维信公司的员工及沈某、詹某平发送关于诺维信网店的周报，邮件内容显示该网店已产生订单。

2019 年 5 月 24 日，诺维信公司将其网店运营服务合同的空白文本发送给沈某的工作邮箱，沈某同日回复了关于合同的修改意见。该合同文本显示，由诺维信公司与江苏万千公司于 2019 年 5 月 28 日签订。

2019 年 5 月 28 日，诺维信公司的员工将诺维信网店买家须知中的声明内容发送给肖某梅，并抄送给詹某平等慎则公司员工，声明内容包括"除非本公司另行说明，本店铺所有开票事宜均由诺维信线上唯一官方认证的服务商（江苏万千化学科技有限公司）代为处理……"。

经慎则公司申请，上海辰星电子数据司法鉴定中心对沈某、詹某平、肖某梅的工作电脑中的数据信息进行数据恢复和固定保全，显示詹某平的电脑中有大量江苏万千公司的文件，包括该公司的三证、开票资料、交易详情及该公司对赢创公司续费的报价。

其三,其他事实。

一审法院在审理中,曾至慎则公司档案室核对证据,在进档案室前需经过人脸识别、指纹识别、门上的物理锁等多道防卫,文件柜也上锁,阅看文件时有慎则公司员工在场监督。

法院视角

本院认为,一审法院依据《反不正当竞争法》第九条第四款的规定,对于被上诉人慎则公司在本案中所主张之信息是否具备不为公众所知悉、具有商业价值以及已采取相应保密措施的构成要件,进行了充分详尽的阐述,从而认定被上诉人慎则公司在与阿科玛公司、赢创公司、诺维信公司三家客户前期磋商或合作过程中所形成的特定商业采购信息不为所属领域相关人员普遍知悉和容易获得,这种专属于被上诉人的商业机会具有现实的商业价值,且被上诉人采取了与商业秘密内容、商业价值等相适应的保密措施。本院对一审判决相关理由以及涉案信息属于经营秘密的结论予以认同,故不再赘述。上诉人沈某认为,上述信息并不构成商业秘密,其主要理由是被上诉人没有客户名册且与涉案三家客户不具有长期稳定的交易关系、三家公司信息容易通过公开渠道或者正当方式获取、所采取的保密措施无法起到保密作用等。本院注意到,该些上诉意见与上诉人沈某在一审中的相关答辩意见基本一致,本院认可一审法院对此所作出的回应。同时,本院认为,《反不正当竞争法》司法解释中述及的"汇集众多客户的客户名册"以及"保持长期稳定交易关系的特定客户信息"只是商业秘密中客户名单的两种表现形式,只要权利人请求保护的客户信息符合商业秘密的一般构成要件,就可以作为反不正当竞争法所界定的经营秘密予以保护。因此,上诉人沈某针对商业秘密构成与否的上诉主张,不能成立,本院不予采纳。

就民事责任的承担,上诉人沈某认为,一审判决超出了被上诉人慎则公司的一审诉讼请求范围。本院认为,关于判项一,一审相应诉讼请求既要求立即停止侵犯商业秘密的行为,又列举了要求停止的具体行为,一审第一项判决内容并不存在扩大上诉人沈某义务范围的情形。关于判项二,被上诉人慎则公司一审诉讼请求明确的经济损失赔偿数额为1323640元,一审法院经审理后认为,难以根据慎则公司主张的计算方法认定其实际损失,亦难以查实侵权获利,遂综合考虑多方面因素后酌情确定经济损失赔偿数额为50万元。

综上所述,上诉人沈某、肖某梅的上诉请求不能成立,应予驳回;一审判决认定事实虽有瑕疵，但判决结果正确，可予维持。

本案启示

《反不正当竞争法》司法解释中述及的"汇集众多客户的客户名册"以及"保持长期稳定交易关系的特定客户信息"只是商业秘密中客户名单的两种表现形式，只要权利人请求保护的客户信息符合商业秘密的一般构成要件，就可以作为反不正当竞争法所界定的经营秘密予以保护。网站代运营工作中最重要信息就是客户信息与资料，本案当事人4月进入公司，11月就成立了与公司业务相竞争的公司，两年后才从公司离职。虽然法院最终支持了原告的主张，但是原告如果不及时推进合规管理工作，类似的事件还会继续发生。

No. 16【(2020)鲁民终 2721 号】瑞泰尔公司与青岛雪人电子技术有限公司、秦某萌侵害商业秘密纠纷案

案情介绍

瑞泰尔公司成立于 2001 年 4 月 10 日，经营范围为：生产、加工：电子产品；电器、电机维修；机械维修等。秦某萌于 2016 年 9 月起在瑞泰尔公司处工作，任销售经理，于 2017 年 11 月 7 日离职。杨某厚于 2012 年 2 月起在瑞泰尔公司处工作，任业务员，2018 年 7 月 21 日离职。2015 年 8 月 12 日，杨某厚与瑞泰尔公司签订《员工保密协议书》。

2017 年 8 月 10 日，青岛雪人电子技术有限公司（以下简称雪人公司）成立，法定代表人为秦某萌，股东为秦某萌与杨某厚。经营范围类似。

瑞泰尔公司明确其要求保护的客户名单为俄罗斯 REFTERMINALCO., LTD. 公司、意大利 CONTREPAIRSPAMOLOFORNELLI 公司。

一审法院依据瑞泰尔公司申请调取的海关出口货物报关单显示，在 2017 年 12 月至 2019 年 4 月，雪人公司共向意大利出口货物 8 笔，主要为压缩机、控制器等。

在 2017 年 12 月至 2019 年 4 月，雪人公司共向俄罗斯出口货物 6 笔，主要为压缩机、马达、控制器等。其中收货人为"REFTERMINALCO., LTD."的有 1 笔，交易金额为 20630 美元，联系人为"DANIELKOGAN"的有 1 笔，交易金额为 8835 美元。未显示收货人或收货人为其他的有 5 笔。在瑞泰尔公司提交的其与 REFTERMINALCO., LTD. 公司的交易往来证据中，部分合同的联系

人为 DANIELKOGAN。

法院视角

关于瑞泰尔公司的涉案客户名单是否构成商业秘密的问题：

第一，关于涉案客户信息是否具有秘密性问题。瑞泰尔公司与意大利 CONTREPAIRSPAMOLOFORNELLI 公司、俄罗斯 REFTERMINALCO.，LTD 公司形成了长期稳定的合作关系，双方基于长期合作关系所形成的交易习惯、交易模式、商品价格及支付方式等特殊信息构成区别于相关公知信息的深度客户信息。雪人公司、秦某萌、杨某厚主张瑞泰尔公司的涉案客户信息可以通过公开渠道直接获取，但其提交的国外公司官网截图真实性无法核实，且截图中仅显示公司名称、地址、联系方式、邮箱等简单信息，并无交易习惯、交易模式、商品价格及结算方式等相关深度客户信息，故雪人公司、秦某萌、杨某厚主张涉案客户信息可以从公开渠道获得依据不足，不能成立。一审法院认定瑞泰尔公司的涉案两家客户信息具有秘密性，并无不当。

第二，关于瑞泰尔公司是否对涉案客户信息采取了保密措施问题。本案中，杨某厚自 2012 年 2 月至 2018 年 7 月在瑞泰尔公司任业务员，能够接触到瑞泰尔公司的涉案客户信息，瑞泰尔公司 2015 年 8 月 12 日与杨某厚签订的《员工保密协议书》中明确约定了在职期间及离职后对客户信息的保密义务，可以认定瑞泰尔公司为防止其商业秘密泄露，对涉案客户信息采取了合理的保密措施。杨某厚主张其与瑞泰尔公司签订的《员工保密协议书》与涉案两家客户信息无关，这与《员工保密协议书》的约定不符，本院不予采信。

第三，涉案客户名单可以为瑞泰尔公司提供竞争优势，且瑞泰尔公司提交的国际支付收账通知单、增值税发票等证据可以证明双方进行了实际交易并为瑞泰尔公司带来经济利益，具有一定的商业价值。综上，一审法院认定瑞泰尔公司的涉案客户名单构成反不正当竞争法保护的商业秘密，并无不当。

综上所述，雪人公司、秦某萌、杨某厚的上诉请求不能成立，应予驳回；一审判决认定事实清楚，适用法律正确，应予维持。

本案启示

跨国贸易中涉案客户信息往往需要多年的积累而得，并会包含交易习惯、交易模式、商品价格及结算方式等信息，而这类信息也往往被认为是深度信息的佐证。

No. 17【(2020)京民申 4873 号】【(2020)京 73 民终 1 号】北京全研新材料科技有限公司等与北京国瑞升科技股份有限公司侵害经营秘密纠纷案

案情介绍

北京国瑞升科技股份有限公司（以下简称国瑞升公司）成立于 2001 年 6 月 28 日，其主营业务为开发、生产微米及纳米级研磨微粉、超精密抛光膜、精密抛光液；提供自产产品的技术服务；销售自产产品。涉及的产品有研磨纸、研磨带、研磨液、微粉等。

金某芳、自远公司法定代表人陈某军原系国瑞升公司员工。其中，金某芳入职时间为 2009 年 1 月，曾担任销售助理、海外销售经理、海外销售工程师等职务，2018 年 4 月 26 日正式离职。陈某军入职时间为 2008 年 7 月，曾担任研发工程师、研发主管等职务，2012 年 4 月离职。2017 年 12 月 21 日，北京全研新材料科技有限公司（以下简称全研公司）成立，该公司成立时的唯一股东和法定代表人为金某芳。2018 年 7 月，金某芳退出全研公司，不再担任股东及法定代表人等职务。自远公司（原名上虞市自远磨具有限公司）成立于 2012 年 5 月 3 日，法定代表人为陈某军。

国瑞升公司在本案中主张的经营秘密为客户名单，具体内容包括：客户代码、客户名称、简称、账号管理员、类型、地址、国家、地区、电话、负责人、支付条款、贸易类型、运输方式、行业类别、产品价格、产品详细规格需求、型号规格、发货的特殊要求、付款方式等信息。上述信息涉及国瑞升公司众多客户，并均以录入 GEO 系统的方式予以保存，并设有用户名、安全密码及使用权限。2008 年至 2018 年，国瑞升公司多次参加美国 OFC、欧洲 ECOC、韩国 LED、日本 SEICON、台北光电周等境外展会，以获取客户信息、拓展或维护客户，并形成参展报告或考察报告等对成果进行梳理总结，最终在其 GEO 系统中形成具体客户名单。

根据国瑞升公司提交的电子邮件显示，2018 年 4 月 19 日，国瑞升公司发现卢森堡客户 Dynabrade 误将给金某芳私人邮箱发送的电子邮件发至其离职前使用的工作邮箱，该邮件显示 2018 年 4 月 17 日至 19 日，金某芳以全研公司总经理的名义与该名客户达成抛光带货物订单。

2018 年 3 月 26 日起，金某芳陆续向韩国客户 3H 联络人詹森和斯科特发送邮件，告知对方其将离职。2018 年 3 月 28 日，金某芳向德国客户 1A – Abrasives Gmb H 发送电子邮件，称其很快会从国瑞升公司辞职。2018 年 5 月 22

日，金某芳向土耳其客户 Schnel Dis Tic Ltd 负责人 Harun 发送电子邮件，称其已经从国瑞升公司离职。2018 年 7 月 24 日，金某芳通过其邮箱向以色列客户 KNORITECH 联络人罗尼发送邮件，告知其开办了自己的公司。

2018 年 8 月 10 日，金某芳通过其邮箱向波兰客户 FIBOSS 发送邮件，并告知客户其将参加 2018 年中国国际光电博览会，欢迎该客户到展台参观。其中，邮件中提供的展位号系自远公司在该博览会中的展位号。随后，波兰客户 FIBOSS 将该邮件转发给国瑞升公司。

关于金某芳在离职前删除其工作邮箱信息及笔记本内文件内容一节，国瑞升公司认为金某芳是故意删除上述内容，金某芳则予以否认，认为是自己误删。

法院视角

本案中，一、二审判决将国瑞升公司主张的客户信息认定为商业秘密，上述客户信息区别于一般仅包括客户名称、地址的公开信息，还包括产品价格、规格型号、发货特殊要求等信息，并不为公众所知。国瑞升公司虽然并未和上述客户信息中的全部公司发生交易，但其投入大量人力物力，通过参加展会，联系和维护客户，以获取联系方式、购买意向、交易习惯等客户信息，上述客户信息能够为国瑞升公司增加交易机会，带来经济利益，具有一定的经济价值；同时国瑞升公司同入职人员签订劳动合同和保密协议，要求公司员工对包括上述客户信息在内的商业秘密履行保密义务，并对客户信息管理系统即 GEO 系统设置密码、权限等保密措施，故一、二审关于国瑞升公司提交的客户信息构成商业秘密的认定并无不当，本院予以确认。上述客户信息中是否包括客户的特殊产品需求及特殊交易习惯，并不影响对其构成商业秘密的判定，GEO 系统的客户名单并不包含客户的深度信息，但金某芳、全研公司并无证据证明上述客户信息能够通过公开渠道获得，故对其相关再审主张，本院不予支持。

另，国瑞升公司在一、二审诉讼中未举证证明其实际损失且无法查明金某芳、全研公司、自远公司因侵权所获得利益，一、二审判决在综合考虑国瑞升公司客户名单包含的具体内容以及其获取名单所付出的大量人力物力、涉案侵权行为的具体情节、侵权持续时间、金某芳和全研公司不正当竞争主观恶意较明显等事实的基础上，确定赔偿数额并无不当，本院予以确认。金某芳和国瑞升公司签订的保密协议确定的赔偿数额，系合同相对方之间的约定，并不影响对金某芳和全研公司侵犯国瑞升公司商业秘密赔偿数额的认定，金某芳和全研公司的相关再审请求，并无事实和法律依据，本院不予支持。

本案启示

客户名单，承载着公司的客户资源、商业机会、交易历史、用户偏好等深度且重要的信息，是企业维护客户信任和合作关系重要的商业信息，如果采取了合理保密措施，可以依法构成企业的商业秘密资产。

首先，依据 2007 年 2 月 1 日起实施的最高人民法院《关于审理不正当竞争民事案件应用法律若干问题的解释》第十三条之规定：商业秘密中的客户名单，一般是指客户的名称、地址、联系方式以及交易的习惯、意向、内容等构成的区别于相关公知信息的特殊客户信息，包括汇集众多客户以及特定客户的客户名册。依据 2020 年 9 月 12 起实施的《关于审理侵犯商业秘密民事案件适用法律若干问题的规定》第一条第三款之规定：前款所称的客户信息，包括客户的名称、地址、联系方式以及交易习惯、意向、内容等信息。可知：法律保护的商业秘密——客户名单或者客户名单中的客户信息，只要包含了上述与客户交易习惯、意向、内容有关的"特殊"客户信息——符合法定构成三要件的信息，即可受到法律保护。也就是说，并非以"保持长期稳定交易关系"或者"特定客户"为认定标准。

其次，在 2019 年《反不正当竞争法》修订以前，原告理应举证证明其主张的客户信息为"特殊"的、不容易从公开信息渠道获取的、非常规信息的"简单组合"，即不为行业公众普遍知悉和容易获得；而在 2019 年《反不正当竞争法》增加第三十二条关于"举证责任附条件转移"条款后，在原告已经尽到初步举证责任后，被告理应举证证明原告主张的"客户信息"为行业公众普遍知悉或者容易获得。

再次，本案中离职员工在离职前或者入职时并未签署《竞业限制协议》，或许是二被告联系"老客户"超出了必要限度甚至有肆意推荐新雇主或者其他供应商甚至诋毁原雇主等不正当的侵权行为。虽然很多企业跟员工签署了《竞业限制协议》，并未及时跟踪或者履约，导致仍然有违反竞业限制协议的违约行为以及相关的侵权行为；或者部分企业因延迟甚至拒付竞业限制补偿金，导致协议作废、产生劳动纠纷或者违约甚至侵权行为的情况，也时有发生。

最后，企业的骨干员工有跳槽打算或者在跳槽前，往往会有重要异常，特别是信息化程度较高或者高度依赖电子邮件的岗位或者公司，及时可以通过技术手段予以监控。

No. 18【(2022)京民申 141 号】【(2021)京 73 民终 916 号】北京义成天佑电气有限公司等与北京京联正泰机电设备销售有限公司侵害商业秘密纠纷案

案情介绍

张某华于 2001 年 4 月进入北京京联正泰机电设备销售有限公司（以下简称正泰公司）工作，主要负责相关区域的销售业务，张某华一直在正泰公司工作至 2019 年 8 月底。

正泰公司的主要业务经营范围是五金交电、电器元件等。张某华在正泰公司工作期间签署了劳动合同，及保守商业秘密、遵守竞业限制承诺书等。

2013 年 12 月 31 日，正泰公司与张某华签署的保守商业秘密、遵守竞业限制承诺书。

2013 年 5 月 22 日，张某华作为占股 95% 的股东发起成立北京义成天佑电气有限公司（以下简称义成公司）。义成公司的主要经营范围为五金交电。

正泰公司在本案中主张的商业秘密是客户名单、营销计划、采购资料、定价政策。正泰公司出示了两份商业报价单，其中时间均为 2017 年 10 月 9 日，需方均为中建材创新科技研究院有限公司，一份供方为义成公司、一份供方为正泰公司。两份报价单上所列商品名称均为规格、型号、数量相同的四种电缆，其中每种电缆义成公司的报价分别比正泰公司的报价低 5 元、2 元、9 元、2 元。

正泰公司申请调取了义成公司在税务机关的票据往来情况。经核对从 2014 年 5 月 8 日开始，义成公司开始有相关的票据产生。正泰公司主张，共有 18 家公司的业务是张某华由正泰公司处转移到义成公司的，发生的交易金额约为 520 万元。

张某华、义成公司申请再审称：正泰公司未提交足以证明其主张的客户名单为商业秘密的证据，原判决认定北京京联正泰机电设备销售有限公司主张的客户名单为商业秘密缺乏证据证明。正泰公司提交的客户信息未包括客户名称、地址、联系方式以及交易习惯、意向、内容等信息，不属于商业秘密。北京京联正泰机电设备销售有限公司已认可义成公司的存在并与之进行商业交易，其又主张义成公司侵害其商业秘密，自相矛盾。正泰公司未提供相应的证据佐证其损失已发生的事实。在《最高人民法院关于审理侵犯商业秘密民事案件适用法律若干问题的规定》已施行的情况下，原判决仍适用《最高人民法院关于审理不正当竞争民事案件应用法律若干问题的解释》审理本案，属于适用法律错误。

法院视角

本案中，正泰公司主张应作为经营秘密保护的客户名单，具体信息包括：客户名称、类型、地址、电话、负责人、产品价格、产品详细规格需求、型号规格、发货的特殊要求、付款方式等信息，上述信息显然不是能够在公开领域内轻易获得的信息。张某华及义成公司虽均主张上述信息可自公开渠道获得，但并未提交相应证据加以证明。要想获取客户采购意向、产品详细规格需求、交易习惯等重要信息，需要经营者付出长期努力，并体现出其经营智慧和策略，法律要保护的也正是这样一种无形财产，而非是对一般性信息进行保护。本案中，正泰公司通过连续多年安排工作人员拓展或维护客户，获取客户联系方式、购买意向、交易习惯等信息，并通过与涉案客户的长期接触、交易，形成了其客户名单。因此，正泰公司在本案中主张的客户名单系经其付出大量人力、财力获取的经营信息，而非可自公开领域轻易获得的信息，且上述信息显然能够为正泰公司在市场竞争中带来优势。同时，一审法院查明，正泰公司对客户名单采取了包括与员工签订包含保密制度的劳动合同、保密协议等文件，足以证明其对涉案客户名单的重视且采取了较为严格的保密及防范泄密的措施。

综上所述，一审法院认定正泰公司主张的客户名单符合商业秘密的法定条件，属于反不正当竞争法保护的商业秘密中的经营秘密。对于张某华及义成公司所称涉案客户名单不构成商业秘密的抗辩意见，与本案查明的事实不符，故对张某华及义成公司上述抗辩不予采纳。

关于正泰公司主张张某华违反保密义务应双倍返还保守秘密、竞业禁止补偿金的诉讼请求。一审法院认为，该请求应为劳动合同所处理的争议，在正泰公司针对张某华涉案行为选择以侵害商业秘密纠纷为由提起诉讼的前提下，其在侵权诉讼中同时要求追究张某华违反保密协议的违约责任，于法无据，故对该项请求不予支持。

本案在案证据能够支持原判决的事实认定，原判决对商业秘密构成以及侵害商业秘密造成损失的认定均无不当。是否承认市场主体的存在以及是否与之进行商业交易，并不妨碍主张该主体侵害商业秘密，二者并不矛盾。《最高人民法院关于审理侵犯商业秘密民事案件适用法律若干问题的规定》的施行并不必然排斥《最高人民法院关于审理不正当竞争民事案件应用法律若干问题的解释》的适用，原判决适用法律并无不当。张某华、义成公司的再审申请理由均不能成立，本院不予支持。

本案启示

经销、代销是产品或者服务扩大销售的重要途径，甚至很多企业主要依靠经销商经销的商业模式，该过程中技术秘密和经营秘密的管理和保护，企业需要关注并妥善管理。

首先，在本案中，被告张某华在原告单位工作多年后成立了自己占股份95%的被告义成公司，并利用相关信息监守自盗长达六年，其舞弊行为同时侵犯了原告公司的商业秘密。原告正泰公司已认可被告义成公司的存在并与之进行产品交易。说明原告正泰公司明知被告义成公司持续多次购买其不同产品，理应确认其属于直接客户还是简介经销商或者代理商，以及是否允许在职销售人员私自成立销售公司以某种形式进行销售。两者之间的交易应遵循哪种合同法律关系，以及权利义务约定，包括关于各自客户的维系、跟踪和权益分配等。显然，原被告双方诉前并未达成如上协议，导致了纠纷产生。

其次，很多企业对商业秘密及相关知识产权的认识严重不足，又不能认识到法律顾问可有效弥补该不足的重要性，盲人骑瞎马、病急乱投医、临时抱佛脚而不是未雨绸缪，及时自审规避经营风险、法律风险，最终往往只能自吞苦果。再次，即使不能聘请常年法律顾问，可以通过聘请合规咨询顾问实施商业秘密专项合规管理咨询并通过合规认证，即可在经营中全面识别商业秘密有关合规风险、合规义务，并通过优化日常业务管理，在提升管理效率、经营效益的同时，有效规避法律风险和合规风险。

No. 19【（2020）京 73 民终 3261 号】北京华仪通泰科技有限公司与王某敏等侵害经营秘密纠纷案

案情介绍

2017 年 8 月 28 日，北京华仪通泰科技有限公司（以下简称北京华仪通泰公司）与王某敏签订劳动合同，约定王某敏任职销售岗位，工作起始时间2017 年 8 月 28 日。同时，该合同约定王某敏有保密义务。王某敏对于劳动合同的签名和日期认可，但表示劳动合同是在 2019 年 10 月 10 日补签的，要求予以鉴定劳动合同形成时间，但由于告知其无法做鉴定的情况下王某敏撤回鉴定申请。王某敏不认可合同当中保密协议和竞业禁止协议，但并无证据证明该劳动合同中无保密条款，故对于合同真实性原审法院予以确认。

2020年3月20日，北京市志诚公证处出具（2020）京志诚内民证字第00383号和00384号公证书。公证书载明了益通众泰公司与北京华仪通泰公司经营产品的网页信息。原告以此证明原被告双方经营的产品相同，双方具有市场竞争关系，被告对公证书所涉仪器仪表为被告经营范围予以认可，但认为此为被告正常经营内容。

经工商登记注册信息查询，益通众泰公司成立于2006年9月7日，北京华仪通泰公司成立于2013年7月22日。

原告支付律师费9000元，支出公证费10350元。

法院视角

结合本案事实，原告方主张被告王某敏、被告益通众泰公司侵犯其客户信息。第一，该客户信息均为王某敏在原告方工作期间正常获得，属于王某敏工作内容的一部分，原告未提供证据证明王某敏系以盗窃、贿赂、欺诈、胁迫、电子侵入或者其他不正当手段获取，亦未举证证明被告益通众泰公司使用不正当手段获得的商业秘密；第二，原告主张的客户信息，实际上是王某敏在销售工作过程中拓展或者经常接触的，原告方除去与王某敏签订保密条款以外并未采取任何保密措施；第三，原告主张的客户信息，是销售人员正常接触的客户信息，原告未提供证据证明客户信息与原告形成稳定的商业合作关系或者该客户信息对于原告来说是不为公众所知、对原告具有商业价值。

因此，对于原告主张二被告侵害经营秘密行为不成立，对原告诉讼请求不予支持。

本案启示

侵犯客户名单/信息是商业秘密侵权诉讼中常见的类型，且被告常用的抗辩理由有：

首先，公知信息抗辩。对于公知信息抗辩，应当先考察被告有无提交关于涉案客户信息是否为行业公众所普遍知悉，或者容易获得——从各种公开渠道已完整公开或者由公开信息简单组合而成；然后，主要从以下方面来审查判断：除承担保密义务的涉密人员以外，涉案客户名单/信息行业相关公众或者一般从业者是否从公开渠道容易获得——通过正当途径合法获取，且经权利人付出大量的时间、人力、物力和财力成本,并将具有经济价值的客户信息特定化——有别于从公开渠道可直接获取或者简单组合而成的信息;权利人是否采取了合理的与涉案信息的经济价值相应的保密措施。

其次,合法来源抗辩。如果被告曾经接触过诉争的客户名单/信息,且其所持有的名单/信息与原告主张的名单/信息相似,可以判断有非法获取的可能。但被告有证据证明争议的客户名单是其花费一定人力、物力,通过合法途径取得,则其不构成侵权,无须承担法律责任。当然,如果涉密人员离职后掌握涉案客户名单/信息,再去市场上搜集或者有其他来源获取涉案客户名单/信息,是否构成合法来源抗辩,或者法院是否认可,仍有待司法实践检验。笔者认为,法院应不予支持该抗辩。如果被控侵权方在没有不正当获取、披露诉争商业秘密的情况下以公开信息组合容易获得的抗辩,或许是可证的。因为,被诉侵权方接触涉案商业秘密在先,后从公开渠道查询相关信息并重新组合、整理和加工,不符合不容易获得的认定标准,其行为依然是不正当竞争行为。

最后,客户自愿抗辩。在激烈市场竞争条件下,企业经常基于对某些个人的信赖而选择其所在单位为供应商、经销商或者合作单位或者在该员工跳槽后的新单位进行交易或者开展合作。一般而言,合同双方可以约定第三方的权利,不宜约定第三方的义务。也就是说,企业不能要求员工在离职前签署不能让原有客户(含供应商及其他合作单位)不能选择自己未来可能供职的新单位。因此,如果员工有证据证明客户系自愿与其所在的新单位进行交易,则应认定为合法。

判断客户是否自愿,主要从以下两方面着手:第一,是否有充分证据证明客户系自愿与员工所在的新单位进行市场交易,客户自身出具的声明函可作为参考因素;第二,客户在原单位是否与职工发生过业务往来,且是基于职工个人的实力而使得客户产生信赖,从而自愿与其发生交易。另外,需排除离职员工对客户实施了误导性和目的性的引诱行为。目的性是指离职员工直接表明了与客户交易的强烈意向;误导性是指离职员工使客户产生误解,认为必须与其进行交易,或使客户认为原单位不再与其进行交易等。

No. 20【(2019)京 73 民终 3377 号】北京协合张博教育科技有限公司与张某锋等侵害商业秘密纠纷案

案情介绍

北京协合张博教育科技有限公司(以下简称协合张博公司)成立于 2009

年 5 月 22 日，其登记的经营范围包括：技术开发、服务、咨询、转让；计算机培训、出版物零售等。富乐瑞英公司成立于 2015 年 1 月 7 日，其登记的经营范围包括：技术开发、技术咨询；组织文化艺术交流活动；健康咨询；教育咨询等。

2009 年 8 月 9 日，张某锋（乙方）与北京颐恒博达咨询公司（甲方，以下简称颐恒博达公司）签订《兼职合同》。同日，张某锋（乙方）与颐恒博达公司（甲方）签订《保密及竞业禁止协议》。协合张博公司明确其对涉案商业秘密采取的保密措施即在教师签订的合同中约定保密义务。

2010 年 12 月 17 日，协合张博公司与张某锋签订《补充合同》。一审庭审中，协合张博公司主张 2009 年 8 月 8 日颐恒博达公司只是出面代其与张某锋签订《兼职合同》《保密及竞业禁止协议》，协合张博公司是实际履行方。富乐瑞英公司、张某锋则主张自 2009 年 8 月 8 日至 2010 年 12 月 17 日，张某锋是与颐恒博达公司而非原告签订《兼职合同》《保密及竞业禁止协议》，并在颐恒博达公司兼职授课；同时认可 2010 年 12 月 17 日之后张某锋一直在协合张博公司处兼职授课直到 2017 年 7 月、8 月，但在此期间未与其签订任何书面合同。

协合张博公司为了证明富乐瑞英公司、张某锋将其学员和加盟分校校长发展成为富乐瑞英公司加盟分校校长，提交了以下证据：①合影照片一张。②协合张博公司自行制作的纸质表格。

协合张博公司为了证明其遭受的经济损失，提交了中国农业银行银行卡交易明细清单。

以上事实，有公证书、《兼职合同》《保密及竞业禁止协议》《补充合同》、银行交易明细清单、照片、网页打印件及当事人陈述等证据在案佐证。

法院视角

比对 2017 年《反不正当竞争法》与 2019 年《反不正当竞争法》关于商业秘密保护的规定可知，虽然对于"何谓商业秘密"，两法在文字描述上有所不同，但其立法本意则一脉相承。

本案中，协合张博公司主张的商业秘密为经营秘密，具体为部分学员及部分加盟分校校长包括姓名和联系方式的信息。对此，首先，协合张博公司仅是提出了上述两项信息所涉及的人员名称，未提交相应证据证明其所指称的学员信息的载体、内容和展现形式；亦未提交证据证明涉及的人员身份确系其主张的学员或加盟分校校长，因而无法证明该等信息的真实存在及关联关系。其次，关于秘密性，如果上述信息确系存在且真实对应，学员信息不为公众所知悉，具有秘密性；而加盟分校校长信息，任何人均可通过对外开放的官方网站上查询，故该等信息不具有秘密性。最后，关于保密性，就涉案学员信息，协合张博公司主张以纸质表格形式由财务人员进行涉密保管，但通观全案证据，不能证明其采用了相关保密手段；关于其提交的《兼职合同》及《保密及竞业禁止协议》，签约主体均为颐恒博达公司，张某锋亦不认可于上诉人处授课时另签有相关合同，故根据现有证据无法证明协合张博公司采取了其所主张的保密措施，使得该信息达到了法律规定的保密性要件。关于商业价值，教育类的加盟分校，系独立的市场经营主体，其经营方式实则是会综合考虑包括学员、师资资源在内的多种商业因素，但就本案而言，协合张博公司并未证明富乐瑞英发展相关的分校与使用其所主张的商业秘密有何必然联系，也未证明学员等姓名及联系方式的信息对于富乐瑞英公司的经营行为的促成作用。

综上，由于协合张博公司主张的学员信息及分校校长信息均不符合商业秘密的法定要件，且其未证明富乐瑞英公司及张某锋通过使用该等信息获得不正当的竞争利益，故其主张富乐瑞英公司、张某锋的行为侵犯其商业秘密，并据此要求其停止不正当竞争行为、赔偿经济损失的诉讼请求，无事实和法律依据，本院不予支持。

本案启示

连锁类教育培训机构在扩张时往往采用多个主体，教师资源往往又不固定在某个地方，且分校与总校之间多为加盟合作关系，仅仅通过劳动合同和竞业限制协议，并不能保证商业秘密的有效保护。此类机构在发展中应对扩张中可能遇到的风险，做整体评估，制定相应对策。

No. 21【（2020）粤 73 民终 3756 号】广州威稳电机有限公司与朱某荣、魏某伟、张某臣、蒋某舜、广州东辉电机有限公司侵害商业秘密纠纷案

案情介绍

2015 年 9 月至 2018 年 4 月，魏某伟在广州威稳电机有限公司（以下简称威稳公司）担任送丝机经理。2015 年 10 月至 2018 年 7 月，张某臣在威稳公司

担任销售经理，朱某荣担任外贸经理。上述三人分别与威稳公司签订了劳动合同，均约定其三人不得从事其他任何与威稳公司利益冲突的第二职业或活动，保守威稳公司的商业秘密和知识产权。

广州东辉电机有限公司（以下简称东辉公司）成立于 2018 年 1 月 29 日。工商登记资料显示，原登记在册股东为魏某伟、张某臣、李某香、张某文，魏某伟任该公司监事，朱某荣任该公司法定代表人、执行董事兼经理。2018 年 7 月 18 日，该公司股东、法定代表人、执行董事兼经理均变更为张某文，监事变更为吴某。另吴某曾于 2015 年 5 月至 2017 年 1 月在威稳公司的送丝机部门任职。东辉公司、威稳公司的经营范围基本相同。

威稳公司提交该公司与东辉公司作为购买方向广州捷磁磁业有限公司购买配件的增值税专用发票，电机类客户打样统计表、送货单、会议记录及签到表、样品订单、采购订单。

2019 年 1 月 19 日，张某臣向威稳公司出具《声明书》，承认其本人在职期间，于 2018 年 1 月 29 日与他人合伙注册了东辉公司，并经营生产与威稳公司同类的产品。

威稳公司申请法院前往广州市花都区工商行政管理局经济侦查大队调取该大队查处东辉公司违法出售未经 3C 认证产品的案卷资料。一审法院依法调取该案卷材料并经核证后发现，该案卷材料中的证据提取（复制单）中含有 3 份客户名称分别为"佛山牛王焊机厂""佛山市东力王焊机厂""东莞王牌焊机厂"的送货单，威稳公司主张"佛山市东力王汽车维修设备厂""东莞王牌焊机厂"为其稳定客户，提交了 2017—2018 年与该两客户发生交易的送货单为证。威稳公司还提交了《压铸铝合金零件报价明细单》一份，该报价单中记载的供方为东辉公司。

威稳公司确认其在本案主张保护并构成商业秘密的信息为其与客户交易所涉的客户名单、商品名称、材质、规格、数量、价格、运输以及图纸等信息，其与朱某荣、魏某伟、张某臣签订的本案劳动合同第十七条及与魏某伟签订的本案劳动合同补充协议第三十五条约定需采取保密措施；另明确朱某荣、魏某伟、张某臣、蒋某舜实施的不正当竞争行为是向东辉公司泄露其经营信息，并与东辉公司共同使用威稳公司的经营信息与其客户进行交易。

法院视角

威稳公司主张涉案商业秘密是指其与客户交易所涉的客户名单、商品名称、材质、规格、数量、价格、运输以及图纸。根据上述法律规定，威稳公司首先应当明确上述"其与客户交易所涉的客户名单、商品名称、材质、规格、数量、价格、运输以及图纸"的具体内容。在一审时，威稳公司申请法院前往广州市花都区工商行政管理局经济侦查大队调取该大队查处东辉公司违法出售未经3C认证产品的案卷材料，并以调取的案卷材料中的"东莞王牌焊机厂""佛山市东力王汽车维修设备厂""佛山牛王焊机厂"3份名单作为其主张保护的商业秘密中的客户名单。在本案中，威稳公司在一审提交的客户订单、送货单等信息并未体现其客户的交易习惯、客户独特需求、客户要货时间规律、成交价格底线等具体的细化内容，也不能证明其区别于相关公知信息的特殊客户信息。因此，威稳公司主张的3份客户名单不构成《反不正当竞争法》规定的商业秘密。威稳公司对其主张商业保护的商品名称、材质、规格、数量、价格、运输以及图纸等均未提出具体内容。如果上述商品名称、材质、规格、数量、价格、运输以及图纸等为3份客户名单中所附的材料，那其商品名称、材质、规格、数量、价格、运输以及图纸等在进入市场后，相关公众通过观察可直接获得，也不属于商业秘密的范畴。因此，威稳公司提供的证据不足以证实其主张的商业信息具备商业秘密的构成要件。相应地，威稳公司主张朱某荣、魏某伟、张某臣、蒋某舜披露其上述商业信息并与东辉公司共同使用其商业信息进行交易构成不正当竞争的法律权利基础不存在。威稳公司认为朱某荣、魏某伟、张某臣、蒋某舜和东辉公司共同侵害其商业秘密并连带赔偿其经济损失的上诉主张，依据不足，本院对其上诉请求不予支持。

在一审诉讼中，威稳公司并没有提供初步证据证明其请求保护的商业信息属于商业秘密，因此，一审法院对其再次申请律师调查令以及请求责令东辉公司提供开业至今的送货单、账本资料、开具发票等不予接纳，并无不当。

综上所述，一审认定事实清楚，适用法律正确，判决并无不当，本院予以维持；威稳公司的上诉请求依据不足，予以驳回。

本案启示

表面看上去相似的情节和内容，结局却大不相同。简单的客户名单并不必然地构成商业秘密，企业商业秘密维权时，应当首先审查相关证据的证明力，防止浪费时间和精力。

No.22 【(2019)豫知民终450号】河南中联热科工业节能股份有限公司、河南玖德智能设备有限公司等与王某杰、王某等侵害商业秘密纠纷案

案情介绍

2017年6月1日,勾某飞(乙方)与河南中联热科工业节能股份有限公司(以下简称中联公司)(甲方)签订劳动合同。2017年2月9日,勾某飞被任命为中联公司总监,负责公司销售相关工作,2018年2月1日,被免去总监一职,被任命为营销副总。2019年1月8日,勾某飞向中联公司提出辞职申请并自动离职。

2017年11月30日,勾某飞(出租方)与河南中飞物联网科技有限公司(承租方)签订房屋租赁合同一份。2017年12月4日,河南中飞物联网科技有限公司成立。2018年11月6日,名称变更为玖德公司。

2018年5月,中联公司与鑫澳公司签订设备购销合同一份。合同约定中联公司向鑫澳公司销售 ZL-KNC-14P 一台用于蜜饯项目,价格7.5万元。2018年7月,中联公司与鑫澳公司签订设备购销合同一份。被告勾某飞代表原告在合同上签了字。2019年2月22日,中联公司与鑫澳公司签订设备购销合同一份。合同约定中联公司向鑫澳公司销售烘干设备20台用于蜜饯项目,价格146万元。2019年3月1日,玖德公司与鑫澳公司签订设备购销合同一份,合同约定玖德公司向鑫澳公司销 JDZN-ZZS-14P-10A 热泵烘干设备1台,价格11万元。

2019年6月10日,依据原告的证据保全申请,法院工作人员到玖德公司进行证据保全,在玖德公司的生产订单展板上记载"河北蜜饯19台,剩余交货期35天",玖德公司当庭认可其与鑫澳公司签订2份合同,设备总共20台,该19台设备是供给鑫澳公司的。

另查明:1.2019年6月10日,依据中联公司的证据保全申请,法院工作人员到玖德公司进行证据保全,发现勾某飞、王某杰、王某、王某强均在玖德公司工作,并当场送达了诉讼相关材料;且勾某飞指挥销售部和技术工作人员配合法院工作人员进行了电脑证据保全。

2.在庭审中,中联公司主张鑫澳公司等737个客户构成商业秘密,2019年9月14日,中联公司向法院提交申请:放弃鑫澳公司之外的736家客户构成商业秘密的主张。

法院视角

中联公司为形成该客户名单，自 2016 年至 2018 年通过市场观察、网络咨询、网站推广等方式搜集整理了七百多条客户信息，不仅有企业名称、联系方式等，还具有具体相关负责人的手机联系方式及其他详细反馈信息等经营信息，同时还具有热泵参数、设备重量、工作电源、循环风机、离心风机、环保要求等技术信息，该经营信息和技术信息不能在网络上查询得知，具有非公开性。且中联公司为此付出较大时间和资金成本，掌握了长期稳定客户的交易习惯、联系方式、技术参数等重要交易信息，为中联公司日后的交易能够节约交易成本，增加交易机会，从而为中联公司带来经济利益，故该客户名单具有价值性。中联公司一审时提交了记载有客户名单及联系方式的保密经营信息，电子文件标识有"公司机密不得外传"的字样，以及中联公司于 2018 年 2 月 5 日下发的《关于对公司保密制度的通知》，以证明中联公司对涉案客户名单采取了保密措施。勾某飞、玖德公司主张中联公司的保密制度，即 2018 年《关于对公司保密制度的通知》系事后伪造，但其未提供相应证据予以证明，故对其主张，本院不予采纳。中联公司对涉案客户名单采取了保密措施，本院予以认定。因此，涉案客户名单属于商业秘密。

中联公司与勾某飞签订的劳动合同中第五部分劳动纪律第四条对员工保守公司商业秘密的义务作了详细约定，保密范围包括销售人员掌握的业务。但勾某飞于 2019 年 1 月离职后便到变更经营范围后的玖德公司工作，玖德公司的唯一股东和法定代表人为勾某飞的爱人，玖德公司明知勾某飞任中联公司销售总监，掌握有中联公司的客户信息等商业秘密，仍获取并使用该商业秘密，亦侵犯了中联公司的商业秘密。

一审法院根据中联公司与勾某飞在劳动合同中就保密期限的约定，酌情确定勾某飞、玖德公司停止使用的期限为 2 年，并无不当，本院予以支持。

本案启示

商业秘密诉讼应有确凿的证据，中联公司主动放弃鑫澳公司之外的 736 家客户构成商业秘密，最终取得胜诉。企业对于重点岗位人员应严格审查，及时关注动态，本案中销售总监 6 月入职，11 月就私自成立与公司业务相关的公司，却在两年以后公司才关注，对于广大民营企业来说，创业不易成长更不易，商业秘密的保护不容许有任何懈怠。

No.23 【(2019)苏民申 5414 号】程某华与无锡华利达金属制品有限公司、无锡普斯通自动化设备有限公司侵害技术秘密纠纷案

案情介绍

程某华申请再审称：第一，中国专利信息中心于二审后出具的《检索报告》能够证明涉案技术信息①②④（即秘密点 1、2、4）属于非公知信息，故其有新的证据足以推翻原判决。第二，二审判决对《鉴定报告》的意见不予采信，但未组织当事人对该证据进行质证，属于认定事实的主要证据未经质证。第三，二审认定的基本事实缺乏证据证明。二审判决否定涉案技术信息①②具有秘密性，没有事实依据。技术秘密纠纷案件在确定秘密点的非公知性时，可以使用专利新颖性的判断方法，故《鉴定报告》关于涉案技术信息①②是否非公知的检索方法本身并无不当；即便按照二审法院所理解的检索方法，中国专利信息中心于二审后出具的《检索报告》也能够证明《波纹管的成形工艺及模具设计》一文并未公开涉案技术信息①②；其在鉴定申请中明确主张秘密点的具体信息包括图纸中的内容，但二审法院却认为图纸中的内容不包括在秘密点中，明显错误；其销售涉案设备给华利达公司时即已明确提出保密要求，且全国仅销售此一台，故不存在二审法院认定的销售公开问题。二审判决以《鉴定报告》的鉴定方法错误为由，否定涉案技术信息④具有秘密性，没有事实依据。事实上，中国专利信息中心于二审后出具的《检索报告》能够证明涉案技术信息④具有新颖性。涉案设备使用的技术信息，与涉案技术信息④构成实质性相同。请求依法再审。

法院视角

首先，虽然在技术秘密纠纷案件的审理中，有关涉案技术信息是否因出版公开而为公众所知悉的鉴定方式，可以通过做专利新颖性数据库检索的方式来进行，但考虑专利的新颖性与技术秘密的非公知性在判别标准上的差异，两者的具体检索方式亦应有所区别。专利的保护范围系以权利要求所记载的内容为准，故在判别某一专利是否具有新颖性时，检索对象系权利要求中由所有技术特征所组成的整体技术方案。无论单个技术特征本身是否公知，只要检索不到载有上述整体技术方案的在线文献，则可以认定其非因出版公开而丧失新颖性。而技术秘密诉讼中，当事人自我主张的技术秘密点之间彼此独立存在，并不以所有技术秘密点必须构成整体技术方案为前提。以每个技术秘密点作为技

术单元来判断其是否非公知,系技术秘密事实认定的基础,故检索对象应当是每个技术秘密点,也即应对每个技术秘密点分别进行检索,而不是将当事人主张的所有技术秘密点作为整体技术方案来进行检索。本案一审中,鉴定机构委托检索时,将涉案技术信息①至④作为整体技术方案进行检索,从而得出了该技术方案具有新颖性的检索结论,而如上所述,正确的方法应当是将技术信息①至④分别进行检索,才能得出符合技术秘密认定规则的检索结果。鉴于《鉴定报告》本身存在着检索方法错误的不妥之处,故其关于涉案技术信息①②④在出版公开方面具有非公知性的鉴定结论,难以采信。

其次,技术秘密案件的审理中,人民法院通常要求当事人明确其所主张的技术秘密的具体内容(秘密点)。如当事人主张其设计图纸构成技术秘密,也应指出该设计图纸的哪些内容属于技术秘密。换言之,当事人提交技术图纸并不当然意味着其主张了该图纸所蕴含的相应技术信息,除非其在明确技术秘密的具体内容时,对此已作出确定的意思表示。

在本案中,本院认定涉案技术信息①②的具体内容,不含程某华在"关于本商业秘密秘密点的进一步说明"中提及的内容,而应以其在"全自动成型机的商业秘密"中的表述为准。

此外,发表于2011年10月的《波纹管的成形工艺及模具设计》一文,披露了波纹管全自动成型机的模片结构,明确模片分为外模与内模,外模为一体结构,内模由两部分组成,内模嵌入外模后通过旋转90度可以锁紧,反之可以脱离锁紧状态。上述内容与涉案技术信息①②相同,能够证明至迟在2011年10月相关信息已经公开,且该时间节点早于涉案被诉侵权行为的发生时间,故据此可以认定涉案技术信息①②已为公知技术。

最后,在涉案《鉴定报告》作出后,一审法院即已组织当事人对该证据进行了质证。程某华仅因二审法院未采纳《鉴定报告》的鉴定意见,即以二审法院未组织当事人对《鉴定报告》再次质证为由,主张二审法院认定事实的主要证据未经质证,明显不能成立。至于程某华一审提交的鉴定申请中,并无其所述的"已明确主张秘密点的具体信息包括图纸中的内容"的记载。

综上所述,程某华的再审申请不符合《民事诉讼法》第二百条规定的情形。

本案启示

再审申请应限于《民事诉讼法》第二百条规定,鉴定报告主张的秘密点应当与当事人日常保密工作相结合,在与公司外部人员或机构合作时保密事项的约定应尽量详细，否则商业秘密诉讼很难得到支持。

No. 24【（2011）沪高民三（知）终字第 100 号】衢州万联网络技术有限公司诉周某民等侵犯商业秘密案

案情介绍

衢州万联网络技术有限公司（以下简称万联公司）成立于 2001 年 5 月，法定代表人邱某。2001 年 6 月，万联公司与周某民签订为期两年的书面聘用合同，由周某民为万联公司进行网站制作和软件程序的开发，并约定合同期内或合同期满后，周某民无权未经万联公司同意将属于公司所有权的软件程序泄密、转让和用于他人。保密义务该合同期满后未续签，但至 2004 年 5 月周某民离职前其一直担任万联公司的核心技术人员。

2002 年 3 月，万联公司注册了域名为 www.boxbbs.com 的网站，运营网络游戏。该网站的软件程序主要由周某民设计，且网站数据库设置密码，该密码仅万联公司法定代表人邱某及周某民知晓。涉案网站发展势头良好，到 2004 年初注册用户数已达 55 万。

冯某、陈某生、陈某锋于 2003 年 11 月入股万联公司，并承担经营管理工作，陈某平于 2003 年 3 月至 2003 年 7 月受聘担任万联公司的技术总监。2004 年 6 月，周某民等五被告从万联公司离职，并联合发表声明，称鉴于万联公司对创业人员股权无法确认的情况下，原团队核心成员周某民、冯某、陈某生、陈某锋、陈某平决定全体离职，成立新 Box01 工作组并注册新公司，将回收万联公司 Boxbbs 源程序以及数据库资料归新公司所有。

之后，五被告先后注册了域名为 www.box2004.com、www.ibox.com.cn 的网站经营网络游戏。周某民将从涉案网站下载的包含用户注册信息的数据库及原先开发用于涉案网站的软件程序用于上述被控侵权网站，通过网上发布公告等方式将涉案网站的注册用户引导至被控侵权网站；并对涉案网站软件程序的配置文件进行修改，使涉案网站无法运行。

涉案网站因无法正常运行，于 2004 年 10 月被万联公司以 10.8 万元的价格转让。五被告亦于 2005 年 12 月将被控侵权网站 www.ibox.com.cn 转让，转让价格为 200 万元。

2011 年 5 月，万联公司向上海第二中级人民法院提起诉讼，诉称：五被告合谋成立 Box01 工作组，共同决定侵害万联公司网站数据资料和源程序。周某民利用其掌握的涉案网站密码，登录并下载该网站的数据库用于开通被控侵权网站，同时又对万联公司涉案网站的程序配置文件中的字符串进行修改。五被告的上述行为侵害了万联公司的商业秘密，导致涉案网站无法运行，给万联公司造成了巨大的经济损失。请求法院判令五被告连带赔偿万联公司经济损失人民币 4858000 元及合理费用人民币 15 万元。

法院视角

上海市第二中级人民法院一审认为：本案主要有以下两个争议焦点：一是涉案网站在运营过程中形成的包含用户注册信息的数据库的权利归属；二是涉案网站数据库中的用户信息是否属于商业秘密。

关于第一个争议焦点，原告以公司名义注册了涉案网站，且该网站在对外商业运营过程中均以原告作为实际经营者。五被告关于涉案网站是个人网站而非公司网站的辩称没有相应的证据予以证明。即使原告与五被告之间没有正式的劳动合同，原告没有定期向五被告支付过工资，但根据相关证据，五被告对于自己实际上是为原告工作以及同意在不领工资的前提下继续为原告工作的事实是认可的。五被告参与涉案网站的技术开发、维护及商业运营等事务的行为属于公司员工履行工作职责的行为，不代表五被告对该网站及其数据库享有所有权。因此，原告作为涉案网站的域名所有者和实际经营者对该网站在运营过程中形成的数据库享有所有权。

关于第二个焦点，原告所主张的商业秘密是涉案网站数据库中的用户信息，包括客户名单数据表中的注册用户名字段、注册密码字段和注册时间字段等信息。原审法院认为，首先，上述用户信息是涉案网站在长期的经营活动中形成的经营信息，原告为吸引网络游戏爱好者在该网站注册并参与交流付出了一定的创造性劳动，虽然单个用户的注册用户名、注册密码和注册时间等信息是较容易获取的，但是该网站数据库中的 50 多万个注册用户名、注册密码和注册时间等信息形成的综合的海量用户信息却不容易为相关领域的人员普遍知悉和容易获得；其次，上述用户信息证明了涉案网站作为游戏网站具有较大的用户群和访问量，而网站的访问量又与网站的广告收入等经济利益密切相关，因此上述用户信息能为原告带来经济利益，具有实用性；最后，原告为涉案网站的数据库设置了密码，并且该密码只有作为主要技术人员的被告周某民和原告的法定代表人邱某知晓，在原告与被告周某民签订的《聘用合同书》中也有保密条款，因此可以认定原告对上述用户信息采取了保密措施。因此，原审法院认定涉案网站数据库中的用户信息，包括客户名单数据表中的注册用户名字段、注册密码字段和注册时间字段等信息，属于商业秘密，受法律保护。

被告周某民未经原告许可，利用自己掌握的数据库密码从原告公司的涉案网站复制下载包含用户信息的数据库，并将该数据库用于被控侵权网站的经营活动，该行为侵犯了原告的商业秘密。其他四名被告系共同侵权人，应当共同承担赔偿损失的民事责任。

上海市高级人民法院二审认为：被上诉人万联公司主张保护的涉案网站数据库中的用户信息，能为被上诉人带来经济利益且具有实用性，该50多万个注册用户名、注册密码和注册时间等信息不易为相关领域人员普遍知悉和容易获得，且被上诉人对上述信息采取了保密措施，故上述信息符合商业秘密的构成要件，是被上诉人万联公司拥有的商业秘密，依法应受法律保护。上诉人周某民、原审被告冯某、原审被告陈某生、原审被告陈某锋、原审被告陈某平未经被上诉人许可擅自复制、使用上述信息，其行为共同侵犯了被上诉人万联公司享有的上述商业秘密，依法应当承担赔偿损失的民事责任。

至于涉案网站数据库中的用户信息的定性，法院认为：首先，虽然单个用户的注册用户名、注册时间等可能易于获取，但是涉案网站数据库中50多万个注册用户名、注册密码和注册时间等一一对应的信息组成的综合海量用户信息并不易被相关领域的人员普遍获悉和容易获得。其次，网站的广告收入等经济利益与网站的访问量密切相关，上述海量的用户信息证明涉案网站作为游戏网站具有较大的用户群和访问量，因此上述用户信息能为万联公司带来经济利益，具有实用性。最后，万联公司为涉案网站数据库设置了密码，该密码只有主要技术人员周某民和万联公司的法定代表人邱某知晓，且在万联公司与周某民签订的《聘用合同书》中约定了保密条款，因此可以认定万联公司对上述用户信息采取了保密措施。

综上所述，涉案网站数据库中的用户信息，包括客户名单数据表中的注册用户名字段、注册密码字段和注册时间字段等信息，构成商业秘密。

据此，上海市高级人民法院驳回上诉，维持原判。

本案启示

网站用户注册信息数据库是相关网站的核心资产，可按财产权取得原则，由该网站的经营者享有所有权。网站用户注册信息数据库符合"秘密性、实用性、保密性"要件时，可作为商业秘密依法予以保护；若不构成商业秘密则可按一般财产侵权案由予以保护。

第三章　涉密信息合规管理指南

数据经过采集、整合和精确的分析形成信息，反映着社会各行业的现状并为人类改造社会提供有效指导。数据、信息在社会进步中发挥着不可或缺的作用。对于信息的界定应从广义的角度进行，如个人信息、法人和其他组织的商业秘密、国家机密等。在信息社会，任何信息都可以被数据化后存储、运行于云端，数据化的商业秘密也应包含在数据化信息的大范围之中。因此，信息也可以被当作数据采集、加工成为新信息。因此，数据和信息，在不同应用场景下，不同的名称指代的内容和范围是有所区别的。商业秘密，在法律意义上满足三个构成要件——秘密性、价值性和保密性——商业信息在大数据环境下作为数据信息的组成元素之一，与数据信息具有协同性。国家层面有关商业秘密保护的法律法规、司法解释等不断完善，对企业商业秘密保护领域的工作提供了较为明确的指引，企业自身也需要将商业秘密保护纳入其自身合规体系，其主要目的有两个：一方面，是加大对自身商业秘密的保护力度；另一方面，也是为了提前构筑防御工事，以便应对外界以侵犯商业秘密为由发起的指控。

一、涉密信息的保护要求

参照信息安全理论的要求可知，保密性、可用性、完整性是信息管理要求中信息的三大属性，国际上称之为信息的 CIA 属性或者信息安全金三环（图3-1）。

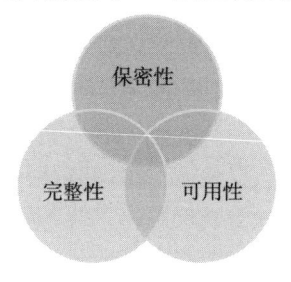

图3-1　信息安全金三环

其中，保密性是指信息不能被未授权的个人、实体或者过程利用或知悉的特性；完整性是保护信息的准确和完整的特性；可用性是根据授权实体的要求可访问和利用的特性。这三方面其实是不同的要求。

涉密信息的载体体现出多样性，具体体现为以文字、数据、符号、图形、图像、声音等方式记载的纸介质、光介质、电磁介质等各类物品。

二、涉密信息的分级与分类

企业的涉密信息分级分类，是指企业根据自身业务特点与行业要求，识别出涉密信息的保密等级，从而明确保密要求。表面上看，保密等级与保密范围的划分是这一工作的主要交付件与工作重点，但是根据涉密信息明确泄密风险，从而明确保密要求，进而配套相应的保密措施才是定密的最终目的。企业应将针对数据化的商业秘密信息进行分类，进而明确员工接触权限。企业将商业秘密数据化后在云端进行传递、分析、存储时，应考虑接触这些数据的员工的具体岗位来确定其权限，并将不同密级的资料信息设置不同的解密方式，使得权限外员工无权接触该密级的数据信息

1. 涉密信息分级

涉密信息的分类等级不要超过五级，但是也不要少于四级。商业秘密特别要同国家秘密的密级区分开，防止在经济生活中产生不必要的麻烦。每一级别都对应相应的保密措施，特别对于发布、披露、分发和跟踪设置相应的保护措施和制度体系。对于某些企业的海量电子文件，目前已有多家智能软件公司的产品能够简化此类工作，通过设定好的规则，采用大数据分类技术，智能编辑系统中已经形成的电子文件。

2. 涉密信息分类

商业秘密信息来源于产生或使用商业秘密的员工，准确的收集和分类往往需要有经验的外部顾问与员工相互配合进行。商业秘密的分类体系所采用的主要工具是"SFP"，即"Subject 主体 – Form 类别 – Product 产品"。主体往往对应产生商业秘密的部门或者负责人，类别包括文件、工艺、计划等不同的信息类型，产品通常指具体信息类型的限定。商业秘密的排查通常是动态的，需要定期进行更新，手工筛查可认为是公司某个时间点上商业秘密组合的快照。相应地，有专业商业秘密数据库可以帮助减少收集和分类的时间，更重要的是可以帮助减少手工核验时可能遗留的忽略商业秘密的风险。

3. 核心技术与密点

对于技术秘密而言，还有一项重要的工作就是密点的编排，特别对于极有可能发生诉讼的单位，大约有70%以上的胜诉概率取决于密点这一环节。密点的范围选择具有较大弹性：可能是整个技术方案，也可能是其中的某个步骤或者组件；可能是整个项目计划，也可能是其中的某项交易价格或者客户的独特需求。在确定密点的范围时，权利人需综合考虑密点的范围大小对个案情况的影响。具体而言，密点的范围大小可能影响商业秘密构成要件中秘密性的判断。如前所述，权利人需考虑所主张的密点是否符合商业秘密的法定构成要件，其中包括秘密性。一方面，可能某信息集合的整体已经为公众所知悉，但其中某一单项信息仍处于秘密状态，在此种情况下，应考虑以该单项信息作为密点提出主张；另一方面，即使某项/些信息是公知信息，但包含该些公知信息的整体可能具有秘密性，在此种情况下，应考虑以该整体作为密点提出主张。

密点的范围大小与密点的数量也可能影响关于被控侵权人所使用的信息与权利人所主张的商业秘密是否构成相同或实质相同的判断。在实践中，法院在审理商业秘密侵权纠纷案件时将就被控侵权人所使用的信息与权利人所主张的商业秘密进行比对，以判断是否构成相同或实质相同。从理论上说，所主张的密点的范围越大，由于其所包含的信息量更多，构成相同/实质相同的可能性越小；相反，所主张的密点范围越小，则越可能构成相同/实质相同。但需要注意的是，若权利人所主张的密点范围过小，被控侵权人可能通过简单的替换和删改规避侵权责任。

三、涉密信息合规示例

企业商业秘密虽然可以笼统概况为技术信息和经营信息，但是在实践中企业内部的涉密信息却涉及企业经营与生产的诸多方面，在实践中需要根据企业实际情况，调研访谈诸多部门，再根据风险判断出对企业最重要的涉密信息，形成制度体系的一部分与具体保密措施相结合，方能产生实际效果。我们建议企业将商业秘密保护纳入日常合规工作中，合规人员可通过研读法律法规及司法解释中关于"商业秘密"的界定，结合本企业的产品、配方、工艺、销售渠道和客户网络及其他业务特点，有针对性地设计本企业商业秘密保护的合规管理架构、制定适当的管理办法和流程。

下面是某企业关键信息列举（节选），供读者参考。

1. 技术信息

1.1 科研信息

1.1.1 科研立项

1.1.1.1 科技发展战略与计划；

1.1.1.2 新产品研发、技术创新的前期调查、讨论与分析；

1.1.1.3 新产品研发与技术创新研究方向及研发计划；

1.1.1.4 科研立项报告；

1.1.1.5 研发项目的具体安排：周期进度、人员、研发地点的安排以及原料、设备的使用计划。

1.1.2 研发过程

1.1.2.1 新产品研发、技术创新进程中的方案调整；

1.1.2.2 新产品研发、技术创新项目小、中试报告，包括数据记录、进程、结果及分析总结；

1.1.2.3 新产品研发、技术创新项目的产业化试验（大试）报告，包括数据记录、进程、结果及分析总结；

1.1.2.4 新产品样品的测试，包括测试方法，数据，产生的各项技术指标、参数及测试报告；

1.1.2.5 与新产品研发、技术创新进程相关的任何记录、图纸、报告等信息；

1.1.2.6 新产品研发及技术创新所涉及的实验仪器仪表、设备、材料等相关信息，包括品种、数量、型号、规格、产地等。

1.1.3 外协研发

1.1.3.1 与外部机构之间的合作、交流计划；

1.1.3.2 对外委托项目的合作计划；

1.1.3.3 与外协研发进程相关的信息资料，包括记录、图纸、报告等信息；

1.1.3.4 外协研发的合同及相关协议。

1.1.4 研发专利

1.1.4.1 有关技术专利的各类资料。

1.2 生产信息

1.2.1 制造管理

1.2.1.1 有关生产计划的相关资料；

1.2.1.2 生产数据统计，包括生产进度、原物料调配、产量数据、在制品与产成品的库存；

1.2.1.3 试、开、停车及检修方案；
1.2.1.4 产品生产配方、催化剂等相关信息；
1.2.1.5 对外尚属保密的产品工艺技术和诀窍，包括产品的制造流程说明及流程图，工艺操作规程及技术参数，生产过程中的技术变更资料等；
1.2.1.6 与生产工艺相关的其他文件资料。
1.2.2 生产设备
1.2.2.1 生产设备性能的数据信息；
1.2.2.2 生产设备、仪器仪表的操作规程及其在生产运转过程中所产生的各类数据信息；
1.2.2.3 生产设备的更新改造，包括设备、零部件图纸及参数的变更，检验报告等相关信息；
1.2.2.4 设备、仪器仪表检修、保养计划及工作记录等相关信息；
1.2.2.5 设备、固定资产统计。
1.2.3 品质管理
1.2.3.1 年度品质管理工作计划，包括年度管理工作计划和短期实施计划；
1.2.3.2 在制品、产成品的检验标准及方法；
1.2.3.3 在制品、产成品质量数据的统计及分析检验报告；
1.2.3.4 产品质量缺陷统计分析。
1.3 基础设施信息
1.3.1 新、改、扩建项目计划；
1.3.2 基本建设招标信息；
1.3.3 基本建设中设计图纸、统计报表、水文环保等资料及大地测量控制点的数据；
1.3.4 新建项目的建设、施工及竣工资料；
1.3.5 全院平面图。
2. 经营信息
2.1 物流信息
2.1.1 采购信息
2.1.1.1 原料、设备；
2.1.1.2 供应市场的分析；
2.1.1.3 企业生产所需原料、设备的统计及申报资料；
2.1.1.4 原料、设备的月、季、年度采购计划；
2.1.1.5 采购招标、拟招标信息；

2.1.1.6　采购价格、数量及进货方式等相关信息；
2.1.1.7　与供应商签订的采购合同及相关协议；
2.1.1.8　原料、设备供应商的相关信息，比如：名称、联系人、联系方式等；
2.1.1.9　原物料、设备的具体信息，包括规格、型号、生产厂家原产地等。
2.1.2　配送信息
2.1.2.1　货物的品种规格、数量与客户的相关信息。
2.1.3　仓储信息
2.1.3.1　库存物资数据信息。
2.2　销售信息
2.2.1　市场信息，包括产品价格水平，行业总产量和技术发展等信息；
2.2.2　销售预测信息；
2.2.3　企业总体的经营目标；
2.2.4　年度的总销售计划及各阶段的销售计划；
2.2.5　销售价格与渠道；
2.2.6　销售数据的统计分析；
2.2.7　销售合同；
2.2.8　客户档案信息，包括联系人、联系方式、地址等；
2.2.9　潜在客户的开发策略与规划。
2.3　人事信息
2.3.1　劳动人事的综合性信息及统计报表；
2.3.2　人事档案、劳动合同及相关协议；
2.3.3　未公开前的人事调配、干部任免、后备干部名单；
2.3.4　组织机构变动信息；
2.3.5　薪酬、绩效考核、晋升方案及相关制度与资料；
2.3.6　人力资源规划、教育培训方案及相关制度与资料。
2.4　财务信息
2.4.1　企业及各部门的所有预算数据；
2.4.2　企业及各部门的所有决算数据；
2.4.3　企业的各类财务分析数据；
2.4.4　实时财务信息。
2.5　管理信息
2.5.1　涉密部门报请院领导批复的工作联系单、工作计划、总结、统计报表、简报等；

2.5.2　院行政业务、党委、纪委会议记录；

2.5.3　涉密部门例会会议纪要；

2.5.4　企业总体规划及中长期发展规划；

2.5.5　涉密部门与其相关业务单位函件管理；

2.5.6　企业的现行文件及要害部门的各种密级文件、图纸、资料、照片、电报、录像带、实物等档案资料；

2.5.7　上级机关下发、平行单位往来的一切；

2.5.8　保密文件资料等；

2.5.9　拟议中的产品结构调整方案、方针及有关资料、文件；

2.5.10　产品和主要原材料、设备；

2.5.11　价格及其调整方案；

2.5.12　涉外活动的一切；

2.5.13　秘密事项和对外承担保密的事项；

2.5.14　环保监测数据及资料；

2.5.15　尚未公开的工业环境污染检测数据和职业病防治统计数据及资料；

2.5.16　纪委、公安、组织、人事、监审部门的档案和人事材料及正在调查、侦查事件的案卷材料；

2.5.17　职工群众来信以及检举揭发、调查和证明材料。

3. 内部资料

3.1　凡不涉及企业商业秘密事项；

3.2　但对外不宜公开的文件、业务档案、参阅资料及各种内部刊物；

3.3　均应作为内部事项处理；

3.4　不得擅自公开。

四、涉密信息管理制度示例

涉密信息的管理，往往与档案管理结合在一起，涉及档案的归档、保管、借阅，以及档案室、资料室的建立与人员的管控。在确定了涉密信息后，应当在纸质与电子文档的取用和发放上加以控制，同时兼顾保密与效率，特别应注意不能纯粹为了资料的安全影响正常工作秩序，这就需要加以适当的技术手段来辅助，同时请专业人士咨询把控。

下面是某企业涉密信息制度的示例（节选），供读者参考。

（一）保密信息资料的归档、保管、调阅管理流程及制度

1. 总则

1.1 目的

为规范保密信息资料的管理（以下简称涉密档案），确保涉密档案的安全保管与合理使用，促进保密管理与保密决策的科学化，依据国家法律法规、结合我院的实际情况制定本流程及制度。

1.2 涉密档案的定义

涉密档案通常是指企业在经营管理过程中形成的，对企业具有保密价值与保存价值的各种形式的历史记录。涉密档案的范围界定参照《保密手册》执行。

1.3 义务

企业全体员工对涉密档案均负有保护义务。

2. 涉密档案的管理体制

2.1 对涉密档案的管理，实施集中管理与分散管理相结合的原则；

2.2 院办公室为院档案集中管理部门，负责涉密档案的集中统一管理与存放，并对其他部门的档案管理工作进行督促和指导；

2.3 其他各部门需指定兼职档案管理员，负责本部门还未归档的涉密档案管理，并协助与支持院办公室做好涉密档案的管理工作。

3. 涉密档案的管理内容

3.1 涉密档案的归档；

3.2 涉密档案的保管；

3.3 涉密档案的利用。

4. 涉密档案的归档

4.1 涉密档案的收集：各部门将进行完毕的涉密信息资料及时归档并定期移交档案室集中保管；

4.2 涉密档案归档时间的要求：每月月初，各部门应将涉密文件及定密审批表（复印件）一并提交至档案室，如果保密信息资料是以电子介质的方式存在，则随时形成随时归档并及时提交；

4.3 档案室依据定密审批表（复印件）进行密级核对工作，并保存定密审批表（复印件）；

4.4 在接收涉密档案时须办理移交手续，并在《涉密档案移交清单》上签字；

4.5 档案室在接收涉密档案时须进行详细的电子录入登记，包括密级、保密期限、递送部门、日期、文件介质、存放区域等相关信息，并将归档相关

信息告知保密部进行备案。

4.6　归档遵循的原则

4.6.1　完整性原则，即归档的涉密信息资料须完整齐全，并保证其内在联系的完整性；

4.6.2　集中性原则，即将涉密信息资料的正件与附件，复印件与定稿，请示与批复等相关文件资料统一归档，不得分散。

5. 涉密档案的保管

档案室内应设立专用区域并配备专门的设施保存涉密档案。

6. 涉密档案的利用

6.1　涉密档案调阅严格限制于本单位正式员工范围之内；

6.2　相关业务部门或相关业务人员确因工作需要，经相关权责核准后方可调阅涉密档案；

6.3　调阅分为查阅和借阅，查阅指在档案室内的指定区域阅览；借阅指将档案带出档案室阅览。

6.4　涉密档案查阅的审批流程：

6.4.1　由查阅人提出申请并填写《涉密档案查阅申请表》；

6.4.2　经所属部门负责人审核签字，再经保密部门批准后方可查阅。

6.5　涉密档案借阅的审批流程：

6.5.1　借阅秘密级档案，由借阅人提出申请并填写《涉密档案借阅申请表》，先经所属部门负责人审核签字，再经保密部门批准后方可借阅；

6.5.2　借阅机密级和绝密级档案，由借阅人提出申请并填写《涉密档案借阅申请表》，先经所属部门负责人审核签字，再经保密部门复审，最后须经总经理（院长）批准方可借阅。

6.6　档案室针对申请进行核实，核实的要素包括：《涉密档案调阅申请表》内容、申请者的身份，调阅档案与工作或业务的关联性。

6.7　调阅涉密档案相关注意事项：

6.7.1　未经批准不得对涉密档案进行任何形式的抄录、复制（涉密档案的复制参照《密件复制的保密管理规定》执行）；

6.7.2　调阅涉密档案的期限规定调阅期限：

6.7.2.1　确因工作需要；

6.7.2.2　需超时查阅涉密档案的；

6.7.2.3　须于下一工作日重新履行查阅审批程序；

6.7.2.4　确因工作需要；

6.7.2.5　需超时借阅涉密档案的；

6.7.2.6 须按照借阅审批程序办理续借手续；
……
6.15.7 调阅者须严格遵守调阅期限规定；
6.15.8 按时办理归还手续；
6.15.9 逾期未能归还的；
6.15.10 档案管理人员应及时跟催提醒；
6.15.11 并通知保密部门备案；
6.15.12 逾期未归还者参照《保密奖惩规定》进行处罚；
6.15.13 调阅档案者应爱护档案；
6.15.14 确保档案的完整性；
6.15.15 不得擅自涂改、勾画、剪裁、抽取、拆散或损毁，违反者参照《保密奖惩规定》进行处罚；
6.15.16 由档案室管理员负责留存《涉密档案借阅申请表》原件；
6.15.17 以备查询，保密部应留存复印件。
……
6.16 涉密档案调阅审批流程图：
6.16.1 查阅审批流程图；
6.16.2 借阅审批流程图。

（二）保密档案管理办法

1. 总则

1.1 为贯彻执行《商业秘密保护制度》，保护本公司的商业秘密，特制定本办法；

1.2 本办法中的商业秘密分为三个级别；

1.3 公司商业秘密管理委员会负责对保密资料进行分级，并在保密资料上标注密级标识；

1.4 保密资料的载体形式：

本办法所称的保密资料的载体包括纸介质、磁盘、光盘或其他形式的载体。

2. 档案室

2.1 档案室的设置；

2.2 档案室安装防盗报警门窗，内部划分为保密室与阅览区，分别安装监控摄像头；

2.3 保密室内设置保险柜，并配备严格的门禁系统及报警系统，除档案管理人员及商业秘密管理委员会主任外，其他人员一律不得进入保密室；

2.4 阅览区内设有独立计算机，用于阅览保密电子文档，该计算机不得接入互联网以及局域网，不得安装 USB 端口及软驱，可以根据数据复制需要安装具有只读功能的光驱。

3. 保密档案的接收

3.1 保密资料接收流程；

3.2 对于已经确定密级且标记密级标识的保密资料，档案员要仔细核对保密资料数量，核对无误后，在保密资料接收清单中登记，注明接收时间、文件内容、密级、发送部门、转交人和接收人（即档案员），经转交人和接收人双方签字后，档案员及时整理保密资料，分类编号，将文档清单存入电脑；

3.3 对于尚未确定密级且无保密标识的保密资料，档案员要仔细核对保密资料数量，核对无误后，在未定级保密资料接收清单中登记，注明接收时间、内容、发送部门、转交人和接收人（即档案员），经转交人和接收人双方签字后，档案员及时整理保密资料，将文档清单存入电脑。

4. 保密资料的存放

4.1 所有标有密级标识的资料应存放在防火自动报警保险柜内；

4.2 档案管理员根据商业秘密管理委员会认定的资料密级，对保密资料进行分类存放，不同密级的保密资料存放在不同的保险柜内，内容相关且密级不同的保密资料存放在同一保险柜内的不同密级区域内；

4.3 保险柜密码设置；

4.4 对于不同密级的保密资料应设置不同的密码；

4.5 保险柜密码由档案管理员设置，并定期更换。

5. 保密档案的使用

5.1 查阅保密档案必须经商业秘密管理委员会批准；

5.2 保密档案必须在阅览区内查阅，一律不准带出档案室；

5.3 对于存放在档案室内尚未确定密级且没有标注密级标志的保密资料，一律不得查阅；

工程项目施工期间的图纸等保密档案的使用办法请参见《施工建设期保密管理办法》。

6. 保密资料查阅流程

6.1 经商业秘密管理委员会批准后，相关专业人员可以查阅与其相关的保密资料；

6.2 由查阅人将经批准的申请单交与档案员，档案员在保密资料查阅登记簿中登记，注明查阅人姓名、查阅部门、时间、文件内容及密级，档案员从保险柜中取出相应保密资料，经查阅人与档案员双方在登记簿中签字后，档案员将保密资料交与查阅人在阅览区内阅览；

6.3 对于磁盘、光盘或其他电子载体的保密资料，查阅人只能在阅览区内的独立电脑上查看；

6.4 查阅人阅览完毕后，将保密资料归还给档案员，在登记簿中签字；

6.5 档案员对于归还的保密资料要及时归档；

6.6 保密资料的复制：保密档案经商业秘密管理委员会主任批准可以复制。

7. 保密资料的销毁

7.1 经商业秘密管理委员会批准，可以对保密资料进行销毁；

7.2 保密资料要由至少两名涉密人员进行销毁，并且需要至少两名档案员在场，对于欲销毁的保密资料要确保彻底销毁，档案员在保密资料销毁登记簿中登记，注明保密资料内容、密级、销毁时间、销毁执行人等事项，之后由销毁执行人和档案员签字。

8. 档案员职责和义务

8.1 档案员的设置：档案室至少设置 2 名工作人员，档案员为经过商业秘密管理委员会特别授权的人，档案员上岗前应经过严格的上岗培训和保密制度教育，并签订保密协议。

8.2 档案员的职责：

8.2.1 档案员负责保密资料的接收、登记、核对、归档、发放等管理工作；

8.2.2 档案员要做好保密资料的保管工作，以保护公司的商业秘密；

8.2.3 档案员工作期间，不得出现档案室无人留守的情况；

8.2.4 档案员午休实行换班制度；

8.2.5 档案员对保密资料要及时归档，严禁保密资料遗留在保密室外；

8.2.6 档案员一律不得让非档案员代班，如确需离开，经档案管理部门负责人同意后，应将档案室关闭后离开；

8.2.7 档案员一律不得允许管理委员会主任以外的人员进入保密室；

8.2.8 档案员要做好保密室内的清洁工作；

8.2.9 档案员下班前，要锁好保险柜、保密室以及档案室门窗。

8.3 因档案室管理不善或登记手续不全造成保密档案损失或泄密的，由档案员承担责任并予处罚；

8.4 因不及时归档造成保密档案损失或泄密的，由档案员承担责任并予处罚；

8.5 因查阅人查阅档案不当造成保密档案损失或泄密的，由查阅人承担责任并予处罚。

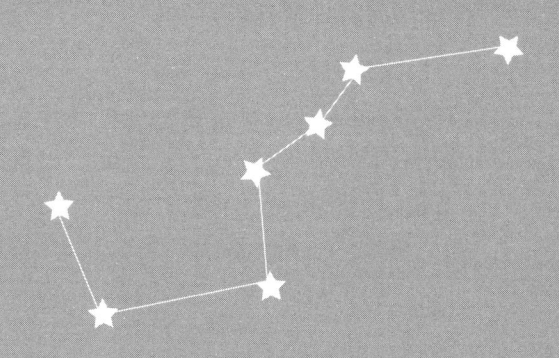

第二篇
涉密人员与保密组织

第四章　保密义务与涉密人员

一、保密义务

(一) 保密义务与员工保密协议

正如美国宾夕法尼亚州最高法院法官所说，"一扇未上锁的门不等于一张请柬"。从我国的立法本义上讲，保守商业秘密是义务人的法定义务，用人单位要求职工保守商业秘密是不需要支付保密费的。保护商业秘密，不需要明示合同的存在，保密义务也被称为："法律的默示义务。"职工对企业的保密义务基于其对单位的忠实义务的要求，企业与员工签订的保密合同主要是对保密内容的约定而不是义务的约定，义务人不履行保密义务的，不仅仅是一种违约行为而更是一种违法行为。

商业秘密是企业重要的知识财产，职工在职期间依据企业的保密规定和保密协议，当然负有保密义务。离职后，职工应当在合理期限内承担保密义务，有约定的属于明示义务，没有约定的，重要商业秘密部分承担"默示义务"，对于该义务的承担，企业不必额外支付对价。然而为了慎重起见，企业往往会在保密协议中明确约定职工离职后的保密义务，《劳动合同法》还规定企业与员工间可以约定竞业限制，作为保密协议的补充。

签订保守商业秘密合同的目的是防止商业秘密泄露和警示对方注意商业秘密的存在，以达到保护权利的最终目的。公司企业可以在劳动合同中约定保守商业秘密和与知识产权相关的保密事项，也可以单独与员工签订保密合同。在主体方面，保密协议的签订范围以接触商业秘密的人员与公司企业为主。

保密协议的相对人可以是正式聘用的员工、特邀的技术人员、技术顾问、离职或退休人员以及为特定技术项目的研发的合作人员，签订期限一般为离职或退休后 2—5 年。

保密协议的相对人也可以是其他合作公司企业，商业秘密权利人既可以与对方单独签订保密协议，也可以在具体合同中专门约定保密条款。由于公司企业在生产经营中可能涉及的合同种类繁多，不同合同的保密重点也不尽相同，届时应当根据具体情况具体分析。

（二）保密义务与保密补贴

职工可以主张离职后企业没有支付约定的竞业限制补偿费而拒绝承担竞业限制义务，但不得以企业没有支付"保密费"为由免除自己的保密义务。

虽然我们说保密义务不需要支付保密费，但是某些企业员工薪酬设计不合理，工资发放形式不灵活，此时可以对关键性岗位支付保密津贴，以弥补不合理的工资制度，激励特别岗位员工的保密积极性。保密津贴的发放方式有多种，可以采用预先提留的方式发放，也可以按月与工资一起发放。不管以何种形式发放，都要明确这是保密津贴或保密补贴，而不是所谓的"保密费"。

二、竞业禁止与竞业限制

（一）竞业禁止

竞业禁止主要是对董事、经理等用人单位的高级管理人员作出的竞业禁止，也称法定竞业禁止。竞业禁止的主体都是单位的高层领导者或者核心人物，他们易于掌握和接触单位的商业保密事项，为了防止泄密，法律必须对其作出竞业禁止规定。我国《公司法》第六十一条规定，董事、经理不得自营或者为他人经营与其所任职公司同类的营业或者从事损害本公司利益的活动。《合伙企业法》第三十条规定，合伙人不得自营或者同他人合作经营与本合伙企业相竞争的业务。

（二）竞业限制

市场经济繁荣需要人才流动，人才流动又会带来商业秘密损失。

用人单位与劳动者可以在劳动合同中约定保守用人单位的商业秘密和与知识产权相关的保密事项。对用人单位的商业秘密负有保密义务的劳动者，用人单位可以在劳动合同或者保密协议中与劳动者约定竞业限制条款，并约定在解除或者终止劳动合同后，在竞业限制期限内按月给予劳动者经济补偿。高级管理人员违反竞业限制约定的，应当按照竞业限制协议的约定，向用人单位支付违约金。在实践中，在劳动者与用人单位签订了合法有效的竞业限制协议并领取竞业限制补偿金后，即应依约、诚信履行竞业限制义务，不得在与原用人单位存在竞争关系的企业就职，亦不能自行成立竞争企业，否则即应依据法律规定及协议约定，承担相应的法律责任。

竞业限制的实施客观上限制了劳动者的就业权，劳动者要么改行，要么赋闲在家，必然会影响劳动者的生活。为了平衡用人单位商业秘密保护与劳动者就业权利，《劳动合同法》对竞业限制作了必要的限制。

竞业限制的人员不是所有劳动者，限于接触和掌握用人单位商业秘密的劳动者。《劳动合同法》将范围进一步缩小为：用人单位的高级管理人员、高级技术人员和其他知悉用人单位商业秘密的人员。实际上，这部分人员更容易接触和有更多机会处理用人单位的保密信息和文件，将其定为竞业限制的适用对象抓住了问题的关键。当然，上述人员也不是自然就是竞业限制的适用对象。要成为适用对象，还需要用人单位与之订立保密协议和竞业限制条款。即须有保密义务的约定和竞业限制义务的约定。

竞业限制的业务范围限于具有竞争关系的类似业务。用人单位不能单方认定什么是商业秘密，竞业限制在适用范围上要区分一般知识、经验和技能、商业秘密。一般知识是指一个劳动者在就业前所获得的必需的生产和生活常识；经验和技能是指劳动者从事本行业所应当掌握的本行业共有的普通技术、积累的非诀窍类的一般经验；商业秘密则是用人单位采取了保密措施的、能带来巨大经济效益的特殊信息。具有竞争关系的企业才会对该商业秘密有兴趣，一旦知晓才会造成重大损害。竞业限制不是不让劳动者从业，而是对从业范围作出限制。

竞业限制的最长期限为2年。《劳动合同法》规定，竞业限制的期限由用人单位与劳动者约定，但最长不得超过2年。这意味着竞业限制只能存在于劳动合同解除或者终止之日起2年内，超过2年的约定无效。

合理的补偿数额。因竞业禁止限制了有关雇员的择业及劳动报酬权，根据权利义务对等和衡平原则，应由通过合理的竞业限制而加强自身商业秘密保护的单位以合适形式，给予雇员在竞业禁止期间相应的补偿。

三、人员招聘与雇佣的保密注意事项

用人单位与劳动者建立劳动关系，直至劳动关系终止，劳动者会在日常工作中接触、掌握大量用人单位的相关信息，同时，用人单位也会收集到大量的劳动者个人信息。因此，这一阶段的信息保密是双方的，即企业应当重视劳动者的个人信息保护，员工应尽到劳动合同及法律规定范围内的保密、尽责、勤勉等义务。

细化来讲，应当按员工进入公司的正常流程来分析每个环节可能存在的风险点，分别分析：

（一）简历收集、面试阶段

在招聘涉密岗位的涉密人员时，要坚持"严把关，查后用"的原则，除对其工作能力、品行表现考察外，应通过看档案、问单位、理背景、相印证等调查途径，从人员入口把好关。特别对于面试中发现存疑又认为其较符合拟招聘岗位时，背景调查就显得尤为重要。同时需做好必要的招聘记录，载明被聘人员要对填写内容的真实性负责。

（二）入职定岗阶段

在与员工正式签订劳动合同前，需考察拟聘用员工是否负有以前单位竞业限制和保密义务。需判断该员工原岗位和新岗位的异同，慎重安排，并考虑是否需签署相关保密文件。须审查该员工提交的相关文件、证书，提前说明单位的相关保密制度，明确违约责任和补偿办法。同时，做好签约记录，要求员工对其填写的内容负责。

（三）转岗调岗阶段

完善转岗手续，对调离重要技术岗位或高级管理岗位的员工，如没有签署保密合同或竞业禁止协议，则应及时补签；如涉及原劳动合同的变更，则应当完善相关内容。安排员工转岗时要避免公司企业知识产权流失，降低商业秘密泄露风险，做好岗位定职、工作交接、签署新的保密协议、竞业限制协议。转岗所面临的是员工在不同岗位接触不同的商业秘密，转岗后应及时更新员工档案并通知保密部门。

（四）离职和退休阶段

完善离职和退休手续，安排专门负责人员做好资料、文件等交接工作，明示离职员工的保密义务，对公司涉密信息不得复制、拷贝、传播、自行使用等。同时不能违反国家有关部门的特别规定。

四、脱密期的设置

脱密期是指用人单位可以与掌握商业秘密的人员约定在离职之前至少 6 个月通知用人单位，用人单位为其调换岗位后，员工再工作一段时间才可以正式离职。在这段时期内,用人单位可以把员工调至不接触秘密信息的部门工作,以确保员工不再接触新的秘密信息、淡化原秘密信息。脱密期的相关规定见于 2010 年《保守国家秘密法》第三十八条、2013 年《江苏省劳动合同条例》第二十七条、2015 年《中外合资人才中介机构管理暂行规定》第十二条。

脱密期制度的主要措施是调岗,即脱离原有的接触商业秘密的岗位,换到不接触商业秘密的岗位或者其他行政、后勤岗位上过渡,并非限制流动而不给予任何岗位、待遇的"闲置"。脱密措施除在规章制度中有明确的设置,需要在签署劳动合同时就与员工约定,包括申请离职提出的时间、脱密申请流程、核批后的资料交接、脱密期限、换岗条件和待遇等。

五、企业保密组织

企业保密管理说到底就九个字:"管什么,谁来管,怎么管",保密组织就是解决谁来管的问题。对小企业而言,难的是权衡投入多少资源在这项工作上,兼职的组织能否满足管理的需要;对大企业而言,难的是如何搭建上下连贯的管理机制,以及多企业混业经营时保密机制如何确立。

涉密人员也是企业保护商业秘密组织的一部分,涉密人员在公司保密过程中并不是旁观者,同时也是参与方和执行者。各部门负责人同时也是各部门的保密责任人和定密责任人。涉密人员的界定,遵循"按岗定密,坚持原则,从严掌握"的原则。涉密人员的设置,主要是为了保密管理的需要,明确保密范围与保密义务。

六、涉密人员与保密组织案例解析

No. 1【(2019)最高法民再 135 号】武汉大西洋连铸设备工程有限责任公司、宋某兴公司盈余分配纠纷案

案情介绍

2010 年 9 月 29 日,甲方宋某兴与乙方刘某群、刘某未、肖某英及丙方武汉大西洋连铸设备工程有限责任公司(以下简称大西洋公司)签订《备忘录》。约定:鉴于甲方同意向乙方转让,乙方同意自甲方受让其所拥有的丙方 18%的股权;甲方拟不再担任丙方高级管理人员职务,并与丙方解除聘用关系。同日，宋某兴与大西洋公司签订《离职后义务协议》。双方还对保密约定的范围、技术秘密的范围作了约定。就宋某兴履行竞业限制义务，大西洋公司同意向宋某兴支付经济补偿共计 240 万元，该款项由大西洋公司于宋某兴离职后按月支付，于宋某兴离职二年期满时支付完毕。除经济补偿外，大西洋公司还同意以约定的方式额外给予宋某兴奖励共计 2075 万元，所述奖励款的支付条件为：宋某兴已经按照大西洋公司的要求，办妥所有相关的物品、财务、工作交接手续；宋某兴全面履行本协议约定的全部义务。双方还就违约责任进行了约定。

2016 年 1 月 4 日，武汉市江岸区人民检察院向武汉市江岸区人民法院提起公诉，指控恒瑞谷公司以及杨某祥（大西洋公司原市场开发部部长，案发时系恒瑞谷公司法定代表人）涉嫌侵犯商业秘密罪并审查查明：大西洋公司成立于 2001 年 10 月 17 日，是国内首家专门从事连铸技术研究、开发和连铸工程总承包的专业化技术公司，该公司掌握了先进的连铸机核心技术，相关设计图纸及设计资料是大西洋公司核心的商业秘密，大西洋公司对此采取了严格的保密措施，建立了门禁管理制度；将整套连铸机部件拆分，进行分散设计、分散制造等。2008 年 5 月 28 日，大西洋公司与杨某祥签订了劳动合同和保密合同。2010 年 12 月 13 日，杨某祥因病离开大西洋公司。2011 年 1 月 27 日，杨某祥违反大西洋公司有关保守商业秘密的要求，注册成立了恒瑞谷公司，生产设计与大西洋公司相同的连铸技术研究、开发和连铸工程总承包并牟取了相应经济利益。武汉市江岸区人民检察院认为，恒瑞谷公司、杨某祥违反权利人有关保守商业秘密的要求，使用掌握的商业秘密，给商业秘密的权利人造成重大损失，应当以侵犯商业秘密罪追究刑事责任。

法院视角

二审法院认为：

《离职后义务协议》第六条、第七条已明确约定了大西洋公司支付经济补偿及奖励款的数额与时间，大西洋公司对已支付的数额并未提出异议，宋某兴请求大西洋公司按照合同约定支付剩余奖励款及逾期付款违约金具有事实及法律依据。

关于宋某兴是否存在违反《离职后义务协议》中保密、竞业限制义务问题，涉及刑民交叉案件中刑事诉讼证据与民事诉讼证据的差异性区分，民事诉讼证据除了具备真实性、合法性及关联性，同时还应具有可以被推定的认可性，应当从各证据与案件事实的关联程度、各证据之间的联系等方面进行综合审查判断。大西洋公司列举的大量证实宋某兴违约行为的证据来源于刑事侦查阶段卷宗及单方鉴定结论,而刑事起诉书并不涉及对宋某兴的指控,亦无宋某兴侵犯大西洋公司商业秘密的事实认定。二审中,大西洋公司不能举出充分证据证明宋某兴存在违反竞业限制义务或侵犯商业秘密的行为存在,仅凭刑事侦查阶段的笔录、证言、非要式邮件文稿或资金流向等并不能证明宋某兴出资设立恒瑞谷公司并系该公司实际控制人,违反约定另行组建与大西洋公司具有同业经营性的其他公司,或在类似公司中担任职务及提供技术性服务。故在大西洋公司举证证据均系间接证据且不能形成排他性证据链条的情形下,对其该项上诉理由不予支持。

再审法院再审认为,本案的争议焦点是:一是宋某兴是否违反了《离职后义务协议》中的竞业限制约定;二是宋某兴是否违反了《离职后义务协议》中的保密约定;三是在违反前述约定的情况下,宋某兴应承担何种法律责任。

(1)宋某兴是否违反了《离职后义务协议》中的竞业限制约定。

本院认为根据大西洋公司申请调取的(2016)鄂0102刑初17号刑事案件侦查卷宗中公安机关在侦查阶段绘制的资金流向图,虽然不是刑事关联案件定案的证据,但鉴于其为客观证据,系对恒瑞谷公司注册资金流转情况的客观描述,且与李某爽相关账户的资金流水记录以及庭审过程中当事人双方关于恒瑞谷公司注册资金来源的陈述意见能相互印证,可以认定恒瑞谷公司的1000万元注册资金全部来源于与宋某兴或其配偶李某爽密切相关的公司,该注册资金由李某爽的账户转至其侄女李某名下的账户,再转至杨某祥名下,用于注册恒瑞谷公司。注册完成后,该笔资金又辗转返回李某爽名下。宋某兴辩称该注册资金为杨某祥从李某爽侄女李某处借得,其并不知情。经查,李某爽侄女李某系某公司普通职员,无其他大额经济来源和投资收益,且上述注册资金流水显示,多笔注册资金仅是借用李某名下的银行账户流转汇集至杨某祥名下用于公司注册,之后又重新流转回李某爽账户。宋某兴关于李某借给杨某祥1000万元注册资金的辩解于情不符,于理不合,本院不予采信。

另,根据公安机关对杨某祥使用的邮箱远程勘验记录显示,内有以"宋某兴"命名的关于恒瑞谷公司的"股权代持协议书"等材料,结合我院再审阶段查明的发件邮箱的注册情况和使用人情况等事实,可以认定上述材料系宋某兴通过其配偶李某爽发给杨某祥,用于注册并代持恒瑞谷公司股份的材料。

综合上述证据事实,本院认为,现有证据已足以认定宋某兴是恒瑞谷公司的实际出资人,其在离职后两年内以隐蔽手段隐名组建了与大西洋公司具有同行业竞争关系的恒瑞谷公司,违反了竞业限制的约定。一、二审法院对相关事实认定有误,本院予以纠正。

(2) 宋某兴是否违反了《离职后义务协议》中的保密约定。

在本案中，大西洋公司申请本院调取了其员工在（2016）鄂 0102 刑初 17 号刑事案件侦查卷中的证言、讯问笔录，拟证明宋某兴没有完全归还大西洋公司的保密资料和物品，违反了保密义务。对此，本院认为，上述证据材料虽然是以讯问笔录的方式出现，但并不能改变其属于证人证言证据种类的本质。由于上述证据材料系与大西洋公司有利害关系的员工在刑事侦查程序中出具的言辞证据材料，且未在先行刑事诉讼中进行过质证。故不能直接用作本案的定案依据，而且在本案中能否作为证据使用还要看其是否符合法律和司法解释对于证人证言这一证据种类的要求。

根据《最高人民法院关于民事诉讼证据的若干规定》的规定，当事人申请证人出庭作证的，应当在举证期限届满前向人民法院提交申请书。人民法院应当要求证人出庭作证，接受审判人员和当事人的询问。在本案中，大西洋公司并未申请其员工作为证人到庭作证，且其员工的证人证言亦不属于民事诉讼法规定的当事人因客观原因不能自行收集的证据，因此，上述证据材料不符合法律规定，本院不予采信。但基于已经生效的（2016）鄂 0102 刑初 17 号判决书认定的恒瑞谷公司构成侵犯大西洋公司商业秘密罪，特别是在恒瑞谷公司发现了大西洋公司技术图纸的基本事实，结合本案前述宋某兴隐名出资设立恒瑞谷公司，是恒瑞谷公司的实际控制人，违反竞业限制约定的认定，可以推定宋某兴的行为亦违反前述《离职后义务协议》第二条关于保密义务约定这一待证事实存在高度可能性，故大西洋公司的相关主张，本院予以支持。一、二审对相关事实认定有误，本院予以纠正。

宋某兴称，鉴于关联刑事案件未认定其构成侵犯商业秘密罪，故在本案中亦不应认定其相关责任。对此，本院认为，《离职后义务协议》系大西洋公司与宋某兴依据真实意思表示订立，亦未违反法律、行政法规的强制性规定，故对大西洋公司和宋某兴具有法律约束力，双方应当按照约定履行自己的义务。同时，刑事案件的证明标准和民事案件证明标准存在差异，且如前所述宋某兴是否构成侵犯商业秘密罪并不构成先行判决的预决事实，加之本案与关联刑事案件的证据情况亦不完全相同，故宋某兴的相关主张不能成立。

(3) 在违反前述约定的情况下，宋某兴应承担何种法律责任。

根据《离职后义务协议》第九条的约定，宋某兴未履行竞业限制义务或者履行竞业限制义务不符合本协议约定的，大西洋公司可……减少经济补偿及奖励，减少金额由大西洋公司根据违约所造成的损失情况确定；不予支付经济补偿及奖励，并可要求宋某兴返还已支付的经济补偿及奖励；要求宋某兴按已支付经济补偿及奖励总额的 30% 支付违约金。根据该协议第十条的约定，宋某兴违反本协议的约定，有本协议第一条所述第（三）项以外的损害大西洋公司利益行为的，大西洋公司可……减少奖励款，减少金额由大西洋公司根据违约所造成的损失情况确定；不予支付奖励款，并可要求宋某兴返还已支付的奖励款；要求宋某兴按照本协议第七条所述奖励款中已支付的数额30%的比例支付违约金。

如前所述，宋某兴的行为违反了《离职后义务协议》关于竞业限制和保密义务的约定，且其手段较为隐蔽，主观恶意较为明显，大西洋公司按照约定提出的返还款项并承担违约金的要求于法有据，本院予以支持。本案中经双方当事人确认，大西洋公司已向宋某兴支付奖励补偿款总计 10514462.44 元，故宋某兴应退还该笔款项，并承担该笔款项 30% 的违约金即 3154338.73 元，共计 13668801.17 元。

综上所述，大西洋公司的再审理由成立，其再审请求应予支持。

本案启示

在商业秘密维权中，刑事措施与民事措施往往并不矛盾，且刑事案件中查明的事实往往可以作为民事案件的认定依据，需要有经验的律师整体规划维权方案。企业在日常保密管理工作中，也应当注意积累相关证据与资料，以防出现泄密和侵权时无证可依。另外，在投资并购中，如何锁定被并购公司的高管团队和凝聚在他们身上的商业秘密，进而维持所购资产价值的稳定，也是企业并购中必须考虑的因素。

No. 2【(2014)一中民终字第 03258 号】李某亮等劳动争议案

案情介绍

李某亮于 2010 年 2 月 24 日入职锋电公司，担任风资源开发部总监。双方签订有劳动合同和竞业限制合同，2010 年 2 月 24 日李某亮与锋电公司另签订保密协议。

2012 年 10 月 11 日北京宏大新电科技有限公司（以下简称宏大公司）经工商注册登记成立，法定代表人为李某亮。

锋电公司主张李某亮自行成立宏大公司，与其公司均从事能源技术开发、转让、研究、咨询，双方经营范围存在重合，故李某亮的行为违反了双方间签订的竞业限制协议的约定，应当依据协议第五条的约定向其公司支付违约金

300000元。李某亮则主张其成立宏大公司之初仅是想从事家用电器的销售，且宏大公司成立后并未开展实际经营，其认为宏大公司与锋电公司的经营范围并未重合，二公司之间不存在竞争关系。李某亮就其主张提举纳税申报系统网络截图，载明宏大公司申报期限自2013年7月1日至2013年7月31日的税款时，所有地方税、费、附加等款项均为零。锋电公司对该截图的真实性与证明目的不予认可。

双方均确认李某亮在锋电公司正常工作至2012年11月30日，但就劳动关系的解除时间与解除原因各执一词。李某亮主张2012年11月30日其以锋电公司未足额缴纳社会保险为由，向锋电公司提出解除劳动合同，当日锋电公司法定代表人郑某勇默认，故此后其未再出勤，但其认为双方劳动合同并未到期，故当日劳动合同并未解除，直至2013年1月2日郑某勇口头告知其不适合工作岗位将其辞退，故其认为双方劳动合同于2013年1月2日解除。锋电公司主张2012年8月李某亮即个人提出解除劳动合同，其公司进行挽留后李某亮同意再留任一段期间，以给公司一定的缓冲期，直至2012年11月30日李某亮自行离职，故其公司认为双方劳动关系于2012年11月30日解除。

锋电公司主张李某亮离职后向其公司交还笔记本电脑，但其公司发现李某亮将其电脑中保存的风资源数据删除，给其公司造成经济损失，故应当赔偿其公司500000元。锋电公司就其主张提举：①达思凯瑞（DTS）数据恢复工作单、恢复数据打印件及证人证言。②收条及综合部物资入库单。③电子邮件打印件若干。④测风塔安装合同3份。锋电公司主张上述合同签订后，测风塔设备安装好后测量到的数据保存在李某亮的电脑中，现李某亮将数据删除，故应当按照合同金额赔偿其公司经济损失，其公司就此项主张赔偿500000元。

锋电公司另主张李某亮并未归还2012年3月1日至2012年11月30日向公司支取的部分差旅费，即共计166500元。锋电公司主张李某亮仅向其公司交纳了156244.89元的票据进行报销，故应向其公司返还差额部分即10255.11元。李某亮对锋电公司提举的上述单据的真实性均予以认可，但主张上述借款的发生均为出差及招待所用，就支出数额其已经向公司全额交票进行报销，均已经平账，因全部票据其已交至公司，故其现无法再行提交。

李某亮离职后锋电公司未向其支付竞业限制补偿金。锋电公司主张未支付的原因为李某亮离职后未完成上述工作交接，即未交还电脑中保存的数据、未返还多支取的差旅费，并主张李某亮应向其公司完成上述工作交接。李某亮对锋电公司的主张不予认可，表示其已完成全部的工作交接。李某亮另表示因其离职后锋电公司未向其支付竞业限制补偿金，故双方间签订的竞业限制协议对其没有拘束力，其不同意向锋电公司支付违约金。李某亮同时表示如法院判令其支付违约金，因约定数额过高，其申请在数额上酌减。

李某亮以要求确认锋电公司自 2010 年 2 月 24 日至 2013 年 1 月 2 日与其存在劳动关系、锋电公司支付解除劳动合同经济补偿金及 50% 经济补偿金、竞业限制补偿金为由向北京市海淀区劳动人事争议仲裁委员会提出申诉，锋电公司提出反申请，要求李某亮支付违反竞业限制合同的违约金 300000 元、经济损失 500000 元、返还差旅费差额 10255.11 元，仲裁委员会裁决如下：①确认 2010 年 2 月 24 日至 2012 年 11 月 30 日李某亮与锋电公司存在劳动关系；②锋电公司支付李某亮解除劳动合同经济补偿金 42048 元；③锋电公司支付李某亮 2013 年 1 月 2 日至 2013 年 2 月 20 日竞业限制补偿金 2317.24 元；④李某亮支付锋电公司违约金共计 300000 元；⑤驳回李某亮的其他申请请求；⑥驳回锋电公司的其他申请请求；⑦驳回锋电公司的关于差旅费争议的仲裁申请。李某亮与锋电公司均不服该裁决结果，均于法定期限内向法院提起诉讼。

法院视角

二审法院认为：

关于竞业限制相关情况一节。在本案中，2012 年 10 月 11 日李某亮尚未自锋电公司离职时，即自行成立宏大公司。该公司经营范围与锋电公司存在较大范围的重合，且均包括能源科学技术研究，此外根据工商登记材料李某亮在申请设立宏大公司时曾将风力发电等作为申请经营项目，主观上存在明显的违反竞业限制合同的意向并付诸实施。故李某亮的上述行为已违反了双方间签订的竞业限制合同的约定，鉴于竞业限制合同中约定了违约金事宜，故李某亮应当向锋电公司支付违约金。现李某亮主张宏大公司并未实际运营，但即便其提举的纳税申报网络截图属实，亦仅是对 2013 年 7 月的纳税申报情况说明，且并不能推翻李某亮违反双方间竞业限制合同约定的事实，故本院对李某亮所持的上述抗辩理由不予采纳。具体就违约金的数额，一审法院认为，该协议约定违约金标准为李某亮月平均工资标准的 12 倍，即 300000 元。现李某亮申请在数额上予以酌减，一审法院结合李某亮违反竞业限制约定的程度、竞业限制约定中双方间权利义务应趋于均衡的原则予以综合考虑，酌情认定李某亮向锋电公司支付违反竞业限制合同违约金 100000 元。一审法院酌情认定违约金数额并无不当，本院依法予以维持。

关于劳动关系情况一节。双方均确认李某亮在锋电公司正常工作至 2012 年 11 月 30 日，亦均确认劳动关系已经解除，但就解除时间与原因各执一词。李某亮主张其于 2012 年 11 月 30 日以锋电公司未足额缴纳社会保险为由提出辞职，锋电公司法定代表人予以默认。李某亮虽另主张锋电公司于 2013 年 1 月 2 日口头将其辞退，但未能就此提举相应证据。锋电公司主张系李某亮于 2012 年 11 月 30 日自行离职。锋电公司作为劳动关系中负有管理责任的用人单位一方，未能举证证明双方间劳动关系的解除情形，应当承担举证不能的不利后果。现双方均无继续存续劳关系的意愿，亦均未就劳动关系的解除情况提举有效证据，故一审法院认为双方间劳动关系，应视为由用人单位一方即锋电公司于 2012 年 11 月 30 日提出，经双方协商一致后解除。故一审法院确认双方自 2010 年 2 月 24 日至 2012 年 11 月 30 日存在劳动关系，锋电公司应当依据李某亮的工资标准及工作年限向李某亮支付解除劳动合同经济补偿金 42048 元。本院认为，一审法院的认定并无不当，依法予以维持。

关于报销差旅费用一节。本院认为，双方均确认李某亮在锋电公司报销差旅费的模式为先预支而后提交票据报销。现锋电公司提举了借款单与报销单，并依据二者载明的金额向李某亮主张相应差额。但部分报销单显示的日期早于借款的日期，明显与双方间陈述的报销模式不符。锋电公司未能进一步举证证明其于本案中提举的借款单与报销单系相互对应，应当承担举证不能的法律后果。再者，锋电公司提举的借款单与报销单均具备一定的时间跨度，部分单据系跨年度，若如锋电公司所述，李某亮未提交足额票据予以报销，锋电公司仍不断向李某亮预支差旅费的行为亦有违财务制度及一般常理。在李某亮对锋电公司的上述主张亦不予认可并表示其已提供足额票据予以报销的情况下，本院对锋电公司的上述主张不予采纳，对锋电公司现主张李某亮返还报销费用差额的诉讼请求，本院不予支持。

关于经济损失一节。本院认为，锋电公司主张其公司与其他公司签订的测风塔安装合同后测量到的风资源数据，均保存在李某亮电脑中，而李某亮离职时将其电脑中保存的数据全部删除，导致无法恢复，故李某亮应按照上述安装合同的标的之和赔偿其公司经济损失 500000 元，李某亮对锋电公司的上述主张不予认可。就此本院认为，通过锋电公司提举的、李某亮认可真实性的相关电子邮件可以看出，李某亮向锋电公司表示其并未恶意销毁其持有的工作文件。现锋电公司主张李某亮删除仅由其持有的风资源数据，但未能就上述安装合同中载明的风资源数据传输方式、李某亮系数据接收人并且是唯一的接收人予以举证，应当承担举证不能的法律后果，在李某亮对此不予认可的情况下，本院对锋电公司的主张不予采纳，现该公司以此为前提主张李某亮赔偿经济损失的请求没有事实依据，本院不予支持。

综上所述，一审判决认定事实清楚，适用法律正确，应予维持。

本案启示

《民事案件案由规定》在 2011 年修改以后,"竞业限制纠纷"案由独立出来,并归到第 169 类"劳动合同纠纷"项下,而在第 160 类"侵害商业秘密纠纷"项下已不再涉及竞业限制的内容,只有侵害商业技术秘密和经营秘密纠纷这两个四级案由。企业竞业限制纠纷往往与劳动纠纷密不可分,在实际案例中,许多企业的商业秘密纠纷直接由劳动纠纷所引发,企业人力资源部门需时刻警钟长鸣,随时准备吹响商业秘密保护的前哨。

No. 3【(2020)沪民申 972 号】【(2019)沪 73 民终 3 号】上海远东通讯设备有限公司与上海杠邦网络设备科技有限公司、连某强侵害商业秘密纠纷案

案情介绍

上海远东通讯设备有限公司(以下简称远东公司)成立于 1994 年 11 月,远东公司认为在计算机设备销售、工程承揽、外包服务等范围与上海杠邦网络设备科技有限公司(以下简称杠邦公司)构成竞争关系。杠邦公司成立于 2014 年 5 月,连某强自杠邦公司成立之时即为公司股东并担任法定代表人,连某强到远东公司处工作之前杠邦公司并不从事 IT 维护服务业务。

远东公司先后与涉案 19 家客户签订服务协议,为上述客户提供 IT 系统维护服务,收取服务费。19 家客户中,编号 9、11、13、15 的客户为连某强到远东公司处兼职后远东公司新开发客户。杠邦公司确认在连某强到远东公司处兼职前其与涉案 19 家客户无业务往来。远东公司陈述编号 8 – 编号 18 的客户仍与远东公司保持服务关系。2016 年 12 月至 2018 年 1 月,编号 1 – 编号 7 的客户先后以基于公司内部调整、不需要 IT 外包服务、技术人员更换等为由向远东公司发出通知书或短信,终止或解除与远东公司的服务关系。

远东公司与连某强均陈述连某强通过智联招聘网到远东公司处兼职,兼职时间为 2016 年 10 月至 2017 年 9 月,主要从事远东公司客户的网络维护工作。远东公司提供的《兼职工作协议书》加盖远东公司公章及连某强私章,落款时间是 2016 年 10 月 10 日。远东公司提供的《保密管理制度》及《保密协议书》加盖远东公司公章及连某强私章,落款时间均为 2017 年 6 月 1 日。

一审审理中,远东公司陈述对于上述三份协议的签订过程由于时间太长,

记不清了；对于兼职员工的工资发放很灵活，有的时候付现金，有的时候是银行转账，但每月发放金额为3500元。连某强陈述与远东公司的劳动关系为双方口头约定，没有签署过任何书面协议。

关于连某强、杠邦公司主张涉案的《兼职工作协议书》《保密管理制度》《保密协议书》系远东公司伪造之意见，本院认为，连某强虽主张涉案印章与其个人印章存在不一致，但个人印章并不具有唯一性，在没有相反证据证明该印章系伪造的情况下，一审法院结合本案的具体情况，从证据盖然性的角度，根据日常生活经验，认定上述协议具有真实性，并无不当，本院予以维持。关于远东公司与连某强之间是否存在劳动关系的问题，本院认为，本案系不正当竞争纠纷，并非劳动争议纠纷，一审法院依据涉案协议书的内容，将连某强与远东公司之间关系表述为兼职关系，并无不当。至于该行为是否为事实劳动关系，属于另一法律关系，并非本案审理范围，故对远东公司、连某强、杠邦公司的相关主张，本院均不予采信。

法院视角

二审院认为，由于杠邦公司、连某强实施了侵害远东公司商业秘密的行为，一审法院判决杠邦公司、连某强应当共同承担停止侵害、赔偿损失的民事责任，于法有据，本院予以维持。关于远东公司主张一审法院使用调整人身财产关系的法律作出判决，侵害远东公司合法权益之主张，本院认为，侵权责任法不仅保护民事权利，也保护民事利益，涉案商业秘密属于侵权责任法保护的民事利益，故一审法院适用侵权责任法并无不当。关于赔偿数额，一审审理中，因远东公司以涉及远东公司商业秘密为由拒绝陈述其净利润，杠邦公司陈述其无净利润，但没有举证，由于远东公司所遭受的经济损失或杠邦公司、连某强侵权获利的具体数额均无法确定，一审法院综合杠邦公司、连某强实施侵害远东公司商业秘密的主观故意、侵权时间、情节、所处行业性质等因素，酌情确定经济损失赔偿数额并无不当，本院予以维持。远东公司主张的合理费用，确为本案诉讼所必需，故一审法院予以支持，亦无不当，本院亦予以维持。虽然一审法院在认定杠邦公司开具的涉案增值税发票含税金额存在错误，但由于该金额仅是本案确定法定赔偿数额考量的参考因素之一，而一审法院综合本案具体情况确定的法定赔偿数额并无明显不当，故对杠邦公司、连某强主张调整赔偿数额的上诉意见本院不予采信。

再审法院认为，就再审申请人据以提出再审申请之理由，本院评析如下：

其一，原审判决业已认定，连某强隐瞒其杠邦公司股东及法定代表人身份到远东公司处任职，通过不正当手段知悉远东公司与客户交易的具体信息，该些信息亦为杜邦公司所掌握。杜邦公司在明知该些信息为远东公司商业秘密之情形下仍予以使用，并与所涉客户进行交易。故杜邦公司及连某强的行为共同侵害了远东公司的商业秘密，具有主观恶意，应当共同承担相应法律责任。同时，二审判决亦已对本案中不能认定连某强系采用欺诈手段取得涉案商业秘密作出阐释，并对本案法律适用作出说明。本院经审查认为，前述认定之相应理由阐释清晰、论证充分、说理准确，其结论依法有据、并无不当。因此，本院对申请人所主张的原审判决遗漏相关事实、法律适用错误以及错误认定连某强兼职相关事实等再审申请理由均不予采纳。

其二，虽然申请人主张将两被申请人违法获取的利润作为确定本案赔偿数额的参考依据，但鉴于申请人对此未能提交证据予以证明，故一审法院以相关交易总金额作为参考依据，并综合两被申请人主观恶意、侵权时间、情节、所处行业性质等因素确定赔偿额，于法有据，并无不当。同时，二审法院依据在案证据对一审认定相关交易事实和相应金额作出认定和纠正，系二审法院依法行使职权，亦无不当，申请人对此也未提供任何反证。因此，本院对申请人相应再审申请理由均不予采纳。

其三，关于原审程序，本院经审查认为，申请人所述本案相关程序违法情形均不成立，本院均不予采信。

其四，关于申请人的调查取证申请，本院经审查认为，原审法院根据民事诉讼法有关规定不予准许，并无不当。

其五，申请人于再审期间未提交符合法律规定的新证据，无证据表明原判决认定事实的主要证据系伪造或未经质证，亦无证据表明存在生效刑事法律文书或纪律处分决定确认本案审判人员审理案件时有贪污受贿、徇私舞弊或枉法裁判行为。

驳回上海远东通讯设备有限公司的再审申请。

本案启示

本案是典型的卧底窃密事件，公司创始人为开展业务亲自去竞争公司入职卧底，而当事人却在客户丢失后才幡然醒悟。企业在与重要信息有关的人员进出时，应做严格的背景调查，人事部门也应该有保密意识，泄密不只会发生在重要技术岗位，还会在重要信息岗位。近年来企业在信息化过程中，工作效率得到了极大的提升，但如果不重视信息部门的保密工作，泄密效率也会翻倍提升，等最终发现时给企业带来的损失也是灾难性的。

No.4 【(2020)沪民申2418号】【(2020)沪73民终83号】【(2019)沪0104民初14073号】石家庄新华能源环保科技股份有限公司与江苏常金建设工程有限公司、上海江珑投资有限公司侵害商业秘密纠纷案

案情介绍

其一,涉案公司基本情况。

石家庄新华能源环保科技股份有限公司(以下简称新华公司)成立于2000年8月17日。江苏常金建设工程有限公司(以下简称常金公司)成立于2002年3月14日。上海江珑投资有限公司(以下简称江珑公司)成立于2015年11月4日。

新华公司与江珑公司有商业往来,2016年6月15日,江珑公司(甲方)与新华公司(乙方)签订《合作协议》,约定:鉴于甲方拥有储量约1.3亿吨高品质石灰石矿山开采权,并且拥有池州市长江码头一座,在池州市具有广泛的社会资源。乙方具有石灰领域的先进工艺技术、独特设备制造和安装能力以及全面管理的优势,拥有工业炉窑全产业链的研发、生产、制造、管理、销售等能力。双方协商一致,共同出资成立合资公司。同日,江珑公司(甲方)与新华公司(乙方)签订《补充协议》。

江珑公司和新华公司合资的江华公司于2016年7月28日成立,注册资本为6000万元,经营范围为生产、销售氯化钙、轻质碳酸钙、重质碳酸钙、氢氧化钙、低硫高质脱硫剂、纳米钙、溶剂钙、二氧化碳、白云石、石灰石、煤炭清洁利用、铁精粉直接还原处理、余热发电。江珑公司和新华公司均认缴出资3000万元,江珑公司已于2017年1月17日出资到位,新华公司并未实际出资。

新华公司在本案中主张的商业秘密:

第一,与江华公司经营状况有关的内容。

(1)江华公司名下银行存款仅有6万余元,且已被其他法院冻结。

(2)江华公司名下土地使用权转让款至今未付。

(3)江华公司负债巨大,现阶段无法开展生产,现有资金不足以清偿到期债务。

(4)江华公司拟开展的项目所需的重要指标,所在石台县根本无法满足,江华公司长时间内根本无法开展生产经营。

第二,与新华公司和江珑公司投资经营江华公司有关的内容。

（1）两座日产600吨双膛石灰窑及公辅配套设施直接设备投资约5500万元，由合资公司与新华公司另行签订供货合同，新华公司承诺合资公司支付3000万元后，工程具备生产条件，其余款项在合资公司认为资金充裕的时候由合资公司还给新华公司，但江华公司至今未付。

（2）新华公司以3万吨Pak石灰窑生产线和中转站估值3000万元（以评估值为准）入股江华公司，但新华公司出资未到位。

（3）新华公司对江华公司进行专利授权。

（4）合资公司相关审批和手续由江珑公司负责。

（5）江珑公司保证石灰石的供应。

（6）江珑公司保证在当地市场石灰石价格基础上优惠供应江华公司。

（7）江珑公司向合资公司提供土地使用权。

（8）新华公司在完成1万吨Pak生产线并投产后，根据生产经营情况确定另外2万吨Pak生产线的建设时间。一审审理中，新华公司确认无具体建设时间表。

（9）江珑公司承诺项目建设期无息借给合资公司资金约1000万元用于项目建设，根据地勘和高压供电情况确定具体数额，在合资公司认为资金充裕的时候由合资公司还给江珑公司。

新华公司表示上述第一部分第（1）、第（2）、第（3）项和第二部分第（1）、第（2）项内容的载体为江华公司财务计算机，第二部分第（2）至第（9）项内容的载体是其与江珑公司签订的《合作协议》，第一部分第（4）项内容没有载体。

其二，新华公司主张常金公司、江珑公司实施的侵害商业秘密行为。

常金公司向安徽省池州市中级人民法院提起诉讼，称江华公司未按其与常金公司签订的《江华钙业2×600t/d石灰窑土建工程施工合同》约定结算工程款并予全额支付；另根据江珑公司和新华公司签订的《合作协议》，2座双膛窑由新华公司建设，且新华公司作为江华公司股东出资不到位，故请求判令江华公司和新华公司支付工程款及利息等。诉状落款时间为2018年10月30日。常金公司于2019年1月29日撤回起诉。安徽省池州市中级人民法院于翌日作出（2019）皖17民初1号民事裁定，准许常金公司撤诉。

2019年1月16日，常金公司向安徽省石台县法院提交破产清算申请书，申请江华公司破产。事实和理由是江华公司因《江华钙业2×600t/d石灰窑土建工程施工合同》拖欠常金公司的工程款，经池州市中级人民法院调解，仍未能在法院确定的期限内履行。安徽省石台县人民法院认为，常金公司作为江华公司建设工程承包人，完成了约定的工程，且验收合格，依法享有取得工程款的权利，而江华公司未付该工程款，常金公司有权依照破产法的规定对债务人江华公司提出破产申请。江华公司一直未投入生产，无经营收益，明显缺乏清偿能力，因而常金公司的申请符合受理条件。该院于 2019 年 1 月 31 日作出（2019）皖 1722 破申 1 号民事裁定，受理常金公司对江华公司的破产清算申请，并指定安徽始信律师事务所作为该案破产管理人。

法院视角

新华公司在本案中主张的商业秘密分为两类：一类为江华公司的相关信息，另一类则是与新华公司、江珑公司投资管理江华公司有关的内容。一审法院分别予以论述。

关于江华公司的相关信息，包括新华公司主张的关于江华公司履行能力的内容，概括而言就是江华公司经营困难，上述内容与安徽省石台县人民法院（2019）皖 1722 破申 1 号民事裁定的结论一致。经一审法院释明，新华公司仍不能说明上述内容的商业价值何在，亦未为此提供江华公司采取保密措施的证据，更不能说明其代替江华公司来主张江华公司的经营信息的法律依据，故一审法院认定新华公司主张的江华公司经营不善的相关信息，不符合反不正当竞争法规定的价值性和采取保密措施的构成要件，不构成商业秘密，新华公司亦无权以权利人身份予以主张。

关于与新华公司、江珑公司投资管理江华公司有关的内容，首先，新华公司与江珑公司签订的合同中约定"双方就因本协议的签订和履行而获知的对方的技术及商业秘密负有保密责任"，即新华公司仅对自身的技术及商业秘密有权依据该条约定予以主张，而新华公司主张的商业秘密第二部分第（4）、第（5）、第（6）、第（7）、第（9）项只涉及江华公司和江珑公司，该部分内容显然并非新华公司的商业秘密。其次，新华公司主张的商业秘密有一部分是公开信息：如：新华公司主张的商业秘密第二部分第（3）项专利授权，根据法律法规规定，专利许可备案的有关内容经国家知识产权局登记后，在专利公报上予以公告；又如：第二部分第（2）项江华公司股东出资情况，亦在市场监督部门企业信用信息公示系统网站中公开可见；还有诸如第二部分第（1）项新华公司和江华公司签订的相关合同信息，在一审审理中经勘验已在 2016 年 10 月 10 日作为关联交易公布。上述信息均不具有秘密性，不符合商业秘密的基本要求。最后，新华公司主张的商业秘密第二部分第（8）项，新华公司在一审审理中既自认无确切的生产线建设时间表，又不能明确上述信息的商业价值，经一审法院释明，仍不能为其主张提供理据。

综上，新华公司在本案中主张的内容均不符合反不正当竞争法关于商业秘密的规定。

再审法院认为，在本案中，首先，新华公司对其主张的 13 项经营信息中权利主体与其无关的信息，未能提供证据证明已在本案中获得了合法授权，可以作为权利人提起诉讼。其次，对于江华公司的经营状况以及新华公司和江珑公司投资、管理江华公司的部分信息，新华公司未能举证证明该些信息具有商业秘密所要求的价值性并经持有人采取保密措施。再次，新华公司主张的其余信息均可以通过公开渠道获取，不具备商业秘密所要求的秘密性要件。最后，新华公司在本案审查过程中提交的四组证据材料，部分材料缺乏原件以供核对，无法确认其真实性；其余材料与本案商业秘密纠纷缺乏关联性。由此，一、二审法院依法认定新华公司主张的 13 项信息不属于《反不正当竞争法》所规定的商业秘密，并据此对其提出的侵权主张予以驳回，具有事实和法律依据，并无不当。

本案启示

企业投资合作中，如果没有选择好合适的合作伙伴，除了直接的经济损失，还可能带来商业秘密的泄密。保密协议仅能约束合同的相对方和参与方，而无法对抗善意第三人。本案历经二审和再审，均无法得到法院的支持。企业在参与类似的技术项目合作中，应注意分阶段提供资料，且有所保留核心技术，以防项目的失败带来的技术泄密的风险。

No. 5【（2019）京 73 民终 2796 号】【（2017）京 0105 民初 21213 号】李某华等与上海凯驰防腐工程有限公司案

案情介绍

2011 年 5 月 23 日，上海凯驰防腐工程有限公司（以下简称凯驰公司）与李某华签订劳动合同，李某华担任凯驰公司北京办事处经理，负责销售工作。2011 年 5 月 23 日，凯驰公司与李某华签订补充劳动合同。2014 年 5 月 23 日，凯驰公司与李某华续签劳动合同，仍担任相同职务。在签订劳动合同之外，2011 年 5 月 23 日凯驰公司还签署书面声明。2015 年 8 月 7 日，李某华签字领取 2015 版《员工手册》。旧版及 2015 版《员工手册》中均包含有保密规定。

2015 年 1 月期间，吉神化工公司曾就采购产品一事与李某华取得联系，但凯驰公司并未实际与吉神化工公司成功签订合同。李某华在凯驰公司的工作邮箱曾与吉神化工公司工作人员等多人有多次邮件往来。除上述2015年1月、2015年7月的邮件外，凯驰公司并无直接证据证明李某华实施了其他利用凯驰公司客户资源及商业机会的行为。

2015年4月8日，杰瑞德公司注册成立，股东为许某文与李某华，许某文任执行董事、经理，为法定代表人，李某华任监事。杰瑞德公司的注册地址即为凯驰公司北京办事处的地址。

注册成立后，杰瑞德公司分别于2015年4月21日、2015年5月11日、2016年4月8日、2016年6月3日、2016年9月9日与凯驰公司签订工业品买卖合同。但并无证据证明上述销售合同系李某华等利用凯驰公司的客户资源及商业机会所签订。

2016年3月28日，凯驰公司与李某华签订关于终止劳动合同的告知，双方终止劳动合同，李某华顺利办完工作交接后，凯驰公司给予李某华一次性经济补偿91 285元，双方于2011年5月23日签订的《补充劳动合同》解除。

以上事实，有劳动合同书、补充劳动合同、《员工手册》、工业品买卖合同、《关于终止劳动合同的告知》委托代理协议、房屋租赁合同、邮件往来记录、当事人陈述等证据在案佐证。

法院视角

其一，相关信息是否构成商业秘密。

李某华上诉主张，吉神化工公司发送的采购计划是公知的，该信息不构成商业秘密。本院认为，从各方当事人陈述看，吉神化工公司向凯驰公司提出采购计划所涉货物系凯驰公司曾向吉神化工公司提供的设备的零部件，可见，此次采购计划存在一定的交易基础，交易成功的可能性较大。在未有证据显示吉神化工公司曾公开向多家企业询价的情况下，应认定吉神化工公司向凯驰公司发出的计划采购相应货物的具体信息具有秘密性，亦对凯驰公司具有相当商业价值性。此外，凯驰公司通过与李某华签订合同明确其对相关经营信息负有保密义务属于合理的保密措施。据此，吉神化工公司向凯驰公司发送的采购计划属于凯驰公司的商业秘密。

其二，李某华是否实施了侵害商业秘密行为。

李某华上诉主张，吉神化工公司系基于自身考虑主动选择不与凯驰公司交易，后才委托李某华另行寻找交易对象，考虑到维护客户关系协调他方与吉神化工公司进行交易，故其行为不构成侵害商业秘密。

对此，本院认为，作为负有保密义务的员工，李某华应当遵守保密义务要求，不得不当披露和利用其获取的商业秘密。根据已查明的事实，李某华2015年1月12日收到吉神化工公司采购计划，为达成该笔交易，凯驰公司需从他方处采购货物再向吉神化工公司提供，故当日李某华代表凯驰公司先向天旺公司询价，次日收到天旺公司回复后，在天旺公司的报价基础上，凯驰公司加价一倍向吉神化工公司进行报价。2015年1月16日，用户"chinaxubowen"（chinaxubowen@163.com）向李某华发送附有沛正公司营业执照、开户许可证、税务登记证的邮件。李某华则向该用户回复包含附件《（水帽）单价采购合同》草稿的邮件，显示合同甲方为吉神化工公司，乙方为沛正公司，沛正公司的联系人为许某文。本院认为，根据用户"chinaxubowen"的名称、邮件附件内的乙方联系人名称以及与李某华共同出资成立杰瑞德公司的股东姓名，可以认定上述用户即为许某文。由此可见，沛正公司已得知吉神化工公司的采购计划，并有较大可能双方已达成基本一致意见进而起草了合同。此时，距凯驰公司向吉神化工公司发出报价仅三日。现本案并无证据显示三日内吉神化工公司即改变了欲与凯驰公司交易的意图，而通过李某华寻求与他方交易，或者沛正公司系通过李某华以外的渠道得知吉神化工公司的采购计划而主动与吉神化工公司报价、磋商。在未得到吉神化工公司明确向凯驰公司表示拒绝交易的意思表示的情况下，作为凯驰公司的员工，李某华如未得到凯驰公司明确许可，就积极促成其他公司与吉神化工公司交易，显然将存在极大的利益冲突风险。因此，在缺乏证据支持的情况下，李某华关于其系基于维护客户关系而应吉神化工公司要求为其另寻交易对象的主张，不符合常理，本院不予采纳。

在前述事实基础上，再基于李某华与许某文的特殊关系，以及前述合同草稿显示报价略低于凯驰公司的报价，沛正公司与凯驰公司合同的货物及数量、单价又与天旺公司向凯驰公司的报价一致的事实，以及李某华所述吉神化工公司所需货物的最终供货方为天旺公司一节，本院有理由认定，李某华作为时任凯驰公司北京办事处负责人，违反了凯驰公司的保密要求，不正当利用了其在凯驰公司获取的经营信息，该行为构成侵害商业秘密。

其三，李某华是否应承担相应的侵权责任。

李某华认为凯驰公司未遭受损失，理由为，吉神化工公司与案外公司交易并非李某华非法使用商业秘密所致。但如前所述，该理由不能成立，本院认为，由于李某华的行为导致凯驰公司交易机会的丧失，使凯驰公司失去了本可获取的利益，对其造成了损失。一审法院酌定的赔偿数额并无不当，本院予以确认。

本案启示

企业的销售部门，特别是以办事处形式存在的销售业务部门，由于离公司较远，长期缺乏监管，极易产生舞弊、腐败等问题，也是泄密事件的高发地。企业应强化销售业务管控流程，定期开展反舞弊检查工作，请专业机构做好商业秘密合规，而不仅仅是签订了保密协议就认为万事大吉了。

No.6【（2017）浙01民终8406号】刘某与杭州华新科技有限公司竞业限制纠纷案

案情介绍

刘某自2006年6月进入杭州华新科技有限公司（以下简称华新公司）从事装配调试工作，双方陆续签订三份劳动合同。其中2012年6月4日签订的劳动合同，约定：合同期限自2012年6月4日至2016年6月3日；乙方（刘某）从事装配调试工作，工作地点在杭州；乙方与甲方（华新公司）因故在解除劳动合同后，乙方需遵守的竞业限制期限为84个月，在竞业限制期限内，乙方不得到与甲方经营同类产品或者从事同类业务的有竞争性关系的其他用人单位工作，也不得自己开业生产或者经营同类产品，从事同类业务，否则需承担法律诉讼责任和支付甲方经济损失、罚金。2016年6月3日，刘某劳动合同期满离职，双方劳动关系终止。2017年5月29日，华新公司向刘某邮寄《通知》一份，载明：你的岗位不符合竞业限制范围，在你离职以后至今，公司从未干涉你的任何职业选择，竞业限制条约实际上也从未履行；明确公司对你放弃在解除劳动合同后竞业限制条款的内容要求。2017年5月10日，刘某向杭州市西湖区劳动仲裁委员会申请仲裁，要求华新公司支付刘某24个月竞业限制补偿金44640元。2017年7月11日，仲裁委作出仲裁裁决书，裁决驳回刘某全部申请请求。仲裁裁决后，刘某不服裁决结果，故诉至原审法院，要求：1. 判令华新公司向刘某支付竞业限制补偿金27579元（2016年6月4日起至2017年8月29日，总计451天，1860×451/365×12=27579元）；2. 判令华新公司承担本案诉讼费。

原审法院认为：劳动合同是确定劳资双方权利义务关系的依据，但合同约定的内容不能违反法律、行政法规的强制性规定。《劳动合同法》第二十四条规定：竞业限制的人员限于用人单位的高级管理人员、高级技术人员和其他负有保密义务的人员。竞业限制的范围、地域、期限由用人单位与劳动者约定，竞业限制的约定不得违反法律、法规的规定。从上述法律规定看，适用竞业限制的主体应限制为公司董事、监事、高级管理人员或者其他掌握企业商业秘密的人员，而不是任何员工，用人单位则应给符合主体条件的人员合理数额的经济补偿。反观本案刘某、华新公司订立的劳动合同中的竞业限制条款，并没有对经济补偿作出约定，且刘某系仅具有高中文化的装配调试工人，既非公司高级管理人员，也没有证据证明其系掌握公司商业秘密的职工，因此，双方劳动合同中的竞业禁止条款，是对刘某的就业选择权的不适当限制，应属无效。故刘某依据该条款要求支付竞业限制补偿金 27579 元的诉讼请求，该院不予支持。

法院视角

本院认为：华新公司与刘某在 2012 年 6 月 4 日签订的最后一份劳动合同是双方真实意思表示，对双方当事人均具有约束力。刘某虽不是华新公司的高级管理人员、高级技术人员，但是其系在华新公司工作近 10 年的老员工，华新公司与刘某在最后一份劳动合同中约定有竞业限制条款，表明华新公司认可刘某属于竞业限制人员，原审法院认为刘某没有举证证明其系掌握公司商业秘密的职工，竞业限制条款应属无效，没有明确法律依据。当事人在劳动合同中约定了竞业限制，但未约定解除或者终止劳动合同后给予劳动者经济补偿，劳动者履行了竞业限制义务，有权要求用人单位支付竞业限制经济补偿金，故双方当事人没有约定经济补偿，亦不能成为竞业限制条款无效的理由。

综上，原审法院认定案涉竞业禁止条款无效，缺乏法律依据，本院予以纠正。

在双方当事人未约定竞业限制补偿金的情况下，劳动者履行了竞业限制义务，有权要求用人单位按照劳动者在劳动合同解除或者终止前十二个月平均工资的 30% 按月支付经济补偿，月平均工资的 30% 低于劳动合同履行地最低工资标准的，按照劳动合同履行地最低工资标准支付。在竞业限制期限内，用人单位请求解除竞业限制协议时，应予以支持。在解除竞业限制协议时，劳动者请求用人单位额外支付劳动者三个月的竞业限制经济补偿的，应予以支持。本案中刘某于 2016 年 6 月 4 日开始履行竞业限制义务，2017 年 5 月 29 日，华新公司明确要求解除竞业限制协议，2015 年杭州的最低月工资标准是 1860 元。据此，经计算，华新公司应向刘某支付竞业限制补偿金 27494 元［1860 × 14（2016 年 6 月 4 日至 2017 年 5 月 4 日为 11 个月，2017 年 5 月 29 日开始再计算

3 个月）+1860/21.75×17（2017 年 5 月 5 日至 5 月 29 日为 17 个工作日）]。

综上，刘某的部分上诉理由成立，原审法院认定事实清楚，适用法律不当。依照《合同法》第八条，《最高人民法院关于审理劳动争议案件适用法律若干问题的解释（四）》第六条、第九条，《民事诉讼法》第一百七十条第一款第（二）项之规定，判决如下：

（1）撤销（2017）浙 0106 民初 6516 号民事判决。

（2）杭州华新科技有限公司于本判决生效之日起十日内支付刘某竞业限制经济补偿金 27494 元。

（3）驳回刘某其他诉讼请求。

本案启示

竞业限制不只是企业对劳动者的单方限制，同时承担了竞业限制义务的劳动者同样也可以要求企业。企业在签订竞业限制协议之前，应先梳理涉密人员的等级，采取不同的管理措施，而不是走两个极端"要么不签，要么全签"。

No. 7【（2021）沪 01 民终 12282 号】王某与万得信息技术股份有限公司竞业限制纠纷案

案情介绍

王某于 2018 年 7 月 2 日进入万得信息技术股份有限公司（以下简称万得公司）工作，双方签订了期限为 2018 年 7 月 2 日至 2021 年 8 月 31 日的劳动合同，约定王某担任智能数据分析岗位工作。2019 年 7 月 23 日，王某、万得公司又签订竞业限制协议。2020 年 7 月 27 日，王某填写《辞职申请表》，以个人原因为由解除与万得公司的劳动合同。

2020 年 8 月 5 日，万得公司向王某发出《关于竞业限制的提醒函》，载明："……您（即王某）从离职之日 2020 年 7 月 27 日起须承担竞业限制义务，不得到竞业企业范围内工作或任职。从本月起我们将向您支付竞业限制补偿金，请您在收到竞业限制补偿金的 10 日内，提供新单位签订的劳动合同及社保记录，若为无业状态的请由所在街道办事处等国家机关出具您的从业情况证明。若您违反竞业限制义务或其他义务，请于 10 日内予以改正，继续违反竞业协议约定的，则公司有权再次要求您按竞业限制协议约定承担违约金，违约金标准为 20 万元以上，并应将公司在离职后支付的竞业限制补偿金全部返还……"

2020年10月12日，万得公司向王某发出《法务函》，再次要求王某履行竞业限制义务。

2020年11月13日，万得公司向上海市浦东新区劳动人事争议仲裁委员会申请仲裁，其要求王某：1. 按双方签订的竞业限制协议履行竞业限制义务；2. 返还2020年8月、9月支付的竞业限制补偿金6796元；3. 支付竞业限制违约金200万元。2021年2月25日，该仲裁委员会作出裁决：王某按双方签订的竞业限制协议继续履行竞业限制义务，王某返还万得公司2020年8月、9月支付的竞业限制补偿金6796元，王某支付万得公司竞业限制违约金200万元。王某不服仲裁裁决，遂向一审法院提出起诉。

王某、万得公司一致确认：王某竞业限制期限为2020年7月28日至2022年7月27日；万得公司已支付王某2020年7月28日至2020年9月27日竞业限制补偿金6796.92元。

法院视角

本案的争议焦点为：一是仲裁裁决、一审判决是否存在程序瑕疵；二是上诉人是否违反了竞业限制协议；三是上诉人是否应当继续履行竞业限制协议。

关于仲裁裁决、一审判决是否存在程序瑕疵的问题。对此，本院认为，用人单位之所以要在竞业限制协议中设定劳动者定期报备工作情况的义务，系为了根据劳动者的工作情况来判断其是否违反了竞业限制义务。劳动者拒不提供工作情况说明的，作为用人单位，难以通过一己之力去调查劳动者的就业情况。故应当允许用人单位在无从了解劳动者就业情况的前提下，通过法律路径来进行权利救济。在本案中，被上诉人以上诉人未向其提供工作情况说明为由主张其违反了竞业限制义务，表象虽为主张劳动者违反了报备义务，但其实质还是认为劳动者可能存在在竞争企业就职的情形。尤其在仲裁阶段，在仲裁员要求下，上诉人仍坚持不披露其工作单位，最终不得不由仲裁员调查上诉人的工作情况。在此前提下，仲裁委、一审法院对劳动者在××公司就业是否构成了违反竞业限制义务作出裁决，并无明显程序瑕疵。上诉人现认为仲裁裁决、一审判决存在程序瑕疵，没有相应的法律依据，本院不予采信。

关于上诉人是否违反了竞业限制协议的问题。对此，上诉人认为万得公司与其就业的××公司并非竞争关系，故上诉人并未违反竞业限制协议。而被上诉人坚持认为其与××公司的经营范围存在重合，故上诉人违反了竞业限制协议。对此，本院认为，所谓竞业限制是指对原用人单位负有保密义务的劳动者，于离职后在约定的期限内，不得生产、自营或为他人生产、经营与原用人单位有竞争关系的同类产品及业务，不得在与原用人单位具有竞争关系的用人单位任职。竞业限制制度的设置系为了防止劳动者利用其所掌握的原用人单位的商业秘密为自己或为他人谋利，从而抢占了原用人单位的市场份额，给原用人单位造成损失。所以考量劳动者是否违反竞业限制协议，最为核心的是应评判原用人单位与劳动者自营或者入职的单位之间是否形成竞争关系。需要说明的是，正是因为竞业限制制度在保护用人单位权益的同时对劳动者的就业权利有一定的限制，所以在审查劳动者是否违反了竞业限制义务时，应当本着谨慎的态度来审查劳动者自营或入职公司与原用人单位之间是否形成竞争关系。一方面考虑到在实践中往往存在企业登记经营事项和实际经营事项不相一致的情形，另一方面考虑到经营范围登记类别是工商部门划分的大类，所以这种竞争关系的审查，不应拘泥于营业执照登记的营业范围，否则对劳动者或是对用人单位都有可能造成不公平。故在具体案件中，还可以从两家企业实际经营的内容是否重合、服务对象或者所生产产品的受众是否重合、所对应的市场是否重合等多角度进行审查，以还原事实之真相，从而能兼顾用人单位和劳动者的利益，达到最终的平衡。

在本案中，万得公司的经营范围为计算机软硬件的开发、销售、计算机专业技术领域及产品的技术开发、技术转让、技术咨询、技术服务。而××公司的经营范围包括从事信息科技、计算机软硬件、网络科技领域内的技术开发、技术转让、技术咨询、技术服务等。对比两家公司的经营范围，确实存在一定的重合。但互联网企业往往在注册登记时，经营范围都包含了软硬件开发、技术咨询、技术转让、技术服务，如仅以此为据，显然会对互联网就业人员尤其是软件工程师再就业造成极大障碍，对社会人力资源造成极大的浪费，也有悖于竞业限制制度的立法本意。故在判断是否构成竞争关系时，还应当结合公司实际经营内容及受众等因素加以综合评判。在本案中，上诉人举证证明万得公司在其 Wind 金融手机终端上宣称 Wind 金融手机终端是数十万金融专业人士的选择、最佳的中国金融业生产工具和平台。而万得公司的官网亦介绍，"万得公司（下称 Wind）是中国大陆领先的金融数据、信息和软件服务企业，在国内金融信息服务行业处于领先地位，是众多证券公司、基金管理公司、保险公司、银行、投资公司、媒体等机构不可或缺的重要合作伙伴，在国际市场中，Wind 同样受到了众多中国证监会批准的合格境外机构投资者的青睐。此外，知名的金融学术研究机构和权威的监管机构同样是 Wind 的客户；权威的中英文媒体、研究报告、学术论文也经常引用 Wind 提供的数据……"由此可见，万得公司目前的经营模式主要是提供金融信息服务，其主要的受众为相关的金融机构或者金融学术研究机构。而反观××公司，众所周知其主营业务是文化社区和视频平台，即提供网络空间供用户上传视频、进行交流。其受众更广，尤其年轻人对其青睐有加。两者对比，无论是经营模式、对应市场还是受众，都存在显著差距。即使普通百姓，也能轻易判断两者之差异。虽然××公司还涉猎游戏、音乐、影视等领域，但尚无证据显示其与万得公司经营的金融信息服务存在重合之处。在此前提下，万得公司仅以双方所登记的经营范围存在重合即主张两家企业形成竞争关系，尚未完成其举证义务。更何况万得公司在竞业限制协议中所附录的重点限制企业均为金融信息行业，足以表明万得公司自己也认为其主要的竞争对手应为金融信息服务企业。故一审法院仅以万得公司与××公司的经营范围存在重合，即认定上诉人入职××公司违反了竞业限制协议的约定，继而判决上诉人返还竞业限制补偿金并支付违反竞业限制违约金，有欠妥当，本院予以纠正。

关于上诉人是否应当继续履行竞业限制协议的问题。对此，本院认为，上诉人与被上诉人签订的竞业限制协议不存在违反法律法规效力性强制规定的内容，故该协议合法有效，对双方均有约束力。因协议中约定双方竞业限制期限为2020年7月28日至2022年7月27日，目前尚在竞业限制期限内。故一审法院判决双方继续履行竞业限制协议，并无不当。上诉人主张无须继续履行竞业限制协议，没有法律依据，本院不予支持。需要强调的是，根据双方的竞业限制协议，上诉人应当按时向被上诉人报备工作情况，以供被上诉人判断其是否违反了竞业限制协议。本案即是因为上诉人不履行报备义务导致被上诉人产生合理怀疑，进而产生了纠纷。还望上诉人在今后履行竞业限制协议时，恪守约定的义务，诚信履行协议。

综上所述，王某的上诉请求部分成立，本院予以支持。据此，依照《民事诉讼法》第一百七十七条第一款第二项之规定，判决如下：

（1）维持上海市浦东新区人民法院（2021）沪0115民初35993号民事判决第一项。

（2）撤销上海市浦东新区人民法院（2021）沪0115民初35993号民事判决第二项、第三项。

（3）上诉人王某无须向被上诉人万得信息技术股份有限公司返还2020年7月28日至2020年9月27日竞业限制补偿金6796元。

（4）上诉人王某无须向被上诉人万得信息技术股份有限公司支付违反竞业限制违约金200万元。

本案启示

本案反映了竞业限制协议的另一问题："签订容易，执行难，监管更难。"企业在竞业限制协议执行时应予以适当限制，要求劳动者按时报备工作情况，以随时判断其是否违反了竞业限制协议。

No.8【（2018）沪01 民终 1118 号】罗某华诉威迩徕德电力设备（上海）有限公司劳动合同纠纷案

案情介绍

罗某华与威迩徕德电力设备（上海）有限公司（以下简称威迩徕德公司）于 2010 年 4 月 15 日建立劳动关系，罗某华在威迩徕德公司处先后任产品研发中心产品主管、产品研发中心开发二部副经理等职，双方签有书面劳动合同。2010 年 12 月 8 日，罗某华作为乙方、威迩徕德公司作为甲方签订《竞业禁止协议》。2016 年 3 月 9 日，罗某华以个人创业为由向威迩徕德公司提出离职，威迩徕德公司予以批准，双方劳动关系于当日解除。

2016 年 3 月至 2017 年 3 月，威迩徕德公司每月支付罗某华竞业限制经济补偿 1840.39 元，合计 23925.07 元。

威迩徕德公司的经营范围包括生产发电机、发电机组及配电设备，销售公司自产产品，从事上述产品及其同类商品的批发、佣金代理（拍卖除外）、进出口，并提供相关配套服务（依法须经批准的项目，经相关部门批准后方可开展经营活动）。

A 公司设立于 2015 年 12 月 3 日，法定代表人为王某，且为该公司股东之一，系罗某华妻子。该公司经营范围：从事能源科技领域内的技术开发、技术咨询、技术转让、技术服务、汽车配件、金属材料及制品、暖通设备、机械设备、机电设备、高低压电气成套设备、水泵（除专控）的销售……该公司官网宣传的产品中，包括柴油发电机组。

上海 B 有限公司（以下简称 B 公司）的股东为 A 公司和陈某，其中 A 公司占 51% 股份。该公司经营范围：集装箱的设计、加工、安装、销售、发电机组、高低压电气成套设备及配件加工、销售……

2017 年 5 月 23 日，威迩徕德公司向上海市松江区劳动人事争议仲裁委员会申请仲裁，请求：①罗某华立即停止违反竞业限制行为，并按照约定继续履行竞业限制义务；②罗某华支付威迩徕德公司违约金 298800 元及返还已付补偿金 23925.07 元。2017 年 6 月 23 日，该仲裁委员会以松劳人仲（2017）办字第 1477 号裁决书作出裁决：①罗某华停止违约行为，按照协议约定继续履行竞业限制义务；②罗某华支付威迩徕德公司违反竞业限制违约金 71775.21 元；③威迩徕德公司的其余仲裁请求，不予支持。裁决后，罗某华、威迩徕德公司对裁决不服，遂诉至一审法院。

法院视角

一审法院认为，用人单位与劳动者可以在劳动合同中约定保守用人单位的商业秘密和与知识产权相关的保密事项。对负有保密义务的劳动者，用人单位可以在劳动合同或者保密协议中与劳动者约定竞业限制条款，并约定在解除或者终止劳动合同后，在竞业限制期限内按月给予劳动者经济补偿。劳动者违反竞业限制约定的，应当按照约定向用人单位支付违约金。在本案中，罗某华和威迩徕德公司签有竞业限制协议，对于竞业限制作出明确约定，罗某华负有相应的竞业限制和保密义务。然而，根据威迩徕德公司提供的证据，可以反映罗某华的妻子王某系 A 公司法定代表人，而该公司和威迩徕德公司经营范围重合、存在竞争关系。在夫妻婚姻关系存续期间，夫妻一方进行投资、收益的行为，一般可以推定另一方参与投资经营行为。即使双方财产上相互独立，但对于信息、渠道等仍存在共享，其妻子从事同一行业对于威迩徕德公司的经营难免产生影响。此外，王某的收益用于家庭生活，罗某华可从中受益。该公司的经营状况及经营成果和罗某华也密不可分。由此可以反映出，罗某华所应遵守的竞业限制约定包括了对于家庭成员的约束。尤其罗某华作为产品研发部门的管理人员，可以接触、掌握威迩徕德公司的产品规格、工艺等机密信息，更应尽到相应的忠诚义务，避免出现利益冲突的情况发生，而罗某华对其妻子设立和威迩徕德公司经营范围重合的公司的行为既未阻止，亦未告知威迩徕德公司，其行为已经违反了竞业限制的约定。另，根据威迩徕德公司提供的录音及照片，也可以反映出罗某华实际为 A 公司工作，所涉及的内容还包括了电机销售等事宜，明显和威迩徕德公司主营范围存在关联，更加印证了威迩徕德公司的主张。综上，一审法院认为，罗某华在离职后确有违反竞业限制约定的行为，威迩徕德公司要求罗某华依照双方之间的协议，按上年度年薪的三倍支付竞业限制违约金 298800 元，于法有据，应予支持。威迩徕德公司另要求罗某华停止违约行为，按照协议约定继续履行竞业限制义务，亦符合非违约方主张违约方承担违约责任的方式，于法有据，一审法院予以支持。但需要说明的是，威迩徕德公司仅起诉罗某华一人，故一审法院判决所针对的仅系罗某华的违约行为。威迩徕德公司要求罗某华妻子王某转让 A 公司的股份，不属于本案争议范畴，一审法院不予处理。关于威迩徕德公司要求罗某华返还已支付的竞业限制补偿的请求，于法无据，一审法院不予支持。

二审法院认为，本案的争议焦点一是罗某华是否违反竞业限制义务。

关于该争议焦点，本院认同一审的观点，罗某华的妻子系 A 公司的法定代表人，该公司的经营范围与威迩徕德公司有所重合。威迩徕德公司提供的录音及照片可以证明罗某华在离职后，曾为 A 公司工作，所涉及的内容包括了电机销售业务，而该业务与威迩徕德公司的经营业务构成竞争关系。罗某华显然违反了双方签订的竞业禁止协议，应立即停止该违约行为，继续履行竞业限制义务，并承担相应的违约责任。由于双方约定的竞业限制期限为罗某华离职后两年，罗某华于 2016 年 3 月 9 日从威迩徕德公司离职，至 2018 年 3 月 8 日已满两年，故本院确认一审判决主文第一项中罗某华继续履行竞业限制义务的期限应至 2018 年 3 月 8 日时止，之后罗某华无须再履行竞业限制义务。

本案的争议焦点二是一审确定的违约金是否过高。

对此本院认为，综合考量罗某华的过错程度、其在威迩徕德公司的任职期间、所任职务对竞业行为的影响等因素，一审法院认定罗某华应按双方的约定支付威迩徕德公司违约金，并无不当。罗某华要求酌减违约金的上诉主张，本院难以采纳。

综上所述，罗某华的上诉请求不能成立，应予驳回。一审判决认定事实清楚，适用法律准确，应予维持。

本案启示

本案法院支持了双方协议中约定的按上年度年薪的三倍支付竞业限制违约金，为企业商业秘密合规过程中如何签订竞业限制协议，起到了很好的示范作用。当事人妻子作为法人注册公司，按理说应该能在常规的合规工作中予以检出，本案也暴露了企业日常管理中对于商业秘密的疏漏。

No. 9【（2020）沪 01 民终 13539 号】孙某与腾讯科技（上海）有限公司竞业限制纠纷案

案情介绍

2015 年 7 月 15 日，孙某与腾讯科技（上海）有限公司（以下简称腾讯公司）签订劳动合同，约定合同期限自 2015 年 7 月 15 日至 2018 年 9 月 30 日，孙某从事北极光工作室工作。合同期满后，双方续签劳动合同至 2024 年 9 月 30 日，约定孙某在创新产品中心工作。孙某于 2019 年 3 月 14 日提出辞职，工作至 2019 年 3 月 28 日。2019 年 3 月 27 日，孙某签收腾讯公司向其发出的《竞业限制通知书》，载明孙某的竞业限制期为 2019 年 3 月 29 日至 2020 年 3 月 28 日，与腾讯公司存在竞争关系的公司或其他组织，包括但不限于阿里巴巴、百度、奇虎 360、字节跳动（今日头条）等公司及其关联公司，违反竞业限制约定的违约金标准为离职前十二个月税前月平均工资标准计算的二十四个月工资的总额，违约金不足以弥补经济损失的，孙某还需承担损失弥补责任。

2019 年 4 月起，每月孙某通过电子邮件形式向腾讯公司提供竞业限制人员个人信息告知单，载明其离开腾讯公司后的任职情况，其中前两个月为待业，2019 年 6 月起工作单位为科之锐公司，工作内容及岗位为信息系统工程师，负责公司管理平台的研发。孙某与科之锐公司签有 2019 年 6 月 3 日至 2021 年 6 月 2 日的劳动合同。腾讯公司每月支付孙某竞业限制补偿金 22569.36 元，合计 9 个月共计 203124.24 元。

2020 年 1 月 21 日，腾讯公司向上海市徐汇区劳动人事争议仲裁委员会申请仲裁，要求孙某：①返还 2019 年 3 月 29 日至 12 月 31 日竞业限制补偿金 203124.24 元；②支付违反竞业限制义务的违约金 1083329.28 元。2019 年 5 月 7 日，该仲裁委员会作出裁决：①孙某于裁决生效之日起七日内返还腾讯公司竞业限制补偿金 203124.24 元；②孙某于裁决生效之日起七日内支付腾讯公司竞业限制违约金 1082329.28 元。孙某不服该裁决，向一审法院提起诉讼。

Z 公司成立于 2014 年 7 月 9 日。孙某确认其原在腾讯公司先后从事"刀锋铁骑""欢乐球吃球""无限法则"等游戏的后台开发。其于 2019 年 6 月 3 日入职科之锐公司后被安排至 Z 公司工作，具体从事"崩坏 3"游戏内部的信息系统的优化。Z 公司系从事二次元类游戏的开发，因腾讯公司在竞业限制通知书中并未将 Z 公司罗列在内，故孙某认为两家公司不存在竞争关系，且孙某在两家公司处运用的开发平台、开发语言等方面均不同，其没有掌握腾讯公司的商业秘密，也没有泄露腾讯公司的商业秘密。

腾讯公司表示对孙某陈述的在其处的工作内容无异议，在 Z 公司处的工作内容不清楚，两家公司在游戏开发方面有竞争关系。

法院视角

一审法院认为，根据已查明的事实，孙某虽与科之锐公司签订劳动合同，但实际至 Z 公司处工作，而 Z 公司与腾讯公司确实均有游戏开发业务，孙某主张两家公司在内容、种类、定位和目标人群等有根本差异性，但未就此提供相应证据，一审法院采信腾讯公司的主张，确认两家公司存在竞争关系。孙某离职后至与腾讯公司有竞争关系的公司工作，违反了竞业限制义务，应根据约定退还违约期间腾讯公司已支付的竞业限制经济补偿金并支付违约金。

二审法院认为，本案二审争议焦点在于：一是孙某是否违反了竞业限制约定；二是如孙某违反竞业限制约定，一审法院认定的违约金是否合理；三是如孙某违反竞业限制约定，应返还多少竞业限制补偿金。

对于争议焦点一。本案在案证据证明，孙某自 2019 年 6 月 3 日起入职科之锐公司，并被安排至 Z 公司工作。尽管腾讯公司向孙某发送的《竞业限制通知》中没有列明 Z 公司，但从 Z 公司的经营范围到孙某自述从事的游戏开发的工作内容，都表明与腾讯公司存在竞业关系。且孙某亦未举证证明腾讯公司取证手段违反法律禁止性规定，则本院对孙某关于其不存在违反竞业限制约定的主张，不予采信。

对于争议焦点二。双方劳动合同对于违约金的计算方式作了明确约定，孙某以《竞业限制通知》中要求孙某竞业限制期为一年为由，主张仍以劳动合同约定的标准确定的违约金过高。一审法院对此作了详尽阐述，本院予以认同，不再赘述。对于孙某应承担的违约金数额，一审法院结合孙某未履约期限、补偿金标准等情况，认定孙某应向腾讯公司支付竞业限制违约金 976441.28 元，可属合理。故本院对双方有关违约金数额的主张，均不予支持。

对于争议焦点三。双方劳动合同约定，孙某违反竞业限制约定的，应向腾讯公司退还腾讯公司已经支付的竞业限制补偿费。现有证据证明孙某自 2019 年 6 月起违反了竞业限制约定，则孙某应向腾讯公司退还腾讯公司该期间已经支付的竞业限制补偿金。腾讯公司要求孙某退还所有竞业限制补偿金的主张，无事实及法律依据，本院不予支持。

综上所述，孙某、腾讯公司的上诉请求均不能成立，应予驳回；一审判决认定事实清楚，适用法律正确，应予维持。

本案启示

本案是典型的员工离职后"挂羊头卖狗肉"的行为，即与原单位没有竞争关系的 A 公司签订劳动合同，工作在有实际竞争关系的 B 公司。而且，B 公司不在列明的公司中，依据公司的实际经营范围也得到了法院的支持，相关管理细节值得其他企业学习。

No. 10【（2022）苏 02 民终 375 号】蒋某中、江苏海拓宾未来工业科技集团有限公司民事纠纷案

案情介绍

2019 年 7 月，蒋某中进入江苏海拓宾未来工业科技集团有限公司（以下简称海拓宾公司）工作，担任生产部部长，双方签订书面劳动合同、员工保密协议书，同时签订竞业限制协议。

2020 年 6 月 28 日，蒋某中的配偶何某以发起人的身份与其他四人共同出资，经宜兴市工商部门核准设立星空公司。2020 年 12 月 16 日，何某等人将公司股权转让给蒋某中，经工商部门核准，公司股东由五人变更为二人，即邓某福、蒋某中。2021 年 3 月 11 日，经宜兴市工商部门核准，星空公司变更股东为邓某福、孔某健。又查明，星空公司主营空气悬浮离心鼓风机、空气悬浮离心压缩机等产品的生产、销售，海拓宾公司从事销售的主要产品也包括空气悬浮离心鼓风机和空气悬浮离心压缩机。

2021 年初，海拓宾公司申请劳动仲裁，主张蒋某中违反竞业限制协议的约定，要求退还补偿金 20258.34 元，支付违约金 1215500 元。宜兴市劳动人事争议仲裁委员会于 2021 年 4 月 8 日裁决蒋某中支付违约金 100000 元，不支持退还经济补偿金的请求，海拓宾公司、蒋某中均诉至法院，诉请如前。

一审中，海拓宾公司申请证人李某出庭作证，李某系电气工程师，2018 年 4 月 20 日起在海拓宾公司任职。李某称，蒋某中在海拓宾公司担任生产部部长期间，负责生产组装的管理，在产品生产和测试环节触及商业秘密，生产环节中会接触到产品设计图纸，包含各项数据，测试环节会接触到测试软件，该软件是海拓宾公司自主研发，不对外公开。

海拓宾公司自愿放弃蒋某中返还第一次领取经济补偿金 10129.17 元的请求，只要求蒋某中返还第二次领取的经济补偿金 10129.17 元。

法院视角

本院认为，竞业限制制度不仅与用人单位商业秘密等利益之保护相关，更关涉劳动者的劳动权、自由择业权甚至生存权。其实质是通过对劳动者劳动择业自由权加以合理限制以充分保护用人单位的商业秘密等利益。故法律仅规定对负有保密义务的劳动者，用人单位才可以在劳动合同或保密协议中约定竞业

限制条款。竞业限制的人员限于用人单位的高级管理人员、高级技术人员及其他负有保密义务的人员。在本案中,在评判蒋某中与海拓宾公司签订的《竞业限制协议》是否有效时,应先行判定蒋某中是否负有保密义务。蒋某中在海拓宾公司任生产部长。一审中,李某陈述,蒋某中在生产环节中会接触到产品设计图纸,包含各项数据;蒋某中二审申请的证人赵某亦陈述其在职期间,接触到公司的技术秘密即图纸。由此可见,同为生产部长,蒋某中在工作中亦会接触到公司的商业秘密,故蒋某中属于负有保密义务的人员。蒋某中获得空气悬浮鼓风机技术并不能否认海拓宾公司具有商业秘密。海拓宾公司与蒋某中签订的竞业限制协议有效,双方均应遵守竞业限制协议。

根据竞业限制协议的约定,蒋某中在离职后2年内,不得在与海拓宾公司从事的行业相同或相近的企业,及与海拓宾公司有竞争关系的企业工作,不得自办与海拓宾公司有竞争关系的企业或者从事与海拓宾公司商业秘密有关的产品的生产。2020年9月1日,蒋某中与海拓宾公司解除劳动关系;同年12月16日,蒋某中成为星空公司股东。经审查,星空公司的经营范围包括空气悬浮离心鼓风机、空气悬浮离心压缩机等产品的生产、销售,与海拓宾公司具有同业竞争关系。蒋某中成为星空公司股东的行为,属于自营与海拓宾公司同类业务的行为,违反了竞业限制协议的约定。至于蒋某中有无在星空公司缴纳社会保险,不影响对蒋某中行为性质的认定。星空公司工商登记经营范围包括生产销售,授权反映的仅是销售情况。而对比图无法直接证明其中所涉产品为星空公司产品及海拓宾公司产品。

因蒋某中的行为违反竞业限制协议约定,故应当承担相应的违约责任。双方在竞业限制协议中约定的违约金金额为蒋某中离开海拓宾公司前十二个月的薪酬总额的十倍。一审中,双方一致确认蒋某中离职前月平均工资为10129.17元。经计算,蒋某中按照约定应承担的违约金金额为1215500元。二审中,蒋某中主张竞业限制协议约定的违约金过高,请求调整。本院认为用人单位和劳动者在竞业限制协议中约定的违约金过分高于或者低于实际损失,当事人请求调整违约金数额的,法院可以兼顾违约的具体情节、给用人单位造成实际影响及损失、劳动者的收入水平等综合因素,依据公平、诚信、合理原则予以考量。本案中,①海拓宾公司未就蒋某中违约行为所造成的实际损失进行举证。②结合蒋某中的工作内容、职务、工资收入、获得的竞业限制补偿金等情况,本院认为双方当事人所签竞业限制协议约定的违约金明显偏高,应予以调整。③蒋某中在职期间,其配偶作为发起人成立与海拓宾公司具有同业竞争关系的公司,该行为足以使人产生合理怀疑;而蒋某中离职后不久就成为该公司的股东，其行为属于自营与海拓宾公司同类的业务的行为，明显违反竞业限制协议，且主观恶性较重。故本院认为，违约金数额应以蒋某中离职前十二个月收入的五倍为宜，即蒋某中应向海拓宾公司支付违反竞业限制协议的违约金607750元。

综上所述，蒋某中的上诉请求部分成立；一审判决认定事实清楚，适用法律正确，但因蒋某中在二审提出新的理由，且理由成立，故本院对一审判决予以改判。依照《民事诉讼法》第一百七十七条第一款第二项的规定，判决如下：

（1）撤销宜兴市人民法院（2021）苏0282民初5378号民事判决。

（2）蒋某中于本判决发生法律效力之日起十日内向江苏海拓宾未来工业科技集团有限公司支付违约金607750元，返还经济补偿金10129.17元，合计617879.17元。

（3）驳回蒋某中其他诉讼请求。

（4）驳回江苏海拓宾未来工业科技集团有限公司其他诉讼请求。

本案启示

本案中法院最终支持了离职前十二个月收入的五倍数额为违约金，而不是合同中约定的十倍。企业商业秘密案件，往往与舞弊行为相关联，国企在处理舞弊行为时还可以通过纪委介入，民营企业往往手段单一深受其害，这就需要在日常管理工作中做好内控与合规，特别建议有条件的企业定期开展反舞弊与反商业贿赂合规工作，及时发现毒瘤予以清除。

No. 11【（2019）浙01民终5440号】张某友、浙江托普云农科技股份有限公司竞业限制纠纷案

案情介绍

张某友于2011年3月21日入职托普公司，任副总经理。双方于2014年11月1日签订劳动合同，期限至2017年10月31日。2016年1月25日，张某友提出辞职，双方协商一致解除劳动合同并签订竞业限制协议。协议约定，张某友在托普公司处工作期间及离职之日起两年内，不得在托普公司及托普公司关联公司已开展的业务有竞争关系的单位内任职或以私下服务等任何方式为其

服务，也不得自己生产、经营与托普公司及托普公司关联公司有竞争关系的同类产品或业务……在竞业限制期内，支付补偿金30万元，2016年1月31日前支付15万元，剩余的在2017年度按季度分四次支付。如张某友违反本协议第一条第一款，应立即与托普公司竞争单位脱离关系，继续履行本协议，同时还须支付约定的竞业限制补偿金作为违约金。后托普公司按约向张某友支付了补偿金30万元。

张某友自2017年8月8日起担任杭州卓器电子科技有限公司（以下卓器公司）的法定代表人，职位为执行董事兼总经理。该公司的经营范围包括了仪器仪表的研发、生产、销售等内容。托普公司的经营同样包括上述内容。2018年5月9日，托普公司向杭州市劳动人事仲裁委员会提起申请，要求张某友返还竞业限制补偿金30万元并支付违约金30万元。后经裁决确认张某友返还补偿金71625元，并支付违约金30万元。张某友因不服该裁决，于2018年7月4日起诉至原审法院，请求：求判令：①张某友无须向托普公司返还竞业限制补偿金71625元。②张某友无须向托普公司支付违反竞业限制协议的违约金300000元。③本案诉讼费由托普公司承担。一审审理中，双方均表示同意解除双方竞业限制协议。

法院视角

原审法院认为，张某友、托普公司在张某友离职后签订竞业限制协议，该协议系双方真实意思表示，合法有效，对双方均具有拘束力。托普公司在协议签订后按约履行了补偿金的支付义务，张某友亦应按协议约定在约定期限内履行竞业限制业务。2017年8月8日，张某友开始担任卓器公司法定代表人，经查卓器公司与托普公司在经营范围上高度重合，系竞争企业。张某友在该单位就职的行为，违反了双方竞业限制协议的约定，构成违约。用人单位要求劳动者返还违约期间向其支付的经济补偿的，应予支持。故张某友应返还托普公司68750元（$300000 \div 24 \times 5.5 = 68750$）。协议约定如张某友违反约定，应支付30万元违约金，故对托普公司的该项请求，该院亦予以支持。张某友主张托普公司支付的补偿款实际为股权回购款，该院认为依据不足，不予采信。综上，依据《劳动合同法》第二十三条、《民事诉讼法》第六十四条第一款之规定，于2019年5月13日判决：①张某友于判决生效之日起十日内向浙江托普云农科技股份有限公司返还竞业限制补偿金68750元。②张某友于判决生效之日起十日内支付浙江托普云农科技股份有限公司违约金300000元。③驳回张某友的其他诉讼请求。④驳回浙江托普云农科技股份有限公司的其他请求。如果未按判决指定的期间履行给付金钱义务，应当依照《民事诉讼法》第二百五十三条之规定，加倍支付迟延履行期间的债务利息。案件受理费减半收取5元，由张某友负担。

二审法院认为：张某友违反其与托普公司签订的竞业限制协议约定的竞业限制义务事实清楚，且托普公司已经向张某友支付了相应的经济补偿金。原审法院根据查明的事实认定张某友应返还经济补偿金，并根据合同约定支付相应的违约金，事实及法律依据充分。张某友辩称托普公司支付的款项系股权转让款，但并未提交充分有效的证据予以证明，亦与常理不符，原审法院未予采信，并无不当；根据前述分析，二审中张某友主张系支付解除劳动合同的经济补偿金的理由亦不能成立。

综上，原审判决事实认定清楚，适用法律正确。驳回上诉，维持原判。

本案启示

本案对竞业限制及违约金的支付给出了依据，二审法院支持了原审法院的意见。竞业限制补偿金的发放可以按周期给付，也可以一次性发放，用人单位应当根据自身情况酌情选择。不同地区对竞业限制补偿金的标准有不同裁判尺度，并无国家统一规范，企业适用时应按各地标准掌握尺度。

No. 12【(2018)苏05民终6584、6585号】昆山友硕新材料有限公司、周某兵竞业限制纠纷案

案情介绍

2013年8月12日，周某兵进入昆山友硕新材料有限公司（以下简称友硕公司）工作，任应用工程师一职。2013年8月，周某兵、友硕公司签订培训、保密及竞业禁止合同。2013年11月22日，周某兵、友硕公司签订培训协议。2015年1月，周某兵、友硕公司签订员工专项培训协议书。友硕公司的经营范围为机电设备销售、软件开发、测量仪器销售及技术咨询服务等。

苏州孚锐曼机电科技公司（以下简称孚锐曼机电）于2017年2月13日注册成立，成立时股东为周某兵、陈某（公司成立时亦为友硕公司员工），经营范围为：机电设备设计、销售、上门安装及上门维修等，法定代表人孙某迪为周某兵配偶。

友硕公司主张孚锐曼机电经卡尔蔡司（上海）管理有限公司授权为台州三进压铸有限公司三坐标采购项目的经销商，且孚锐曼机电与蔡司公司于2017年9月4日实际签订了买卖合同，蔡司公司销售给孚锐曼机电三坐标测量机，最终用户为台州三进。

友硕公司于2017年11月17日转账支付了周某兵5774.93元，友硕公司主张其中4210元为竞业限制补偿金；而周某兵则认为该笔金额为其2017年10月1日至10月17日的工资。一审另查明，友硕公司主张的开票日期为2016年12月15日的资格培训费4240元，邮件信息显示系为期一天的年度资格培训，非双方约定服务期的培训。根据友硕公司提供的票据及周某兵的自认，周某兵第一次培训相关费用为：培训费47064元、交通及食宿费7486元，合计54550元；第二次培训：培训费31800元、交通及食宿费16861.5元，合计48661.5元。周某兵离职前一年的工资为121734.73元。

2017年10月18日，周某兵、友硕公司解除劳动关系。周某兵离职后，友硕公司向昆山市劳动人事争议仲裁委员会申请仲裁，要求：周某兵支付竞业限制违约金454737元、违反服务期违约金18104元（包括差旅费）；周某兵返还竞业限制补偿金4210元。2018年1月19日，昆山市劳动人事争议仲裁委员会作出裁决：①周某兵在裁决书生效之日起三日内支付友硕公司违反竞业限制违约金182602.1元、违反服务期违约金14965.17元，合计人民币197567.27元；②对周某兵要求返还竞业限制补偿金的请求，不予支持。

法院视角

一审法院认为，关于服务期违约金，《劳动合同法》第二十二条规定，用人单位为劳动者提供专项培训费用，对其进行专业技术培训的，可以与该劳动者订立协议，约定服务期。劳动者违反服务期约定的，应当按照约定向用人单位支付违约金，违约金的数额不得超过用人单位提供的培训费用。用人单位要求劳动者支付的违约金不得超过服务期尚未履行部分所应分摊的培训费用。用人单位与劳动者约定服务期的，不影响按照正常的工资调整机制提高劳动者在服务期期间的劳动报酬。结合案件事实，在周某兵任职期间共和友硕公司签订两份培训协议，约定服务期分别为2013年11月至2018年10月、2015年1月12日至2018年1月11日。现周某兵本人提出离职，双方合同于2017年10月18日解除。周某兵未按照服务协议约定履行完毕服务期限，依法应支付相应的违约金，该金额不得超过服务尚未履行部分应分摊的培训费用。一审法院根据周某兵提供的证据，经核算，第一次培训应支付的违约金为10910元；第二次培训应支付的违约金为 3739.7 元，合计 14649.7 元。关于友硕公司要求返还的经济补偿金，本案中，友硕公司未提供证据证明其向周某兵支出过该笔费用，故友硕公司提出该项诉请没有事实和法律依据，一审法院不予支持。

二审法院认为，本案二审期间争议焦点为：一审法院认定的周某兵承担的竞业限制违约金金额是否合理。竞业限制违约金金额的确定既要考虑双方的具体约定、劳动者竞业行为的严重程度及给用人单位带来的实际损失，还应当适度体现对劳动者违约行为的惩罚性。双方签订的竞业禁止合同中约定友硕公司向周某兵支付的补偿金不低于周某兵前 12 个月平均工资的 1/3，虽并不违反法律法规强制性规定，但与周某兵应承担的"离职前一年工资三倍"的违约金相比，双方确存在权利义务不对等的情形，该约定的违约金明显偏高，为平衡双方利益，确有酌情降低的必要。因友硕公司并未举证其损失数额，可以参照周某兵在友硕公司创造的劳动价值，即以其工资收入情况作为认定友硕公司损失的参考金额，同时综合考虑双方约定、竞业限制补偿金数额、周某兵违约情节等因素，并适度体现对劳动者违约行为的惩罚性，本院酌情将周某兵应当支付的违约金调整为 18 万元。一审法院酌定违约金金额为周某兵月平均工资的三倍，仅为双方约定金额的 1/12，明显偏低，这与周某兵在职期间即违反竞业限制义务对公司造成的不利后果及其在公司的职位重要性等均不相符，无法对周某兵守约产生有效约束力，更无法体现对其违约行为的惩罚性，故本院据此进行改判。友硕公司主张已向周某兵支付过第一期竞业限制补偿金，但未能提供充分证据予以证实，本院碍难采信。

综上所述，一审法院认定事实清楚，适用法律正确，但处理不当，本院予以纠正；友硕公司的上诉理由部分成立，本院对此予以支持。据此，依照《劳动合同法》第二十二条、第二十三条、第二十四条、《民事诉讼法》第一百七十条第一款第二项的规定，判决如下：

（1）江苏省昆山市人民法院（2018）苏 0583 民初 1950、2915 号民事判决。

（2）周某兵在本判决生效之日起十日内支付昆山友硕新材料有限公司违反竞业限制义务违约金 18 万元、违反服务期违约金 14649.7 元。

（3）驳回周某兵的全部诉讼请求。

（4）驳回昆山友硕新材料有限公司的其他诉讼请求。

本案启示

本案中二审法院对竞业限制违约金酌情进行了调整，在职期间即违反竞业限制义务对公司造成的不利后果及其在公司的职位重要性都构成法官裁量的重要因素。另外，培训时约定的服务期违约金在锁定劳动者时也能够得到法院的支持。

No.13【（2017）沪01民终15173号】杜某鄂诉上海安越企业管理咨询有限公司竞业限制纠纷案

案情介绍

杜某鄂于2014年8月12日至上海安越企业管理咨询有限公司（以下简称安越公司）处工作，双方签有三年期限的劳动合同，约定杜某鄂担任销售部门大客户经理，薪酬为8800元/月等。同日，双方签订保密和不竞争协议，约定"员工承诺及保证，在企业工作期间及离开企业后二年内，将不会直接或间接地以负责人、所有者、代理人、股东、雇员或其他身份设立、从事、提供资金或担保或建议予任何对企业业务构成竞争的或处于相同或近似行业的公司、组织或其他任何商业形式，或者为其工作或在其中拥有任何权益或与之相关联"（3.1.2），"作为员工履行上述3.1.2项义务及本协议中其他义务的对价，企业向员工做出如下经济补偿：员工在离开公司后两年内将得到每月按员工月基本工资30%标准计算的补偿金……"（3.1.3），"员工在此同意，如员工未能履行本协议项下的有关义务，实施了泄密或者竞争的行为，即视为公司受到了50万元以上的损失"（7.2）。2015年5月29日，杜某鄂以个人原因申请辞职。同日，双方签订保密与解除竞业禁止的谅解协议，约定安越公司同意解除对杜某鄂的竞业禁止的限制条款，同时杜某鄂同意在企业工作期间以及解除、终止有关劳动关系后永久保守安越公司的商业秘密等。2017年4月19日，上海市浦东新区劳动人事争议仲裁委员会受理涉案仲裁申请，安越公司提出与本案相同之请求。2017年6月9日该仲裁委员会作出裁决，未支持安越公司的仲裁请求。安越公司据此起诉至原审法院。

法院视角

原审法院认为，双方签订的保密和不竞争协议对杜某鄂工作期间的竞业限制义务作了约定，该约定符合《劳动合同法》第二十三条、第二十四条的规定，双方应按约履行。杜某鄂于2014年8月至2015年5月在安越公司处任职，但于2015年3月投资设立上海××有限公司，该公司的经营范围和实际从事的业务与安越公司有一部分重合，故应认定杜某鄂违反了保密和不竞争协议的约定，应当承担违约责任。保密和不竞争协议第7.2条约定，"如员工未能履行本协议项下的有关义务，实施了泄密或者竞争的行为，即视为公司受到了50万元以上的损失"，该约定实际为竞业限制违约金的约定。现杜某鄂认为该违约金数额过高，安越公司也未举证证明因杜某鄂的违约行为给公司造成的具体损失，故原审法院酌情予以调整，认定杜某鄂支付安越公司违反竞业限制协议违约金100000元。安越公司另要求杜某鄂赔偿因违反竞业限制义务造成的经济损失1000000元，但未提供相应的依据，不予支持。

二审法院认为，本案的争议焦点是杜某鄂应否支付安越公司违反竞业限制义务的违约金。根据《劳动合同法》第二十三条、第二十四条的规定，竞业限制应当指负有保密义务的劳动者在解除或者终止劳动合同后不得在一定期限内到与原单位生产或者经营同类产品、从事同类业务的有竞争关系的其他用人单位工作，或者自己开业生产或者经营同类产品、从事同类业务，属于劳动关系解除或终止后用人单位与劳动者约定的劳动者应遵守的义务。劳动者在离职后违反竞业限制约定的，用人单位可以根据双方的约定向其主张违约金。现根据安越公司的陈述，其要求杜某鄂支付的是杜某鄂在职期间违反竞业限制协议的违约金，并不属于竞业限制的法定范畴，故基于上述情况，原审法院判决杜某鄂支付安越公司违反竞业限制协议违约金100000元欠妥，本院予以纠正。现杜某鄂要求不支付安越公司违反竞业限制协议违约金100000元的上诉请求，本院予以支持。

据此，依照《民事诉讼法》第一百七十条第一款第（二）项之规定，判决如下：

（1）维持上海市浦东新区人民法院（2017）沪0115民初57037号民事判决主文第二项。

（2）撤销上海市浦东新区人民法院（2017）沪0115民初57037号民事判决主文第一项。

（3）上诉人杜某鄂无须支付被上诉人上海安越企业管理咨询有限公司违反竞业限制协议违约金100000元。

本案启示

竞业限制是劳动者离职时与用人单位的约定，在职期间应属于劳动者的忠实义务，可以作为劳动合同解除的依据，而不能作为竞业限制违约的依据。

No. 14【(2018)沪02民终3203号】上海中原物业顾问有限公司深圳分公司与刘某竞业限制纠纷案

案情介绍

刘某于2014年5月16日入职中原公司（上海中原物业顾问有限公司深圳分公司），双方签有期限为2014年5月16日至2017年6月30日的劳动合同，该合同约定刘某从事由中原公司安排的新城金郡二店的物业顾问工作。2017年1月5日，刘某与桑某鲁、秦某运、赵某（均为另案被告）等人共同成立家诚公司，经营范围包含房地产经纪、房地产营销策划等。中原公司经营范围为：房地产经纪（涉及行政许可的凭许可证经营）。2017年2月22日，刘某以业绩不佳，另谋发展为由，向中原公司提出辞职。

中原公司、刘某签订劳动合同中约定了竞业限制及保守商业秘密义务。2017年9月5日，中原公司为本案向上海市劳动人事争议仲裁委员会申请仲裁。2017年11月7日，该会作出沪劳人仲（2017）办字第1069号裁决书，裁决对中原公司的请求事项不予支持。中原公司不服该裁决，遂诉至一审法院。

法院视角

劳动合同双方应当根据自愿、平等、合法、诚实信用原则订立和履行劳动合同。本案中，刘某在职期间创立与中原公司类似的有竞争关系的家诚公司，有违劳动者忠实守信义务。中原公司与刘某在合同中约定劳动者在职期间及离职后有保密及竞业限制义务，并约定了违反竞业限制的违约金条款。然目前法律仅规定劳动者离职后违反竞业限制的可支付违约金，并未明确规定在职期间违反竞业限制可适用违约金条款，且根据劳动合同法的相关规定，在法无明文规定情形下，不允许用人单位与劳动者随意约定违约金，故双方劳动合同中关于在职期间竞业限制违约金系无效约定，一审法院对中原公司要求刘某支付违约金的诉请未予支持，并无不当。此外，中原公司未能举证证明刘某创立家诚公司给其造成的实际损失，应承担举证不能的法律后果，亦无法依约要求刘某承担赔偿责任。

综上所述，中原公司的上诉请求不能成立，应予驳回；一审判决认定事实清楚，适用法律正确，应予维持。

本案启示

竞业限制是为了防止不正当竞争行为,而不是企业强加给劳动者的枷锁和刑具。企业在设计相关协议时,应尽量公平公正,防止签订无效协议无法执行。

第五章　涉密人员与保密组织合规指南

公司组织结构的重要性仅次于公司最高领导人的挑选,对于各层管理人员来说,在一个结构设计良好的公司中工作,能保持较高的效率,并且能充分显示其才能。对于保密工作而言,如果没有一个有力的保密组织机构,而是结构紊乱、职责不明,很难保持较好的保密工作绩效。

一、保密组织机构

(一) 保密组织独立性

合理的组织是事业成功的第一步。保密组织的复杂性程度取决于保密工作对公司经营发展的重要性。公司保密重要性检查表:
(1) 核心技术是主要竞争力。
(2) 泄密事件会引起管理层职位变化。
(3) 泄密事件会直接产生公司经营困难的严重后果。
如果上述条件符合其一,那么就要考虑采取完备的保密组织对公司的涉密事项进行严密管控。

(二) 保密组织结构

通常来讲,公司体制下保密组织共分为三个层次:保密领导层、保密管理层、保密执行层。保密领导层主要负责保密领导工作;保密管理层是公司保密组织最重要的部分,承担着承上启下的重任。公司保密体系能否有效执行,取决于保密管理层的专业程度和沟通、执行能力。保密执行层由保密执行机构、保密员、兼职保密员组成,具体负责执行保密政策和保密活动。

二、涉密人员的分级

与涉密信息的分级分类相关联，涉密人员的分级相当于在企业内部对涉密人员做了一次人才盘点。涉密人员的分级采用 TER 原则（Touch，Effect and Responsibility）。

T 接触 → E 影响 → R 责任

具体而言，涉密人员的分级不是按照职务高低而照搬，而是根据接触涉密信息的等级与范围，评估泄密后可能对企业造成的影响，从而确定涉密人员应当承担的责任。特别对于重要的项目信息，在不妨碍正常项目进度的前提下，应当对人员设计好信息屏障，确保发生单一泄密事件时能够及时阻断，不至于对企业造成灾难性后果。

特别对于企业发展极为重要的经营管理人员和技术骨干，应当派发适当的股权与期权激励，不至于与同行业待遇差距过大。企业的发展一定与团队的发展息息相关，企业发展壮大的另一面一定是相关市场资源禀赋的不断积累，以及凝聚在团队上的信息集合的积累，大家所形成的对业务的看法、做法和就此所产生的执行力，是企业发展的最终追求。

三、反舞弊

职务舞弊，是指组织中的管理者、董事或员工违背对组织资源和资产的受托责任，从组织内部损害组织利益的一种舞弊行为。实践中，公司的商业秘密保护工作往往和反舞弊结合在一起，很多重大泄密事件的牵出都源于公司内部反舞弊工作的开展。

舞弊行为与舞弊实施者的权力等级、任职期限、所在部门、性别、年龄和受教育程度均有密切关系。职业舞弊由 GONE 四因子组成，Greed 贪婪、Opportunity 机会、Need 需要、Exposure 暴露，上述四个因子暗含了产生舞弊的四个条件：舞弊者有贪婪之心，且又十分需要钱财，只要有机会，并认为事后不会被发现，他就一定会进行舞弊。

积极的反舞弊合规在企业打击和预防舞弊方面起着关键作用，有控制措施的组织比缺乏控制措施的组织会减少舞弊损失，并能更快发现舞弊。反舞弊调查活动有两个重要的环节，一是调查人员与相关同事的访谈、询问；二是穿插与调查整个过程的取证保全。访谈环节中，需要有经验的机构制定周全缜密的计划安排，访谈人员也需要根据自身经验以及访谈对象的具体情况和临时反应作出及时的判断和调整。内部证据的调取和保全环节中，需有明确指向的具体文件资料，特别要重视举报信以及与举报内容相关的文件资料、背景资料、控制和运行记录，还要结合外部第三方证据的调取与保全。

据统计，舞弊造成的直接损失约为企业收入的5%，此外舞弊还会给企业声誉、股票价格、企业文化带来负面影响。企业涉密人员商业秘密及竞业限制案件中90%以上都涉及舞弊行为，因此，预防舞弊发生的意义远远高于舞弊侦查调查，对于大型企业而言，反舞弊防范体系也应当作为企业商业秘密合规的重要组成部分。

四、保密培训与保密文化

（一）保密培训

保密培训的开展应大致包括这样几个方面：

（1）针对保密领导层的管理意识培训，这一层次培训的重点是构建保密领导意识，引导对新泄密事件的关注。

（2）针对保密管理层的保密专业知识培训，保密专业知识的构建与更新，更偏重职业化教育方面。也包括职业经理人间互相交流，以及相关管理知识的养成。

针对保密执行层进行保密培训，更多地增强员工的保密意识，另外对保密规章制度执行进行培训和教育。实际案例中，并不会对保密组织提出过高的要求，但是在保密管理中，保密组织的严谨程度却至关重要。

（3）培训的持续性。培训的周期要适度，既不能太长，以至于淡化了企业文化对员工的影响；又不能太短，以至于增添了企业的成本，也造成了员工的厌烦心理。培训的方式一定要多样化，以避免单调乏味，使员工反感。培训的方式一般来说可以是企业内的入职培训，外派学习，案例讨论会，知识竞赛等。

（二）保密文化

构建以保护商业秘密为核心的企业文化不是一朝一夕的事，这不仅需要企业高层领导真正重视，坚持带领企业的各级员工付诸行动，还需要各级员工以及中、基层领导的切实配合和实践。保密观念的形成是企业文化的核心，同时也是提高员工意识关键。任何一个人都是社会的动物，都会受到外界的影响，企业要想使员工处于对企业有利的稳定思想状态当中是有一定难度的。而观念层的企业文化可以做到这一点，它可以持续地对员工施加影响，从而使员工不至于被外界的文化所干扰，做出不利于企业的举动。

企业文化的形成一般与企业领导人，特别是与企业创始人密切相关。如果企业的创始人或者最高领导人非常重视商业秘密保护工作，并将这种重视转化为信号直接或者非常明显地传递给中、基层领导和普通员工，对形成相应的企业文化会有很大的帮助。

另外，企业还可以借助内部报刊、网络、宣传栏、墙报等方式和途径展开保护商业秘密的宣传，以增进员工了解商业秘密的相关知识和现状。同时，由于这些方式和途径是员工在日常的生产和生活中可以经常看到和接触到的，平时的耳濡目染必然可以使员工在无形之中增加对商业秘密的理解和重视，这对在企业中形成保护商业秘密的氛围并使之成为一种传统或习惯是非常有利的。

五、涉密人员与保密组织合规示例

下面是某企业涉密人员与保密组织制度的示例（节选），供读者参考。

（一）保密管理机构设置

保密管理机构：由保密管理工作的决策领导机构、管理执行机构两个部分（即保密委员会及保密部）构成：

1. 保密委员会

1.1 机构概述

1.1.1 作为全公司保密管理工作的决策领导机构，由一名主任、一名常务副主任、3名副主任和若干名委员组成；

1.1.2 保密委员会下设保密部，负责保密委员会的日常事务性工作。

1.2 保密委员会主要职能

1.2.1 全公司保密管理工作的规划、决策、监督审查、沟通协调职能；

1.2.2 保密组织机构的管理职能；

1.2.3 保密经费、保密工作绩效的管理职能。

1.3 保密委员会岗位职责

1.3.1 主任：由总经理直接担任；

1.3.2 常务副主任：由党委书记或副书记担任；

1.3.3 副主任：由副总经理及总工担任；

1.3.4　委员：由相关领域负责人担任。
1.4　保密委员会工作规则
1.4.1　实行工作例会制度；
1.4.2　保密委员会成员必须认真行使保密委员会职能，严格履行保密委员会工作规则、保密委员岗位职责；
1.4.3　保密委员应于每年一月份向保密委员会提交述职报告；
1.4.4　各保密委员分管不同领域。
2. 保密部
2.1　机构概述
2.1.1　作为全公司保密管理工作的管理执行机构，接受保密委员会直接领导，由一名负责人和若干名职员构成；
2.1.2　保密部负责人由保密委员会委派。
2.2　主要职能
2.2.1　保密工作的计划、组织、协调、检查、考核以及分析研究和日常行政管理工作；
2.2.2　保密管理体系的保证职能；
2.2.3　环境安全、涉密人员、保密经费的管理职能；
2.2.4　保密教育培训职能；
2.2.5　泄密管理职能；
2.2.6　负责保密委员会的日常工作。
2.3　岗位职责
2.3.1　负责人：专职，由保密委员会委派；
2.3.2　职员：专职，若干名，由保密部负责人负责甄选，保密委员会任命。

（二）涉密人员管理办法

1. 目的

为规范涉密人员的管理，合理区分涉密人员与非涉密人员，实现管理的针对性与有效性，依据本院的实际情况，特制定本办法。

1.1　范围

1.1.1　本办法规定了涉密人员的界定要求、工作程序、密级变更程序、脱密的控制、保密协议的签订和保密补贴的管理、涉密人员辞职、调动管理等内容；

1.1.2　本办法适用于本院所有涉密人员的管理。

1.2　相关引用文件

1.2.1 《保密协议》。
1.3 相关定义

本办法所指的涉密人员，是指掌握、知悉和管理本院保密事项的人员。

1.3.1 核心涉密人员：掌握、知悉和管理绝密级保密事项，该事项一旦泄露，将使本院经营安全和利益遭到特别严重损害的人员；

1.3.2 重要涉密人员：掌握、知悉和管理机密级保密事项，该事项一旦泄露，将对本院经营安全和利益造成严重损害的人员；

1.3.3 一般涉密人员：掌握、知悉和管理秘密级保密事项，该事项一旦泄露，将对本院经营安全和利益造成损害的人员。

2. 涉密人员的基本条件
2.1 具有较强的法制观念与保密意识，遵纪守法；
2.2 热爱本职工作，忠于职守，有较强的责任心和事业心；
2.3 社会关系清楚，生活作风正派，诚实守信，无各种不良嗜好；
2.4 具备相应的文化程度和业务素质。

3. 涉密人员的划分
3.1 界定原则

3.1.1 涉密人员的界定，遵循"按岗定密，坚持原则，从严掌握"的原则；

3.1.2 涉密人员的划分参照《涉密岗位等级划分参照表》执行，各部门内兼职档案管理人员按一般涉密人员相关管理规定、制度执行。

4. 涉密人员界定的工作程序和要求
4.1 涉密人员界定的工作程序

4.1.1 本人填写《涉密人员审批表》；

4.1.2 所属部门负责人对本人填写的内容进行审批，填写涉密人员政治思想和工作表现，参照涉密人员涉密等级划分原则，提出对涉密人员涉密等级的建议，并送交人力资源部进行涉密资格的审查；

4.1.3 人事处根据其基本条件、政审情况和现实表现，进行涉密资格审查，签署同意或不同意进入涉密岗位的意见；

4.1.4 办公室签署其涉密等级的意见；

4.1.5 保密委员会审查、最终批准；

4.1.6 《涉密人员审批表》由院办公室留存备案；

4.1.7 办公室形成《涉密人员涉密等级确定通知单》，通知人事处及其他相关部门。此通知单一式三份，院办公室、人事处和有关部门各存一份备案；

4.1.8 新进本院参加工作的人员调至涉密岗位后，按本程序确定涉密等级。

5. 涉密人员涉密等级变更工作程序和要求

5.1 涉密人员涉密等级变更工作程序：

5.1.1 涉密人员因工作岗位改变而需要变更涉密等级时，由新岗位所在部门负责人，在涉密人员进入新岗位3天内填写《涉密人员涉密等级变更审批表》；

5.1.2 办公室进行审核；

5.1.3 保密委员会进行最终批准；

5.1.4 办公室将《涉密人员涉密等级变更审批表》留存备案；

5.1.5 办公室形成《涉密人员涉密等级变更通知单》，通知人事处及其他相关部门。此通知单一式三份，办公室、人事处和有关部门各存一份备案。

5.2 对已在涉密岗位上的工作人员，经审查不适宜从事涉密工作的，应调离涉密岗位，按本条规定办理密级变更手续。

6. 涉密人员的责任和权利

6.1 学习保密法规，接受保密教育和监督检查，遵守各项保密规章制度；

6.2 保守企业秘密，维护企业的经营安全和利益；

6.3 按本院内相关规定，签订保密协议书，享受保密补贴；

6.4 不得将本岗位涉及的保密事项告知任何不相关的人员；

6.5 违反保密规定应承担相应的法律、行政责任。

7. 保密协议的签订和保密补贴的管理

7.1 保密协议的管理要求：

7.1.1 签订保密协议的范围：

7.1.1.1 涉密岗位员工；

7.1.1.2 非涉密岗位的员工。

7.1.2 所有人员须签订《保密协议》，人事处负责《保密协议》的签订与管理；

7.1.3 员工须在签订劳动合同的同时签订《保密协议》；

7.1.4 因岗位变动涉密等级发生变化的人员、从涉密岗位调至非涉密岗位的人员或从非涉密岗位调至涉密岗位的人员，需要在岗位变动后重新签订《保密协议》或在原保密协议书后加入附件协议；

7.1.5 《保密协议》一式两份，人事处和员工各持一份，分别保管。

7.2 保密补贴的管理要求

7.2.1 保密补贴的等级标准：

7.2.1.1 保密补贴等级：

A. 保密补贴分为四个等级，本院涉密岗位员工即核心、重要、一般涉密人员分别给予一、二、三级保密补贴，其余非涉密岗位人员给予四级保密补贴；

B. 同时兼任两个或两个以上岗位的人员，保密补贴的等级采用就高、不重复发放原则；

7.2.1.2 保密补贴额度。

7.2.2 人事处根据每月涉密、非涉密人员变动情况对予以保密补贴的人员进行统计根据涉密等级确定保密补贴额度，并填写《保密补贴人员统计表》；

7.2.3 财务处根据人力资源部提供的《保密补贴人员统计表》，发放保密补贴；

7.2.4 保密补贴发放的相关规定：

7.2.4.1 保密补贴须显示在工资表中；

7.2.4.2 因岗位变动涉密等级发生变化的人员或从涉密岗位调至非涉密岗位的人员，应及时变更保密补贴额度，并在下月工资中体现；

7.2.4.3 涉密岗位员工执行脱密期间，保密补贴按原等级发放；

7.2.4.4 退休返聘人员在聘用期内，保密补贴实行此规定；

7.2.4.5 员工按四级标准发放，在确定涉密等级后按涉密岗位相应的保密补贴额度发放。

（三）保密工作教育培训管理规定

1. 总则

为提高员工的保密意识，防范和杜绝失泄密事件的发生，确保保密工作顺利开展；熟悉保密法律法规、基本常识及本企业保密管理体系，有针对性地做好防范工作；提高保密工作人员的工作能力和业务素质、工作意识，做好保密工作。

2. 保密教育培训对象内容

保密教育培训的对象包括三类人群，即涉密岗位人员、专兼职保密工作人员和全体员工，针对不同的培训对象开展教育培训。

2.1 涉密岗位人员培训

2.1.1 针对涉密岗位人员保密教育和培训应着重抓好上岗、在岗及离岗三个环节；

2.1.2 岗前教育：即对将要在涉密岗位从事相关工作的人员进行的保密教育，涉密人员上岗前必须接受保密工作基本知识教育，明确保密工作的基本要求，教育的内容一般包括：国家有关保密工作的法律、法规及方针政策，所在岗位的保密事项及其保密管理要求，本企业的保密规章制度等；

2.1.3 在岗教育：即对已在涉密岗位工作的涉密人员进行的保密教育，对在岗涉密人员要加强日常保密教育工作，不断增强保密意识、责任意识，教育培训的内容可结合岗位情况确定，采取多种形式进行；

2.1.4 离岗教育：即由于组织调动或其他原因调离涉密岗位的人员进行的保密教育。涉密人员因各种原因调离涉密岗位或调离本企业时，应进行离岗前保密教育。在脱密期内本人所知悉的企业秘密事项要继续承担保密责任，并及时做好工作交接，履行保密义务。

2.2 教育培训安排

2.2.1 涉密岗位人员岗前教育：由部门负责人对其新员工进行岗位保密教育培训，由院人事处负责对员工入职前进行企业各项管理规定及制度的保密教育，保密教育应贯穿整个试用期内，调岗员工在上岗前一周，由部门负责人进行岗位保密教育培训；

2.2.2 在岗教育：各部门负责人每季度对在岗涉密人员进行一次岗位保密教育，院人事处每半年对在岗涉密人员进行一次日常保密教育；

2.2.3 离岗教育：在调岗、离岗前两个星期，由院人事处对相关人员进行保密教育；

3. 保密教育培训要求

3.1 人事处每年至少提供一份保密教材，供各部门进行保密教育时学习；

3.2 每年向全体员工进行一次员工保密知识书面考试；

3.3 对重要会议前、重大活动前、重要节假日前和保密宣传周期间，各部门必须进行保密教育；

3.4 重大涉密活动或重大外事活动前组织相关部门必须对参与者进行保密教育。

第三篇

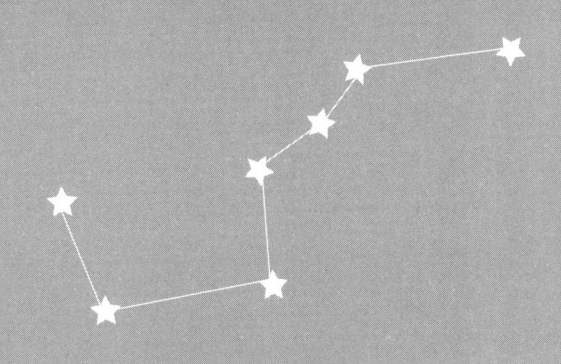

保密措施的实施

第六章　保密措施的认定

一、法律规定的保密措施

现行商业秘密中的保密措施标准适用《最高人民法院关于审理不正当竞争民事案件应用法律若干问题的解释》第十一条规定："权利人为防止信息泄露所采取的与其商业价值等具体情况相适应的合理保护措施，应当认定为《反不正当竞争法》第十条第三款规定的'保密措施'。人民法院应当根据所涉信息载体的特性、权利人保密的意愿、保密措施的可识别程度、他人通过正当方式获得的难易程度等因素，认定权利人是否采取了保密措施。""具有下列情形之一，在正常情况下足以防止涉密信息泄露的，应当认定权利人采取了保密措施：（一）限定涉密信息的知悉范围，只对必须知悉的相关人员告知其内容；（二）对于涉密信息载体采取加锁等防范措施；（三）在涉密信息的载体上标有保密标志；（四）对于涉密信息采用密码或者代码等；（五）签订保密协议；（六）对于涉密的机器、厂房、车间等场所限制来访者或者提出保密要求；（七）确保信息秘密的其他合理措施。"符合上述规定的保密措施应当表明权利人保密的主观愿望，并明确作为商业秘密保护的信息的范围，使义务人能够知悉权利人的保密愿望及保密客体，且在正常情况下足以防止涉密信息泄露。

根据《反不正当竞争法》第十条之规定，经营者不得采用下列手段侵犯商业秘密："（一）以盗窃、利诱、胁迫或者其他不正当手段获取权利人的商业秘密；（二）披露、使用或者允许他人使用以前项手段获取的权利人的商业秘密；（三）违反约定或者违反权利人有关保守商业秘密的要求，披露、使用或者允许他人使用其所掌握的商业秘密。第三人明知或者应知前款所列违法行为，获取、使用或者披露他人的商业秘密，视为侵犯商业秘密。"

需要指出的是，法律所规定的保密措施，是能被认定为商业秘密的保密性的保密措施，并不能防止商业秘密被盗取和利用，甚至不能为侵权行为提供必要的证据。企业在制定自身的保密制度与保密措施时，需要高标准严要求，特别要与其经营发展的实际情况相适应，对于可能出现的泄密风险有所预防和应对，出事前布局远胜过出事后处理。

二、技术的法律保护方式选择

概括地讲，技术的法律保护方式主要有两种，专利保护和技术秘密保护。

专利的英文"Patent"本身有两个含义，一是公开的，二是专有的，也就是说专利保护本身是公开保护。其优点是法律保护效力强（阻止他人实施，阻止他人授权），节约保密成本；缺点是有期限限制，需要公开技术，而且存在各种报批、审查、缴费的手续。

技术秘密是指不将技术公开，而依靠技术的秘密性、有限范围内知晓人的诚实信用和法律对不正当竞争的限制性规定加以保护。其利处是无期限限制，不存在各种报批、审查、缴费的手续；弊处是保密难度大，保护强度弱，存在很大的风险。

实践中，时常困扰着企业知识产权工作者的是，如何选择合适的保护方式使之成为互相结合、有机联系的整体。技术保护方式选择中需考虑的因素，主要归纳为企业组织、技术水平、市场应用三个方面。

（一）企业组织

1. 企业的保密能力

看它有没有保密部门，有没有专人从事保密管理工作，有没有完善的保密体系，有没有与相关员工签订保密协议，如果这些都没有，显然采用技术秘密的保护方式是不可取的，应尽快就相关技术申请专利。

保密能力的高低还要看有没有与保密相关的软硬件设施，对泄密情况的处理是否及时、得当。同时，还要有一个相对稳定的组织团队对企业的保护能力做出分析，并作经常性修正。

2. 技术的接触面

如果某项技术的实施必须涉及企业的多数人员，需要保密的环节太多，泄密的可能性将大大增加，则专利保护更为安全。

3. 人员流动性

新《劳动合同法》已经颁布，它有一个突出特色就是鼓励市场经济条件下的人员流动，企业员工再也不会像计划经济时代那样，永远绑定在一棵树上。此时，唯有通过适时将技术申请为专利，做到"人走技术带不走"，才能维持企业的可持续性发展。

（二）技术水平

1. 反向工程的难易程度

反向工程是指通过对产品进行解剖和分析，从而得出其构造、成分以及制造方法或工艺。能否从对产品的分析研究中了解该项技术的主要内容，或者说反向工程的难易程度，决定了像汽车制造、电子设备、医疗器械这样领域的企业不得不采用专利对技术进行保护。

2. 技术水准的高低

专利要求有"新颖性""创造性""实用性"三性的要求，商业秘密对技术水准的要求更低。技术是否会被授予专利权也决定着采用哪种方式进行保护更为合适。

3. 专利申请水平的高低

比如一项化工工艺技术，我们可以选择性地把其中的某些设备申请专利，而把关键设备作为技术秘密保护起来；或者把关键设备申请为专利，而把某些工艺作为技术秘密保护起来；或者把该工艺申请为专利，而把某些具体的操作方式和参数作为技术秘密保护起来。其中需要注意的是申请为专利的部分技术应当满足成功授权的要求，做到既公开又不会导致专利法意义上的"公开不充分"。这就需要有对企业技术十分了解的专职专利申请人员，或者有与企业长期合作的了解企业技术的高水平的专利律师。最后要强调的是，企业的专利申请水平也决定着技术能否得到有效保护。

（三）市场应用

这方面是要从市场与价值上对技术进行分析。

1. 技术是否具有长期市场价值

专利有期限限制，发明专利的保护期限在三种专利中保护期最长，也不过是从申请日起20年，而技术秘密并没有期限限制。专利与技术秘密保护期限的不同，导致企业在选择保护模式时应将新技术是否具有长期市场价值作为考虑因素。

2. 保密成本高低

特别是中小型科技企业在初创期，资金比较紧张，如果对技术的保密需要耗费巨资才能达到效果，那不如腾出一部分资金作为专利申请的成本，即控制住投资的风险成本，又能提升企业的技术含量，争取到比较有利的市场环境。

3. 自己实施还是转让或许可他人实施

在进行技术转让或技术许可时，一定要有专利技术作为技术基础，借助专利的公信力以及专利的专有性对市场风险的淡化，才会取得比较好的市场收益，当然实际转让或许可时可以配套有技术秘密。

三、技术秘密的表现形式及非公知性的认定

（一）技术秘密的表现形式

技术秘密的表现形式实际是指技术秘密非公知性的表现形式，具体而言，是指该技术信息的整体、要素或者精确排列组合，并非为通常涉及该信息有关领域的人所普遍知晓或者容易获得。技术秘密也可以是技术信息的整体，即该技术信息是由多个技术要素组成，各技术要素本身是技术秘密，各技术要素组合构成的整体技术也构成技术秘密；技术秘密还可以是某种信息要素的精确排列组合，各信息要素可以是公知的，但创造性的精确排列组合却是非公知的。

技术秘密的非公知性表现形式主要有以下三类：第一，技术秘密的各组成部分的智力劳动成果均体现一定的创造性而未公开；第二，组成技术秘密的部分内容公开，但体现创造性智力劳动成果部分的内容未公开；第三，组成技术秘密的各部分内容（要素）均已公开，但体现智力劳动成果的有机整合（精确排列组合）未公开。并且，如果体现在技术秘密中智力劳动成果部分的内容是可分的，只要其关键或核心部分的内容未公开，即使其他部分内容已公开，但这种公开并不必然导致公众知悉或很容易知悉其关键或核心部分的内容，也应视为技术秘密未公开。

（二）如何进行技术信息的非公知性认定

对于比较简单直观的技术，除非被诉侵权人有充分证据证明原告主张的技术信息属公知技术，在原告已对其技术秘密点做了准确描述并与公知技术作以区分的情况下，人民法院可以根据该技术信息是否同时具备保密性和实用性径行认定该技术信息是否属于技术秘密。如果争议所涉技术过于复杂和专业，人

民法院在必要情况下得委托有关部门对诉争技术进行非公知性鉴定。需要明确的是，非公知性鉴定并不等于秘密性鉴定，是否构成技术秘密是人民法院审查认定的范畴。

鉴定部门认定讼争技术信息具有非公知性的，人民法院还应审查讼争技术是否同时具有保密性和实用性。除了以上方法外，人民法院还可根据被诉侵权人对原告主张的技术信息的使用方式来判断讼争技术是否具有非公知性：如存在侵权人将获取的技术用于作价入股或出售获利的事实，人民法院可直接据此推定讼争技术信息属于技术秘密——将可以作价入股的技术推定为非公知技术。

（三）被诉侵权人获取、使用的技术信息与权利人技术秘密雷同性的查证

查明被诉侵权人获取、使用的技术与权利人技术秘密雷同与否必须进行技术比对。比对方法通常有：解剖产品直接进行比对、产品技术资料比对、以上两种方法并用比对。

（1）解剖产品直接进行技术比对是一种最为常见的方法。解剖比对后如确实存在雷同性，被告又不能证明其技术有其他合法来源（包括严格意义的"反向工程"），则应认定被告构成侵权。

（2）产品技术资料的比对应当注意以下问题：第一，用于比对的技术资料应具备相对完整性，其完整性的最低标准是根据提供的技术资料可以再现载有秘密技术的产品或产品的重要组成部分。第二，当技术秘密形态体现为一个整体或多个信息的精确排列组合时，既要进行整体比对，也要进行局部比对，否则容易出现似是而非、判断失误。

（3）解剖产品比对与技术资料比对相结合适用于处理较为复杂的案件。

四、商业并购保密

（一）并购前的保密工作

为每个项目定义个项目号，具体代号可以是数字也可以是文字，最好能够引经据典，这样可以为项目未来的成功带来更大的概率。

准备一页纸信息。需要仔细斟酌和把握公开的范围，可以包括销售收入、EBITDA 等信息，如果利润好的话，可以再披露一下大概的利润。还需要总结出整个项目的亮点 highlight，特别对于不同的目标客户，进行有针对性的修改

和替换。

NDA协议。协议中需要涵盖项目的名称，以及双方对项目需要保密的范围，实现中介公司完成项目的后续工作，虽然这不是完整意义上的委托购买项目，但是NDA协议可以作为万一客户甩单后诉讼的证据，所以它跟一般的保密协议会有不同，需要描述完整的项目，配合并购的动作。

（二）双方签订保密协议后的保密备忘录

签署保密信息后，可将信息公开更大的范围，具体包括，公司发展战略，业务线经营状况，公司的客户群，公司对未来发展的期待等。

保密信息备忘录是让客户对整个公司更感兴趣，整个信息的公开的颗粒度也需要掌握好。如果买方有意向，可以展示团队的更深层次的信息，如像CEO/COO/CFO这一类的职位。

买方看过信息备忘录后，可以利用现有的信息去做协同性，也就是业务整合性的分析，从而对并购后双方业务上的发展，能够有更好的期待。文件的保密方式可以通过设置用户密码的在线打开的文件柜形式，而不是一定要下载下发文件。

（三）双方见面交流阶段信息公开的范围

收购能否成功，还取决于买方对管理层的一个认可程度，所以安排买方最高决策者与标的方管理层见面至关重要。对于管理层来说，买方会完整地保留管理层还是打散后有下一步的规划，双方除了对公司未来的畅想以外，整个谈话的氛围也是非常重要的，这些都要进行精心的准备。收购方也要做好充足的准备，做到让被收购方知道公司的战略规划，以及对未来的发展和对行业的看法。在双方的协同度上，是收购方完全没有的新业务，还是嵌入到收购方已有业务中的各个环节当中去，根据不同的情况，所做的文件的材料、公开的信息、展现的姿态都会完全不一样。好的收购一定是双方1+1能够大于3，形成非常好的发展局面的整合。一方面，如何策划这次会面？哪些能展示，哪些不能展示？特别对于收购方而言，在公开的价格之外，一定有之前没有发现的信息，参与交流的团队也需要在这次会面时去挖掘更多未公开的隐秘的信息，将问题或者是卖方不愿意公示的信息找出来。

小公司的并购整合会掺杂更多人情的感性因素，这就需要我们去挖掘更多的背景信息。在大公司的交易中一般既有买方中介，又有卖方中介，而小公司的买卖中往往是一个中介在协助完成双方的交易整合工作。所以在公司的交易之间，会需要高速的信息流转与切换，而且很多不是落在纸面上的信息，是隐含或隐藏信息，比如这个公司创始人的家庭情况，创始人对于一些事物的一些看法，都会在很大程度上影响交易的成功性。

关键节点会议上如果出现信息泄露，或者不该有的泄密事件的发生，会对交易达成产生灾难性的后果。能够被认为公开的事项一定是在会议上经过充分讨论后有限披露，特别对于一些经过讨论不应该公开给买方或者卖方的事项，是不能披露的。

（四）尽职调查及交易完成

双方签订协议进入尽职调查阶段之后，需要投行对于律师关注的重大的不可能的事项提前排除，律师要提前但不应太早介入，防止搅乱整个交易。不管投行给双方披露了多少信息，但是投行自身一定要既知道买方的信息，又知道卖方信息，交易能否达成其实就是释放与掩盖信息上面的度的把握。所以，商业秘密其实不是并购中的某一个环节或某一个方面，而是贯穿整个交易的每一个过程，决定了交易的发展走向以及交易是否能够最终成交。其间如有重要涉密会议，一定需要有专门专业的一个保密会议室，防止现场录音以及手机传递消息，泄密的途径也会更少一些。重要的商务谈判以及技术谈判，也需要参考类似的保密措施。

（五）防范恶意套取信息

很多企业特别是在规模小的时候，会急于去推广自己，这时往往会碰到竞争对手打着投资合作之类的旗号刺探机密，特别像技术类谈判，谈到一半之后撕毁协议。这都需要在商业谈判的时候对于双方的契合度首先有一个非常好的判断，前期调研至关重要。首先对于客户的资料做好背景调查，分析他到底是来套资料的还是诚心来谈判的，而不是出事以后再想怎么办。特别对于打着投资旗号来的，不建议聊得特别深入，可以谈谈大的方向战略选择，对于特别细节的环节，最好还是在双方签订相关协议后进行正式谈判。

整个商业并购过程，就是不断有选择性地包装和披露信息、最终达成交易的商业秘密操作过程。企业要学会如何利用知识产权去构建更多的壁垒，构建竞争对手没有的环节形成自己的战略竞争优势，在日常经营中不断地去巩固、夯实和加强。

五、保密措施案例解析

No.1【(2011)民申字第122号】上海富日实业有限公司与黄某瑜、上海萨菲亚纺织品有限公司侵犯商业秘密纠纷案

案情介绍

1996年,黄某瑜与案外人管某共同出资设立上海富日实业有限公司(以下简称富日公司)。黄某瑜出资人民币40万元,持股40%,公司经营范围包括服装、针纺织品的加工制造、销售等。公司设立后,黄某瑜在公司担任监事、副总经理等职,参与公司的经营管理。2002年4月30日,富日公司通过股东会决议,同意黄某瑜退出公司并辞去相关职务。2002年4月间,黄某瑜与案外人刘某宏共同投资组建了上海萨菲亚纺织品有限公司(以下简称萨菲亚公司)。该公司的经营范围包括纺织品、服装的制作、销售等。在2000年年初,富日公司开始与案外人"森林株式会社"发生持续的交易。萨菲亚公司设立后,案外人"森林株式会社"基于对黄某瑜的信任,随即与之建立了业务关系。

此外,富日公司章程第三十七条规定,董事、监事、总经理依照法律规定或者经股东会同意外,不得泄露公司秘密。富日公司提交其与黄某瑜签订的劳动合同,经审查,该合同原件上黄某瑜的签约日期明显可见涂改痕迹,应为一份倒签日期的合同,考虑到黄某瑜作为公司股东实际参与经营管理,与一般劳动者应有所区别,故黄某瑜认为"其系仅为用作办理三金手续而补签的合同"的质证意见有一定的合理性。

法院视角

本院经审查认为,本案的争议焦点在于,本案劳动合同第十一条第一款是否属于富日公司对其商业秘密采取的保密措施。

根据富日公司申请再审理由第一点,其本意是,劳动合同第十一条第一款约定系要求黄某瑜不得使用富日公司的商业秘密从事纺织品外贸业务,而并非竞业禁止条款。由此提出一个问题,虽然竞业限制约定字面上没有保守商业秘密的要求,但其目的就是不得使用商业秘密从事竞争业务,该约定是否构成《反不正当竞争法》第十条规定的保密措施。根据《反不正当竞争法》第十条

第三款规定，权利人采取保密措施是商业秘密的法定构成要件之一。参照《最高人民法院关于审理不正当竞争民事案件应用法律若干问题的解释》第十一条规定，权利人为防止信息泄露所采取的与其商业价值等具体情况相适应的合理保护措施，应当认定为《反不正当竞争法》第十条第三款规定的"保密措施"；人民法院应当根据所涉信息载体的特性、权利人保密的意愿、保密措施的可识别程度、他人通过正当方式获得的难易程度等因素，认定权利人是否采取了保密措施。因此，符合《反不正当竞争法》第十条规定的保密措施应当表明权利人保密的主观愿望，并明确作为商业秘密保护的信息的范围，使义务人能够知悉权利人的保密愿望及保密客体，并在正常情况下足以防止涉密信息泄露。本案中，富日公司提供的本案劳动合同第十一条第一款没有明确富日公司作为商业秘密保护的信息的范围，也没有明确黄某瑜应当承担的保密义务，而仅限制黄某瑜在一定时间内与富日公司的原有客户进行业务联系，显然不构成《反不正当竞争法》第十条规定的保密措施。

我国立法允许约定竞业限制，目的在于保护用人单位的商业秘密和其他可受保护的利益。但是，竞业限制协议与保密协议在性质上是不同的。前者是限制特定的人从事竞争业务，后者则是要求保守商业秘密。用人单位依法可以与负有保密义务的劳动者约定竞业限制，竞业限制约定因此成为保护商业秘密的一种手段，即通过限制负有保密义务的劳动者从事竞争业务而在一定程度上防止劳动者泄露、使用其商业秘密。但是，相关信息作为商业秘密受到保护，必须具备反不正当竞争法规定的要件，包括采取了保密措施，而并不是单纯约定竞业限制就可以实现的。对于单纯的竞业限制约定，即便其主要目的就是保护商业秘密，但由于该约定没有明确用人单位保密的主观愿望和作为商业秘密保护的信息的范围，因而不能构成《反不正当竞争法》第十条规定的保密措施。

综上，本案劳动合同第十一条第一款不属于富日公司为保护其商业秘密所采取的保密措施，富日公司相关申请再审理由不能成立。

本案启示

单纯的竞业限制协议，并不必然成为保护商业秘密所采取的保密措施，更何况是劳动协议中的竞业限制条款。建议企业在业务起步阶段就能够有意识地请专业人士帮助设计整体商业架构和各种协议方案，并随着企业的发展而不断调整，企业在起步、成长和成熟期需要面对的是不同层面的商业问题，因此需要不断调整自身的管理和组织形式，配套的法务合规制度体系也是如此。

No.2【(2012)民监字第 253 号】张家港市恒立电工有限公司清算组与江苏国泰国际集团国贸股份有限公司、张家港市宇阳橡塑电器有限公司侵害商业经营秘密纠纷案

案情介绍

本案涉及的出口业务系由金恒公司黄某宏介绍引见，由坦桑尼亚 NM 公司的董事长恩高卫、金恒公司与张家港市恒立电工有限公司（以下简称恒立公司）三方在恒立公司处进行商谈。2000 年 11 月 10 日，恒立公司、江苏国泰国际集团国贸股份有限公司（以下简称国贸公司）、金恒公司三方签订协议一份，协议中各方确认：经金恒公司介绍，恒立公司与金恒公司就开关、插座、灯头等产品出口至坦桑尼亚事宜与外商进行了谈判，并达成了供货协议，外销合同经恒立公司、金恒公司同意，由国贸公司代其对外签约，并代理出口该产品，各方并对恒立公司供货具体品名、数量、与国贸公司结算的价格、交货时间、地点及合同履行过程中的权利义务进行了约定。

2001 年 1 月 7 日，恩高卫向恒立公司和国贸公司出具开工确认书，就样品的改进提出具体的修改要求，并确认同意开始动工生产。2001 年 1 月 16 日、4 月 10 日、6 月 20 日、9 月 28 日、10 月 30 日，恒立公司与国贸公司就该出口事项又分别签订五份合同，约定由国贸公司向恒立公司订购开关、插座、灯头等出口产品，恒立公司按合同约定陆续履行了上述五批货物的交货义务，国贸公司陆续向恒立公司支付了部分货款。2002 年 1 月 14 日，国贸公司向恒立公司转发恩高卫的传真件，该传真件称先前所发货物产品质量太差，要求国贸公司暂缓付款给厂方，国贸公司随后终止了与恒立公司所签协议的履行。2002 年 4 月 21 日，恒立公司以外贸经营受损，决定停止公司生产经营活动并解散，由全体股东成立清算组对公司进行清算，恒立公司与国贸公司的索赔诉讼由清算组负责进行。此后，恒立公司清算组与国贸公司间就上述合同的履行引发多起诉讼。

恒立公司清算组于 2009 年 5 月 31 日向江苏省苏州市中级人民法院诉称，由于涉案订货商坦桑尼亚 NM 公司及收货商 AC 公司的信息构成商业秘密中的客户名单，且其已对此采取保密措施，国贸公司应负有保密义务，国贸公司违反约定披露、允许他人使用该商业秘密，张家港市宇阳橡塑电器有限公司（以下简称宇阳公司）收到恒立公司通知后明知业务违法，仍故意使用他人商业秘密，构成共同侵权。请求确认两被告侵犯其商业秘密，并判令宇阳公司停止侵权。

一审庭审中，恒立公司清算组明确其诉称的商业秘密为客户名单，具体内容包括坦桑尼亚 NM 公司与 AC 公司的企业名称，两公司的共同邮件信箱——坦桑尼亚达累斯萨拉姆 16339 信箱（P. O. BOX 16339 DAR ES SALAAM TANZANIA）以及共同的法定代表人恩高卫。

恒立公司清算组在向江苏省高级人民法院就本纠纷提起的申请再审中称，其主张的客户名单不仅包括原审所主张的内容，还包括与相关客户的具体产品销售信息。

法院视角

恒立公司清算组在向本院的申诉中改变了其在一审中固定的客户名单的范围，主张请求保护的客户名单包含了客户的需求类型、需求习惯、经营规律、价格承受能力，甚至业务主管的个性等全面的信息，不同于金恒公司引荐前的信息。其以国贸公司、金恒公司负有合同的附随保密义务主张对该信息采取了保密措施。根据查明的事实，在恒立公司定做加工、国贸公司负责出口的过程中，国贸公司作为外贸代理方，与坦桑尼亚 NM 公司就出口货物事宜进行直接协商后再由国贸公司转告恒立公司。国贸公司知悉恒立公司清算组所主张的信息内容，恒立公司对该经营信息并没有采取过保密措施。尽管根据合同法规定，当事人不论在合同的订立过程、履约过程，还是合同终止后，对其知悉的商业秘密都有保密、不得泄露或者不正当使用的附随义务。但合同的附随义务与商业秘密的权利人对具有秘密性的信息采取保密措施是两个不同的概念，不能以国贸公司负有合同法上的保密附随义务来判定恒立公司对其主张的信息采取了保密措施。商业秘密是通过权利人采取保密措施加以保护而存在的无形财产，具有易扩散、易转移以及一经公开永久丧失等特点，保密措施是保持、维护商业秘密秘密性的手段。作为商业秘密保护的信息，权利人必须有将该信息作为秘密进行保护的主观意识，而且还应当实施了客观的保密措施，这是因为商业秘密既然是通过自己保密的方式产生的权利，如果权利人自己都没有采取保密措施，就没有必要对该信息给予保护，这也是保密措施在商业秘密构成中的价值和作用所在。而派生于诚实信用原则的合同的附随义务，是根据合同的性质、目的和交易习惯履行的附属于主债务的从属义务，其有别于商业秘密构成要件"保密性"这种积极的行为，并不体现商业秘密权利人对信息采取保密措施的主观愿望以及客观措施。本案中，恒立公司清算组既没有证据证明其对请求保护的信息采取了客观的保密措施，更没有证据证明该保密措施的合理性。且不论恒立公司清算组在申诉中对秘密点的改变能否接受，仅就恒立公司没有采取防止信息泄露的任何合理保护措施,该信息也不具备商业秘密构成要件。其主张的客户名单构成商业秘密的申诉理由,本院不予支持。

恒立公司清算组申请法院依职权调取宇阳公司与国贸公司的业务往来凭据以证明侵权事实客观存在,由于其请求保护的客户名单并不构成商业秘密,法院未依申请调查收集证据,并无不当。同理,恒立公司清算组关于国贸公司、宇阳公司侵犯其商业秘密的申诉理由,本院亦不予支持。

本案启示

企业仅以合同的附随义务证明采取了保密措施,并不能得到法院的支持。基于诚实信用原则而发生的合同的附随义务,是根据合同的性质、目的和交易习惯履行的附属于主债务的从属义务,其有别于商业秘密构成要件"保密性"这种积极的行为,并不体现商业秘密权利人对信息采取保密措施的主观愿望以及客观措施。企业在商事活动中,如想自身商业秘密主张得到法院的支持,就需要事先做好准备工作,明确自身商业秘密的密点范围,并与合同相关方以及可能涉及的参与方签订与其权利义务相对等的保密协议,并采取必要保密措施。

No. 3【(2014)民三终字第 3 号】化学工业部南通合成材料厂、南通中蓝工程塑胶有限公司等与南通市旺茂实业有限公司(原南通市东方实业有限公司)、陈某新等侵害技术秘密纠纷案

案情介绍

第一,涉案当事人的相关情况。

合成材料厂原名化学工业部南通合成材料实验厂,设立于 1990 年 7 月 31 日,经营范围包括:感光材料、工程塑料、高分子材料、芳纶树脂、织物整理剂、化工产品的生产销售等。1991 年 10 月 22 日,合成材料厂成立 PBT 合成车间,并随后对 PBT 装置进行了多次试车。

1997 年 7 月 17 日,原化学工业部批复同意中国蓝星化学清洗总公司〔后更名为中国蓝星(集团)总公司〕兼并合成材料厂,但仍保留法人资格。蓝星商社为一审时合成材料厂的唯一股东。

星辰公司设立于 2000 年 8 月 21 日,经营范围包括:工程塑料及改性、彩色显影剂系列、化工产品的生产、销售、研究、开发等。公司设立时的股东为

案外人星辰化工新材料股份有限公司（后更名为蓝星化工新材料股份有限公司）及合成材料厂。其中，星辰化工新材料股份有限公司的投资数额为现金人民币9600万元，占69.18%的股份；合成材料厂的投资数额为其经营性净资产的评估值人民币42771444.34元，占30.82%的股份。就上述"经营性净资产"，合成材料厂、星辰公司称系"改性工程塑料、PBT树脂合成、感光彩色显影生产单元的固定资产、债权债务、无形资产等"。蓝星化工新材料股份有限公司现为星辰公司的唯一股东。

南通中蓝工程塑胶有限公司（以下简称中蓝公司）设立于2003年1月23日，经营范围为开发、生产销售工程塑料及改性产品，股东为星辰公司和案外人香港中刚实业有限公司（以下简称中刚公司）。公司投资总额为456.94万美元，注册资本为372.5万美元。其中，星辰公司以其现金、厂房、设备、技术等出资253.3万美元，占68%的股份；中刚公司以美元现汇、设备、技术等投入119.2万美元，占32%的股份。在中蓝公司合资合同附件二《乙方（香港中刚实业有限公司）技术出资协议》及附件三《甲方（星辰公司）技术出资协议》中，将双方应投入的技术约定为各自现拥有的改性PBT工程塑料配方及工艺技术，并均保证"没有任何第三方对技术所有权提出任何所有权要求"。2004年10月30日，星辰公司、中刚公司将各自所拥有的改性PBT工程塑料配方及工艺技术分别作价100万元、400万元投入中蓝公司。PBT改性产品由中蓝公司主导生产，其他两家提供技术、人员服务。

周某敏原系中国蓝星化学清洗总公司员工，并与之签订有劳动合同。后周某敏被派至合成材料厂工作，并于1998年9月21日被任命为该厂副厂长，2000年1月24日被任命为厂长，2003年7月29日被免去厂长职务。2000年7月30日，星辰公司召开第一次股东会，推选周某敏为董事并聘任其为公司经理。2003年9月23日，星辰公司召开第一届董事会第六次会议，同意周某敏辞去公司董事及总经理职务。2002年12月25日，星辰公司委派周某敏为中蓝公司董事兼董事长。2003年1月9日，南通市崇川区对外贸易经济合作局批复同意周某敏任中蓝公司董事兼董事长。

陈某新原系合成材料厂员工，1991年10月22日被任命为该厂PBT合成车间副主任，1993年9月13日被任命为PBT合成车间主任。1995年9月11日，陈某新被任命为副厂长，1998年9月28日被任命为该厂PBT装置第八次试车指挥部成员兼办公室主任，2003年8月4日再次被任命为副厂长。2000年7月30日，星辰公司召开第一次股东会，推选陈某新为董事并聘任其为公司副经理。2002年12月25日，星辰公司委派陈某新为中蓝公司董事兼总经理。2003年1月9日，南通市崇川区对外贸易经济合作局批复同意陈某新任中蓝公司董事。2003年9月23日，星辰公司召开第一届董事会第六次会议，聘任陈某新为副总经理。

陈某与周某敏系夫妻关系，原系中国蓝星化学清洗总公司员工，1999年2月至2003年7月，分别在合成材料厂检测中心、研发中心、国际贸易部工作。

戴某勋原系合成材料厂员工，1997年7月—2003年3月在销售分公司工作，2003年3月至7月任中蓝公司区域销售员，2004年4月辞职。

李某敏原系合成材料厂员工，2002年4月由项目办调至工程塑料研发中心，同年11月11日被任命为研发中心主任助理，2003年7月辞职。

东方公司原由周某敏之父周某壁等四名自然人于2003年10月21日投资设立，经营范围包括：工程塑料及深加工产品的科研开发、生产、销售等。东方公司目前生产销售的产品以PBT改性产品为主。周某敏、陈某新、陈某、李某敏、戴某勋离开原单位后，陆续至东方公司工作。周某敏任总经理，陈某新任副总经理，陈某、李某敏从事产品研发工作，戴某勋从事销售工作。一审时陈某新、李某敏已从东方公司离职。

第二，三上诉人采取保密措施情况。

（1）合成材料厂。

1997年7月，合成材料厂成立技术保密小组并制定技术保密管理办法。同年12月，合成材料厂制定保密工作管理办法并下发全厂。该保密工作管理办法对企业要求保护的技术信息秘密、经营信息秘密的内容范围及管理工作办法进行了明确规定。1999年1月28日，合成材料厂上报了其1999年保密工作要点。

2000年6月6日，合成材料厂调整了保密委员会的成员并对保密委员会的工作范围及成员职责进行了明确规定。同月12日，合成材料厂作出《关于保护秘密、限制同行业竞争，签订保密协议的通知》，要求全员签订保密协议。

周某敏、陈某新、陈某、李某敏、戴某勋于2000年分别与合成材料厂签订了保密协议。协议中约定：保密范围为：第一，尚未公开的企业发展规划、技术引进计划、投资计划等。第二，本厂所有产品的生产能力、工艺路线、设备结构、操作规程、控制指标、消耗指标、生产成本、研制报告、配方等技术资料。现有产品范围：①感光材料系列产品：TSS、CD-2、CD-3、CD-4及乙基间甲苯胺系列等；②PBT合成树脂；③改性塑料系列产品（即改性PBT产品）；④特种树脂系列与精制盐酸；⑤有机硅整理剂、防水剂等系列产品；⑥以后所开发新产品技术及今后增加的各种产品。第三，产品的内部定价、营销范围、营销策略、用户信息等商业秘密。第四，本厂与外单位所签订的有关技术经济协议、合同等。第五，重大技改方案、可行性研究报告、设计资料、工程招标标底等。第六，本厂研制开发或引进技术开发的新产品和老产品技改等产品配方、工艺路线、研制技术、消耗指标、生产成本等。第七，通过特殊渠道所获取的生产技术情报以及规定不得外传的全国同行业交流资料、行业统计数据等。第八，上级规定的保密文件及人事档案资料等。第九，与外单位签有保密协议、我厂应保守的秘密。第十，财务数据及与银行合作的信贷数额。

2001年1月8日，合成材料厂（甲方）与陈某新（乙方）签订劳动合同，其中约定：乙方在合同期限及其后的三年内，不使用甲方的商业秘密，并且在未经甲方另行书面许可的情况下，不得向任何第三人以任何方式披露甲方的商业秘密。2004年2月24日，合成材料厂与陈某新再次签订保密协议。陈某新前后签署的两份保密协议约定的保密范围及内容相同。

（2）星辰公司保密措施。

批准日期为2003年11月3日、生效日期为2003年11月4日的星辰公司《文件和记录管理规定》中记载，制定该文件的目的是：为了使受控文件的编制、发放、更改、保存和管理规范化，确保质量管理活动的有效进行。其内容主要涉及对公司文件的管理性措施。其中，"一.6"项规定：借阅保密文件，须经公司保密委员会主任批准，并办理登记手续。"二.2"项规定：《程序文件》的编号方式为：南星/QP-顺序号-年代号。其中QP代表《程序文件》，顺序号为两位数01到99，年代号为该文件印发时间。

编号为"南星/QP-01-2004"的星辰公司《文件控制程序》的制定目的是：对质量控制体系有关的文件进行控制，确保各有关场所使用有效版本的文件。内容主要涉及文件的分类、编号、编写和审批、发放、管理、评审、更改等管理性措施。

（3）中蓝公司采取的措施。

中蓝公司的《程序性文件》的封面上有陈某新的签名。《程序文件一览表》记载了26项程序文件的名称及编号。《文件与资料和管理程序》本身并不在《程序文件一览表》所记载的内容中，其显示的生效日期为2003年4月1日，规定了文件的结构、部门职责、审核批准程序、编制规则及资料管理等事项。

陈某新任职期间向案外人朱某冬发送的邮件中，一份关于中蓝公司39种产品最低销售价及市场建议价的两页表格的顶部标注有"绝密"字样。

星辰公司、中蓝公司主张，由于其从事PBT改性产品的生产和管理人员的劳动关系均在合成材料厂，故其在实际生产经营中也执行合成材料厂规定的保密措施。

(4) 周某敏 2003 年保密协议。

该协议书首页所列甲方为蓝星化工新材料股份有限公司、合成材料厂、星辰公司、中蓝公司。在周某敏提交的协议书上，甲方仅有蓝星化工新材料股份有限公司在尾页加盖公章。而在合成材料厂等提交的协议书上，首页"甲方栏"处加盖有合成材料厂、星辰公司、中蓝公司的公章。

对于商业秘密，该协议书定义为：本协议商业秘密是指，甲方感光系列产品专指（CD-1、CD-2、CD-3、CD-4）、PBT 树脂、特种环氧树脂等生产、经营和管理过程中开发研究、吸收引进的，不为公众所知悉，能为甲方带来经济利益，具有实用性并经甲方采取了保密措施的技术信息和经营信息。该协议书约定的技术秘密为：①技术领域：甲方现有的感光系列产品专指（CD-1、CD-2、CD-3、CD-4）、PBT 树脂、特种环氧树脂科研、技术信息资料，技术成果及阶段性技术成果，操作工艺、试验记录、试验结果、工艺流程图、试验方案及后续技术改进成果等。②科研领域：甲方现有的感光系列产品专指（CD-1、CD-2、CD-3、CD-4）、PBT 树脂、特种环氧树脂甲方正在研究开发、引进吸收的新技术、新材料、新工艺、新产品的试验数据、配方、计算机软件、数据库文件等各种科研资料，以及阶段性成果。③工程领域：甲方现有的感光系列产品专指（CD-1、CD-2、CD-3、CD-4）、PBT 树脂、特种环氧树脂工程的操作工艺、施工流程图、施工方案、药剂配方、工程试验记录、试验结果、工程运行记录等。④生产领域：甲方现有的感光系列产品专指（CD-1、CD-2、CD-3、CD-4）、PBT 树脂、特种环氧树脂生产制造（制作）工艺。生产制造（制作）方法、加工工艺、产品设计图、设计图表、产品配方、技术参数、试验记录、试验结果。生产设备装置开发数据和结果、设计图、工艺流程图等各种技术资料，尚未对外公开的含有技术内容的半成品和产成品。经营秘密约定为：⑤甲方及下属单位近期、中期、长期发展规划、经营战略、创新的管理模式及市场开拓的创新思路（尚未正式公开的）。⑥甲方及下属单位有保密内容的各种会议记录、领导发言、各种未正式公布的重要方案。⑦甲方及下属单位人事、财会和生产经营中的有关统计数字、报表和经营资料档案。⑧蓝星化工新材料股份有限公司尚未公开披露的信息，包括分红、分配方案、财务报表、预盈、预亏、减盈、减亏、高管人员变动、资产重组方案等对股票价格产生重大影响的各类信息。⑨甲方从事的所有经营领域中的客户名单、招投标标底、货源情报、供销渠道、经营决策、市场分析、定价方法、营销策略、财务资料等。⑩甲方正在培育的经营业务中取得的阶段性经营成果，经营信息，各类文字、电子资料等。⑪属于第三方但甲方承诺（或约定）有保密义务的商业秘密。竞业限制的内容和范围约定为：①甲方现有的感光系列产品专指（CD-1、CD-2、CD-3、CD-4）、PBT树脂、特种环氧树脂产品的生产。②甲方及下属单位感光系列产品专指（CD-1、CD-2、CD-3、CD-4）、PBT树脂、特种环氧树脂的经营业务等。③乙方若要从事上述限制的生产经营活动，除非征得甲方的同意。

第三，涉案商业秘密刑事案件处理过程。

（1）基本情况。

2005年3月22日，合成材料厂、星辰公司、中蓝公司向南通市公安局提交《关于周某敏等人和南通市东方实业公司涉嫌侵犯商业秘密的报告》，要求公安部门依法查办。港闸分局对举报内容进行了立案侦查，并采取了查封、扣押，询（讯）问等刑事侦查措施。

港闸分局自东方公司处查扣了大量文件资料及物品，包括七张软盘及一张三寸刻录盘。

（2）相关讯问笔录。

周某敏在公安询（讯）问笔录中陈述称：①东方公司在2004年年初申报ISO 9000质量认证体系时，参照了合成材料厂的有关技术资料。在实际生产过程中，其和陈某新、陈某利用在合成材料厂工作期间掌握的一些技术参数、配方、工艺，在此基础上再进行研发产品。②东方公司成立的初始阶段曾利用过合成材料厂的客户资料。但其同时坚称，根据其2003年保密协议的约定，其行为不侵犯合成材料厂等的商业秘密。

陈某新在公安询（讯）问笔录中陈述称：①其将合成材料厂工程塑料产品颜色管理办法、热塑型塑料产品命名、增强改性聚对苯二甲酸丁二醇酯、改性聚丙烯系列增强、改性AS和改性ABS、增强改性-6、聚碳酸酯、改性工程塑料工艺操作规程等夹带至东方公司。②东方公司电脑中的合成材料厂材料成本分析表、销售价格表、客户名单及利润损益表，系其从合成材料厂拷贝过来的。③东方公司与昆山昆华公司等客户进行了交易。

陈某在公安询（讯）问笔录中陈述称：其从合成材料厂带出来了有"企标"字样的一些技术资料和一些其做外贸时用的七张软盘。软盘内容主要涉及客户资料。

（3）鉴定情况。

港闸分局在侦查阶段，曾多次委托相关技术鉴定机构对涉案技术问题进行鉴定。

2006年8月3日，湖南大学司法鉴定中心出具了湖大司鉴中心（2006）知鉴字第3号"司法鉴定书"，鉴定结论为：①举报方提供的PBT等改性产品的配方，其具体原料组合和确定比例的技术参数是属于不为公众所知悉的技术信息；PBT等改性产品的生产工艺流程是为公众所知悉的技术信息。②被举报方被查封的材料中，电脑D盘中储存的资料中，包含有与举报方相同的技术信息文件。③被举报方的PBT产品配方与举报方的PBT产品配方不相同和不实质性相同。2007年3月25日，湖南大学司法鉴定中心致函港闸分局，撤回上述司法鉴定书。

2005年5月16日，科学技术部知识产权事务中心出具了国科知鉴字（2005）20号《技术鉴定报告书》，鉴定结论为：①举报方的25个配方中的主要原料组分及其作用、用量范围为公知信息；但是配方上具体原料组合及其确定配比不为公众所知悉。②《工程塑料PBT改性产品生产工艺流程》消耗定额中表四记载的数据；生产线和生产能力描述；主要设备一览表等信息内容在企业自己不公开的情况下，他人一般难以从公开渠道获得，因此不为公众所知悉。③《材料成本分析表》和《销售价格表》记载的企业特定、具体的采购成本和销售价格，《客户名单及利润损失表》中记载的各客户历史销售记录和利润损失分析经营信息，不为公众所知悉。④上述非公知信息能够带来经济利益，具有实用性。如果权利人采取了合理的保密措施，上述信息符合我国《刑法》第二百一十九条所规定的构成商业秘密的法定要件。

2005年11月3日，科学技术部知识产权事务中心出具了国科知鉴字（2005）39号《技术鉴定报告书》（以下简称39号鉴定书），鉴定结论为：①举报方提供的PBT等改性产品配方、工艺及部分经营信息属于不为公众所知悉的技术信息和经营信息。②被举报方被查封的材料中包含有与举报人相同或实质相同的非公知技术信息和经营信息。

2007年10月17日，上海市知识产权司法鉴定中心出具了上知鉴字（2007）901号《司法鉴定意见书》（以下简称901号鉴定书），鉴定结论为：①举报方的89个PBT改性产品配方是不为公众所知悉的。②举报方PBT改性具体产品的生产工艺是不为公众所知悉的。③被举报方被查封的材料中，有关PBT改性产品的148个配方中除B110、B113配方与举报方A071配方实质相同以外，其余配方均与举报方的配方既不相同也不实质相同。④被举报方被查封的材料中，有关PBT改性产品的生产工艺除B110、B113配方的具体生产工艺与举报方A071配方的具体生产工艺无法比较之外，其余PBT改性具体产品的生产工艺均与举报方的生产工艺既不相同也不实质相同。

2007年10月23日，港闸分局以"情节显著轻微、危害不大、不认为是犯罪"为由，作出港公撤字（2007）第0509号《撤销案件决定书》。

一审法院自港闸分局调取的五张光盘中，三张光盘上注明系合成材料厂提供及提供时间,另两张未标明提供者及提供时间,而仅以"电 2#简称 D 盘""电 3#D 盘"标注。

第四,三上诉人请求保护的信息内容。

合成材料厂等指控被侵犯的商业秘密为其 PBT 改性产品生产经营过程中所形成的技术信息及经营信息。其中,技术信息是指配方及生产工艺,经营信息是指销售客户名单。

就配方及工艺的具体内容,合成材料厂等在 2010 年 2 月 26 日的质证中明确:配方信息内容以 901 号鉴定书中的 89 种配方内容为准,生产工艺信息内容以 39 号鉴定书记载的内容为准。2010 年 11 月 26 日的质证中,合成材料厂等提出以 155 个配方作为其要求保护的配方信息,并提供相关配料单、混料单以证明其主张。

三上诉人请求保护的客户名单为"证据补 2.3"中所列的 45 家销售客户。合成材料厂等于 2010 年 3 月 1 日的庭审中,又补充了 4 家销售客户名单。2010 年 5 月 28 日的质证中,合成材料厂等提供了新的 53 家客户作为其要求保护的客户名单。

东方公司等认为,合成材料厂等一再变更要求保护的范围,说明其不清楚自己所谓商业秘密的具体内容,而是随着诉讼的进程随意变化。就配方问题,首次质证时合成材料厂等已明确了具体内容,其明显是在取得了法院自公安机关调取的相关证据,了解、掌握了东方公司的配方具体信息的情况下,将配方变更为 155 个。从其提供的配料单、混料单来看,存在数量不吻合,明显系同一人同一时间书写,大量配方背面无复写痕迹等重大瑕疵,有作假之嫌。

合成材料厂等提供的用以证明其客户名单的相应发票的开具时间为 2001 年 1 月至 2005 年 10 月,开具人为星辰公司、中蓝公司。相关发票记载的内容主要是客户名称、销售品种、价格。

一审庭审中,合成材料厂等明确指控五自然人被上诉人均侵犯其技术信息及经营信息。

第五,与诉讼主体资格有关的陈述。

东方公司等认为,根据合成材料厂等提供的相关资料及陈述内容,涉案技术信息的权利人仅为中蓝公司,因此,合成材料厂、星辰公司无权就涉案技术信息主张权利。

针对东方公司等的上述异议,合成材料厂等在《关于合成材料厂等三家单位的情况说明》及代理词中称:星辰公司设立时,合成材料厂将其"改性工程塑料、PBT 树脂合成、感光彩色显影生产单元的固定资产、债权债务、无形资产等"作价投入了星辰公司,上述产品的生产技术等被转至星辰公司。

中蓝公司设立时，星辰公司将其拥有的改性 PBT 工程塑料配方及工艺技术作价投入了中蓝公司。自中蓝公司成立后，星辰公司的改性工程塑料业务整体转入中蓝公司。三者在股权关系、高管人员、技术研发人员、生产设备等方面存在不可分割的关系，采取的是三个单位、一套人马、三位一体的管理模式。同时因上述不可分割的关系及管理模式，导致商业秘密在三者间无法明确区分。

三上诉人在一审质证程序及一审庭审中称："三个主体间是有沿革关系的，即使是一方的出资，权利人是可以拿出来共有的，""虽然通过作价投资，商业秘密（技术秘密）在中蓝公司，但是权利主体有权处分自己的财产，""三家公司都认可了共同共有，所以不管是否作价出资，但现在都认可了共同共有，""经请示我们的控股公司关于商业秘密是否共同共有，我们的控股公司也认为是属于三上诉人共同共有的商业秘密。"

法院视角

一审法院认为：各权利人未采取合理的保密措施

本案中，涉案技术信息的各权利人是以共有人的身份共同主张权利，且各自提供了其保密措施的相关证据，并以此主张其所采取的保密措施具有合理性。对此，一审法院认为：

首先，星辰公司用以证明其已采取保密措施的证据中，《文件和记录管理规定》形成于 2003 年 11 月初，《文件控制程序》根据其文件编号应形成于 2004 年，在上述文件形成时，周某敏、陈某、李某敏已离职。故星辰公司在周某敏、陈某、李某敏离职后制定的文件不能作为其就涉案技术信息对该三人均已采取保密措施的证据。

其次，中蓝公司用以证明其已采取保密措施的证据中，《生产工艺配方管理规定》的真实性不能确认，中蓝公司其他程序文件也不涉及保密要求。陈某新的确向朱某冬发送过标有"绝密"字样邮件，但从该"绝密"字样的标注对象来看，也只能证明中蓝公司对经营信息可能采取了保密措施，并不涉及技术信息。即使上述"绝密"字样的标注同时也表明中蓝公司对涉案技术信息采取了保密措施，但知悉该标注内容的也仅涉及陈某新一人，不能视为中蓝公司对周某敏等其余四人也提出了相同的保密要求。故不能证明中蓝公司已对涉案技术信息采取了保密措施。

再次，星辰公司、中蓝公司在 2003 年保密协议中的确提出了保密要求，但必须要注意的是，该协议要求保密的相对人仅为周某敏一人。三上诉人指控周某敏等五自然人均侵犯涉案技术信息和经营信息，但从该五自然人的工作经历来看，在本案中，知悉或可能知悉涉案技术信息的主体至少包括周某敏、陈某新、陈某、李某敏四人。因此，在有多人知悉或可能知悉涉案技术信息的情况下，星辰公司、中蓝公司仅对其中一个相对人提出保密要求，不符合保密措施的"合理性"要求，也不能认定其已采取了合理的保密措施。至于星辰公司、中蓝公司关于其在经营管理中也执行合成材料厂的保密制度的声称内容，属无证据支持的当事人的单方陈述，一审法院不予采纳。

最后，如前所述，在共同共有的状态下，合理的保密措施还意味着各共有人对该非公知信息均应采取合理的保密措施。而本案中，作为共同共有人的星辰公司、中蓝公司不能证明其已对涉案技术信息采取了合理的保密措施，故无论合成材料厂自身是否已采取了合理的保密措施。仍不能认定涉案相关权利主体均已采取了合理的保密措施。

二审法院认为：

首先，保密措施通常是由商业秘密的权利人所采取的，体现出权利人对其主张商业秘密保护的信息具有保密的主观意愿。本案中，三上诉人主张的技术秘密为改性 PBT 的 155 项配方以及相关工艺，经营秘密为 55 项客户名单。涉案信息实际上是在较长时间内，在合成材料厂、星辰公司和中蓝公司三个民事主体处分别形成的。涉案信息中的一部分以出资的方式，在合成材料厂与星辰公司之间，以及星辰公司与中蓝公司之间，先后经历了两次权利人的变更。因此，合成材料厂采取的保密措施仅适用于在该厂形成的有关涉案信息，不能作为在星辰公司、中蓝公司处取得或形成的有关涉案信息的保密措施。相应的，星辰公司采取的保密措施，也不能作为在中蓝公司处取得或形成的有关涉案信息的保密措施。本案中，三上诉人以共有为名，对于涉案信息一并主张商业秘密保护。但是，只有在三上诉人明确涉案各项技术、经营信息形成的具体时间以及对应的权利人的情况下，方能确定三上诉人主张的各项涉案信息是否采取了合理的保密措施，构成商业秘密。然而，经本院多次释明，三上诉人始终不能就其主张的各项涉案信息的形成时间和对应的权利人作出合理说明或证明，由此产生的不利后果应当由其自行承担。三上诉人有关"若要追溯最早或最原始的形成时间和主体，是难以实现的"，"合成材料厂是所有商业秘密的最原始权利人"的主张，缺乏事实和法律依据，本院不予支持。

其次，关于三上诉人主张共有涉案信息对本案的影响。三上诉人以《关于 PBT 改性产品技术及相关问题的请示［通星合（2007）37 号］》以及相应批复为由，主张共有涉案商业秘密。对此本院认为，其一，在中蓝公司成立之后，直至三上诉人于 2007 年 6 月请示共有涉案信息以及批复之前，涉案信息属中蓝公司的财产。中蓝公司作为此时间段内涉案信息的权利人，应当对涉案信息采取合理的保密措施。其二，在三上诉人主张共有之前，五自然人被上诉人均已离开三上诉人。在没有相反证据证明的情况下，因共有而发生的涉案信息权利人的变更并不能对形成共有之前的保密措施的认定带来实质性影响。其三，关于共有人对共有财产享有的权利和承担的义务，《中华人民共和国民法通则》第七十八条规定："共有分为按份共有和共同共有。按份共有人按照各自的份额，对共有财产分享权利，分担义务。共同共有人对共有财产享有权利，承担义务。"《最高人民法院关于贯彻执行〈中华人民共和国民法通则〉若干问题的意见》第八十九条规定：共同共有人对共有财产享有共同的权利，承担共同的义务。本案中，三上诉人未明确其对涉案信息是按份共有还是共同共有，但不论共有方式如何，各上诉人均应就涉案信息采取合理的保密措施。因此，一审法院认定"在共同共有的状态下，合理的保密措施还意味着各共有人对该非公知信息均应采取合理的保密措施"并无不当。三上诉人有关"只要某一上诉人采取了合理的保密措施，就应视为三上诉人均采取了合理的保密措施"的主张缺乏事实和法律依据，本院不予支持。

　　再次，中蓝公司未就涉案信息采取合理的保密措施。在三上诉人主张共有之前，中蓝公司作为涉案信息唯一的权利人，应当就涉案信息采取合理的保密措施。在三上诉人主张共有之后，中蓝公司作为共有人之一，亦应当就涉案信息采取合理的保密措施。但是在本案中，三上诉人提供的证据不能证明中蓝公司采取了合理的保密措施。其一，关于二审"证据2.8"《生产工艺配方管理规定》。该证据与三上诉人一审"证据补4.4"的名称虽然相同，但形式上有诸多差异，三上诉人对于所述差异不能作出合理的说明，因此，该证据的真实性无法确认。此外，根据三上诉人向本院提交的有关舒某光的任职说明，舒某光于2005年5月29日才被中蓝公司聘为生产部第二副部长，其在二审"证据2.8"《生产工艺配方管理规定》"审核"栏中的签字系倒签。因此，二审"证据2.8"的形成时间无法确认。综上，本院对二审"证据2.8"不予采信。其二，关于二审"证据2.9"中蓝公司《岗位任职要求》。该文件"特别任用"一栏中多处记载了"公司（厂）、人教处讨论批准，可特别聘任"，"通用条件"中记载了"处处维护公司（厂）利益"，但是，根据该证据中记载的中蓝公司部门设置情况，中蓝公司并未设置"人教处"或"厂"。对于这一矛盾，三上诉人始终不能做出合理的说明，也不能提供其他的证据佐证"证据2.9"的真实性。因此，"证据2.9"的真实性无法确认，本院不予采信。而且，由于该证据仅在"通用条件"中笼统地记载"保守秘密"，但没有记载具体的保密对象或范围，三上诉人也没有提供其他的证据予以证明。因此，该证据亦不足以证明中蓝公司就涉案信息采取了合理的保密措施。其三，关于《借阅档案登记》。三上诉人向本院出示了《借阅档案登记》的原件,并提交了其中的若干复印件,用于证明三上诉人采取了保密措施。经本院查明,该证据虽然记载了借阅的名称、借阅人、借阅时间等信息,但该证据本身没有记载任何有关保密的具体规定或者要求。在借阅记录中,虽有一份以"南通合成材料厂"信笺撰写,落款时间为"2001年11月6号"的借条,显示借阅时经过了审批(其内容为"因工作熟悉需要借阅PBT工艺流程及设备资料,周某",其下方有"请资料室给予解决",签字人为蒋某),但该借条形成的时间在中蓝公司成立之前,且除该借条之外,也没有其他内容或者借阅记录与中蓝公司的保密措施有关。因此,该证据也不能证明中蓝公司对涉案信息采取了合理保密措施。其四,关于三上诉人主张的其他保密措施。第一,三上诉人认为,将配方等技术信息记载在"混料单"和"配料单"上,在不同区域分别进行配料和混料,以及以字母和数字指代配方,均属于保密措施。本院认为,混料和配料本身为两道工序,三上诉人主张的各项措施均属于生产活动中可能采取的常规措施。这些措施既可能是为了便于生产、管理,也有可能是基于保密或者其他目的。在三上诉人没有提供证据证明采取上述措施的目的与保密有关的情况下,仅凭所述措施,难以认定中蓝公司对涉案信息采取了合理的保密措施。第二,三上诉人还认为,陈某新在从中蓝公司离职之前,在其发给继任者朱某东的邮件中的"销售价格"文件上,明确标明"绝密",说明中蓝公司采取了严密的保密措施。对此本院认为,该邮件涉及的内容为"销售价格",与三上诉人在本案中主张的技术信息和客户名单经营信息无关,因此,该邮件不能证明中蓝公司对涉案信息采取了合理的保密措施。

最后,三上诉人有关中蓝公司也实施了合成材料厂、星辰公司的保密措施的主张不能成立。其一,合成材料厂、星辰公司、中蓝公司为各自独立的民事主体,组织机构各不相同,本案并无充分证据证明三上诉人存在"三个单位、一套人马、三位一体"的情形。其二,五自然人被上诉人中,陈某与李某敏仅在合成材料厂工作,戴某勋系从合成材料厂离职后,才到中蓝公司任职。周某敏、陈某新虽同时在三上诉人处任职,但两人在星辰公司的任职,是经由星辰公司股东会推选、聘任后才担任相关职务;两人在中蓝公司的任职,亦是由星辰公司委派,并经南通市崇川区对外贸易经济合作局批复同意。其三,三上诉人二审"证据3.1"仅能证明各自然人被上诉人领取工资的情况。其中,中蓝公司发放了戴某勋的工资,合成材料厂发放了其他四自然人被上诉人的工资。该证据证明中蓝公司和合成材料厂在人员管理和财务上是互相独立的,不足以证明中蓝公司实施了合成材料厂的保密措施,也与三上诉人主张的"三个单位、一套人马、三位一体"相矛盾。其四,二审"证据3.2"系三上诉人有关员工出具的任职情况的证言，但由于这些员工均与本案三上诉人有利害关系，且没有出庭质证，在没有其他证据佐证的情况下，根据《最高人民法院关于民事诉讼证据的若干规定》第六十九条的规定，本院对二审"证据3.2"不予采信。

综上所述，由于中蓝公司未对涉案信息采取合理的保密措施，三上诉人主张的涉案信息不构成《反不正当竞争法》第十条规定的商业秘密，不能受到反不正当竞争法的保护。一审判决驳回三上诉人的诉讼请求正确。

本案启示

这是典型的国有企业未采取合理保密措施导致维权不成功的案例，特别会发生在企业经理人准备离职的情况下。对于大型国有企业集团，如果有下属企业蔑视商业秘密保护，往往说明这个企业经理人随时准备离开公司，应给予格外的重视。对于高层领导同样适用，实践中经常出现所有人都签订了保密协议，领导没签；所有人都无法复印资料，主管副总把所有资料复制一遍后离职。大型企业必须形成好的约束机制，强管束、严要求。保密部门必须专职专管，一视同仁。本案例同样适用于高速发展的民营企业集团参考，员工特别是高管的劳动合同关系往往与实际任职企业不同，由于发展过快，高管往往在几个企业间交叉任职，为保密措施的实施带来了极大的难度，这就更需要提前布局做好商业秘密的合规工作。另外，复杂的商业秘密诉讼必然包含商业秘密的司法鉴定工作，好的密点鉴定决定了商业秘密诉讼成功的70%，本案先后找不同机构鉴定，耗费大量的人力物力，最终被最高人民法院评为未采取合理保密措施的典型案例，值得每个有志于保护好商业秘密的企业深入研究。

No. 4【（2018）最高法民再389号】克拉玛依金驼运输服务有限公司、克拉玛依市凯隆油田技术服务有限公司商业贿赂不正当竞争纠纷案

案情介绍

克拉玛依金驼运输服务有限公司（以下简称金驼公司）成立于2014年1月2日，经营范围为道路普通货物运输、汽车租赁等。谭某于2014年1月15日至2015年3月26日任金驼公司执行董事兼经理、法定代表人，陈某任该公司车辆调度。谭某、陈某于2014年11月26日分别认缴出资额1250000元，与尚某杰、刘某共同发起成立了克拉玛依市凯隆油田技术服务有限公司（以

下简称凯隆公司），注册资金5000000元；陈某担任凯隆公司监事；经营范围亦为普通货物运输、汽车租赁等。谭某、陈某于2015年7月离开金驼公司。2015年8、9月，二人先后返回金驼公司工作。2015年10月金驼公司经理解某安排谭某、陈某办理本公司在新疆石油工程建设监理有限公司的投标工作，三人在投标前商定标底下浮8%的幅度。凯隆公司亦派法定代表人廖某朋参加了此次招投标，并以标底下浮10%取得新疆石油工程建设监理有限公司越野车服务合同评标审查第一名。凯隆公司于2016年1月1日与招标单位签订值班车服务合同，中标工作量为第一标段；克拉玛依市友联实业公司以暂定25辆车、暂定价款7300000元中标，其工作量为第二标段。金驼公司以暂定20辆车、暂定价款6100000元签订值班车服务合同，中标工作量为第三标段。克拉玛依泰业运输公司以暂定10辆车、暂定价款3700000元签订值班车服务合同，中标工作量为第四标段。2016年1月19日，招标单位新疆石油工程建设监理有限公司通知凯隆公司不再使用该公司车辆服务。

法院视角

投标文件由投标人自行制作，在开标之前必然采取密封措施，这是招投标活动的应有之义。涉案标书内容中的标底降幅不为公众和其他投标单位所知晓，因此具有秘密性。本案中金驼公司主张的经营信息载体为投标标书，金驼公司标书的制作限于参与投标活动的人员范围，并且标书的天然秘密属性要求任何知道标书内容的人都应负有保密的义务，标书所有人对标书进行封存即可看作对标书采取了保密措施，而且这种保密措施也达到了法律要求的标准，因此具有保密性。结合涉案的招标文件中评标办法的内容，商务报价占总评分分值的30%，并且每下浮1%，加2分。在百分制的评分中，标底降幅的作用是显而易见的。因此，在标书开封之前，竞标者的标底降幅能使其保有一定的竞争优势，一旦中标就能给所有人带来经济利益。因此，虽然能否最终中标取决于竞标者的技术部分及商务部分的综合得分，但是不能据此否认标底降幅在竞标能力中的贡献。尤其在标底降幅为其他竞标者获悉的情况下，不仅将使该竞标人丧失竞争优势，更使其处于不利境地。因此，金驼公司主张的标底降幅符合商业秘密的构成要件，属于商业秘密中的经营信息，应当予以保护。二审判决认定涉案标底降幅不符合商业秘密的法定条件存在认定错误，本院予以纠正。

本案中，金驼公司的标书中列明的联系人为谭某，在案证据能够证明谭某代表金驼公司参与了涉案招投标活动。谭某作为金驼公司参与投标的直接经办人员，理应尽到忠诚和保密义务，其作为凯隆公司的发起人，在明知金驼公司参与了此次招投标活动还让凯隆公司参与竞标，难谓善意；金驼公司 10% 的标底降幅为谭某知悉，考虑到谭某的双重身份，凯隆公司设定 8% 标底降幅，难谓巧合。凯隆公司在标底降幅上获得了较大的竞争优势，最终以 86.43 分获得评标第一名，中标第一标段。金驼公司获取评标 82 分第三名，中标第三标段。本院认为，凯隆公司对金驼公司的得分领先优势就是在标底降幅上产生的 4 分差距。谭某在金驼公司举报后不久即迅速转让了其在凯隆公司的股权。结合本案的案情，可以认定谭某存在违反保密义务向凯隆公司泄露标底的行为，凯隆公司亦存在明知谭某违法披露仍然获取并使用金驼公司商业秘密的行为。二审法院认定谭某、凯隆公司的被控侵权行为未侵害金驼公司的商业秘密，不构成不正当竞争，认定事实和适用法律均有错误，本院予以纠正。

本院认为，根据本院查明的事实，无论是由于金驼公司并没有足够运输能力原因还是招标单位整体调低了全部已中标签约单位的实际用车数量指标，可以确定的是金驼公司涉案值班车服务合同客观上并未全部履行。此外由于凯隆公司被取消中标资格，亦无违法获利，本院综合考虑友联公司、金驼公司、凯隆公司给招标单位的报价底价、标底降幅以及克拉玛依市 2.5～3.0 升四驱越野车服务市场平均盈利水平，同时综合考虑金驼公司涉案值班车服务合同客观上并未全部履行、凯隆公司亦无违法获利等因素，本案酌情确定 300000 元已经足以覆盖金驼公司的实际损失，对于金驼公司主张的经济损失赔偿数额超出部分不予支持。

金驼公司支付谭某的工资及社保系基于双方的劳动雇佣关系，谭某同时还从事金驼公司安排的其他工作，故金驼公司关于谭某应当赔偿已支付的工资及社保缺乏依据，本院不予支持。

本院认为，金驼公司的部分再审申请理由符合《民事诉讼法》第二百条规定的情形，应予支持。依照《民事诉讼法》第一百七十条第一款第二项、第二百零七条第一款规定，判决如下：

（1）撤销新疆维吾尔自治区高级人民法院（2017）新民终 53 号民事判决。

（2）撤销新疆维吾尔自治区克拉玛依市中级人民法院（2016）新 02 民初 87 号民事判决第二项。

（3）变更新疆维吾尔自治区克拉玛依市中级人民法院（2016）新 02 民初 87 号民事判决第一项为"克拉玛依市凯隆油田技术服务有限公司、谭某在本判决生效后十日内连带赔偿克拉玛依金驼运输服务有限公司造成的经济损失及合理开支 300000 元"。

（4）驳回克拉玛依金驼运输服务有限公司其他诉讼请求。

本案启示

招投标过程中的泄密并不罕见，本案中法院确认了标书的秘密性，理由是涉案标书内容中的标底降幅不为公众和其他投标单位所知晓；并且，标书所有人对标书进行封存即可看作对标书采取了保密措施，而且这种保密措施也达到了法律要求的标准。可见，法律要求的保密措施标准其实并不高。从另一个角度看涉案企业，2014年谭某、陈某就成立了与企业有竞争关系的公司，2015年离开公司后又重新入职，试问企业的保密审查措施在哪里？虽然本案例以招投标中的保密措施支持了被侵权企业，但是，如果类似的不是招标过程决定的商业机会，估计很难被法院所支持。我们总听说商业秘密维权难，其实维权难最重要的关键却是企业保密措施的缺失和保密意识的淡薄。

No. 5【（2019）最高法知民终333号】【（2018）浙02民初2329号】宁波必沃纺织机械有限公司、宁波慈星股份有限公司技术秘密许可使用合同纠纷案

案情介绍

2016年3月，宁波慈星股份有限公司（以下简称慈星公司）作为甲方与宁波必沃纺织机械有限公司（以下简称必沃公司）作为乙方签订采购合同，约定甲方因生产需要向乙方采购系统底板等，具体详见每月交货通知单。采购合同还约定了货物编号、货物名称、数量、交货时间，货物价格，保密义务及权利瑕疵保证，质量标准及技术要求，包装要求，交货与验收，售后服务，不可抗力和争议解决方式等条款。合同附件1至9分别为交货通知单、产品定价单、产品调价单、保密协议、甲方技术要求、供应商质量协议书、送货单、物料供应对账核定与付款报批单、反商业贿赂协议》。

2018年12月3日，一审法院依法受理慈星公司诉必沃公司技术秘密许可使用合同纠纷诉讼［案号为（2018）浙02民初2329号］。该案中，慈星公司认为涉案协议约定必沃公司依据慈星公司提供的技术图纸，仅能为慈星公司生产加工横机设备零部件，慈星公司向必沃公司提供的涉案图纸，未经慈星公司书面同意，必沃公司不能另作他用。2017年，慈星公司发现必沃公司生产并对外出售的横机设备及部件与慈星公司自主研发生产的横机设备部件外观及技

术要求完全相同,而这些部件正是之前双方签署的采购协议中涉及的横机部件。因此,慈星公司认为必沃公司在未经允许的情况下,擅自将慈星公司的技术图纸用于自己的横机部件生产,违反了协议约定不得使用商业秘密的条款。必沃公司利用慈星公司要求保密的技术图纸,非法生产横机设备,给慈星公司造成重大损失,遂向法院起诉,请求判令停止生产销售该案图纸描述的零部件及使用该案零部件的机器并赔偿损失等。该案尚在审理中。

法院视角

原审法院在审理本案的过程中,宁波市公安局认为必沃公司的行为涉嫌侵犯商业秘密罪,于2019年5月13日立案侦查,其对立案理由进行说明并函告原审法院。原审法院于2019年5月30日收到甬公函〔2019〕31号《宁波市公安局关于立案侦查"宁波慈星股份有限公司被侵犯商业秘密案"的函》及附件。由于宁波市公安局审查的事实涵盖了本案慈星公司、必沃公司签订的采购协议、保密协议及相关图纸的内容,与原审法院审理的案件事实具有重合之处,必沃公司具有侵犯商业秘密罪嫌疑,应移送公安机关处理。

原审法院裁定:①驳回原告宁波慈星股份有限公司的起诉;②本案移送公安机关处理。本院经审查认为,《最高人民法院关于在审理经济纠纷案件中涉及经济犯罪嫌疑若干问题的规定》第十条规定,人民法院在审理经济纠纷案件中,发现与本案有牵连,但与本案不是同一法律关系的经济犯罪嫌疑线索、材料,应将犯罪嫌疑线索、材料移送有关公安机关或检察机关查处,经济纠纷案件继续审理。

本案中,必沃公司认为,本案系技术秘密许可合同法律关系,而宁波市公安局立案侦查的侵犯商业秘密案件系侵权法律关系,二者不属于同一法律关系,根据《最高人民法院关于在审理经济纠纷案件中涉及经济犯罪嫌疑若干问题的规定》第十条之规定,本案技术秘密许可合同纠纷应当继续审理。由此可见,本案当事人二审争议核心在于判断本案所涉法律关系与必沃公司涉嫌侵犯商业秘密犯罪是否基于同一法律事实。根据本案查明的事实可知,本案必沃公司与慈星公司之间因履行采购协议及其附件保密协议产生争议,慈星公司以必沃公司违反保密义务,将其"被许可的技术秘密"用于合同约定事项之外为由提起本案诉讼,请求判令必沃公司承担相应违约责任。同时,必沃公司又因涉嫌侵犯慈星公司的商业秘密(包含涉案合同所涉技术秘密)犯罪与其他案外人一并被浙江省宁波市公安局立案侦查。可见,本案系慈星公司以必沃公司违反合同约定为由所提起的合同之诉,系技术秘密许可使用合同法律关系。而浙江省宁波市公安局所立案侦查的必沃公司涉嫌商业秘密犯罪，系必沃公司涉嫌侵犯慈星公司的商业秘密的侵权法律关系。二者所涉法律关系不同，并非基于同一法律事实所产生之法律关系，分别涉及经济纠纷和涉嫌经济犯罪，仅仅是二者所涉案件事实具有重合之处。本案为技术秘密许可使用合同纠纷，属于经济纠纷案件。尽管本案的案件事实与浙江省宁波市公安局立案侦查的商业秘密犯罪案具有重合之处，但慈星公司与必沃公司之间的涉案民事法律关系并不受影响。原审法院应将与本案有牵连，但与本案不是同一法律关系的犯罪嫌疑线索、材料移送浙江省宁波市公安局，但也应继续审理本案所涉技术秘密许可使用合同纠纷。因此，原审法院以"必沃公司具有侵犯商业秘密罪嫌疑，应移送公安机关处理"为由，裁定驳回慈星公司的起诉并将本案移送公安机关处理之结论错误，本院予以纠正。但是，必沃公司所提原审法院未经诉辩程序明确技术秘密便将本案移送公安机关构成程序违法及本案系因家庭矛盾引发的经济纠纷不适合移送公安机关处理之上诉理由，欠缺法律依据且并非本案是否移送公安机关处理之要件，故本院不予采信。

综上所述，原审裁定认定事实错误、适用法律错误。依照《民事诉讼法》第一百七十条第一款第三项规定，裁定如下：

（1）撤销浙江省宁波市中级人民法院（2018）浙02民初2329号民事裁定；

（2）本案由浙江省宁波市中级人民法院继续审理。

本案启示

刑事案件并不必然导致民事案件的终止，为更好保护当事人的商业秘密，应当分别审理，提供必要及时的救济。本案系慈星公司以必沃公司违反合同约定为由所提起的合同之诉，系技术秘密许可使用合同法律关系。而浙江省宁波市公安局所立案侦查的必沃公司涉嫌商业秘密犯罪案件，系必沃公司涉嫌侵犯慈星公司的商业秘密的侵权法律关系。二者所涉法律关系不同，并非基于同一法律事实所产生之法律关系，分别涉及经济纠纷和涉嫌经济犯罪。故原审法院应当将与本案有牵连，但与本案不是同一法律关系的犯罪嫌疑线索、材料移送浙江省宁波市公安局，并继续审理本案所涉技术秘密许可使用合同纠纷。

No. 6【（2021）最高法知民终 1302 号】北京零极中盛科技有限公司、周某等侵害技术秘密纠纷案

案情介绍

北京零极中盛科技有限公司（以下简称零极公司）因侵害技术秘密纠纷一案将周某、李某龙、魏某旭、赵某辉、北京鼎源力诺科技有限公司（以下简称鼎源公司）、鼎源力诺科技（廊坊）有限公司诉至法院。被诉四位自然人均曾在零极公司工作后离职，其中魏某旭于 2008 年 10 月 15 日离职，最晚离职的赵某辉于 2012 年 4 月 17 日离职。周某、赵某辉从事销售工作，李某龙虽担任研发部实验员，于 2011 年 2 月 10 日离职。

2018 年 2 月，零极公司通过案外人万家安好（北京）科技发展有限公司（以下简称万家公司）向鼎源公司购得充电模块电源三种型号共计 9 只。2018 年 4 月 8 日，万家公司发邮件给鼎源公司，要求鼎源公司根据附件中圈出的需求提供测试样机。随后，鼎源公司向万家公司发货，由此，零极公司获得了包括被诉侵权产品在内的一批电源模块产品。2018 年 4 月 23 日，零极公司的委托代理人在公证员陪同下前往北京市昌平区龙锦二街金利全写字楼 A 区 4 层，购买了 2 件 ND300-24S220 号电源模块，产品单价为 280 元，共计 560 元。被诉侵权产品上标注了生产者为鼎源公司。被诉侵权行为指向 2018 年鼎源公司制造、销售同类产品。

法院视角

关于技术图纸作为技术秘密载体的相应保密措施问题。针对技术图纸的内部保密措施与市场流通产品不具有关联性，不是针对市场流通产品作为技术秘密载体的"相应保密措施"。根据原审查明事实，零极公司根据其技术图纸制造的产品在争议发生前均已进入市场流通，因此，本案中涉案技术秘密的载体为相应进入市场流通的电源模块产品。而产品一旦售出进入市场流通，就在物理上脱离零极公司的控制，故区别于可始终处于商业秘密权利人控制之下的技术图纸、配方文档等内部性载体。零极公司主张的与前员工的保密协议、技术图纸管理规范等对内保密措施，因脱离涉案技术秘密的载体，即在市场中流通的电源模块产品，故与其主张保护的涉案技术秘密不具有对应性，不属于本案中针对市场流通产品的"相应保密措施"。

关于市场流通产品作为技术秘密载体的保密措施问题，零极公司主张，其

对出售产品均采取封闭外壳、内部覆胶，变压器、电感浸漆的操作，电路设计组件为封装状态，部分元器件无任何标识，并非公众或本领域相关人员容易获得的。对此，本院分析如下：商业秘密构成要件之一"不为公众所知悉"作出规定，"不为公众所知悉"的判断主体是所属领域的相关人员，判断的标准是既不能"普遍知悉"，也不能"容易获得"，认定的时间点是"被诉侵权行为发生时"。市场流通产品属于外部载体，零极公司为实现保密目的所采取的保密措施，应能对抗不特定第三人通过反向工程获取其技术秘密。此种对抗至少可依靠两种方式实现：一是根据技术秘密本身的性质，他人即使拆解了载有技术秘密的产品，亦无法通过分析获知该技术秘密；二是采取物理上的保密措施，以对抗他人的反向工程，如采取一体化结构，拆解将破坏技术秘密等。本案中，零极公司主张相应保密措施为对其产品内部电路板及元件覆胶处理、部分密点相应元件无标识。零极公司认可其产品与被诉侵权产品是同类产品，无论是鼎源公司成立后即生产同类产品的时间，还是零极公司所称的在市场上发现同类产品的时间，零极公司产品均已上市，不特定公众可以与原审法院现场勘验相同的方式拆解观察零极公司产品，对无法直接观察的元器件参数、元器件间的连接关系，可以使用数字电桥、数显卡尺、万用表测量获得，其中，数字电桥用于测量电容、电感、电阻数值；数显卡尺用于测量线径、元件尺寸（封装形式），万用表用于测量连接关系、二极管特性，变压器绕线组可以直接观察计数。原审现场勘验亦表明，针对被诉侵权产品，对无法直接观察的元器件参数、元器件间的连接关系，使用数字电桥、数显卡尺、万用表测量获得的部分数值，与零极公司主张秘密点不同或者存在差异，个别数值无法测量。一方面表明通过市场流通产品获得的技术信息达不到技术图纸的标准，另一方面可以印证被诉侵权产品并非以零极公司技术图纸制造。据此，原审判决认定，涉案技术信息通过去除覆胶、拆解后，使用常规仪器测量可以获得的技术信息，构成所属领域的相关人员容易获得并无不当，本院予以确认。至于零极公司主张的未充分描述的技术细节，基本体现为被诉侵权产品与零极公司主张产品秘密点有差异的部分，零极公司产品中该部分是否存在技术秘密与本案并无关系。

本案启示

企业在选择对技术方案的保护方式时，有两种基本方式，一是申请专利保护，二是作为技术秘密进行保护。申请专利，即申请发明专利或实用新型专利，以公开换取国家公权力给予的保护，获得垄断使用的权利，但具有一定的保护期限。技术秘密，即不公开，以自己的私利进行保护，自己设置相应的技术保密措施。如果保护措施得当，无保护期限的限制，但作为技术秘密保护的技术方案不能对抗他人以合理方式（如反向工程）进行技术破解，而获得同样的技术方案。如发生侵害商业秘密的行为，利用反不正当竞争法规定以获得相应的保护。因此，企业在选择保护方式时，需要对技术方案进行评估，有些技术方案，如比较容易被他人破解模仿的，适合通过专利予以保护，有些技术方案，不容易被他人破解模仿的，适合通过商业秘密予以保护。

No. 7【（2020）鲁民申 3031 号】【（2019）鲁 01 民终 9698 号】【（2019）鲁 0102 民初 912 号】济南明岳机械设备有限公司、葛某争侵害商业秘密纠纷案

案情介绍

被告葛某争自 2016 年 11 月 11 日入职原告济南明岳机械设备有限公司（以下简称明岳公司），并签署商业秘密保密协议书。在职期间，根据公司业务需要，取英文名 Allen，由公司注册分配其 Skype 网络社交平台账号 bcamcnc，昵称为 Allen@ bcamcnc。经公司重点培养，后被任命为公司业务部门主管。2016 年 11 月 11 日，原告明岳公司（甲方，企业）与被告葛某争（乙方，员工）签订商业秘密保密协议书。2018 年 5 月 3 日，原告明岳公司与被告葛某争签订解除劳动合同证明。2018 年 5 月 4 日，被告葛某争提交员工离职申请表，并在该申请表上签字。

2018 年 3 月 7 日，保加利亚客户 Ivan 来原告明岳公司洽谈购买雕刻机事宜，公司安排仍由被告负责接待洽谈。在未经公司同意下，被告私自为客户联系其他生产公司，商谈购买同类机器的事宜。在客户明确表示要通过原告明岳公司购买，并给予被告 10% 提成的情况下，被告依然私下将该笔交易介绍给其朋友，并通过其朋友所在具有进出口资质的公司进行交易，由其朋友代为取得业务提成。致使明岳公司丧失该长期合作的优质客户及该笔交易机会。

原告明岳公司成立于 2014 年 2 月 13 日，核准经营范围为机械设备及配件、电子产品、五金交电的批发、零售；进出口业务。2018 年 6 月 27 日葛某争注册成立济南呈达数控设备有限公司（以下简称呈达数控公司），经营范围为数控设备、机械设备、仪器仪表、汽车配件、五金交电、家用电器、建材、塑料制品、电子产品、日用品、工艺美术品、办公用品的销售；机械零部件的

加工：进出口业务。

法院视角

本院经审查认为，本案再审审查的焦点问题为原审驳回明岳公司的诉讼请求是否适当。

本案中，明岳公司主张葛某争应赔偿明岳公司损失共计 86502 元及支付违约金 18000 元，并提供了葛某争与公司客户 Ivan 的英文聊天记录及中文译文、视频、相关网站网页、域名的截图，呈达数控公司 2018 年 6 月和 8 月申请注册商标的查询信息等证据，拟证明葛某争的行为侵害了明岳公司的商业秘密，葛某争离职前在 facebook 注册网站、域名，成立公司经营，存在违反保密协议的违约行为。

明岳公司提供的证据仅能证明 2017 年 9 月其与客户 Ivan 存在交易行为，但不能充分证明双方保持有长期稳定的交易关系，不符合上述法律规定的情形。明岳公司提交的证据亦无法证实 Ivan 购买雕刻机的交易信息及交易的达成与葛某争存在关系。明岳公司还主张葛某争在职期间开始购买域名设计网站，宣传与其存在同业竞争的雕刻机产品，并在 Facebook、YouTube 等网站宣传此类产品，葛某争的行为违反双方签订的《商业秘密保密协议书》第七条的约定，但其提供的证据无法证实其主张。因此，原审驳回明岳公司的诉讼请求并无不当。

本案启示

企业所采取的保密措施应能为保密协议中的条款提供必要的支持，特别对于销售过程中员工的舞弊行为，应有专门的监控系统给予预警。另外在诉讼中企业应能提供支持其诉讼请求的必要证据，而类似证据的收集主要来源于日常保密措施中的积累，而不是员工离职后才发现，然后再倒找证据，这样的维权成功概率极低，更是印证了企业保密措施的不足。

No. 8 【（2020）京 73 民终 356 号】【（2018）京 0105 民初 8193 号】北京健康有益科技有限公司与关某侵害商业秘密纠纷案

案情介绍

北京健康有益科技有限公司（以下简称健康有益公司）于 2014 年 9 月 2

日成立，注册资本141万余元，经营范围为健康咨询，销售食品、保健食品，技术开发等。

2015年3月12日，健康有益公司与关某签订劳动合同，约定关某在新媒体运营岗位任职，关某负有"不得打探其他员工的薪资情况等""须无条件地保守公司商业秘密"等合同义务。同日，关某与健康有益公司签订的员工保密协议书中约定"商业秘密的内容"包括"工资薪酬资料"。

2017年10月11日，减脂时代公司的委托代理人高某阳在北京市长安公证处公证员的监督下，对其持有的手机进行如下证据保全：连接公证处无线网络后，点击手机中"微信"App，在搜索栏处输入"关某"，进入微信号为"×××"、昵称"Simba及图"的微信号界面，点击"个人相册"，显示时间为"今天"发布的朋友圈内容为"童靴们，晚点再公布哈，都有份，别急~~研发：吉某铭28000~木有想到被咨询人数最多的人是……那就公布一下吧，产品总监孙某：32000"。显示时间为"昨天"发布的朋友圈内容为"想知道健康有益员工工资的可以私信我了，每个人都有哦~~"以上事实有（2017）京长安内经证字第39368号公证书佐证。

健康有益公司另提交网页打印件若干，显示内容为标注名为"关某"的朋友圈内容："先从研发中心开始吧，首先声明啊，是健康有益，与现在无关（自行脑补）光爷18000，苹果图形17000，淞bo20000，yong超12800。哦，对啦，还有人记得李某吗？30400。"显示发布时间为下午9：58。该微信头像与经公证的微信号为"×××"的头像一致。健康有益公司表示该朋友圈系关某所发布，发布时间为2017年10月11日。

健康有益公司提交因关某披露涉案信息所造成的损失说明，表示因关某的涉案行为，公司另聘请两人专门监控泄露范围和情况持续至少6个月，两人薪资支出16万余元。关某涉案行为致使3个月内有15名员工因不满目前薪资水平而离职，其不得不新聘用招聘专员用于团队稳定和招聘新人。

法院视角

2019年修正的《反不正当竞争法》于2019年4月23日起施行，2017年修正的《反不正当竞争法》于2018年1月1日起施行，1993年通过的《反不正当竞争法》于1993年12月1日起施行，本案被诉侵害商业秘密行为时间起点位于2018年之前，且部分持续至2018年反不正当竞争法实施后，涉及新旧法律适用问题。本案中，关某的涉案行为发生于2018年反不正当竞争法实施之前，故一审法院适用1993年反不正当竞争法审理本案，并无不当。

根据1993年《反不正当竞争法》第十条第三款的规定，本条所称的商业秘密，是指不为公众所知悉、能为权利人带来经济利益、具有实用性并经权利人采取保密措施的技术信息和经营信息。本案中，健康有益公司与关某签订的员工保密协议书约定的"商业秘密的内容"包括"工资薪酬资料"。健康有益公司主张孙某、吉某铭、李某的工资数据构成商业秘密。一审法院认为，关某在微信朋友圈发布的上述三人的单月工资或适用期工资属于"不为公众所知悉""经权利人采取保密措施"的信息，对此本院予以认可。但是，商业秘密的构成要件还包括"能为权利人带来经济利益""具有实用性""技术信息和经营信息"，健康有益公司未提交证据证明上述信息属"能为权利人带来经济利益"的商业价值，亦未提交证据证明上述信息为与健康有益公司经营相关的经营信息，故上述信息不属于商业秘密，关某的涉案行为不构成侵犯健康有益公司商业秘密的行为。

综上，健康有益公司的上诉理由缺乏事实与法律依据，本院不予支持。一审判决认定事实清楚、适用法律正确，本院依法应予维持。

本案启示

薪酬保密制度，简称"密薪制"，是企业对员工的个人薪资保密管理。大部分的企业实行"密薪制"，既不允许员工泄露自己的薪资，也不允许员工打听别人的薪资。现行法律对薪酬保密制度没有明确规定，亦未限制将薪酬保密作为劳动合同条款。企业实行"密薪制"，应以规则透明为前提，充分保障员工知情权，不得夸大"泄密"后果处置员工。法律只是社会规范的底线，在此之上则属于道德规范调整的领地。当事人均应遵守基本的职业道德及社会公德，以公平平等的态度对待员工、以合理恰当的方式表达诉求。

No.9【（2019）沪73民终373号】深圳市原飞航物流有限公司与迅邮（上海）物流有限公司、黄某等侵害商业秘密纠纷案

案情介绍

深圳市原飞航物流有限公司（以下简称原飞航公司）成立于2002年10月18日，经营范围为承办陆运、空运进出口货物的国际运输代理业务。迅邮（上海）物流有限公司（以下简称迅邮公司）成立于2016年2月17日，李某明、刘某系自然人股东。

2013年12月13日,原飞航公司与黄某签订无固定期限劳动合同,约定黄某为上海区域副总,应当保守公司的商业秘密。2015年1月1日,原飞航公司与黄某签订雇佣合同,自2015年1月1日至2017年12月31日聘请黄某担任公司华东区总经理。

2014年9月2日,原飞航公司与彭某签订劳动合同,自2014年8月27日至2017年8月26日聘请彭某为虹桥分公司销售部门业务主管。2017年1月1日,原飞航公司与彭某签订2017年度分公司经理协议书,负责该公司所辖站点全面管理工作。2017年5月13日,原飞航公司与彭某签订解除劳动合同协议,因彭某在劳动合同期间犯下从事与公司相同业务之原因,双方一致同意于2017年5月12日解除劳动合同。

2017年2月28日,原飞航公司与张某军签订无固定期限劳动合同。2017年2月27日,原飞航公司与曾某亮签订劳动合同,聘任曾某亮为虹桥分公司销售部门业务员。

2017年5月之后,黄某、彭某的基本养老保险由迅邮公司缴纳。

法院视角

本院认为,域华公司、欧切斯公司、布朗乔顿公司为上诉人虹桥分公司的客户,黄某作为上诉人上海区域副总经理、彭某作为上诉人虹桥分公司销售部门业务主管,其有条件接触到涉案客户信息。本案中,迅邮公司成立时,黄某和彭某尚未从上诉人处离职,而迅邮公司的法定代表人及股东刘某、股东李某明分别系彭某、黄某的配偶,黄某、彭某两人离职后的社保由迅邮公司缴纳。如前所述,被上诉人辩称域华公司、欧切斯公司、布朗乔顿公司基于信赖主动与其进行交易不能成立,基于民事诉讼高度可能性的证明标准,在黄某、彭某实际接触到上述涉案三家客户名单的情况下,在案证据足以证明黄某、彭某向迅邮公司披露涉案商业秘密,而迅邮公司的股东及法定代表人与黄某、彭某系夫妻关系,其亦应知晓所披露的信息为上诉人的商业秘密,且迅邮公司与上述三家公司实际发生交易,使用了涉案商业秘密。由于黄某、彭某与迅邮公司股东间的特殊关系,以及迅邮公司为两人缴纳社保,该些行为的实施主体应有共同的意思联络,故本院认定迅邮公司、黄某、彭某、李某明、刘某的行为构成共同侵害上诉人商业秘密。

迅邮公司、黄某、彭某、李某明、刘某实施了侵害上诉人商业秘密的行为,其应当承担停止侵害的民事责任。关于消除影响。本院认为,消除影响是指行为人因侵害公民或法人的人格权,在影响所及范围内消除不良后果,各被上诉人虽实施了侵害上诉人商业秘密的行为，但并未对上诉人的商誉造成损害，故不应承担消除影响的民事责任。

关于损害赔偿。本案审理中，本院书面通知要求迅邮公司提交与域华公司、欧切斯公司、布朗乔顿公司之间交易金额的证据，迅邮公司拒不提供。上诉人因侵害商业秘密所受到的实际损失，以及被上诉人实施侵犯商业秘密行为的获利均难以计算，在损害赔偿数额的确定上，本院综合考虑下列因素：首先，涉案商业秘密的价值。上诉人与域华公司、欧切斯公司、布朗乔顿公司三家公司具有持续稳定的交易，且交易金额较高。其次，侵权的恶意程度。黄某、彭某在上诉人处就职期间，即由其配偶成立了迅邮公司，并与上诉人的客户发生交易，其主观上的侵权故意明显。再次，侵权期间。迅邮公司与涉案三家客户发生交易的时间均为 2017 年 2 月至 5 月，且持续至今。对于上诉人为维权所支出的律师费等合理费用，本院根据案件的难易程度、律师的工作量、证据的采纳情况等因素酌情予以支持。

综上，一审法院事实认定基本清楚，但遗漏部分事实，法律适用错误，本院依法予以改判。一审案件受理费计收有误，本院依法予以调整。判决如下：

（1）撤销上海市普陀区人民法院（2018）沪 0107 民初 11168 号民事判决。

（2）被上诉人迅邮（上海）物流有限公司、黄某、彭某、李某明、刘某于本判决生效之日起立即停止侵害涉案商业秘密。

（3）被上诉人迅邮（上海）物流有限公司、黄某、彭某、李某明、刘某于本判决生效之日起十日内赔偿上诉人深圳市原飞航物流有限公司经济损失人民币 50 万元，以及维权所支出的合理费用人民币 10 万元。

（4）驳回上诉人深圳市原飞航物流有限公司其余上诉请求。

本案启示

企业商业秘密受到侵害并不必然导致商誉受到影响，消除影响是指行为人因侵害公民或法人的人格权，在影响所及范围内消除不良后果。本案二审法院的判决有力支持了被侵权企业，法院认定当事人在上诉人处就职期间，即由其配偶成立了公司并与上诉人的客户发生交易，其主观上的侵权故意明显。该案从另一角度也提醒企业在商业秘密保护中特别注意即将退休或离职高管可能发生的舞弊行为，提早预防有效监督方能确保企业的商业利益。

No. 10【(2019)京 73 民终 3008 号】北京艺恩世纪数据科技股份有限公司与北京拓普世纪信息咨询有限公司侵害商业秘密纠纷案

案情介绍

北京拓普世纪信息咨询有限公司（以下简称拓普公司）法定代表人程某曾在北京艺恩世纪数据科技股份有限公司（以下简称艺恩公司）任职，离职时间艺恩公司称为 2012 年 12 月 7 日，拓普公司称为 2011 年，具体时间双方未提交进一步证据。2017 年 1 月 17 日，程某作为法定代表人成立拓普公司。

艺恩公司于 2017 年 9 月 8 日与国家电影事业发展专项资金管理委员会办公室（以下简称专资办）签订了数据使用协议，艺恩公司另提供多份合同证明上述与专资办的数据使用协议合作自 2013 年 6 月 1 日起即已开始。其中 2014 年至 2017 年与专资办签署协议的主体为艺恩（天津）信息科技有限公司。

2017 年 6 月 22 日，落款力鼎公司罗某的邮箱用户向艺恩公司工作人员发送了名为"×××（20170619-21）.log"的文件，打开该 log 文件，可以查看到多条标有"[123.56.11.40][×××]用户授权访问"信息的记录。之后，艺恩公司工作人员与标为"力鼎-罗某"的用户通过 QQ 进行了沟通，"力鼎-罗某"表示"密集下载……人工做不到这么频繁吧"。随后"力鼎-罗某"表示（密码）"改完了"。上述"×××"即艺恩公司使用专资办数据的用户名。

2017 年 6 月 23 日，艺恩公司代理人拨打阿里云计算有限公司客服电话 95187，向阿里云公司客户人员查询 IP 地址 123.56.11.40 的归属是否属于拓普公司，阿里云公司客户回复称"账号是这个公司名义做的认证，账号的认证信息是这个公司"。就上述电话回复，一审法院向阿里云公司进行调查取证，阿里云公司回函称"根据 IP 地址 123.56.11.40 查询历史记录，该 IP 在 2017 年 6 月 23 日向前 15 天向后 15 天，均属于北京拓普世纪信息咨询有限公司使用"。

拓普公司亦与专资办签订有数据使用协议（2017 年度），根据该协议，专资办向拓普公司提供中国大陆地区市场日票房数据，合作期限一年，自 2017 年 1 月 1 日至 2017 年 12 月 31 日，拓普公司向专资办支付使用费 60 万元。

法院视角

本案中，艺恩公司主张拓普公司并不持有艺恩公司的U盾，却登录了上诉人的账户，访问了上诉人的数据库。因此拓普公司是通过破解账号密码等非法手段登录上诉人账号并下载数据，拓普公司上述行为已构成侵权，一审法院认定事实错误。

对此，本院认为，首先，艺恩公司主张拓普公司登录其账号以及下载数据，需要提供相关的证据进行证明，据力鼎公司罗某的证人证言，登录日志本身并不意味着成功访问和下载数据，并且从技术理论上来说，没有U盾，不能访问系统。另外，专资办与艺恩公司、拓普公司的数据使用协议均明确约定提供1个U盾用于查询与下载数据。故在无进一步证据证明的情况下，专资办提供的U盾系实现"电影项目"数据访问的必备条件。因此，艺恩公司在仅提交系统登录日志的情况下，并不能完整地证明拓普公司已经成功访问上诉人账号并下载数据。综合上述事实难以证明拓普公司已经在没有U盾的情况下成功访问上诉人账户，下载数据的情况也缺乏相关证据的证明。

其次，艺恩公司主张拓普公司通过破解账号密码等非法手段登录上诉人账号也需要进一步的证据证明。在案证据不能直接得出拓普公司通过破解账号密码等非法手段登录上诉人账号的结论。在上诉人并未提交证据进一步证明该主张的情况下，该主张缺乏事实依据，本院不予支持。

综上所述，一审判决认定事实清楚，适用法律正确，程序合法，依法予以维持。

本案启示

企业的第三方账号与密码特别是能够独家获取的数据资料也属于企业的商业秘密，但是企业在维权时需有明确的证据来证明。从另一个角度讲，很多企业的账号口令由于疏于管理，往往被第三方破译相当长时间后才发现，这就需要在日常管理中对重要的口令密码有定期的更换和审查机制，对于承载企业商业秘密的办公设备有专门的管理办法，有专门机构定期检查监督。

No. 11【(2019)粤73民终2690号】中国航空技术广州有限公司与崔某、广州奥德航空服务有限公司等不正当竞争纠纷案

案情介绍

2014年3月4日，中国航空技术广州有限公司（以下简称中航广州公司）（AVICGZ）与优德士法国公司（UUDS）签订独家经销协议，其中注明UUDS是优德士亚洲公司100%的持股人。本协议自双方签字之日2014年3月4日起生效，有效期10年，至2024年3月4日失效。

2014年10月13日，中航广州公司（甲方）与广州奥德航空服务有限公司（以下简称奥德公司）（乙方）签订《E×××NE飞机清洗解决方案销售框架协议》。本框架协议期限自2014年9月1日起至2017年8月31日止。

中航广州公司于2014年8月开始向奥德公司供应清洗剂和工具，后者使用该产品向飞机维修公司提供服务。

2015年4月22日，中航广州公司（AVICGZ）与优德士法国公司（UUDS）签订备忘录，称目前执行独家经销协议的AVICGZ航空项目部门，将从AVICGZ分出，以子公司形式成立新公司广州市艾威航空科技有限公司，并将在2015年6月30日前成立。UUDS和AVICTEC将在2015年8月20日之前共同建立合资公司。

中航广州公司以奥德公司拖欠其货款2693905.33元，构成根本违约，导致双方失去继续履行协议的基础和可能为由向中国广州仲裁委员会提出关于服务合同纠纷的仲裁申请。2016年3月5日，中国广州仲裁委员会做出（2015）穗仲案字第5957号裁决书。

中航广州公司确认未与飞机维修公司签订合同，但与南航公司签订了供应合同，该合同截至2015年9月下旬就没有继续履行，现合同履行期限已届满。

优德士亚洲公司于1998年7月3日依据香港公司条例注册成立，优德士法国公司为优德士亚洲公司全资控股公司。奥德公司于2005年4月29日经工商行政管理部门核准成立。

2012年12月18日，中航广州公司（甲方）与崔某（乙方）签订保密协议，职务为经理助理。中航广州公司与崔某均确认正式离职时间为2015年4月7日。

2015年5月19日，艾威公司经工商行政管理部门核准成立，注册资金为1000万元，股东为中航广州公司、张某沅、钟某佳、孙某、暨某洪、王某振、

周某菲、黄某祺，法定代表人由张某沆担任。

2015年6月8日，普雷公司经工商行政管理部门核准成立，股东分别为程某、朱某煜、孟某奕、崔某，崔某任法定代表人。

2015年9月9日，优德士亚洲公司与奥德公司、普雷公司签订中外合资经营企业合同，约定三方决定在中国设立一家合营公司。2015年12月2日，优德士广州公司经工商行政管理部门核准成立，注册资金为300万元，股东分别为优德士亚洲公司、奥德公司与普雷公司，经营项目：航空运输业。

法院视角

一审中，中航广州公司主张的经营秘密可归纳为：中国民航市场对E×××NE产品和技术的需求；优德士法国公司的企业信息、产品信息、联系方式及其向中国市场销售E×××NE产品的意愿；E×××NE产品的使用技术、产品价格；中国用户采购E×××NE产品的方式，或称中航广州公司的经营模式，如中航广州公司并非直接向南航公司销售，而是在了解南航公司、飞机维修公司、奥德公司之间存在外包关系的情况下，与奥德公司签订销售合同；中航广州公司与奥德公司框架协议内容。

二审中，中航广州公司主张的经营秘密可归纳为：由E×××NE产品的引进渠道、业务运作模式、市场销售渠道等经营信息所共同构成的有机整体，包括优德士法国公司的企业信息、联系方式、其向中国大陆地区推销E×××NE产品意愿；该产品的潜在客户及其需求；该产品的进货价格、销售价格；该产品的销售渠道、销售方式。其中，企业信息是指优德士法国公司的注册信息、该公司供应E×××NE产品、该产品优于传统水洗产品的功效（清洗效率高、节省成本）。联系方式是指联系人Gilles，Francois，Lucien，Jean NEGRE和Julian Ehrhard，独家经销协议和往来邮件中优德士法国公司的联系地址和Julian Ehrhard的邮箱和电话。该产品的潜在客户及其需求是指崔力述职报告中提及的客户及其需求，以及中国台湾地区的中华航空和华夏航空。该产品的进货价格是指独家经销协议约定的结算价格；销售价格是指框架协议约定的结算价格。该产品的销售渠道和销售方式是指中航广州公司不直接向南航公司销售，而必须通过奥德公司和飞机维修公司间接进行。

中航广州公司二审主张的经营秘密内容是对一审主张的进一步明确，没有超出一审主张范围。且结合查明事实，中航广州公司二审主张的内容足够具体明确。

独家经销协议和框架协议约定有保密要求，可以认定是合理保密措施，故

E×××NE 产品的进货价格和销售价格也具有保密性。关于价值性。首先，根据独家经销协议，结算价格将根据法国劳动力和原材料成本变动一定时期进行调整，由双方另行商议。故进货价格能否必然对中航广州公司带来竞争优势，并不确定。其次，根据备忘录第二条，在独家经销协议结束前，中航广州公司的独家经销权只针对南航。对此，本案各方当事人在二审庭审中已经确认。故不论备忘录第一条约定的目的是什么、独家经销协议是否已于 2015 年 8 月 31 日终止，该协议双方已于 2015 年 4 月 22 日将独家经销权的适用范围修改为只针对南航。由于独家经销协议无论名称还是内容，都围绕独家经销权展开。故该协议第五条及附表 1 约定的价格不是一般结算价格，而是独家经销权项下的结算价格。双方对独家经销权适用范围的修改，必将导致价格条款适用范围的修改。换言之，独家经销协议的结算价格实质也被修改为只针对南航。故中航广州公司主张的进货价格和销售价格，均只涉及南航业务。根据查明事实，早在 2015 年中航广州公司就主动提起仲裁请求解除框架协议，且仲裁裁决已经认定框架协议解除。中航广州公司的南航业务已经终止。在此情况下，中航广州公司主张的进货价格和销售价格，已经没有现实或潜在商业价值，无法为其带来竞争优势，故不具价值性。

关于中航广州公司强调法院应当将其主张的经营信息作为一个有机体进行判断的问题。本院认为，如上所述，中航广州公司主张的经营信息各有不同内容和特点，在审查其是否满足商业秘密法定条件时，不可能视而不见，笼统论之。经梳理全案事实不难发现，本案纠纷发生的根本原因是中航广州公司认为其对 E×××NE 产品的独家经销利益受到损害。中航广州公司强调其经营信息是一个有机体，实质是对该独家经销权的主张。但该独家经销权是基于合同产生的相对权，而商业秘密是基于法律产生的绝对权，两者在权利基础和性质上存在巨大差异。中航广州公司在选择法律依据主张其利益时，不能不对此充分考虑。

综上，中航广州公司上诉理由均不能成立，其上诉请求应予驳回。一审判决认定事实基本清楚，裁判结果正确，但在适用法律时并未遵循商业秘密侵权案件的审理思路，而是过多考虑当事人的合同纠纷，导致论述不到位，说理不充分，故本院在维持裁判结果同时对其理由予以纠正和补充。

本案启示

本案是独家经销商利益受到侵害，而当事人以商业秘密侵权为理由主张利益。法院支持了独家经销协议和框架协议约定有保密要求，就认定是合理保密措施。该独家经销权是基于合同产生的相对权,而商业秘密是基于法律产生的绝对权,二审法院按照诉讼理由,以商业秘密的认定为主线,说理充分。商业活动中因为人员或者经营因素的不确定,企业独家经销权利益更多应该在商业合同订立时充分考虑,事后通过商业秘密方式维权相当牵强。

No.12【(2020)苏民终1005号】江苏名乐地板有限公司与艾梦迪木业(南通)有限公司侵害商业秘密纠纷案

案情介绍

艾梦迪木业(南通)有限公司(以下简称艾梦迪公司)、江苏名乐地板有限公司(以下简称名乐公司)自2015年起发生业务往来,名乐公司为艾梦迪公司从事外包加工业务。2018年10月29日,艾梦迪公司(甲方)与名乐公司(乙方)签订《外包加工保密协议书》一份,其主要内容为:①本协议涉及保密的内容。②权利义务。③违约责任。

2019年11月20日,艾梦迪公司致函名乐公司,其基本内容为:本公司自从贵公司采购产品开始,就相关产品的生产与贵公司签订了《外包加工保密协议》,协议约定严禁贵公司对外泄露所有我司相关产品的商业信息,并且严禁贵司直接或者间接销售同类产品给客户等条款。贵司袁某同我司前销售韩某奇、乐某于2018年成立了诺嘉木业(上海)有限公司(以下简称诺嘉公司),该公司盗用我司产品照片,项目照片对外宣传,并且告知我司诸多关键客户名乐公司和我司的委托加工关系,并与相关客户交易。

显而易见,该公司是通过贵司获取了我司客户资料和产品制造等商业秘密,并且销售保密协议中保护的产品。贵司的行为严重违反了《加工保密协议》及国家法律法规,构成侵权。我司特具函通知如下:①请贵司及诺嘉公司立即停止向我司所有客户销售IMONDI的产品,并撤回相关样品。②请贵司及诺嘉公司立即撤掉所有我司的产品照片及项目照片。③严禁同IMONDI的任何客户申明名乐公司或者诺嘉公司工厂就是IMONDI的外发加工工厂。④严禁同IMONDI的销售沟通任何项目状况或者合作。

2019年12月10日,艾梦迪公司方李某蓉与名乐公司方袁某培进行了电话沟通,对涉及保密事项的赔偿问题进行了商讨。袁某培要求艾梦迪公司给一个具体的赔偿数额,李某蓉提出最低要求为15万元,袁某培明确15万元不可能,只给5万元,而且还会遵循几个原则:第一,不和艾梦迪公司的销售联系、做单；第二，不在任何时候再说是艾梦迪公司加工厂这种话；第三，不使用艾梦迪公司任何同款的产品；第四，撤出诺嘉公司的股东。

根据艾梦迪公司提供的邮件记载，2019年12月18日，艾梦迪公司将名乐公司提供的协议进行了内部流转。2019年12月25日，名乐公司给艾梦迪公司发送邮件一份，称：中午好Rosa。我们已根据您的要求调整协议内容，请您查收附件。如果无其他问题，我们三方签字后执行。谢谢您！

2019年12月26日，名乐公司给艾梦迪公司发送电子邮件一份，内容为："下午好Rosa。三方协议名乐与诺嘉已盖章完毕，请查收盖章文件并帮忙敲章回传。谢谢您！"本协议三方分别为：甲方（艾梦迪木业南通有限公司）、乙方（江苏名乐地板有限公司）、丙方（诺嘉木业上海有限公司）。名乐公司及诺嘉公司均在该协议上加盖了印章。

2020年1月13日，名乐公司向艾梦迪公司出具《催款函 关于撤销"邀约"的声明》，其主要内容为：经调查研究贵公司指控我司涉嫌违反《加工保密协议》事件始末，认为本公司不构成违约，我司现撤销日前向贵公司发出的"协议"。

法院视角

首先，艾梦迪公司、名乐公司在2018年10月就合作事项专门签订了《外包加工保密协议书》，对合作过程中涉及的技术资料、产品样品、传真邮件、经营信息、财务信息等不为公众所知悉的内容进行保密约定，并约定了违反保密协议的责任。而关于名乐公司是否违反保密协议的问题，艾梦迪公司、名乐公司在2019年12月10日进行了电话沟通，此后双方还和诺嘉公司一起拟定了涉案的三方协议，且名乐公司与诺嘉公司均在该三方协议中盖章。虽然因艾梦迪公司未盖章导致该三方协议未生效，但是综合考虑该三方协议内容、涉案《外包加工保密协议书》以及艾梦迪公司、名乐公司之间的电话沟通内容、名乐公司与诺嘉公司之间存在的关联关系等因素，可以确定在本案诉讼之前，名乐公司对其实施了违反保密约定行为的事实并无异议。名乐公司在一、二审中均抗辩其系为了尽快要回货款而做出的妥协，该观点与上述事实不符，故在名乐公司未进一步提交相关证据的情形下，一审法院认定名乐公司存在违约行为正确，名乐公司关于其并不存在违反保密约定行为的上诉理由不能成立，本院对此不予采纳。其次，根据艾梦迪公司、名乐公司签订的《外包加工保密协议书》约定，如名乐公司存在违约行为，须承担20万元的违约金。因艾梦迪公司的实际损失及名乐公司的具体获利均难以计算，故一审法院参照涉案三方协议中约定的赔偿金额并综合考虑本案的其他因素，酌情确定 6 万元的赔偿额，并无不当。

综上所述，名乐公司的上诉请求不能成立，应予驳回；一审判决认定事实清楚、适用法律正确，应予维持。依照《民事诉讼法》第一百七十条第一款第（一）项规定，判决如下：

驳回上诉，维持原判。

本案启示

本案涉及外包加工中的保密措施，实践中的外包泄密比本案更加复杂。企业的保密措施不应仅限于企业内部，而是需要树立大供应链的概念，从原料的采购、技术的外协、生产的外包，甚至运输到经销商或代理商，在最终交付到终端客户之前，都是整个供应链的一部分。相应地，保密管理也需要关注整个供应链的诸多环节，越是大的企业就越需要总体把握协调，适当对人员和信息做拆分，形成自身独特的保密管控方案。

No. 13 【（2021）豫知民终 181 号】郑州润华智能设备有限公司、卢某升等侵害商业秘密纠纷案

案情介绍

郑州润华智能设备有限公司（以下简称润华公司）于 2015 年 1 月 15 日成立，经营范围为工业机器人与自动化设备、系统及生产线的研发、加工、制造销售及服务。卢某升、杨某涛原系润华公司员工，负责图纸设计及图纸管理工作。二人于 2019 年离职，离职时未签订保密协议。2019 年 8 月 12 日成立羿创达公司，由杨某涛担任公司法定代表人，卢某升任监事。

润华公司上诉请求：①撤销一审判决，改判支持润华公司一审诉讼请求；②一、二审案件受理费由卢某升、弈创达公司负担。事实和理由：首先，卢某升及羿创达公司一直打着润华公司前员工的旗号拓展业务，润华公司业务人员多次接到客户询问。2020 年 8 月 13 日，润华公司从山东某客户处获得卢某升及羿创达公司的销售技术方案中，所用到的装箱机设备图纸与润华公司所提供的装箱机设备总图的图纸完全一致。该图纸上的原图企业图标均清晰存在。客户也说明，该份由郑州陆丰公司提供的技术方案是卢某升提供的。在润华公司一审提交的通话录音中，卢某升自认其未经润华公司同意，私自使用了润华公

司加密图纸资料，且在录音中保证今后不再使用。一审证据已经足以证明本案事实，一审法院未予认定不当。其次，一审认为卢某升对郑州陆丰公司提供的设计图纸在输送系统、里料系统、理箱系统、机械手抓取系统四个方面进行了详细表述，但一审庭审中并无该部分内容，一审推翻录音证据不当。综上，请求二审予以改判。

法院视角

一审法院认为，本案中，案涉加密图纸中载明的装箱机设计的核心专利技术系润华公司从郑州智联机械设备有限公司购买，故其技术图纸不为通常从事有关工作的人员所普遍了解和掌握，不能从公开渠道获取，具有秘密性。润华公司依照技术图纸制作的产品，具有较强的市场竞争力。因此，案涉图纸能够给润华公司带来经济利益，具有实用性。为保护加密图纸，润华公司制定了保密协议，虽卢某升、杨某涛离职时未与润华公司签订保密协议，但是基于以上因素，应当确认润华公司对于其商业秘密已采取了合理的保密措施。因此，润华公司主张的案涉加密图纸信息符合商业秘密的构成要件，应认定为商业秘密。润华公司称卢某升、羿创达公司盗用其加密图纸后提供给陆丰公司，未提供有效证据予以证明，况且卢某升对向陆丰公司提供的设计图纸从输送系统、理料系统、理箱系统、机械手抓取系统四个方面的设计思路进行了详细表述。故不能认定卢某升、羿创达公司构成商业秘密侵权。

二审法院认为，润华公司称卢某升、羿创达公司盗用润华公司图纸并提供给了郑州陆丰公司，向一审法院提交了设计方案 CAD 图纸三张作为证据，但该证据本身并不能证明图纸系卢某升、羿创达公司向郑州陆丰公司提供，且卢某升在 2020 年 9 月通话录音中也并未明确认可其在离职前私自拷贝了润华公司图纸，故依据上述证据尚不足以充分证明润华公司在本案中的主张，润华公司负有进一步举证的义务，一审法院对其诉讼请求未予支持并无不当。因润华公司在二审中也并未进一步提供相关证据，对其上诉请求，本院不予支持。一审法院在本院认为部分所称的"卢某升对向陆丰公司提供的设计图纸从输送系统、理料系统、理箱系统、机械手抓取系统四个方面的设计思路进行了详细表述"来自卢某升在一审庭审后向法庭所作陈述，一审法院未将卢某升该部分陈述交由润华公司质证，程序存在不当，但因该事实并不影响本案处理结果，对润华公司该部分上诉理由，本院不予支持。

综上，润华公司的上诉请求不成立，应予驳回；一审判决认定事实清楚，适用法律正确，应予维持。

本案启示

本案是典型的企业做到了法律所规定的最低限度的保密措施，却没有做到能够证明离职人员侵权的保密措施。法律所规定的保密措施应当表明权利人保密的主观愿望，并明确作为商业秘密保护的信息的范围，使义务人能够知悉权利人的保密愿望及保密客体，且在正常情况下足以防止涉密信息泄露，就可以认定为合理的保密措施。而要想在诉讼中取胜，或者防止商业秘密被盗取，则需要一系列的管理和技术手段。商业秘密的损失对企业经营发展的影响往往是灾难性的，企业主往往在侵权事件发生后，方才追悔莫及，但在商业秘密的保护上，亡羊补牢，可能羊牢俱毁。

No. 14【（2019）新民初 14 号】江苏中能硅业科技发展有限公司与唐某东、新特能源股份有限公司侵害商业秘密纠纷案

案情介绍

江苏中能硅业科技发展有限公司（以下简称江苏中能公司）成立于 2006 年 3 月 7 日。2009 年 11 月 3 日，江苏中能公司与 GT 公司签订《技术转让协议》。GT 公司是与三氯硅烷生产设备的设计、建造和运营相关的核心和重要技术知识、专有技术、知识产权和其他专有信息的所有者和开发者。该协议签订后，江苏中能公司依约向 GT 公司支付了技术转让许可费用。2011 年 12 月 19 日，江苏省环境保护厅出具苏环验（2011）62 号《关于江苏中能硅业科技发展有限公司 20 万吨/年四氯化硅冷氢化 20 万吨/年三氯化硅精馏项目竣工环境保护验收意见的函》，载明项目竣工环境保护验收合格。

2011 年 10 月 17 日，江苏省徐州市公安局委托北京国科知识产权司法鉴定中心（以下简称北京国科鉴定中心）就"江苏中能硅业科技发展有限公司提供的多晶硅生产工艺及装置中的冷氢化、精馏及渣浆处理、还原尾气回收等工艺流程图纸以及大型还原炉等设备图纸是否属于非公知技术信息"进行司法鉴定，2011 年 10 月 30 日，北京国科鉴定中心出具国科知鉴字（2011）102 号《司法鉴定意见书》，鉴定意见为：第一，江苏中能硅业提供的多晶硅工艺流程图纸（58 张）所记载的多晶硅生产工艺中的冷氢化、精馏及渣浆处理、还原尾气回收单元的详细工艺流程以及管道仪表控制的确切组合技术信息不为公众所知悉，属于非公知技术信息。第二，江苏中能硅业提供的多晶硅生产设备

图纸（15 张）所记载的多晶硅生产装置中的冷氢化单元相关设备（流化床反应器、氢氯化反应器、急冷器和内冷却器）、还原尾气回收单元相关设备（吸收塔、HCl 精馏塔、吸附塔）、还原单元相关设备（40 对棒还原炉和 48 对棒还原炉）的设备结构及尺寸、设计数据表、管口表、零部件及其装配关系以及技术要求的确切组合技术信息不为公众所知悉，属于非公知技术信息。

新特能源公司成立于 2008 年 2 月 20 日，2011 年 9 月 3 日，新特能源公司与中石化南京公司签订建设工程设计合同，约定由甲方（新特能源公司）委托乙方（中石化南京公司）承担"特变电工新疆硅业三期 2×6000 吨/年多晶硅项目 3×120kt/a 冷氢化装置"的工程设计。本项目多晶硅冷氢化工艺主装置的主要工艺流程由甲方负责提供，乙方根据甲方提供的资料完成施工图设计，乙方保证其施工图设计满足工程设计的要求。2011 年 11 月 9 日，新特能源公司与极特太阳能设备贸易有限公司签订《商务协议》。

2007 年 7 月 2 日起，唐某东到江苏中能公司处工作，历任生产副总经理、氯氢化车间主任、氯氢化一分厂从事副总工程师、氯化氢装置总监、生产副总经理助理兼生产运营部经理。双方订立了劳动合同、劳动合同变更协议、保守商业秘密与竞业限制变更协议。2013 年 3 月 4 日，江苏中能公司收到由唐某东按照其住址吉林省吉林市寄送的特快专递，内容为唐某东于 2013 年 3 月 2 日手写，2013 年 3 月 3 日寄出的辞职书和交接单。唐某东在徐州市公安局于 2013 年 5 月 28 日对其所作讯问时的讯问笔录中供认：因为新特公司准备上有机硅项目和煤化工项目，邀请我加入他们的团队，给我开出的条件是年薪 100 万元……3 月 3 日，我在吉林用 EMS 邮政快递将辞职报告寄给中能公司人力资源部的徐某经理，在吉林家中我待到好像 3 月 6 日，就从长春坐飞机到乌市新特公司上班了。唐某东在徐州市公安局于 2013 年 8 月 12 日对其所作讯问时的讯问笔录中供认：……我在新特能源公司主要负责有机硅和煤化工的工作。……（新特公司与中能公司）生产设备不完全一样，但技术包是一样的，都是从美国 GT 公司购买的。

该案 2019 年 10 月 8 日第一次开庭审理时，江苏中能公司陈述，其主张案涉技术属于商业秘密的依据是北京国科知识产权司法鉴定中心出具的《司法鉴定意见书》。该案于 2019 年 10 月 24 日第二次开庭。此次庭审过程中，江苏中能公司提交了 25 张图纸，明确该 25 张图纸为其所主张保护的商业秘密的载体。江苏中能公司另向本院递交未标注落款日期的《调取证据申请书》一份，申请事项为：调取北京国科司法鉴定中心×××司法鉴定意见书中送鉴的多晶硅工艺流程图 58 张、多晶硅生产图纸 15 张。调取证据的原因及证明的事实为：因江苏中能公司提交的北京国科司法鉴定中心的×××鉴定报告，该报告的委托人是徐州市公安局而非江苏中能公司，而江苏中能公司认为该证据对案件事实有重要影响。庭审中，江苏中能公司未明确提出调取证据申请。庭审中，江苏中能公司对江苏中能公司与新特能源公司所使用的四氯化硅冷氢化技术的来源一致的事实没有异议。

法院视角

二审法院认为，本案的争议焦点为：一是江苏中能公司是否为涉案技术（四氯化硅冷氢化技术及其装置设备）的权利人，是否具有本案诉权；二是江苏中能公司所要求保护的四氯化硅冷氢化技术及其装置设备是否属于商业秘密；三是唐某东、新特能源公司是否构成对江苏中能公司所要求保护的商业秘密的侵害，如构成侵害，相关的侵权责任应如何承担，即江苏中能公司要求唐某东、新特能源公司共同赔偿经济损失60000000元及合理费用2000000元的主张能否成立。

关于争议焦点一。民事诉讼法对受理条件的规定首先要求原告与案件有直接利害关系，而适格原告应当是争议的法律关系的主体。故商业秘密的权利人包括商业秘密所有人和经商业秘密许可的商业秘密使用人，本案中，江苏中能公司依据其与GT公司所签订的技术转让协议，成为案涉技术的合法使用人，其认为案涉技术属于其掌握控制的商业秘密，并提起本案诉讼并无不当。新特能源公司关于江苏中能公司不具有本案诉权的抗辩理由不能成立，本院不予采信。

关于争议焦点二。商业秘密符合法定条件的证据，包括商业秘密的载体、具体内容、商业价值和对该项商业秘密所采取的具体保密措施等。关于商业秘密的载体以及具体内容的问题，江苏中能公司主张案涉商业秘密为四氯化硅冷氢化技术及其装置设备，根据江苏中能公司与GT公司所签技术转让协议的约定，该技术来源于GT公司，GT公司按照合同约定，以其决定的电子或其他形式或媒介交付资料（包括工序设计包）给江苏中能公司，故江苏中能公司主张保护的商业秘密的载体及具体内容应是GT公司向其交付的相关资料（包括工序设计包）。但江苏中能公司向本院提交的是其委托天津市化工设计院进行工艺设计，形成的管道及仪表流程图纸20张，以及委托江苏中圣高科技产业公司对设备进行加工生产，形成的冷氢化单元设备装配图纸5张，上述25张图纸并非GT公司向江苏中能公司交付的相关资料（包括工序设计包），故针对江苏中能公司主张保护的商业秘密，江苏中能公司并未能依照法律规定对该商业秘密符合法定条件进行举证。因江苏中能公司未能就其所主张保护的商业秘密符合法定条件提交有效证据，本院无法对案涉技术是否不为公众知悉、是否具有商业价值以及江苏中能公司对该技术所采取的具体保密措施是否合理等进行审查和作出判断，故在此情况下，对江苏中能公司所要求保护的四氯化硅冷氢化技术及其装置设备，本院不予认定属于江苏中能公司的商业秘密。关于江苏中能公司向本院递交的调取证据申请书的问题，该调取证据申请书内容不明确，江苏中能公司在之后的庭审中亦未明确提出调取证据申请，且如前所述，江苏中能公司未能就其所主张保护的商业秘密符合法定条件提交有效证据，根据法律的规定以及常理认知，商业秘密应由商业秘密所有人或持有人采取合理的保密措施，江苏中能公司却主张其所有的商业秘密保存在北京国科司法鉴定中心，而且是由徐州市公安局提供的送鉴材料，该主张明显缺乏事实及法律依据，故本院对其调取证据申请不予准许。

关于争议焦点三。第一，如前所述，江苏中能公司未能就其所主张保护的商业秘密符合法定条件进行举证，本院无法对案涉技术是否属于商业秘密作出判断；第二，江苏中能公司所主张的唐某东侵犯其商业秘密的方式与其向法院所主张的商业秘密的保存方式明显矛盾；第三，新特能源公司就其被控侵犯商业秘密的相关技术来源提交了有效的证据，足以证实其被控侵犯商业秘密的相关技术系合法购买而来，应认定为获取行为合法；第四，江苏中能公司并未能提交有效证据证实，唐某东以及新特能源公司实施了上述侵犯案涉商业秘密的行为。综上，江苏中能公司关于唐某东、新特能源公司侵犯其商业秘密的诉讼主张缺乏事实依据，本院依法不予支持。其关于要求唐某东、新特能源公司共同赔偿其经济损失60000000元及合理费用2000000元的诉讼主张亦不能成立，本院不予支持。

综上所述，江苏中能公司的诉讼请求不能成立，本院不予支持。

本案启示

本案是中国有机硅产业系列商业秘密侵权大战中的一部分，由于涉案企业产业规模大投资高，对地方财政影响巨大，与其类似的案件往往涉及刑事案件与民事纠纷交叉。本案当事人前期工作重心一直在上项目搞建设，没想到项目刚建成后院就起火，核心骨干跳槽至竞争对手。而涉案公司就其被控侵犯商业秘密的相关技术来源提交了有效的证据，足以证实其被控侵犯商业秘密的相关技术系合法购买而来，是成功的抗辩手段，可供其他企业参考。对于引进技术再创新的企业而言，重点不是自己买了别人就不能买，而是要体现出自身再创新的价值。另外对于企业的核心技术骨干，在日常经营管理中应咨询专业人士，做好管理，面对竞争对手挖角时能够有计可施。

No. 15【(2021)沪73民终91号】利戴工业技术服务（上海）有限公司与柏某亮等侵害商业秘密纠纷案

案情介绍

1998年7月，福伊特工业技术服务（上海）有限公司注册成立，2017年7月，公司更名为利戴工业技术服务（上海）有限公司（以下简称利戴公司）。在利戴公司内联网的"合规"页面公布了指导员工行为标准的《行为准则》。2018年1月29日版《行为准则》第3.8.1条保密条款规定；第3.8.2条隐私和信息安全规定；第3.8.3条内部消息规定。创珩公司成立于2018年5月，姜某明、曹某飞、朱某、王某为公司股东。

尤某康自2016年6月起到利戴公司工作，担任运营总监。利戴公司作为甲方、尤某康作为乙方签订的劳动合同。尤某康与利戴公司同时签订保密及竞业限制协议。2019年2月，利戴公司与尤某康签订合同解除协议，约定自2019年1月31日解除双方劳动合同。利戴公司向其发送《竞业限制义务解除通知》，明确自合同解除之日起，尤某康无须履行竞业限制义务，但仍需履行无期限保密义务。

柏某亮自2017年6月至2018年12月在利戴公司工作，担任现场经理，柏某亮长期驻南昌，主要负责××公司的设备维护。李某自2011年7月至2019年1月在利戴公司工作，担任现场经理，李某于2016年9月开始担任编号1客户的现场经理。尤某康自2019年3月至创珩公司工作，担任运营总经理，主要负责公司项目运营、处理协调突发事件。柏某亮自2019年1月至创珩公司工作，担任现场经理，主要负责编号2客户的驻场服务。李某自2019年2月至创珩公司工作，担任项目经理，主要负责编号1客户的驻场服务。

利戴公司于2011年9月至2018年12月与编号1客户建立交易关系，于2014年11月至2019年2月与编号2客户建立交易关系；于2016年11月至2019年12月与编号3客户建立交易关系。

创珩公司自述于2019年1月前后与编号1客户建立交易关系；于2019年1、2月间与编号2客户建立交易关系；于2020年4月与编号3客户建立交易关系。

法院视角

二审法院认为，结合各方当事人的诉辩意见，本案二审争议焦点主要在于被上诉人是否实施了侵犯上诉人商业秘密的不正当竞争行为。

本案中，首先，关于被上诉人尤某康、柏某亮、李某能否接触上诉人的涉案客户信息。本院注意到，一审判决对于上诉人所主张的接触事实已进行了充分阐述和评析，本院对其理由予以赞同，在此不再赘述。其次，关于被上诉人使用的信息与上诉人主张的客户信息是否相同或者实质相同。本院认为，上诉人并未提供证据证明被上诉人使用了其主张的客户信息，而其关于该信息是被上诉人发掘客户时必然要用信息的主张亦被被上诉人予以否认，而在上诉人未能证明被上诉人使用了其客户信息的情况下，显然不涉及两者信息内容相同或者实质相同的判断。一审法院相关认定有误，本院予以纠正。本院认为，在案证据不能证明被上诉人使用了上诉人在本案中主张的客户信息，本院对于上诉人的相关上诉意见不予采纳。最后，关于被上诉人是否采取了不正当手段。本院认为，虽然上诉人与涉案三家客户保持了多年交易关系，但交易的达成需要双方的合意，该三家客户的交易机会并非为上诉人所垄断，他人亦可以自由参与竞争来争夺交易机会。只有竞争对手在竞争过程中通过不正当手段获取了他人的交易机会才为反不正当竞争法所禁止。在案证据显示，SHS 公司 2018 年 10 月已向上诉人发送邮件，告知目前的合同将在本年底终止，SHS 有权为 2019 年的新业务选择其他供应商；KSSP 公司与上诉人的微信聊天记录也显示双方在 2018 年的合同履行过程中存在分歧；关于 SAPM 公司，亦系委托第三方招标公司于 2019 年 11 月就涉案交易发布招标信息，上诉人与被上诉人创珩公司均参与了招标；SHS 与 KSSP 更在本案审理过程中出具了说明，明确其系通过公司正常采购流程，主动选择被上诉人创珩公司作为服务商。上述事实可以证明客户 SHS、KSSP、SAPM 系自愿选择与被上诉人创珩公司进行交易。如前所述，没有证据表明被上诉人采取了使用上诉人在本案中主张的客户信息等不正当手段获取了上述与客户之间的交易。故上诉人有关被上诉人采取了不正当手段获得客户的主张缺乏事实依据，本院对此不予支持。

综上所述，上诉人利戴公司提供的证据不足以证明被上诉人实施了侵犯上诉人商业秘密的不正当竞争行为，上诉人利戴公司的上诉请求不能成立，应予驳回；一审判决认定事实清楚，适用法律正确，应予维持。

本案启示

只有竞争对手在竞争过程中通过不正当手段获取了他人的交易机会才为反不正当竞争法所禁止。本案中虽然上诉人与涉案三家客户保持了多年交易关系，但交易的达成需要双方的合意，该三家客户的交易机会并非为上诉人所垄断，他人亦可以自由参与竞争来争夺交易机会，企业在商业竞争中应当努力确立自身不可替代的竞争优势。

第七章 保密措施合规指南

一、商业秘密的保护必须结合技术防范措施

企业作为商业秘密的权利人，应采取积极措施来防范应对商业秘密泄露行为。企业内部商业秘密泄露发生于员工不能恪守职责违背保密协议，云服务商在合作中过失或恶意泄露，以及恶意第三人通过技术手段秘密获取商业信息等情况下。针对这些泄露行为，企业应提高网络相关技术积极防范。

首先，企业应将针对数据化的商业秘密信息进行分类，进而明确员工接触权限。企业将商业秘密数据化后在云端进行传递、分析、存储时，应考虑接触这些数据的员工的具体岗位来确定其权限，并将不同密级的资料信息设置不同的解密方式，使得权限外员工无权接触该密级的数据信息。

其次，企业于内网中应设置员工使用网络监管系统，对处于工作状态的可以接触到企业商业秘密的员工使用网络的情况进行监管。为避免引起相关法律问题，企业对其设置的监管设备和监管时间应对员工予以告知说明，使该员工在工作时间内通过网络，如电子邮件、即时聊天设备等对外界传输的工作信息处于企业的监管之中，从而避免商业信息在数据传输存储过程中被无端泄露。

再次，企业应积极研发本行业相关技术，提高自身商业信息价值性，壮大企业自身力量，努力提升与云服务商谈判时的订约地位，对保密技术条款和安全责任条款作出细致约定。云合同中涉及核心商业秘密的数据信息需要求云服务商采取严格的高等级保密措施；同时，应积极研发或要求云服务商研发提供相应防盗反馈技术，以便及时监控自身秘密数据的安全。

最后，企业对外传输的商业信息应设置加密认证措施，对于通过网络进行数据信息传输的商业秘密，可使用加密程序对其进行加密，使得相对获得方需通过对应密码解密接收，从而防止被传输的数据被不法分子截获，或避免员工误发造成外泄。

二、现有内网安全产品和技术分析

自从内网安全概念提出到现在,有众多的厂商纷纷发布自己的内网安全解决方案,由于缺乏标准,这些产品和技术各不相同,但是总结起来,应该包括监控审计类、桌面管理类、文档加密类、文件加密类和磁盘加密类等。

1. 监控审计类

监控审计类产品是最早出现的内网安全产品,50%以上的内网安全厂商推出的内网安全产品都是监控审计类的。监控审计类产品主要对计算机终端访问网络、应用使用、系统配置、文件操作以及外设使用等提供集中监控和审计功能,并可以生成各种类型的报表。

监控审计产品一般基于协议分析、注册表监控和文件监控等技术,具有实现简单和开发周期短的特点,能够在内网发生安全事件后,提供有效的证据,实现事后审计的目标。监控审计类产品的缺点是不能做到事前防范,不能从根本上实现提高内网的可控性和可管理性。

2. 桌面管理类

桌面管理类产品主要针对计算机终端实现一定的集中管理控制策略,包括外设管理、应用程序管理、网络管理、资产管理以及补丁管理等功能,这类型产品通常跟监控审计产品有类似的地方,也提供了相当丰富的审计功能,

桌面监控审计类产品除了使用监控审计类产品的技术,还可能需要针对Windows系统使用钩子技术,对资源进行控制,总体来说,技术难度也不是很大。桌面监控审计类产品实现了对计算机终端资源的有效管理和授权,其缺点是不能实现对内网信息数据提供有效的控制。

3. 文档加密类

文档加密类产品也是内网安全产品中研发厂商相对较多的内网安全产品类型,其主要解决特定格式主流文档的权限管理和防泄密问题,可以部分解决专利资料、财务资料、设计资料和图纸资料的泄密问题。

文档加密技术一般基于文件驱动和应用程序的 API 钩子技术结合完成,具有部署灵活的特点。

但是,因为文档加密技术基于文件驱动钩子、临时文件和 API 钩子技术,也具有软件兼容性差、应用系统适应性差、安全性不高以及维护升级工作量大的缺点。

4. 文件加密类

文件加密类产品类型繁多，有针对单个文件加密，也有针对文件目录的加密，但是总体来说，基本上是提供了一种用户主动的文件保护措施。

文件加密类产品主要基于文件驱动技术，不针对特定类型文档，避免了文档加密类产品兼容性差等特点，但是由于其安全性主要依赖于使用者的喜好和习惯，难以实现对数据信息的强制保护和控制。

5. 磁盘加密类

磁盘加密类产品在磁盘驱动层对部分或者全部扇区进行加密，对所有文件进行强制保护，结合用户或者客户端认证技术，实现对磁盘数据的全面保护。

磁盘加密技术由于基于底层的磁盘驱动和内核驱动技术，具有技术难度高、研发周期长的特点。此外，由于磁盘加密技术对于上层系统、数据和应用都是透明的，要实现比较好的效果，必须结合其他内网安全管理控制措施。

根据上述分析和内网安全的特点，一个整体一致的内网安全体系，应该包括身份认证、授权管理、数据保密和监控审计四个方面，并且，这四个方面应该是紧密结合、相互联动的统一平台，才能达到构建可信、可控和可管理的安全内网的效果。

三、反窃密技术

（一）常见窃密技术

1. 窃听技术

窃听是指使用专用技术设备直接秘密窃取侦查目标的语音、图像等信息，从中获得情报的一种手段。窃听技术是窃听行动所使用的窃听设备和窃听方法的总称，包括窃听器材、窃听信号的传输与处理、窃听器的安装与使用，以及与窃听相配合的信号截收。窃听的方法主要包括电话窃听、手机窃听、辐射窃听、激光窃听、光纤窃听、网络窃听和声波窃听。

2. 窃照与窥视技术

窃照和窥视是指秘密拍摄或窥探具有情报价值的文字、图表材料、实物、地形地貌、现场活动、人物形象等的情报手段。随着数码摄影技术与计算机图像处理技术的发展，高清微型的先进器材不断涌现，在军事侦察、公安取证、商业谈判特别是盗取商业秘密领域被广泛应用。

3. 网络设备渗透技术

情报部门常利用网络设备在生产、运输、存储等供应链环节的安全漏洞，在其中恶意植入软硬件，在需要时将其激活窃取情报或对系统发起攻击。常见的植入方式有硬件植入攻击、固件植入攻击、芯片植入攻击等，这几类攻击方式在实际应用的时候，经常会组合使用。

此外，随着信息化建设的飞速发展和信息交换的日益频繁，打印机、复印机等办公自动化设备已经在办公中不可或缺，并且越来越多带有信息处理、通信和存储功能的信息化办公设备在提高工作效率的同时，也从物理因素、系统因素、网络因素、应用因素和管理因素上对企业的信息安全构成了潜在隐患。

（二）信号探测与信号干扰

1. 信号探测

根据探测设备是否向外发射探测信号，可以分为被动探测和主动探测。被动探测是使用专用设备接收、分析或还原窃听装置发射的信号，以确定被检测环境内是否存在窃听装置并发现其隐藏位置，如：手机探测器、无线针孔镜头扫描仪等。主动探测是针对不向外发射信号的窃听设备，主动发射电磁信号，通过接收、分析反射回的信号确定是否存在窃听装置并确定其位置，如：金属探测器、非线性节点探测器、电子目标探测雷达、光波反射针孔镜头探测器等。

2. 信号干扰

窃听设备功能主要是通信、录音和拍摄，信号干扰就是利用干扰设备，发射强噪声信号干扰对方的窃听、窃视设备，令对手的监控失效，一般会有电磁干扰、声掩蔽和光掩蔽三种技术。电磁干扰主要是扰乱对方无线接收设备的电磁信号，典型设备如"手机信号屏蔽器"；声掩蔽设备主要有白噪声、超声波、电磁信号干扰防录音和混频噪声干扰防录音；光掩蔽设备主要有光电对抗与红外激光防偷拍设备、光敏纸防复印和隐形印刷技术。

（三）信号加密与信号隔离

信号加密就是将网络、无线通信等信息中的涉密内容采用加密措施，防止被敌方截获后造成泄密，常见有密码加密和信息隐藏两类。

信号隔离是为减少对方截获概率，对信息设备采取电磁泄漏防护措施减少信号辐射，如屏蔽器、屏蔽涂料、光子晶体屏蔽等；或者对重要通信网络使用专网进行物理隔离，如网闸、隔离空气开关等。

四、保密措施合规管理制度示例

企业保密措施的实施，内容需涵盖企业经营管理的方方面面，特别对于企业经营中可能遇到泄密风险的诸多环节都需要仔细考量后制定对应措施，商业秘密的保护除了前述需要结合技术手段，还需要对竞争对手采取的盗取行为有所预判，在措施中有针对性地设计。下面是某企业保密措施制度的示例（节选），供读者参考。

（一）计算机及网络安全管理规定

1. 总则

1.1 为贯彻执行商业秘密保护制度，加强和规范公司的计算机及网络安全管理，保护公司的商业秘密，特制定本办法；

1.2 本办法调整范围包括公司办公及生产区域内所有计算机软硬件设备、存储设备、有线或无线网络及相关附属设备；

1.3 计算机及网络安全管理部门由公司企管部具体负责，指派专人即网络管理员进行日常管理与维护。

2. 计算机安全管理

2.1 计算机：

2.1.1 公司计算机实行专人专用，未经允许，不得使用他人计算机；

2.1.2 员工应对自己使用的计算机设定用户登录账号和开机密码，用户登录密码必须设置在8位以上，并且每月进行一次更换，严禁将用户登录账号和密码告知他人；

2.1.3 员工计算机应安装杀毒软件、防火墙，并定期升级，补全软件及操作系统漏洞，严禁员工使用即时通信工具，不准随意安装来历不明的软件，在安装软件前用杀毒软件检测；

2.1.4 员工计算机一般不配置光驱、软驱及USB端口，对于已安装杀毒软件并具备了防泄密功能的计算机，可由本人申请安装USB端口；

2.1.5 员工如发现计算机系统运行异常，须通知网络管理人员进行维修，如需重装系统，员工必须先进行数据备份；

2.1.6 病毒软件必须安装正版软件，并及时更新病毒库，定期对计算机硬盘进行病毒查杀，如有经远程通信传送的程序或数据（如电子邮件等），必须经过检测确认无病毒后方可使用；

2.1.7 公司相关保密制度中设定的涉密专用计算机禁止连接公司内部网

络及互联网，不得安装 USB 端口及软驱，可以根据需要安装具有只读功能的光驱。

2.2 存储介质：

2.2.1 公司根据部门需要统一配备经特殊处理具有防泄密功能的 U 盘或者其他存储介质。员工根据工作需要向管理部门申领使用并登记，使用后应将存储内容及时删除并归还管理部门。员工一律不得使用自带 U 盘或者其他存储介质；

2.2.2 公司配备的 U 盘应由管理部门集中存放、专人保管，员工个人不得随便将其带离公司；

2.2.3 管理部门建立 U 盘使用档案，注明部门、使用人员等信息，并根据 U 盘使用频率进行杀毒处理。

2.3 数据管理：

2.3.1 已确定密级的数据资料根据使用需要，经商业秘密管理委员会批准后可存储于部门负责人计算机中，存储前应由网络管理人员设置打开权限及密码，涉密数据资料应在易于识别之处标注密级标识；

2.3.2 网络管理人员根据商业秘密管理委员会确定的涉密数据建立受控数据资料清单；

2.3.3 网络管理人员应根据数据存储及使用情况定期整理受控数据资料清单，并定期更换密码；

2.3.4 通过 email 发送的数据资料应根据公司统一使用软件进行加密；

2.3.5 网络管理人员应对受控数据资料的使用情况进行整理并制作清单，定期向商业秘密管理委员会汇报；

2.3.6 网络管理人员对监控过程中发现的异常情况应及时向商业秘密管理委员会相关人员汇报。

3. 网络安全管理

3.1 网络相关支持设备（路由器、交换机、服务器等通信设备）应独立放置于计算机专用机房内，由网络管理人员进行配置和维护，其他人员一律不得自行配置或更换；

3.2 除网络管理人员外，其他人员未经批准一律不得进入机房；

3.3 网络管理人员应及时检查相关设备的安全性，做好网络安全维护工作，服务器及监控软件的各种账号应严格保密；

3.4 机房内应安装摄像头等电子监控设备；

3.5 对服务器中存储的数据应实施严格的安全与保密管理，防止系统数据的非法生成、变更、泄露、丢失及破坏，网络管理人员应在数据库的系统认证、系统授权、系统完整性、补丁和修正程序方面进行实时修改；

3.6 根据管理要求、业务应用及信息密级的要求可以对局域网进行划分，使同一部门属于同一安全域，不同部门属于不同安全域，不同部门之间的访问通过不同安全域来进行访问；

3.7 访问局域网的不同级别的员工应由网络管理人员设置不同的存取权限。

4. 计算机及网络设备的维护

4.1 网络管理人员应定期对计算机进行检测维护；

4.2 员工如需更换或者报废计算机及其相关附件，须通知网络管理人员进行确认，由网络管理人员进行更换或申请报废，并对存储信息的载体进行物理破坏后予以销毁；

4.3 计算机如需送外检修，送检前该计算机使用人应在网络管理人员配合下对计算机中原有数据进行备份后，清除原有数据；

4.4 网络管理人员应严格按照商业秘密保护制度定期对保密数据进行整理。

（二）生产管理保密制度

1. 总则

1.1 为贯彻执行商业秘密保护制度，切实有效地保护公司生产厂区的商业秘密，特制定本制度；

1.2 本制度中生产厂区包括工艺装置、罐组、装卸设施、泵或泵房、循环水场、污水处理厂、气体站等区域；

1.3 生产厂区实施封闭化管理，实行24小时值班制度。

2. 生产厂区出入管理

2.1 生产厂区设置严格的门禁系统，安装监控摄像头，并安排至少两名保安人员执勤，严格管理人员与车辆的进出；

2.2 所有人员需凭有效证件进出生产厂区，有效证件仅供本人使用，不得转借他人；

前款所述有效证件包括公司员工身份卡，施工、监理人员出入证，外来人员临时出入证。

2.3 对进出生产厂区的所有车辆，保安人员应进行登记、检查，确认有正当理由和持有有效的入厂通行证明、证件，方可进入，车辆只能在生产厂区内的车辆通道行驶，不得进入生产装置区；

2.4 车辆运进、运出的物资，应持有规定的出入证明和手续方可放行；

2.5　外来人员到公司接洽业务或参观访问应在保卫处办理进入生产厂区手续，发给临时出入证，外来人员需由公司接待单位人员陪同方可进入，非经本公司员工陪同，一律不得入内；

2.6　所有人员进入生产厂区一律不得携带手机、数码相机、摄像机等电子设备，进入生产装置区的人员可以根据工作需要携带对讲机。

3. 生产厂区内部管理

3.1　生产厂区设置核心保密区域：

3.1.1　生产厂区内根据保密需要设置若干核心保密区域，对核心保密区域采取封闭管理措施；

3.1.2　核心保密区域需凭身份卡与密码出入，门外安装监控摄像头以及报警器；

3.1.3　除核心区域的生产技术人员外，非经商业秘密管理委员会批准，其他人员一律不得入内；

3.1.4　外来人员一律不得进入核心保密区域。

3.2　生产操作自动控制室；

3.2.1　生产操作自动控制室需凭身份卡与密码进入，与自动控制操作无关的人员，一律不得入内，一经发现，严肃处理；

3.2.2　外来人员一般不得进入控制室，特殊情况下经商业秘密管理委员会批准后，在接待人员陪同下方可进入。

4. 生产过程管理

4.1　生产技术人员交接班制度：

4.1.1　生产技术人员实行 24 小时 4 班倒休制度，交接班人员须在交接班记录上记录交接班信息，注明交班人、接班人、时间和注意事项，由交班人和接班人签名。

4.2　生产过程中新产生的商业秘密：

4.2.1　对于在生产操作中新产生的商业秘密，车间主任应做好该商业秘密产生初期的保护工作，包括所有含有商业秘密信息的纸件、磁盘或光盘；待该商业秘密基本成熟后，交与商业秘密管理委员会确认密级，按照商业秘密保护制度的规定进行标识、存档。存档后，与该信息相关的其他复制件应予以销毁。

4.3　生产数据：

4.3.1　对于生产过程中采集出来的数据，形成纸件的，由车间主任每周将生产数据整理后，交与商业秘密管理委员会确认密级，按照商业秘密保护制度的规定进行标识、存档，存档后，与该数据相关的其他复制件应予以销毁；

4.3.2 对于保存在计算机中的生产数据，要采取严格的保护措施，除经特别授权，包括数据采集、统计人员在内的所有人员应无法拷贝、复制、打印该生产数据；

4.3.3 对上述保存生产数据的计算机所在房间应采取防盗报警措施，且该计算机不应接入互联网以及局域网。

4.4 生产工作会议：

4.4.1 涉及保密内容的生产工作会议，应将会议记录交予商业秘密管理委员会确认密级，按照商业秘密保护制度的规定进行标识、存档；

4.4.2 会议结束后，会议负责人应仔细查看会议室，不得将任何含有保密信息的文件遗留在会议室内，如使用了会议室中的写字板，应清除写字板上的所有内容；

4.4.3 生产原料标识；

4.4.3.1 对于需要保密的生产原料，应将该原料的各种信息覆盖，采用其他标识来表示该生产原料；

4.4.3.2 建立生产原料的原信息与标识信息对照登记簿，该对照登记簿建立后由制作人交与商业秘密管理委员会确认密级，按照商业秘密保护制度的规定进行标识、存档。

5. 技术人员保密职责

5.1 研发技术人员：

5.1.1 研发技术人员在研发过程中创造的新技术等商业秘密，由研发主管人员负责做好该商业秘密产生初期的保护工作，包括所有含有商业秘密信息的纸件、磁盘或光盘，待该技术成果完成后，及时整理资料，交与商业秘密管理委员会确认密级，按照商业秘密保护制度的规定进行标识、存档。

5.2 生产技术人员：

5.2.1 生产技术人员应在自己所在的生产区域或控制室内工作，未经允许不得进入其他生产区域或控制室。生产技术人员应做好交接班记录。

（三）对外交流保密管理办法

1. 总则

1.1 为贯彻执行商业秘密保护制度，加强和规范公司的对外交流管理，保护公司的商业技术秘密，特制定本办法；

1.2 本办法所称对外交流包括但不限于：向国内外刊物投递科技论文，国内外人员对公司进行参观、访问及科技交流，外来人员在公司进行培训、实习，本公司人员参加国内外的学术会议、产品展示、专利申请以及对外技术合作等；

1.3 各部门就其涉及的对外交流活动向商业秘密管理委员会提出书面申请，经批准后实施。

2. 公司对外交流

2.1 发表文章：

2.1.1 公司员工在向国内外刊物投稿之前，应将原稿上报公司商业秘密管理委员会审核，经审核不涉及公司商业秘密且不准备申请专利的文章，方可投稿；

2.1.2 经审核涉及商业秘密的，应由商业秘密管理委员确认密级，按照商业秘密保护制度的规定进行标识、存档；

2.1.3 经审核需申请专利的，根据本办法相关规定处理。

3. 公司员工参加境内外科技交流活动

3.1 公司员工参加境内外科技交流活动，应向商业秘密管理委员会申报，填写对外科技交流涉密人员登记表，注明参加人员姓名、所属部门、职务、职称、活动地点以及对外交流活动内容，经批准后方可参加；

3.2 商业秘密管理委员会应提醒参会人员遵守本公司商业秘密保护制度，并要求其签订保护商业秘密承诺书。

4. 专利申请

4.1 对于准备申请专利的发明创造，应首先将相关技术方案上报公司商业秘密管理委员会审核；

4.2 专利申请前应对该技术方案采取相应的保密措施，公司应与指定的专利代理机构签订保密协议；

4.3 对已确定密级的商业秘密申请专利的，在申请公开后，由商业秘密管理委员会根据解密程序办理解密手续。

5. 对外技术合作

5.1 对外技术合作包括技术引进、技术转让、技术实施许可、技术合作开发等；

5.2 对外技术合作应由相关部门报商业秘密管理委员会审核，在对外技术合作登记表上登记，注明技术合作内容、合作单位、时间等事项，经批准后方可进行，商业秘密管理委员会应提醒合作项目负责人遵守本公司商业秘密保护制度，并要求其签订保护商业秘密承诺书；

5.3 公司应与合作单位签订对外合作保密协议；

5.4 对外技术合作一律不得涉及高密级商业秘密。

6. 外来人员对公司的参观访问

6.1 外来人员来公司参观访问，应由接待单位向商业秘密管理委员会申报，填写外来人员参观访问登记表，注明参观单位、人数、时间、接待部门、参观访问地点等事项，经批准后，方可参观访问；

6.2 经批准的参观访问活动由商业秘密保护委员指定接待单位制定详细的计划，包括公司情况介绍和参观访问路线，接待部门应指定人员全程陪同，严格履行公司的各项保密制度；

6.3 对于团体来访人员，接待部门应提前办理临时出入证；

6.4 生产厂区内划定的核心区域一律不得参观。

7. 外来人员培训、实习

7.1 外来人员来公司培训或实习，应由接待单位向商业秘密管理委员会申报，填写外来人员培训或实习登记表，注明外来人员所属单位、姓名、人数、时间、接待部门、培训或实习内容等事项，经批准后，方可安排培训或实习岗位；

7.2 外来培训或实习人员必须与公司签订外来人员保密协议；

7.3 外来培训或实习人员一律不得接触高密级商业秘密。

8. 罚责

8.1 对于违反规定的对外交流合作，公司有权终止相关协议，对公司有关人员根据情节严重分别给予警告、罚款、开除处分；

8.2 在合作中泄露公司商业秘密，对公司造成损失的，追究经济赔偿责任，损失巨大的，可交司法机关追究法律责任。

第四篇

行政与刑事合规

第八章　行政与刑事商业秘密规则

一、商业秘密行政法律依据和救济要点

1. 相关依据

①《关于禁止侵犯商业秘密行为的若干规定》(1998 修正)；
②《商业秘密保护规定（征求意见稿）》(2020)；
③《全国商业秘密保护创新试点工作方案》(2022)；
④《反不正当竞争法》(2019) 及《中华人民共和国行政处罚法》(2021) 相关条款。

2. 行政救济要点

县级以上工商行政管理部门对侵犯商业秘密行为的行政执法，包括作出行政检查、行政处罚、采取行政强制措施和对赔偿数额进行调解。

工商行政管理机关可以依职权发现并查处侵犯商业秘密违法行为，但通常通过受理投诉、申诉、举报方式启动行政救济程序。在向工商行政管理机关申请查处侵犯商业秘密违法行为时，申请人应当提供商业秘密及侵权行为存在的证据。

行政措施有行政处罚、行政罚款、行政调解与行政强制措施。监督检查部门可以责令停止违法行为，没收违法所得，处 10 万元以上 100 万元以下的罚款；对于情节严重的，可以处 50 万元以上 500 万元以下的罚款。

对于证据确凿的侵害商业秘密违法行为，行政救济方式快速、便捷，对于及时制止侵害行为十分有效。

二、商业秘密刑事法律依据

1.《刑法》(2020 修正)：

第二百一十九条　【侵犯商业秘密罪】有下列侵犯商业秘密行为之一，情

节严重的，处三年以下有期徒刑，并处或者单处罚金；情节特别严重的，处三年以上十年以下有期徒刑，并处罚金：

（一）以盗窃、贿赂、欺诈、胁迫、电子侵入或者其他不正当手段获取权利人的商业秘密的；

（二）披露、使用或者允许他人使用以前项手段获取的权利人的商业秘密的；

（三）违反保密义务或者违反权利人有关保守商业秘密的要求，披露、使用或者允许他人使用其所掌握的商业秘密的。

明知前款所列行为，获取、披露、使用或者允许他人使用该商业秘密的，以侵犯商业秘密论。

本条所称权利人，是指商业秘密的所有人和经商业秘密所有人许可的商业秘密使用人。

第二百一十九条之一 【为境外窃取、刺探、收买、非法提供商业秘密罪】为境外的机构、组织、人员窃取、刺探、收买、非法提供商业秘密的，处五年以下有期徒刑，并处或者单处罚金；情节严重的，处五年以上有期徒刑，并处罚金。

第二百二十条 【单位犯侵犯知识产权罪的处罚规定】单位犯本节第二百一十三条至第二百一十九条之一规定之罪的，对单位判处罚金，并对其直接负责的主管人员和其他直接责任人员，依照本节各该条的规定处罚。

2.《中华人民共和国刑事诉讼法》（2018修正）：

第五十四条 人民法院、人民检察院和公安机关有权向有关单位和个人收集、调取证据。有关单位和个人应当如实提供证据。

行政机关在行政执法和查办案件过程中收集的物证、书证、视听资料、电子数据等证据材料，在刑事诉讼中可以作为证据使用。

对涉及国家秘密、商业秘密、个人隐私的证据，应当保密。

凡是伪造证据、隐匿证据或者毁灭证据的，无论属于何方，必须受法律追究。

第一百五十二条 采取技术侦查措施，必须严格按照批准的措施种类、适用对象和期限执行。

侦查人员对采取技术侦查措施过程中知悉的国家秘密、商业秘密和个人隐私，应当保密；对采取技术侦查措施获取的与案件无关的材料，必须及时销毁。

采取技术侦查措施获取的材料，只能用于对犯罪的侦查、起诉和审判，不得用于其他用途。

公安机关依法采取技术侦查措施，有关单位和个人应当配合，并对有关情况予以保密。

第一百八十八条　人民法院审判第一审案件应当公开进行。但是有关国家秘密或者个人隐私的案件，不公开审理；涉及商业秘密的案件，当事人申请不公开审理的，可以不公开审理。

不公开审理的案件，应当当庭宣布不公开审理的理由。

3. 最高人民法院关于适用《中华人民共和国刑事诉讼法》的解释（2021）

第五十五条　查阅、摘抄、复制案卷材料，涉及国家秘密、商业秘密、个人隐私的，应当保密；对不公开审理案件的信息、材料，或者在办案过程中获悉的案件重要信息、证据材料，不得违反规定泄露、披露，不得用于办案以外的用途。人民法院可以要求相关人员出具承诺书。

违反前款规定的，人民法院可以通报司法行政机关或者有关部门，建议给予相应处罚；构成犯罪的，依法追究刑事责任。

第八十一条　公开审理案件时，公诉人、诉讼参与人提出涉及国家秘密、商业秘密或者个人隐私的证据的，法庭应当制止；确与本案有关的，可以根据具体情况，决定将案件转为不公开审理，或者对相关证据的法庭调查不公开进行。

第一百三十五条　法庭决定对证据收集的合法性进行调查的，由公诉人通过宣读调查、侦查讯问笔录、出示提讯登记、体检记录、对讯问合法性的核查材料等证据材料，有针对性地播放讯问录音录像，提请法庭通知有关调查人员、侦查人员或者其他人员出庭说明情况等方式，证明证据收集的合法性。

讯问录音录像涉及国家秘密、商业秘密、个人隐私或者其他不宜公开内容的，法庭可以决定对讯问录音录像不公开播放、质证。

公诉人提交的取证过程合法的说明材料，应当经有关调查人员、侦查人员签名，并加盖单位印章。未经签名或者盖章的，不得作为证据使用。上述说明材料不能单独作为证明取证过程合法的根据。

第二百二十二条　审判案件应当公开进行。

案件涉及国家秘密或者个人隐私的，不公开审理；涉及商业秘密，当事人提出申请的，法庭可以决定不公开审理。

不公开审理的案件，任何人不得旁听，但具有刑事诉讼法第二百八十五条规定情形的除外。

第二百八十七条　审判长宣布法庭辩论终结后，合议庭应当保证被告人充分行使最后陈述的权利。

被告人在最后陈述中多次重复自己的意见的，法庭可以制止；陈述内容蔑视法庭、公诉人，损害他人及社会公共利益，或者与本案无关的，应当制止。

在公开审理的案件中，被告人最后陈述的内容涉及国家秘密、个人隐私或者商业秘密的，应当制止。

4.《最高人民检察院、公安部关于修改侵犯商业秘密刑事案件立案追诉标准的决定》（2020）

【侵犯商业秘密案《刑法》第219条】侵犯商业秘密，涉嫌下列情形之一的，应予立案追诉：

（一）给商业秘密权利人造成损失数额在三十万元以上的；

（二）因侵犯商业秘密违法所得数额在三十万元以上的；

（三）直接导致商业秘密的权利人因重大经营困难而破产、倒闭的；

（四）其他给商业秘密权利人造成重大损失的情形。

前款规定的造成损失数额或者违法所得数额，可以按照下列方式认定：

（一）以不正当手段获取权利人的商业秘密，尚未披露、使用或者允许他人使用的，损失数额可以根据该项商业秘密的合理许可使用费确定；

（二）以不正当手段获取权利人的商业秘密后，披露、使用或者允许他人使用的，损失数额可以根据权利人因被侵权造成销售利润的损失确定，但该损失数额低于商业秘密合理许可使用费的，根据合理许可使用费确定；

（三）违反约定、权利人有关保守商业秘密的要求，披露、使用或者允许他人使用其所掌握的商业秘密的，损失数额可以根据权利人因被侵权造成销售利润的损失确定；

（四）明知商业秘密是不正当手段获取或者是违反约定、权利人有关保守商业秘密的要求披露、使用、允许使用，仍获取、使用或者披露的，损失数额可以根据权利人因被侵权造成销售利润的损失确定；

（五）因侵犯商业秘密行为导致商业秘密已为公众所知悉或者灭失的，损失数额可以根据该项商业秘密的商业价值确定。商业秘密的商业价值，可以根据该项商业秘密的研究开发成本、实施该项商业秘密的收益综合确定；

（六）因披露或者允许他人使用商业秘密而获得的财物或者其他财产性利益，应当认定为违法所得。

前款第二项、第三项、第四项规定的权利人因被侵权造成销售利润的损失，可以根据权利人因被侵权造成销售量减少的总数乘以权利人每件产品的合理利润确定；销售量减少的总数无法确定的，可以根据侵权产品销售量乘以权利人每件产品的合理利润确定；权利人因被侵权造成销售量减少的总数和每件产品的合理利润均无法确定的，可以根据侵权产品销售量乘以每件侵权产品的合理利润确定。商业秘密系用于服务等其他经营活动的，损失数额可以根据权利人因被侵权而减少的合理利润确定。

商业秘密的权利人为减轻对商业运营、商业计划的损失或者重新恢复计算机信息系统安全、其他系统安全而支出的补救费用，应当计入给商业秘密的权利人造成的损失。

5. 刑事救济要点

刑事救济是商业秘密保护最严厉的最后一道防线。采取刑事救济的途径包括公诉、自诉。公诉案件中，人民检察院是公诉人，商业秘密权利人是举报人，也被称为被害单位或被害人。自诉案件中，商业秘密权利人是自诉原告，犯罪嫌疑人是被告，自诉案件可以调解。

提起商业秘密刑事案件的当事人一般依据刑事案件来获取或调查核实的证据材料，另行提起民事诉讼要求损失赔偿。这就需要提前充分准备，结合密点与窃密行为尽量利用刑事案件调取更多的有利于民事诉讼的证据。

被害人或被害单位应注意收集合法有效证据：犯罪主体证据、非公知性证据、价值性和实用性证据、采取保密措施证据、犯罪行为证据、主观故意证据，以及与定罪量刑标准有关的证据七大类证据。

第九章　刑事合规

一、最高检建议企业刑事合规

2019年最高人民检察院（以下简称最高检）发布《人民检察院检察建议工作规定》（以下简称《规定》），《规定》第二条明确指出检察建议在推进社会治理方面的效用，同时第三条与第五条也明确规定检察机关可向涉案企业提出社会治理检察建议与其他检察建议。最高检相关人员在企业刑事合规与司法环境优化研讨会上也指出：检察机关应在做好对犯罪追诉的同时，积极参与社会治理，依法开展刑事合规管理，促使企业及其员工尊法、守法、用法，努力提升企业管理法制化水平。检察建议在企业治理层面的表现形式便是提出合规计划，合规计划的直接目的就在于推动企业合规文化的形成，终极目的则在于督促企业、企业高级管理层、企业员工形成对法律及规则的尊重与信赖。通过合规计划，检察机关深入企业治理的"深水区"，赋予了检察职能新的内涵，即检察机关从企业治理的旁观者变为公司治理结构改革的推动者。这也就意味着，检察机关在审查起诉以及监管的过程中，不再是"就案办案"，若发现企业在商业活动、贸易往来等环节存在管理漏洞，在预防犯罪方面存在巨大风险，可能导致企业员工、子公司、相关利益第三方实施违法犯罪行为的，便可借助检察建议的方式来督促企业进行相关整改，加强合规建设，消除犯罪隐患。从我国的角度来看，合规不起诉的建立，有助于促使检察机关参与社会治理的模式从"蜻蜓点水"转变为"追本溯源"，真正实现检察职能的社会效果与法律效果的统一。

二、企业刑事合规进程

2018年最高检发布11项具体检察政策，对企业负责人涉经营类犯罪，依法能不捕的不捕、能不诉的不诉、能不判实刑的提出适用缓刑建议，切实加强对企业合法权益的平等保护。

2020年3月起,最高人民检察院在上海浦东、金山,江苏张家港,山东郯城,广东深圳南山、宝安等6家基层检察院开展企业合规改革第一期试点工作。试点检察院对民营企业负责人涉经营类犯罪,依法能不捕的不捕、能不诉的不诉、能不判实刑的提出适用缓刑的量刑建议。合规改革的大幕由此拉开,各地方检察院也开始了对合规改革的探索。

2021年4月,最高检下发了《关于开展企业合规改革试点工作方案》,正式启动第二期企业合规改革试点工作。第二期试点涉及北京、辽宁、上海、江苏、浙江、福建、山东、湖北、湖南、广东等十个省(直辖市),具体试点单位由省级检察院自行确定。

2021年6月3日,最高人民检察院、司法部、财政部等九部门联合发布了《关于建立涉案企业合规第三方监督评估机制的指导意见(试行)》,其中规定了涉案企业合规第三方监督评估机制,为涉案企业适用合规不起诉提供了明确的制度路径和工作抓手,在全国范围内为企业合规监管试点工作确立了统一规范。

为保障第三方机制规范有序运行,自2021年9月起,最高检、全国工商联等九部门联合成立第三方机制管委会,并组建第一批专业人员库。11月九部门联合下发两个配套文件,即《涉案企业合规第三方监督评估机制专业人员选任管理办法(试行)》以及《关于建立涉案企业合规第三方监督评估机制的指导意见(试行)实施细则》。

2022年4月,最高检等部门出台《涉案企业合规建设、评估和审查办法(试行)》。根据《涉案企业合规第三方监督评估机制建设年度情况报告》和相关资料显示:截至2022年5月底,全国检察机关共办理涉企业合规案件1777件,超六成合规案件适用第三方机制。对整改合规的333家企业,1106人依法作出不起诉决定。仅有14家企业未通过考核评估。

企业合规不起诉在我国正迅猛地发展,并呈现检察机关主导、多方参与、各方共赢的态势,国资委、财务部门、工商联、网信办等部门均从各自专业角度参与第三方机制建设,实现了各个部门通力合作完善社会治理的局面,从综合角度推动企业平衡发展与风控,并向全社会传递平稳发展、合规运营的理念。

从企业角度讲,合规不起诉机制的适用,给予企业家特别是民营企业主避免被定罪量刑的机会,也能更好地维护企业各方面的合法权益,为推动社会经济平稳发展的大局提供了法律保障。

三、侵犯商业秘密犯罪刑事合规风险防范

近年来，中国企业在海外经营过程中，频繁因侵犯知识产权、窃取商业秘密受到其他国家政府的制裁。在当前的经济环境下，商业秘密保护是企业保持核心竞争力的关键，也是企业利益维护的重心，所以企业更应当注重对侵犯商业秘密刑事风险的事前预防，将商业秘密法律保护纳入企业刑事合规体系建设和机制完善之中。从企业刑事合规管理角度来看，在实务中预防企业侵犯商业秘密犯罪刑事风险，强化商业秘密法律保护，避免企业自身或企业员工因涉嫌侵犯其他企业商业秘密被刑事控告；要建立标准化的刑事合规操作流程，特别是符合企业自身特点的风险管控工作流程。

四、行政与刑事案例解析

No.1【(2020)浙02行终293号】浙江三泉智能科技有限公司诉余姚市市场监督管理局侵害商业秘密行政处罚案

案情介绍

张某曾为第三人宁波展鹰智能卫浴科技有限公司（以下简称展鹰公司）的员工，于2017年4月签订员工保密协议一份，约定张某应保守展鹰公司的商业秘密。2017年11月，张某离职后与展鹰公司的原销售总监位某某签订《合伙人协议》，拟设立浙江三泉智能科技有限公司（以下简称三泉公司），由双方妻子代持股份。

2018年5月8日，余姚市市场监督管理局（以下简称余姚市监局）接到展鹰公司举报，对三泉公司是否侵犯展鹰公司商业秘密进行调查处理。调查期间，余姚市监局根据《工商行政管理机关行政处罚程序规定》第三十一条规定，委托上海硅知识产权交易中心有限公司司法鉴定所对相关技术信息进行鉴定。

余姚市监局于2018年12月20日作出余市监处〔2018〕748号行政处罚决定，认定张某违反保密协议约定，将展鹰公司的商业秘密带入三泉公司处进行使用。三泉公司应知张某将第三人展鹰公司的商业秘密用于产品研发，仍使用该商业秘密。根据《反不正当竞争法》第九条第一款第（三）项和第二款

规定，应当视为侵犯商业秘密。决定对三泉公司处罚：责令立即停止侵犯展鹰公司商业秘密的行为；罚款15万元。

三泉公司不服余姚市监局作出的余市监处〔2018〕748号行政处罚决定，向余姚市人民法院提起行政诉讼。

法院视角

余姚市人民法院经审理认为：被告余姚市监局根据《工商行政管理机关行政处罚程序规定》第三十一条关于"为查明案情，需要对案件中专门事项进行鉴定的，工商行政管理机关应当出具载明委托鉴定事项及相关材料的委托鉴定书，委托具有法定鉴定资格的鉴定机构进行鉴定"的规定，对鉴定机构和鉴定人资质进行了审查。鉴定过程中被告对原告进行了相应的鉴定期间告知、鉴定结果告知。鉴定结论可以作为认定原告侵犯商业秘密的证据。原告关于"市场上同类产品的外观几乎都是一样"的意见，鉴定机构在鉴定中已经根据《最高人民法院关于审理不正当竞争民事案件应用法律若干问题的解释》第九条第二款第一项、第二项进行了充分的考量。而技术图纸、作业指导书并不简单等同于产品外观，图纸中关于粗糙度标注、技术要求等信息以及作业指导书中的工序要求并不能通过观察产品直接得到，属于"不为公众所知悉"的技术信息。原告三泉公司提供SQ-F6802智能马桶电磁阀图纸中有12个零件的技术图纸、《三泉B02-XH2.54阀头通用标准作业指导书》中的12页、《F68电磁阀标准作业指导书》中的7页经鉴定与第三人的"不为公众所知悉"的技术信息构成相同或实质相同。且原告一成立就对外委托开发模具并没有经历自主研发阶段，故原告无法证明其完成了反向工程的自主研发过程。张某和位某某作为原告的隐名股东，从筹备阶段就实质管理公司，故张某获取、披露、使用第三人商业秘密的行为是为公司利益和公司股东利益而为的经营、管理行为，其行为后果应由公司来承担。综上，被告作出的余市监处〔2018〕748号行政处罚决定证据确凿，适用法律、法规正确，符合法定程序，原告诉请撤销被诉行政处罚决定的理由不能成立。该院于2020年6月24日判决：驳回原告浙江三泉智能科技有限公司的诉讼请求。

一审宣判后，三泉公司不服，向宁波市中级人民法院提起上诉。该院经审理认为，原审认定事实清楚，适用法律正确，遂于2020年10月30日判决：驳回上诉，维持原判。

三泉公司不服，向浙江省高级人民法院申请再审，后被驳回。

本案启示

本案是一起因侵犯商业秘密引起的行政诉讼案件。本案中，原告的隐名股东是第三人的前员工，离职后未遵守保密协议的约定，侵犯了第三人的商业秘密，是商业秘密侵权方式中具有代表性的行为。市场监督管理局的被诉行政处罚行为，事实依据充分，适用法律正确，保障了相对人的陈述申辩听证权利，履行办案期限延长审批、集体讨论等法定程序，量罚适当。通过司法审查，法院支持了行政机关依法作出的行政行为，有效打击了侵害他人商业秘密的行为。

行政机关为查明案情，需要对案件中的专门事项进行鉴定的，应当出具载明委托鉴定事项及相关材料的委托鉴定书，委托具有法定鉴定资格的鉴定机构进行鉴定，鉴定意见可以作为认定相关主体侵犯商业秘密的证据。公司明知或应知其隐名股东的商业秘密违法行为，而获取、使用或者披露该商业秘密的，视为侵犯商业秘密，该行为是为公司利益和公司股东利益而为的经营、管理行为，其后果应由公司来承担，该公司是行政处罚的适格相对人。

No. 2【沪市监奉处（2021）262020001002号】高稻（上海）工业设备有限公司涉嫌侵犯商业秘密行政处罚案

案情介绍

权利人风力嘉风机（上海）有限公司（以下简称风力嘉公司）举报，反映该公司前员工吴某涉嫌通过不正当手段获取权利人公司的风机产品技术图纸，离职后入职高稻（上海）工业设备有限公司，通过高稻公司向外协加工单位提供风机加工图纸，委托外协加工单位生产制造与风力嘉公司相同或相似型号的风机产品，给权利人造成巨大损失，涉嫌侵犯商业秘密。

2020年10月21日，执法人员对位于上海市奉贤区柘林镇浦卫公路新园路8号的外协加工单位上海光菱机械科技有限公司（以下简称光菱公司）及浦卫公路6459号的外协加工单位上海畅彦实业有限公司（以下简称畅彦公司）进行现场检查，发现高稻（上海）工业设备有限公司委托加工风机的上述两家外协加工单位现场车间及电脑内存有部分风机加工图纸与权利人图纸相同或近似。

由福建中证司法鉴定中心的鉴定人员对当事人委托的外协加工单位上海光

菱机械科技有限公司办公电脑内涉嫌侵权的图纸进行电子数据证据保全和固定。

上海市科技咨询服务中心对当事人的外协加工单位上海光菱机械科技有限公司（以下简称光菱公司）电脑内的部分风机产品图纸进行商业秘密鉴定。

经查明，当事人高稻（上海）工业设备有限公司于 2020 年 1 月 6 日登记设立，于 2020 年 2 月开始接受风机产品的采购订单，委托外协加工单位光菱公司和畅彦公司生产制造风机产品，并对外销售。当事人的总经理吴某曾是风力嘉公司前员工，2005 年 10 月入职到 2015 年 3 月离职，其间担任质量检验员、生产主管、生产总监等职务，于高稻公司成立后担任总经理至今。吴某在风力嘉公司任职期间曾是"administrators"账户的使用者，离职后将获取的部分风机图纸带到当事人企业，并对相关风机图纸中的机壳、进风、进风侧板、叶轮前盘等对性能不产生影响的部件进行修改后投入生产。共计生产销售 HA55、HA60、HA66、GMB18、GMB20 和 BV71 型号风机产品 20 台，合同总金额 275190 元，涉及侵权的风机产品销售额 115200 元，获利 28915.3 元（含税）。综上，当事人侵犯商业秘密产品的销售额 115200 元，违法所得 25588.76 元。

处罚决定

违法行为类型：第三人明知或者应知商业秘密权利人的员工、前员工或者其他单位、个人实施前款所列违法行为，仍获取、披露、使用或者允许他人使用该商业秘密。

行政处罚内容：罚款 22.558876 万元，责令停止违法行为。

本案启示

外协委托加工时如管控不力，是典型的技术秘密外协渠道。本案当事人离职后，即将图纸修订后投入生产，企业及时举报后制止了违法行为，并未造成严重恶果。当地市场监督管理局处理本案时，委托相应鉴定机构及时固定证据并对图纸采取专业鉴定，最终有力打击了侵犯商业秘密行为，维护了市场公平秩序。

No.3【台市监案处（2020）35号】徐某辉涉嫌侵犯商业秘密案

案情介绍

主要违法事实：当事人在淘宝网以个人身份证于 2010 年 7 月 31 日注册了德星科技、于 2018 年 5 月 6 日注册了台州德星电子科技，上述两个网店主要销售智能锁、电机控制器的电路板技术等。2019 年年初上述两个网店同时上架销售"直流无刷电机控制器 FOC 矢量带 PFC 电路 90V–265V 全压 TMS320F28027""STM8S903 直流无刷电机 BLDC 控制器 220V 水泵 提供全套方案程序源码"两种技术，其中"直流无刷电机控制器 FOC 矢量带 PFC 电路 90V–265V 全压 TMS320F28027"售价均为 2000 元、"STM8S903 直流无刷电机 BLDC 控制器 220V 水泵 提供全套方案程序源码"售价均为 4000 元，但上述两种技术的实际售价以销售记录为准。

另查，浙江飞越机电有限公司于 2017 年 2 月 7 日成立研发"真空泵用无刷直流电机控制系统"系统团队，2017 年 3 月 3 日与浙江大学签订了技术开发（委托）合同委托研发，后支付了 30 万元的研发费用。利用该技术生产的真空泵可以在 90V–265V 全部电压的条件下都可以通用，基本上在全球的电压下都可以通用了。解决了该公司真空泵局限于某一个具体的电压范围，能减少成本，提高效益，且该公司开发该技术时真空泵产品上全压通用的全球还没有，属全球首创。"直流无刷回收机系统"相关技术由该公司于 2015 年 4 月开始自主研发；2016 年 4 月该公司正式启动"回收机"项目；2017 年 1 月已经把该技术使用在回收机上，该回收机主要是用于回收空调上的氟利昂，也是全球首创的。2016 年该回收机销量仅为 414 台；2017 年使用新技术生产的回收机销量为 6951 台，2018 年销量为 8156 台。目前，回收机是该公司除真空泵外的第二大主营业务，占公司所有业务的 20% 左右。上述两种技术，均为该公司研发并使用，并不为公众所知悉，且公司均采取了相应的保密措施。

当事人于 2016 年 12 月 27 日到浙江飞越机电有限公司上班，担任该公司电子研发部电子工程师，2018 年 9 月 23 日以"离家远不方便"为由从该公司离职。在当事人担任该公司电子研发部电子工程师期间，该公司于 2017 年上半年委托浙江大学共同研发"真空泵用无刷直流电机控制系统"技术，2017 年下半年当事人获取了该技术，后当事人网店销售的"直流无刷电机控制器 FOC 矢量带 PFC 电路 90V–265V 全压 TMS320F28027"其实就是该技术。又因为该公司电子研发部用来记载公司各类技术资料的笔记本除了电子研发部相关人员知道其开机密码并使用外，其他人都不知道相关密码并使用，故当事人于 2018 年 5 月前后从该电脑获取到"直流无刷回收机系统"相关技术资料，其销售的"STM8S903 直流无刷电机 BLDC 控制器 220V 水泵提供全套方案程序源码"就为该技术。

当事人在进行调查时，积极与浙江飞越机电有限公司进行沟通，以求获得其谅解，并提供了《家庭经济困难证明》。

处罚决定

行政处罚种类、依据：侵犯商业秘密。

行政处罚内容：责令停止违法行为，没收违法所得 17650 元，处罚款 5 万元。

本案启示

研发人员合作研发时，往往脱离了现实可控的保密环境，再加上疏于保密管理，往往会有人钻空子，做出侵犯商业秘密的行为。本案当事人通过行政手段，快速制止了违法行为，值得借鉴，但是实践中更多的企业只能自食恶果，为保密管理不善埋单。

No. 4【沪市监崇处（2021）302020000939 号】上海崇明鸿鹏健身服务中心涉嫌侵犯商业秘密案

案情介绍

2020 年 5 月 31 日，上海崇明鸿鹏健身服务中心负责人被举报涉嫌侵犯其他单位商业秘密。

经查明：当事人上海崇明鸿鹏健身服务中心的原投资人周某鑫于 2018 年下半年进入上海宜正体育服务有限公司工作，至 2019 年 9 月周某鑫一直在该健身公司教练部任职，主要职责是为私教会员提供健身指导以及向其他会员推广私教课程。

2019 年 4 月，周某鑫与上海宜正体育服务有限公司签订《员工保密合同》，约定了上海宜正体育服务有限公司的客户名单、通信号码等信息属于商业秘密，周某鑫未经许可不得使用或使他人使用合同中约定的商业秘密。

2019年5月，周某鑫未经上海宜正体育服务有限公司同意，私自拷贝前台电脑（设有登录密码）中存储的会员信息，经其整理获取客户名单、通信号码共计3801条。

2019年9月，周某鑫从上海宜正体育服务有限公司离职，同年10月25日周某鑫投资成立上海崇明鸿鹏健身服务中心，该中心是一家从事健身服务、体育指导的单位。

上海崇明鸿鹏健身服务中心开拓业务期间，2020年4月周某鑫将上述含有上海宜正体育服务有限公司会员信息的文件微信发给本单位工作人员周某并让其将信息分派给其他员工通过电话联系发展健身会员。

当事人上述侵犯其他单位商业秘密的行为于2020年6月18日被查获。

处罚决定

违法行为类型：违反保密义务或者违反权利人有关保守商业秘密的要求，披露、使用或者允许他人使用其所掌握的商业秘密。

行政处罚内容：罚款5万元，责令停止违法行为。

本案启示

对于保密基础工作较好的单位，如果发生了经营信息泄密的情况，及时向当地市场监督管理局报案，请求维护自身权益，往往能取得比民事诉讼更便捷的实际效果。但是，如果自身保密意识淡薄，保密措施并不完善，在举报环节就会面临材料无法整理证明的难题。

No.5【（2018）浙0381刑初1234号】金某盈侵犯商业秘密案

案情介绍

被告人金某盈，1981年生，案发前系温州菲涅尔光学仪器有限公司（以下简称菲涅尔公司）法定代表人、总经理。温州明发光学科技有限公司（以下简称明发公司）成立于1993年，自1997年开始研发超薄型平面放大镜生产技术，研发出菲涅尔放大镜（"菲涅尔放大镜"系一种超薄放大镜产品的通用名称）批量生产的制作方法——耐高温抗磨专用胶板、不锈钢板、电铸镍模板三合一塑成制作方法和镍模制作方法。明发公司根据其特殊设计，将胶板、模板、液压机分别交给温州市光大橡塑制品公司、宁波市江东精杰模具加工厂、瑞安市永鑫液压机厂生产。随着生产技术的研发推进，明发公司不断调整胶板、模板、液压机的规格和功能，不断变更对供应商的要求，经过长期合作，三家供应商能够提供匹配的产品及设备。

被告人金某盈于 2005 年应聘到明发公司工作，金某盈先后担任业务员、销售部经理、副总经理，对菲涅尔超薄放大镜制作方法有一定了解，并掌握设备供销渠道、客户名单等信息。2011 年初，金某盈从明发公司离职，当年 3 月 24 日以其姐夫应某甲、应某乙的名义成立菲涅尔公司，该公司 2011 年度浙江省地方税（费）纳税综合申报表载明金某盈为财务负责人。菲涅尔公司成立后随即向上述三家供应商购买与明发公司相同的胶板、模具和液压机等材料、设备，使用与明发公司相同的工艺生产同一种放大镜进入市场销售，造成明发公司经济损失人民币 122 万余元。

2018 年 1 月 23 日，浙江省温州市公安局以金某盈涉嫌侵犯商业秘密罪移送温州市人民检察院（以下简称温州市检察院）审查起诉。1 月 25 日，温州市检察院将本案交由瑞安市人民检察院（以下简称瑞安市检察院）办理。被告人未作有罪供述，为进一步夯实证据基础，检察机关退回公安机关就以下事项补充侦查：金某盈是否系菲涅尔公司实际经营者，该公司生产技术的取得途径，明发公司向金某盈支付保密费情况以及金某盈到案经过等事实。8 月 16 日，瑞安市检察院以被告人金某盈构成侵犯商业秘密罪向浙江省瑞安市人民法院（瑞安市法院）提起公诉。

法院视角

瑞安市人民法院审理认为，涉案技术信息以及三家供应商信息符合刑法关于"秘密性、价值性、保密性"的特征要件，属于明发公司的商业秘密。被告人金某盈违反明发公司有关保守商业秘密的约定，使用明发公司的涉案商业秘密用于菲涅尔公司生产、销售与明发公司同样的菲涅尔超薄放大镜产品，其行为已侵犯明发公司的商业秘密。因本案权利人的实际损失难以确定，故应以侵权人的获利即菲涅尔公司生产、销售侵权产品的销售利润作为认定损失标准。公诉机关指控以菲涅尔公司 2011 年 3 月至 2016 年 12 月的放大镜类产品的销售毛利额认定因侵犯商业秘密对权利人所造成的经济损失为 1220782.94 元，并无不当。金某盈违反权利人有关保守商业秘密的约定，使用其所掌握的商业秘密，给商业秘密的权利人造成重大损失，其行为已构成侵犯商业秘密罪，公诉机关指控的罪名成立。遂于 2019 年 2 月 14 日判决：①被告人金某盈犯侵犯商业秘密罪，判处有期徒刑一年六个月，并处罚金人民币 70 万元。②随案移送的黑色橡胶胶皮 3 张、模具 1 个、放大镜样品 5 个，予以没收。

一审宣判后，金某盈不服，向温州市中级人民法院提起上诉。该院经审理认为，原审认定事实清楚，适用法律正确，量刑适当，遂于 2019 年 9 月 6 日裁定：驳回上诉，维持原判。

本案启示

本案展现了商业秘密刑事保护的全貌，涉及技术信息、经营信息，技术信息是否不为公众所知悉的鉴定，被诉技术方案与涉案技术信息的比对，对重大损失评估审计报告的分析判断等多个难点问题，是商业秘密刑事保护的典型案例，具有较强的示范意义。本案入选最高人民检察院第二十六批指导性案例。

No. 6【（2019）京 01 刑终 329 号】【（2018）京 0108 刑初 258 号】许某海等侵犯商业秘密案

案情介绍

许某海曾系北京福星晓程电子科技股份有限公司（以下简称晓程公司）外贸部主管，徐某原系晓程公司生产采购部采购员。2012 年至 2014 年，许某海违反晓程公司相关保密要求，将其所掌握的含有四个核心程序源代码技术信息提供给他人，并伙同徐某等人使用上述核心程序源代码制作电表，通过其所实际控制的北京海马兴旺科贸有限公司（以下简称海马公司）向平壤合营公司出口销售相关电表，非法获利。其中，许某海负责出口及销售电表，徐某负责采购电表元器件、加工及后续焊接等。经查，根据立项、研发等材料、非公知性鉴定、劳动合同、保密协议及相关证人证言等在案证据，足以证实晓程公司享有涉案四个核心程序源代码的电表程序技术秘密，且采取了严格保密措施。另查，晓程公司主张其涉案技术研发成本为 263 万余元；徐某自认海马公司向其进货单价是 155 元，出口单价 26 美元；在最初与许某海向朝鲜制售的 2 万套电表中其个人获利 10 万元，之后其与许某海合作制造了三四十万个电表。2017 年 6 月，徐某、许某海先后被抓获归案。公诉机关于 2018 年 1 月 25 日向一审法院提起公诉，认为许某海、徐某的行为触犯了《刑法》第二百一十九条第一款第三项等相关规定，构成侵犯商业秘密罪，且后果特别严重，提请依法惩处。晓程公司当庭诉称二被告人非法获利巨大，仅出口退税就获利 700 余万元，给晓程公司造成巨额经济损失。

被告人许某海于 2012 年至 2014 年，伙同被告人徐某，违反被害单位北京福星晓程电子科技股份有限公司有关保守商业秘密的要求，将其所掌握的含有晓程公司不为公众所知悉的 FD3327K 型智能电表"IC_PROG. ASM""OP-CARD. ASM""SPI_DO_WITH. ASM""DO_WITH_GLF. ASM"四个核心程序源代码技术信息提供给他人，并伙同徐某等人使用上述核心程序技术信息制作电表，通过其所实际控制的北京海马兴旺科贸有限公司向朝鲜平壤电器件合营公司出口销售含有晓程公司上述核心程序技术信息的电表，非法获利。其中，许某海负责出口及销售电表事宜，徐某负责采购电表元器件、加工及后续焊接等事宜。经审计，自 2005 年 3 月至 2012 年 6 月，晓程公司的上述四个非公知核心程序技术研发成本为人民币 2637716.19 元。经被害单位向公安机关报案，被告人徐某于 2017 年 6 月 14 日被公安机关抓获归案，被告人许某海于同年 6 月 22 日经上网追逃被公安机关抓获归案。

法院视角

一审法院认为，许某海、徐某违反晓程公司的保密要求，披露、使用或允许他人使用其所掌握的商业秘密，造成特别严重后果，已构成侵犯商业秘密罪，应予惩处。公诉机关指控二被告人犯有侵犯商业秘密罪的事实清楚，证据确实充分，指控罪名成立。据此，一审法院判决：许某海犯侵犯商业秘密罪，判处有期徒刑四年，罚金 300 万元；徐某犯侵犯商业秘密罪，判处有期徒刑四年，罚金 200 万元。

二审法院针对上诉人许某海、徐某的上诉理由及其辩护人的辩护意见，北京市人民检察院第一分院检察员的出庭意见，本院对本案争议焦点归纳如下：一是许某海、徐某是否使用涉案电表程序生产、出口电表。二是对涉案电表程序的相关鉴定是否具有合法性。三是许某海使用涉案电表程序是有权使用还是非法使用。四是本案是否给商业秘密权利人造成重大损失或者造成特别严重后果。五是许某海、徐某是否构成侵犯商业秘密罪。

二审法院认为，上诉人许某海、徐某违反权利人有关保守商业秘密的要求，使用其所掌握的权利人商业秘密，造成特别严重后果，其行为均已构成侵犯商业秘密罪，依法应予惩处。二人合谋侵犯被害单位商业秘密，并相互分工配合，共同分赃获利。鉴于徐某到案后如实供认其部分罪行，犯罪情节相对许某海较轻，原判已经根据这一情节对徐某在量刑时予以充分考虑，量刑适当，对于上诉人徐某所提罚金刑过重的上诉理由，本院不予采纳。一审法院根据二人犯罪的事实，犯罪的性质、情节及对于社会的危害程度所作出的判决，事实清楚，证据确实、充分，定罪及适用法律正确，量刑适当，审判程序合法，依法应予维持。

本案启示

本案裁判适当借鉴了民事审判规则和理论，综合考虑与"秘密性"特点相关的证据认定商业秘密；在判断技术秘密权属时，不是局限于权利证书等传统刑事认定依据，而是结合立项、研发材料、成本投入及市场开发等相关证据，排除了存在权属争议的合理怀疑后作出认定，增强了裁判说服力。本案适当借鉴民事审判规则，充分论证被告人行为满足侵犯商业秘密罪的各项构成要件，既体现了知识产权"三合一"审判机制的优势，对严重侵犯商业秘密的行为给予有力打击，也加大了对商业秘密的保护力度。

No.7【(2020)京03刑终560号】【(2020)京0113刑初271号】北京拓普北方科技发展有限公司等侵犯商业秘密案

案情介绍

北京希涛技术开发有限公司生产和销售一种稠化剂，该稠化剂配方系该公司自主研发。为防止配方泄露，该公司制定了《保密管理规定》，与员工签订保密协议，并在实验、生产过程中对原料采用代码制管理。2000年至2012年，该公司员工张某某（另案处理）利用在该公司实验、生产的工作经历，知悉了该公司该种稠化剂配方。2008年2月至2017年4月，被告人苏某某任职于该公司，主要从事销售工作。2016年3月，苏某某联系张某某合作生产稠化剂产品，并支付张某某5万元，张某某将北京希涛技术开发有限公司的稠化剂配方告知苏某某。2016年7月25日，苏某某成立北京拓普北方科技发展有限公司，为该公司的实际控制人。2017年起，北京拓普北方科技发展有限公司使用上述配方生产并销售稠化剂产品，获利290余万元。经鉴定，北京希涛技术开发有限公司主张的稠化剂相关技术信息于2019年3月8日之前不为公众所知悉；张某某给苏某某的配方、北京拓普北方科技发展有限公司相关产品配方与北京希涛技术开发有限公司所主张的稠化剂相关技术信息具有同一性。2019年7月8日，被告人苏某某被查获。

法院视角

2020年5月18日，顺义区检察院以被告单位北京拓普北方科技发展有限公司、被告人苏某某犯侵犯商业秘密罪向顺义区法院提起公诉。2020年8月18日，顺义区法院作出一审判决：被告单位北京拓普北方科技发展有限公司犯侵犯商业秘密罪，判处罚金人民币30万元；被告人苏某某犯侵犯商业秘密罪，判处有期徒刑三年六个月，并处罚金人民币5万元；继续追缴被告单位北京拓普北方科技发展有限公司的违法所得人民币290万元，追缴后发还被害单位北京希涛技术开发有限公司。一审判决宣判后，被告人苏某某、被告单位提出上诉，北京市第三中级人民法院经审理后于2020年12月2日裁定驳回上诉，维持原判。

本案启示

本案办理中，重视履行指控犯罪的诉讼职能，攻克了商业秘密选择、密点性质辨析、危害后果确定等多个认定难点；通过追加单位犯罪，增加赔偿主体，利用双罚制，弥补权利公司损失，切实为拥有自主知识产权的经济实体保驾护航。

（1）密点中决定产品性质的核心技术特征具有非公知性，即使其他部分技术已公开，该技术信息作为有机整体仍属于商业秘密。

作为本案密点的稠化剂配方中包括各种原料及其配比比例。从技术上来看，若该配方用于生产同一系列产品，则通常认为可以组成整体技术方案，即一个密点。如果该密点中核心技术特征具有非公知性，则通常认为该密点整体具有非公知性。经对北京希涛技术开发有限公司提交的试验数据、研发记录进行审查和比对，检察机关认为产品配方是一个整体，只要决定产品品质的核心原料配比属于商业秘密，那么技术信息整体就属于商业秘密。

（2）以侵权单位违法所得确定侵犯商业秘密罪的犯罪数额，与后续出台的司法解释规定相契合。

北京希涛技术开发有限公司提交了近年营业额下降的数据，但经调查核实，不能排除市场变化、工厂搬迁等客观影响，故不能以此认定损失数额。承办人对苏某某及北京拓普北方科技发展有限公司的相关生产、销售记录进行详细审查，查明了其实验、生产、销售的数据以及原材料、运费等成本，以违法所得数额作为犯罪数额。

（3）如果涉案商业秘密在整个产品中起到基础性、实质性的作用，可以根据实际以整体利润作为指控数额。

在确定权利人损失数额时，应充分考虑被侵犯的商业秘密在产品整体中所具有的价值或者实现整体利润中的比例。本案中被侵犯的商业秘密是稠化剂基础配方，辅之引发剂等其他原料制成商品。由于涉案密点在整个产品中起到基础性、实质性的作用，故检察机关认为应当以整体利润作为指控数额，获得法院判决认可。

（4）依法追加赔偿主体，将追赃挽损工作落在实处。

依法确定并追加苏某某所实际控制的北京拓普北方科技发展有限公司为被告单位，增加了本案的赔偿主体。判决采纳了检察机关的意见，继续追缴北京拓普北方科技发展有限公司的违法所得290万元，追缴后发还被害单位。

No.8【（2019）京0108刑初1225号】孙某某侵犯商业秘密案

案情介绍

孙某某于2016年11月入职乐酷达公司，担任技术总监。2018年1月28日，孙某某同人生菜单公司签订战略合伙人协议，约定由其为人生菜单公司搭建具有自主知识产权的数字资产交易所技术平台，人生菜单公司承诺向其支付800万元。人生菜单公司向孙某某指定地址汇入705个ETH币。2018年4月10日，孙某某从乐酷达公司离职，后入职人生菜单公司并担任CTO。人生菜单公司又向孙某某指定的两个地址分别汇入235849个USDT币，合计471698个USDT币。孙某某将上述USDT币在虚拟货币交易平台OKEX MALTA进行交易，获现299万元。2018年6月，孙某某为人生菜单公司搭建完成cointobe平台后即离职。经鉴定，孙某某为人生菜单公司搭建的交易所技术平台软件cointobe中6个核心模块源代码与乐酷达公司数字资产交易平台软件OKCoin的非公知源代码具有同一性。2018年9月6日，孙某某被公安机关抓获归案。

法院视角

一审法院认为，孙某某以不正当手段获取权利人的商业秘密，造成特别严重后果，其行为已构成侵犯商业秘密罪。涉案OKCoin交易平台软件核心模块源代码具备了商业秘密的法定构成要件。孙某某与乐酷达公司订立过保密协议，其知悉OKCoin数字资产交易平台系乐酷达公司开发的软件。作为公司高级管理人员，孙某某拥有所有项目的查看及下载权限。人生菜单公司 cointobe 项目与乐酷达公司主张的 OKCoin 软件相关秘密点相同或实质相同，且在 cointobe 项目相关代码中存在乐酷达公司开发工程师刘某相关字符内容，足以证明孙某某在开发 cointobe 项目时实施了侵犯商业秘密的行为。人生菜单公司支付给孙某某的"诚意金"应该认定为孙某某侵犯商业秘密的违法所得。结合 OKex 平台转账记录等证据，可以认定孙某某违法所得至少为 299 万余元。此外，在其工作期间，人生菜单公司除了向孙某某支付了价值 800 万元的虚拟货币外，还支付了共计 47 万元的工资。一审法院以侵犯商业秘密罪判处孙某某有期徒刑三年，罚金 300 万元，同时向孙某某追缴违法所得 299 万余元。孙某某不服提起上诉。二审法院驳回上诉，维持原判。

本案启示

本案为认定收取虚拟货币作为违法所得的犯侵犯商业秘密罪的典型案例。随着虚拟货币市场的日益发展，犯罪行为涉及的违法所得不只以现金等传统货币形式计算，以一定比例兑换的各类虚拟货币在交易中的使用日益普遍。但是，侵犯商业秘密罪中违法所得的认定仍需要以钱款等可以计算的财物或财产性利益计算，由此给刑事案件中违法所得数额的认定带来难题。由于虚拟货币不属于刑法中的财物或财产性利益，因此在计算违法所得时，不能直接将虚拟货币数值作为违法所得计算，而是将被告人在虚拟货币交易平台出售虚拟货币所得作为违法所得计算。

No. 9【（2014）青知刑终字第 4 号】齐某某、张某甲、王某某、张某乙侵犯商业秘密案

案情介绍

被告人齐某某原系青岛某洗衣机有限公司事业部部长，2010 年 7 月辞职；被告人张某甲原系青岛某电子塑胶有限公司技术处生产技术助理工程师，2011 年 1 月辞职；被告人王某某系青岛某洗衣机有限公司青岛制造中心模块化供货平台生产计划工程师；被告人张某乙原系青岛某研究所冰箱客户代表。四被告人均与某集团签有保密协议，协议中明确划定了公司商业秘密的范围，且某集团对此采取了相关保密措施。

2010 年 5 月 21 日 16 时 23 分，被告人齐某某为向某某公司求职，违反与

某集团签订的保密协议，在某洗衣机公司办公室内使用个人邮箱发送含有某洗衣机公司模块化生产线改造后取得的日产能数据、节排数据、不良率下降数据、单班产能数据、全线节拍提升数据、质量损失下降数据、生产线人员变化数据等信息的《个人简历》。经北京国科知识产权司法鉴定中心鉴定，被告人齐某某发送的《个人简历》中所含的上述经营信息，不为公众所知悉，并且能为权利人带来经济利益、具有实用性，且与某相关公司提供的相应文件所记载的信息相同。经连城资产评估有限公司评估，被告人齐某某发送《个人简历》侵犯权利人商业秘密的行为，给权利人造成的直接经济损失为人民币143.48万元。

2010年7月，被告人齐某某从某集团辞职到某某有限公司洗衣机部门工作。2010年8月21日、8月25日和2011年2月24日，被告人齐某某多次电话联系被告人王某某，索要某洗衣机无磷成膜项目核算数据、某工装所及电子塑胶公司通讯录、周生产计划、洗衣机材料清单等信息。被告人王某某违反与某集团签订的保密协议，将自己掌握的信息及从他人处骗取的信息整理后，在某洗衣机公司办公室内使用个人邮箱向被告人邮箱发送某洗衣机壳表面无磷成膜实施方案、某工装所及电子塑胶公司通讯录、某洗衣机3周的生产计划、3个型号某洗衣机的材料清单等信息。被告人齐某某收到含有3个型号某洗衣机材料清单的邮件当日，将该邮件转发给被告人张某甲。2011年10月31日，被告人王某某主动到某集团法律事务部交代了上述犯罪事实。

2010年10月20日、10月22日，被告人张某乙违反与某集团签订的保密协议，将工作中获取的某钣金冲压件和注塑件定价信息编辑成123.xls和456.xls两个文件，将上述文件发送至被告人齐某某邮箱。

被告人张某甲在青岛某电子塑胶有限公司工作期间，前往某某有限公司应聘。与被告人齐某某见面时，被告人齐某某向其索要某干衣机6个进口零部件的供应商信息。被告人张某甲违反与某集团签订的保密协议，2010年12月15日，在某电子塑胶有限公司办公室内盗用他人权限登录某集团GVS系统下载并整理了某洗衣机、干衣机31755个零部件的供应商信息、17个型号某干衣机材料清单及6个干衣机进口零部件供应商信息等资料，使用其个人邮箱将上述信息发送至被告人齐某某邮箱。2010年12月17日，被告人张某甲在公司办公室内再次盗用他人权限登录某集团GVS系统，下载并整理了10个型号的某洗衣机材料清单，将上述信息发送至被告人齐某某邮箱。2011年1月，被告人张某甲跳槽至某某有限公司工作。

综上，被告人齐某某给商业秘密权利人造成损失人民币 372.44 万元；被告人张某甲给商业秘密权利人造成损失人民币 2579.81 万元；被告人王某某给商业秘密权利人造成损失人民币 228.96 万元；被告人张某乙给商业秘密权利人造成损失人民币 129.04 万元。

法院视角

原审法院认为，被告人齐某某违反权利人有关保守商业秘密的要求，披露权利人的商业秘密，或与他人共谋披露权利人的商业秘密，造成特别严重后果；被告人张某甲以盗窃手段获取权利人的商业秘密并进行披露，造成特别严重后果；被告人王某某、张某乙违反权利人有关保守商业秘密的要求，披露权利人的商业秘密，造成重大损失，四被告人的行为均构成侵犯商业秘密罪。被告人王某某犯罪后能主动投案，如实供述自己的罪行，系自首，且犯罪较轻，依法可以免除处罚。被告人张某乙犯罪情节轻微，不需要判处刑罚。分别以侵犯商业秘密罪判处被告人齐某某有期徒刑三年，并处罚金人民币 10 万元；被告人张某甲有期徒刑三年，并处罚金人民币 10 万元；被告人王某某免予刑事处罚；被告人张某乙免予刑事处罚。

经二审法院审查，原审被告人王某某发送的生产计划的损失评估价值应为 39.13 万元，因此，上诉人齐某某给商业秘密权利人造成损失应为 372.39 万元，原审被告人王某某给商业秘密权利人造成损失应为 228.91 万元，原审判决对评估损失数额的累加计算有误，予以纠正。

二审法院认为，原审判决认定上诉人齐某某、张某甲、张某乙、原审被告人王某某犯侵犯商业秘密罪的事实清楚，证据确实、充分，量刑适当，审判程序合法。

本案启示

本案是典型的跳槽员工与在职员工勾结窃密案。除了常见的技术信息，完整的供应链信息也是商业秘密的保护对象。企业应注意跳槽后的高级员工与在职员工的联系，对于个别案例需要警示，特别对即将离职的高级管理人员在离职前需进行必要的保密教育。对于保密部门可以设置"离职钩"等小技巧，及时发现企业内部意志不坚定者。

No.10【(2020)湘09刑终100号】李某英、胡某、董某磊、黄某侵犯商业秘密案

案情介绍

湖南某冶金科技有限公司（以下简称某公司）于2011年成立，经营范围为金属材料加工热处理、热处理设备生产、工业自动化设备生产及销售。为保护涉密信息，某公司对其技术图纸采用绿盾安全软件进行加密保护，仅授予公司综合部主管、销售部主管解密图纸的权力。

2011年至2015年，被告人李某英、胡某、董某磊、黄某先后入职某公司。李某英担任该公司采购部部长，胡某担任该公司销售部部长，董某磊担任该公司技术部部长，黄某担任该公司销售员。2016年2月，李某英从某公司离职。之后，李某英与尚在某公司工作的胡某、黄某商议成立新公司，生产气雾化制取粉末设备、高温真空烧结炉设备等产品。同年4月前后，在胡某的邀请之下，董某磊同意加入李某英、胡某、黄某即将成立的湖南甲科技有限公司（以下简称甲公司）。同时，经胡某提议，董某磊利用移动硬盘复制了其某公司工作电脑中采取了加密保护措施的气雾化制粉末设备、真空烧结炉设备等技术图纸，并将硬盘交给了胡某。

2016年5月，李某英、胡某、黄某、袁某成立甲公司，李某英担任法定代表人，胡某担任销售部部长，黄某担任采购部部长。2016年8月，董某磊入职甲公司并担任技术部部长。之后，甲公司使用董某磊、胡某从某公司窃取的技术图纸生产气雾化制粉末设备。2016年9月至2017年4月，甲公司共生产5台气雾化制粉末设备分别销售给五家单位。其中，销售给乙公司、丙公司、天某公司、赛某某公司的气雾化制粉末设备包含某公司的技术秘密。经核算，这四台侵权产品给某公司造成损失共计1078000元。

2018年7月1日，被告人董某磊被公安机关抓获归案，并如实供述了自己的犯罪事实；同年7月4日，被告人李某英、胡某、黄某主动向公安机关投案，胡某、黄某到案后如实供述了自己的犯罪事实。

法院视角

原审认为，被告人胡某、董某磊盗窃被害单位某公司的技术类商业秘密，并伙同被告人李某英、黄某使用该商业秘密生产、销售气雾化制粉末设备，给

被害单位某公司造成重大损失,四被告人的行为均已构成侵犯商业秘密罪。在共同犯罪中,被告人李某英、胡某、董某磊均起主要作用,系主犯,应当按照其所参与的全部犯罪处罚;被告人黄某起次要作用,系从犯,应当减轻处罚。被告人胡某、黄某主动向公安机关投案,并如实供述了自己的罪行,系自首,依法可从轻处罚;被告人董某磊到案后如实供述了自己的罪行,系坦白,可以从轻处罚;根据被告人黄某的犯罪情节及悔罪表现,适用缓刑对其所居住的社区无重大不良影响,可宣告缓刑。据此,以侵犯商业秘密罪,判处被告人李某英有期徒刑一年七个月,并处罚金 18 万元;被告人胡某有期徒刑一年六个月,并处罚金 15 万元;被告人董某磊有期徒刑一年六个月,并处罚金 15 万元;被告人黄某有期徒刑九个月,缓刑一年,并处罚金 10 万元。

二审法院认为,上诉人(原审被告人)胡某、原审被告人董某磊盗窃被害单位某公司的技术类商业秘密,并伙同上诉人(原审被告人)李某英、黄某使用该商业秘密生产、销售气雾化制粉末设备,给被害单位某公司造成重大损失,四人的行为均已构成侵犯商业秘密罪。在共同犯罪中,上诉人李某英、胡某、原审被告人董某磊均起主要作用,系主犯,应当按照其所参与的全部犯罪处罚;原审被告人黄某起次要作用,系从犯,应当减轻处罚。上诉人胡某、原审被告人黄某主动向公安机关投案,并如实供述了自己的罪行,系自首,可从轻处罚。原审被告人董某磊到案后如实供述了自己的罪行,系坦白,可以从轻处罚。根据原审被告人黄某的犯罪情节及悔罪表现,适用缓刑对其所居住的社区无重大不良影响,可宣告缓刑。关于上诉人李某英及其辩护人提出李某英不构成侵犯商业秘密罪,请求二审改判无罪的意见,经查,上诉人李某英原系某公司采购部部长,与某公司签订了包含保密条款的劳动合同,应对其在某公司知悉的技术类与经营类涉密信息负有保密义务,却违反某公司有关保守商业秘密的要求,使用以不正当手段获取的某公司的技术图纸生产、销售气雾化制粉末设备,以上事实不仅有上诉人胡某、原审被告人董某磊、黄某的供述在卷证实,而且还有劳动合同、保密协议、技术图纸、鉴定报告等证据在卷证实,足以认定。上诉人李某英主观上对非法使用某公司商业秘密的情况应当是明知的,客观上也实施了侵犯某公司商业秘密的行为,造成了某公司 107.8 万元的经济损失,其行为已构成侵犯商业秘密罪。故上诉人李某英及其辩护人所提的辩解辩护意见不能成立,本院不予采纳。关于上诉人李某英、胡某及其辩护人提出对鉴定意见不应被采纳以及对鉴定意见认定的损失数额有异议的意见,经查,浙江省科技咨询中心浙科咨中心(2019)鉴字第 25-1 号、第 25-2 号技术鉴定报告证明旋风集粉器的尺寸参数是不为公众所知悉的技术信息，经比对，从原审被告人董某磊硬盘提取的 5 套气雾化制粉设备图纸中的旋风集粉器图纸所反映的技术信息与某公司的旋风集粉器的相应技术具有同一性。本案认定某公司的损失数额是通过计算侵权人因侵权所得的利益来确定损失数额，因侵犯他人商业秘密给权利人造成的损失一般为被害人的实际损失，鉴于损失计算的不确定和复杂性，依据有利于被告人原则，本案仅采信鉴定意见中对某公司于 2016 年 10 月至 2018 年 6 月生产气雾化制粉末设备成本的数额，经核算，四人因本案的侵犯商业秘密犯罪行为共获利 107.8 万元，即认定某公司的损失数额为 107.8 万元。以上三份鉴定报告的鉴定机构均具有司法鉴定资质，鉴定人员均具有司法鉴定人职业证，其受侦查机关委托围绕申请鉴定事项进行鉴定，鉴定过程规范、符合要求，鉴定意见科学、具有可验证性，以上三份鉴定报告可以作为定案依据被原审法院采纳。故上诉人李某英、胡某及其辩护人所提的辩解辩护意见均不能成立，本院均不予采纳。关于上诉人胡某及其辩护人提出一审量刑过重，罚金过高，请求二审从轻处罚的意见，经查，原审法院根据上诉人胡某的犯罪事实、性质、情节及社会危害程度，对胡某判处有期徒刑一年六个月，并处罚金 15 万元，量刑及决定的罚金数额并无不当，应予以维持。故上诉人胡某及其辩护人所提的辩解辩护意见不能成立，本院不予采纳。

综上，原审法院认定事实清楚，证据确实、充分，定性准确，量刑适当，且诉讼程序合法。

本案启示

内外勾结、集体成立新公司盗窃企业商业秘密的行为，是侵犯商业秘密罪的常态，而最终能得到公安、检察院、各级法院支持的侵犯商业秘密案件，却不到整体案件数量的 1%。这中间固然有企业的规模和在当地经营的关系的深度和广度，还有很大层面上的原因是保密措施的不完善和不到位，经过多年的宣贯和教育，很多企业懂得了签订保密协议、采用专业管理软件等措施，然而在措施的落实中却是阻力重重，而且最经常发生的现象就是业务人员监守自盗，有措施不实施，以业务经营为借口阻挠保密措施的实施，最终导致泄密事件的发生。如果能坚持定期开展商业秘密合规工作，及时发现有窃密迹象的人员，将能在很大程度上避免此类事件的发生。

No.11 【(2016)黔刑终593号】彭某侵犯商业秘密案

案情介绍

贵阳时代沃某科技有限公司（以下简称沃某公司）在研发、生产、销售反渗透膜过程中形成了相应的商业秘密，并制定保密制度，与员工签订保密协议，明确对商品供销渠道、客户名单、价格等经营秘密及配方、工艺流程、图纸等技术秘密进行保护。2004年7月、8月，叶某东、赵某、宋某（三人另案处理）大学毕业后进入该公司工作。其中，叶某东先后任生产主管、物流中心副主任、西南区销售经理，对生产反渗透膜的PS溶液配制、刮膜及复膜图纸等技术秘密有一定了解，掌握供销渠道、客户名单、价格等经营秘密。赵某任工艺研究工程师，是技术秘密PS溶液及LP/ULPPVA配制配方、工艺参数及配制作业流程的编制人。宋某任电气工程师，掌握刮膜、复膜图纸等技术秘密。叶某东、赵某、宋某均与沃某公司间签有保密协议。

2008年至2012年，被告人彭某为沃某公司供应标签，其间与沃某公司康某、叶某东等人接触。2010年，被告人彭某与叶某东商量生产反渗透膜，后二人邀约沃某公司工程师赵某、宋某参加，四人共谋成立公司。约定由彭某作为主要出资人，出资172万元占30%股份，叶某东、赵某、宋某均占一定技术股。其中叶某东出资68万元占31%股份，赵某、宋某均出资20万元分别占19.5%股份。后于2011年4月13日注册成立重庆嘉净源商贸有限公司（以下简称嘉净源公司）。为隐藏身份，彭某以谭某2名义持股31%，叶某东、赵某、宋某以各自岳母的名义分别持股30%、19.5%、19.5%。其中，赵某、宋某均未以资金形式实际出资。2011年7月20日，彭某在四川省武胜县成立华封彭某水处理设备加工门市部（以下简称武胜门市部），为嘉净源公司生产反渗透膜。

被告人彭某与叶某东、宋某、赵某共谋生产反渗透膜之后，叶某东、宋某、赵某于2011年1月至5月相继离开沃某公司，并违反保密制度复制该公司涉密资料私自保存。2012年2月，宋某将设备调试好后，武胜门市部开始生产反渗透膜，并发货给彭某以嘉净源公司名义销售。其中，叶某东将沃某公司供应商、客户信息等经营秘密提供给彭某，彭某明知以上信息来源于沃某公司而使用，负责联系采购生产原料及销售反渗透膜；宋某负责生产设备及管理，赵某负责生产工艺及配方，在生产中使用了沃某公司PS溶液及LP/ULPPVA配制配方、工艺参数、配制作业流程技术秘密。经鉴定，武胜门市部与沃某公司生产的反渗透膜所含化学成分含量接近。

2012年11月，彭某、叶某东为掩盖使用沃某公司技术的事实，经二人共谋后，彭某向上海应用技术学院以5万元价格购买"高通量复合反渗透膜及其制备方法"专利技术。

截至2013年3月，武胜门市部及嘉净源公司生产、销售反渗透膜179176支。结合沃某公司2012年及2013年1月至3月各型号反渗透膜销售单支毛利鉴定，经计算得出被告人彭某伙同叶某东、宋某、赵某等人侵犯沃某公司商业秘密所造成的经济损失为375.468万元。

公安机关于2015年11月5日在四川省武胜县沿口镇领秀郡小区将被告人彭某抓获。

法院视角

一审法院认为，本案的争议焦点是：一是涉案经营信息及技术信息是否属于沃某公司的商业秘密；二是被告人彭某是否实施了侵犯商业秘密的行为；三是被告人彭某伙同叶某东、赵某、宋某实施的行为是否给沃某公司造成了重大损失或造成特别严重后果；四是贵州致远司法鉴定所作出的《关于贵阳时代沃某科技有限公司用于生产反渗透膜产品的专有技术研发成本及该项技术许可使用费损失的鉴定报告》《关于叶某东等人侵犯贵阳时代沃某科技有限公司商业秘密生产销售反渗透膜产品扣除技术贡献后的不当获利金额的鉴定报告》，能否作为本案的定案依据。

一审法院确认，叶某东、赵某、宋某违反与沃某公司保密协议的约定、违反沃某公司有关保守商业秘密的要求，使用了其所掌握的沃某公司的商业秘密；被告人彭某伙同叶某东、赵某、宋某共同实施了侵犯他人商业秘密的行为，造成商业秘密的权利人375.468万元的经济损失，后果特别严重，其行为均已构成侵犯商业秘密罪。在此犯罪过程中，被告人彭某与叶某东、赵某、宋某彼此分工合作，其与叶某东商议经营反渗透膜后，邀约赵某、宋某一起成立嘉净源公司销售反渗透膜，且为该公司投资172万元占股份30%，并由其单独成立武胜门市部生产反渗透膜供嘉净源公司销售，嘉净源公司的经营管理也是被告人彭某与叶某东负责，故被告人彭某在共同犯罪中的地位、作用与叶某东相同，系主犯，应按照相应的刑事责任依法处罚。依法作出如下判决：被告人彭某犯侵犯商业秘密罪，判处有期徒刑四年，并处罚金人民币2万元。

二审法院认为，本案主要有以下争议焦点：一是鉴定报告是否应当被采纳；二是涉案经营信息及技术信息是否属于沃某公司的商业秘密；三是沃某公司的损失数额如何确定；四是彭某的行为是否构成侵犯商业秘密罪。

二审法院确认，上诉人彭某伙同叶某东、赵某、宋某共同实施了侵犯他人商业秘密的行为，导致商业秘密的权利人375.468万元的经济损失，造成特别严重后果。在共同犯罪过程中，彭某与叶某东、赵某、宋某分工合作，彭某与叶某东邀约赵某、宋某一起成立嘉净源公司销售反渗透膜，彭某是嘉净源公司的主要出资人，其单独成立武胜门市部，嘉净源公司的经营管理也是彭某与叶某东负责，彭某与叶某东在共同犯罪中的地位、作用大于同案犯赵某、宋某，系主犯，应按照相应的刑事责任依法处罚。一审判决定罪准确，审判程序合法，根据彭某的犯罪事实、性质、情节和对于社会的危害程度，对彭某所作量刑及附加刑的判处适当。

本案启示

刑事案件中，鉴定报告的合法性与否往往会成为最终能否定案的争议焦点。除了鉴定机构的程序性与合法性，更需要企业在平时就能做好定密析密的工作，并且将涉密信息的内容、密点的分级与涉密人员岗位流转结合起来，为未来案件发生时形成良好的证据链。另外，本案中供应商与企业内部勾结挖墙脚的行为也值得企业重视。被告人彭某原为沃某公司标签供应商，却跨行隔山投资做起了水处理反渗透膜，也需要众多高科技企业警醒，"不怕贼偷，就怕贼惦记"同样也适用于商业秘密领域。

No. 12【（2016）京02刑终535号】刘某等侵犯商业秘密案

案情介绍

被告人何某原系北京理某软件股份有限公司MIS综合开发部常务副主任，2011年6月从该公司离职，被告人刘某原系北京理某软件股份有限公司MIS应用开发部常务副主任，2011年5月从该公司离职。其间，二人与北京理某软件股份有限公司签订了劳动合同，负责公司项目的开发和应用技术支持等工作，合同中约定了二人负有保守北京理某软件股份有限公司商业秘密的义务，未经许可不能使用保密信息。

2011年5月31日，被告人何某、刘某与臧某（另案处理）等人共同出资成立了北京大某软件技术有限公司，被告人何某负责技术平台开发，被告人刘某负责项目二次开发、项目实施。

2011年至2013年，北京大某软件技术有限公司向广州市艺某建筑设计有限公司销售其研发的管理信息系统，销售金额47.175万元。经鉴定，广州市艺某建筑设计有限公司管理系统中当前使用的35个数据库表，10个存储过程/函数与北京理某软件股份有限公司管理信息系统对应的表、存储过程/函数相同或实质相同。广州市艺某建筑设计有限公司管理信息系统中删除的10个数据库表，22个存储过程/函数与北京理某软件股份有限公司管理信息系统对应的表、存储过程/函数相同或实质相同。广州市艺某建筑设计有限公司管理信息系统中7个源代码文件，以及1个源代码文件中的8个函数与北京理某软件股份有限公司管理信息系统对应的源代码文件、函数相同或实质相同。

2012年至2013年，北京大某软件技术有限公司向青岛市某设计研究院有限公司销售其研发的管理信息系统，销售金额50万元。2012年至2014年，北京大某软件技术有限公司向北京某划设计有限公司销售其研发的管理信息系统，销售金额95.55万元。2012年至2014年，北京大某软件技术有限公司向中某建筑设计有限责任公司销售其研发的经营、质量管理系统，销售金额41.5万元。2013年至2014年，北京大某软件技术有限公司向某国际工程咨询（中国）有限公司销售企业综合管控平台系统，销售金额184万元。以上平台系统经鉴定，均含有数目不等的实质相同的存储过程/函数。

上述北京理某软件股份有限公司管理信息系统中的数据库表、存储过程/函数不为公众知悉，属于非公知技术信息。

被告人何某于2014年7月31日，被告人刘某于2014年8月1日被查获归案。

法院视角

原审法院认为：被告人何某、刘某违反权利人有关保守商业秘密的要求，使用其所掌握的商业秘密，给商业秘密权利人造成重大损失，其行为均已构成侵犯商业秘密罪，系共同犯罪，应依法惩处。故判决：①被告人何某犯侵犯商业秘密罪，判处有期徒刑二年六个月，并处罚金人民币10万元。②被告人刘某犯侵犯商业秘密罪，判处有期徒刑二年六个月，并处罚金人民币10万元。

二审法院认为：上诉人（原审被告人）何某、刘某违反权利人有关保守商业秘密的要求，使用其所掌握的商业秘密，给商业秘密权利人造成重大损失，其行为均已构成侵犯商业秘密罪，且系共同犯罪，依法应予惩处。原审法院根据何某、刘某犯罪的事实、犯罪的性质、情节及对于社会的危害程度所作出的判决，定罪及适用法律正确，量刑适当，审判程序合法，应予维持。依法裁定如下：

驳回何某、刘某的上诉，维持原判。

本案启示

本案是典型的软件开发类商业秘密案件。管理系统的开发往往需要数年时间，其升级、开发过程往往更复杂，本案被告人离职后马上开发出新的管理系统，其使用了原单位的商业秘密不言而喻，但是如何能证明被告公司的系统是在原单位系统的基础上开发的，却并不容易。最终鉴定机构仔细对比了源代码文件，以及源代码文件中的函数，判定其相同或实质相同，形成了有力的证据，最终被法院采纳。

No. 13 【（2015）浙台知刑终字第 2 号】张某泉侵犯商业秘密案

案情介绍

迈得公司经工商行政机关核准登记成立于 2003，于 2009 年初开始对"三通滴斗乳胶帽自动组装机"进行批量生产销售，并在生产销售中不断进行优化，打开了医疗设备销售市场。

2009 年 6 月至 2010 年 6 月，被告人张某辉在迈得公司工作期间，与该公司签订了保密协议，负责公司机器研究开发。其利用工作上的便利，秘密窃取了该公司"三通滴斗乳胶帽自动组装机"的相关技术图纸资料。

2008 年至 2011 年 1 月，被告人张某泉在迈得公司工作期间，与公司签订了保密协议，负责公司产品的售后服务。其利用工作上的便利，也秘密窃取了该公司"三通滴斗乳胶帽自动组装机"的技术图纸资料。

被告单位福丰公司经工商行政机关核准登记于 2010 年 10 月 9 日成立，法定代表人为张某辉，由被告人张某辉和其妻杨某共同出资创办。2011 年初，被告人张某泉从迈得公司正式离职，并受聘担任福丰公司的副总经理，负责机器设备的安装调试和售后服务等。2011 年 1 月，被告人张某辉利用上述秘密窃取的技术生产了福丰牌"三通滴斗乳胶帽自动组装机"，并经由被告人张某泉介绍销售至河南曙光健士医疗器械有限公司，被告人张某泉利用窃取的技术信息对机器设备进行调试指导。

至2011年6月16日，被告人张某辉为了规避司法机关的查处，将福丰公司的法定代表人变更为其父亲张某，公司股东也变更为张某和杨某，并经工商行政部门核准登记。但被告人张某辉、张某泉仍参与该公司的实际经营管理。

经浙江省科技咨询中心司法鉴定，迈得公司生产的"三通滴斗乳胶帽自动组装机"的技术信息中"三叉件上料装置"和"三叉件扶正机构的结构设计"系不为公众所知悉。福丰公司生产的"三通滴斗乳胶帽自动组装机"与迈得公司制造的"三通滴斗乳胶帽自动组装机"相比较，涉及"三叉件上料装置""三叉件扶正机构的结构设计"的技术信息基本相同。

从福丰公司成立至2013年10月31日，该公司以每台20万元左右的价格将生产的"三通滴斗乳胶帽自动组装机"陆续销售给湖南平安医械科技有限公司、江西益康医疗器械集团有限公司等20多家企业，共计销售40台。经浙江武林资产评估有限公司评估，造成迈得公司损失达人民币541万元。

2013年10月31日11时30分许，被告人张某泉在江西省南昌火车站被当地公安人员抓获；同日22时许，被告人张某辉在广东省东莞市南城步行街路边被当地公安人员抓获。

法院视角

一审法院认定被告单位福丰公司犯侵犯商业秘密罪，判处罚金400万元；被告人张某辉犯侵犯商业秘密罪，判处有期徒刑四年，并处罚金200万元；被告人张某泉犯侵犯商业秘密罪，判处有期徒刑三年六个月，并处罚金200万元。

二审法院认为在本案中，浙江省科技咨询中心出具（2013）鉴字第14号报告，认为福丰公司制造的三通滴斗乳胶帽自动组装机"三叉件上料装置""三叉件扶正机构的结构设计"与迈得公司三通滴斗乳胶帽自动组装机相应装置及结构设计的技术信息相同，对此被告人张某辉、张某泉在侦查阶段亦供述利用迈得公司技术图纸生产了涉案设备。虽然福丰公司所生产的设备相比于权利人所生产的设备存在改优的情形，但涉及涉案两技术信息所实施的步骤、实现的功能、达到的效果基本相同，空间布局上的不同或者些许细节上的处理，不影响实质性相似的判定。故对两上诉人及辩护人关于上诉单位生产的设备与权利人生产的设备在涉案两项秘密技术点的运用上不具有同一性的意见，不予采纳。

另外，根据浙江武林资产评估有限公司于浙武资评字（2013）第1159号资产评估报告的鉴定评估，2011年至2013年迈得公司所销售的三通滴斗乳胶帽自动组装机的当年单台利润，分别乘以2011年至2013年被告单位福丰公司生产销售侵犯迈得公司商业秘密的三通滴斗乳胶帽自动组装机的当年数量，累计得出各被告人的行为给迈得公司造成的损失超过250万元。但权利人的损失与涉商业秘密部分占整机的成本比重并无直接关联，原判在确定权利人损失中考虑成本占比因素不当，应予以纠正，但对于量刑没有实质影响。给商业秘密的权利人造成损失数额在250万元以上的，"造成特别严重后果"。故两上诉人及辩护人关于原审犯罪数额鉴定方式有误的意见部分予以采纳。

本院认为：上诉人（原审被告人）张某辉、原审被告人张某泉违反权利人有关保守商业秘密要求，披露、使用其所掌握的商业秘密，或以盗窃手段获取权利人的商业秘密，上诉单位（原审被告单位）福丰公司明知涉案商业秘密系通过上述方式非法获取仍非法加以使用，实施了生产、销售侵权设备的行为，张某辉、张某泉并作为福丰公司直接负责的主管人员，原审各被告人给权利人造成特别严重的后果，均已构成侵犯商业秘密罪。上诉单位福丰公司、上诉人张某辉及其辩护人要求改判的理由不足，不予采纳。原判定罪及适用法律正确，审判程序合法，并依据原审各被告人犯罪的性质、情节和对于社会的危害程度等在法定幅度内作出的量刑并无不当。出庭检察员要求维持原判的意见应予以支持。驳回上诉。

本案启示

侵犯商业案中应特别关注两个报告：鉴定报告和资产评估报告。以鉴定报告来说，涉及的鉴定机构是否具备鉴定资质；鉴定事项是否超出其业务范围与技术条件；聘请的鉴定人员是否具有相关专业知识，并具有相应技术能力；最终鉴定机构出具的鉴定结论是否可以作为确定案件相关事实的依据，从而对定罪量刑产生根本性的影响。

No.14【（2019）京02刑终425号】北京捷适中坤铁道技术有限公司等侵犯商业秘密案

案情介绍

被告人郭某于2010年底入职被害单位青岛捷适铁道技术有限公司（以下

简称青岛捷适公司），担任公司技术人员，同公司签订了保密协议。工作职责包括绘制用于模具生产的图纸，并负责保管、经手模具研发相关图纸。被告人郭某绘制、保管的相关图纸可以体现出模具的密点技术信息。2011年4月至11月，青岛捷适公司先后委托无锡市某模具有限公司（以下简称模具公司）、德阳某设备制造有限公司（以下简称设备公司）根据产品图纸设计并生产模具，同时青岛捷适公司与模具公司、设备公司签订了保密协议或规定了保密条款。

2011年3月4日，青岛捷适公司申请成立北京捷适公司。2011年12月24日，齐某作为甲方，尹某作为乙方、商某以北京某科技开发有限公司作为丙方签署三方合作协议。根据三方协议，北京捷适公司于2012年1月申请变更法定代表人为商某；注册资本增至1000万元；股东变更为齐某、商某、李某；作为新平台开始逐渐承接青岛捷适公司各项业务。三方协议签订后，齐某按约定到北京捷适公司进行技术指导，参与相关技术指导工作；青岛捷适公司包括郭某在内的部分员工于2012年3月陆续转至北京捷适公司工作，职务与工作内容和在青岛捷适公司基本一致。

2012年初，被告人郭某就职于被告单位北京捷适中坤铁道技术有限公司（以下简称北京捷适公司），担任公司技术人员。2013年间，被告人郭某提供专利申请所需材料提出"一种用于模制纵向轨枕的模具"专利申请，上述专利于2013年10月9日公开（公告）。经评定，该专利内容五个核心密点技术信息中有一个与青岛捷适公司设计的模具的核心密点技术信息具有同一性；另有一个虽同一，但属于该领域内的公知常识或行业惯例。经鉴定并估算，青岛捷适公司为研发上述模具投入资金共计人民币80余万元。

2017年8月13日，被告人郭某在北京西站被民警抓获归案。

法院视角

一审法院认为：被告单位北京捷适公司及其直接责任人员被告人郭某违反权利人有关保守商业秘密的要求，披露其所掌握的商业秘密，给商业秘密权利人造成重大损失，其行为已构成侵犯商业秘密罪，应予惩处。鉴于被告单位及被告人郭某系初犯，郭某到案后能如实供认自己的作案过程，且个人未实际谋利，犯罪情节轻微，对被告单位北京捷适公司酌予从轻处罚，对被告人郭某免予刑事处罚。故判决：被告单位北京捷适中坤铁道技术有限公司犯侵犯商业秘密罪，判处罚金人民币10万元；被告人郭某犯侵犯商业秘密罪，免予刑事处罚。

二审法院认为：

关于北京捷适公司、郭某是否构成侵犯商业秘密罪的问题。虽然生效民事裁决已经确认依据三方协议，涉案模具技术并未转移给北京捷适公司，但三方协议"三方同意将甲方拥有的纵向轨枕和减振轨道系统技术及与之相关的所有技术资源和项目资源统一整合到一个新的企业平台上进行市场开发和运作，用较快的速度将技术成果转化为经济价值和企业利润"中的有关"与之相关的所有技术资源"的约定，存在词语外延不明确的问题，易出现不同的理解。涉案模具技术虽独立于纵向轨枕技术和减振轨道系统技术，但涉案模具技术是用来生产模制纵向轨枕模具的技术，纵向轨枕是产品，模具是生产产品的工具，二者之间又存在一定关联，那么，"与之相关"是否包含此种关联可能会有不同理解，由此"与之相关的所有技术资源"是否包含此种关联下的模具技术也可能存在不同理解。故，现有证据不能排除北京捷适公司、郭某认为涉案模具技术已经转让给北京捷适公司的可能性，认定北京捷适公司、郭某明知涉案模具技术属于青岛捷适公司商业秘密而故意将之申请专利予以公开的证据不足。郭某作为青岛捷适公司原员工并与公司签订保密协议，郭某及北京捷适公司主要领导知道齐某等青岛捷适公司原员工是涉案模具技术的主要研发人，在将涉案模具技术申请专利时，不征求齐某等主要研发人的意见，体现出北京捷适公司、郭某对技术研发人的劳动成果的不尊重，对他人知识产权权益保护的漠视，但这种不尊重研发人意见的主观故意与构成侵犯商业秘密罪中的未经商业秘密权利人许可的主观故意不同，未达到犯罪所需的主观故意程度。

综上，本院认为认定北京捷适公司、郭某具有侵犯商业秘密罪的主观故意的证据不足，北京捷适公司、郭某均不构成侵犯商业秘密罪，相关人员认为北京捷适公司、郭某不具有犯罪故意、不构成侵犯商业秘密罪的上诉理由及辩护意见成立，本院予以采纳；相关人员认为北京捷适公司、郭某构成侵犯商业秘密罪的意见不能成立，本院不予采纳。

本院认为：虽然北京捷适公司将涉案模具技术申请专利的行为已经生效，民事裁决确认为侵权行为，但证明上诉单位北京捷适公司、上诉人郭某在民事裁决前、将涉案模具技术申请专利时，明知涉案模具技术不在三方协议中约定转让的"纵向轨枕和减振轨道系统技术及与之相关的所有技术资源和项目资源"范围内的证据不足，故指控北京捷适公司、郭某的行为构成侵犯商业秘密罪不能成立。依法判决如下：

（1）撤销北京市海淀区人民法院（2018）京0108刑初1207号刑事判决。

（2）上诉单位（原审被告单位）北京捷适中坤铁道技术有限公司无罪。

(3) 上诉人（原审被告人）郭某无罪。

本判决为终审判决。

本案启示

刑事侵犯商业秘密罪与民事商业秘密侵权行为，在认定上有很大的不同：在刑事诉讼中，对案件事实的认定需要证据确实、充分，需要充分证明具有侵犯商业秘密罪的主观故意，在证据的适用上"排除合理怀疑"，"应知"已不能构成本罪；在民事诉讼中，只需达到"高度盖然性"的证明标准，遵守"接触＋相同或实质性相似"的商业秘密侵权判定规则。

No. 15【（2019）浙 07 刑终 924 号】邢某、李某荣侵犯商业秘密案

案情介绍

浙江石金玄武岩纤维有限公司（以下简称石金公司）是一家具有三级保密资格的国防武器装备科研生产单位，公司专业从事连续玄武岩纤维及其复合材料的生产、研发、营销，是承担中国高技术研究发展计划（国家"863"计划）成果产业化任务的企业，是现阶段规划实施中世界最大玄武岩纤维生产基地。公司通过管理手册等制定相关保密规定并组织员工学习，与员工签订的劳动合同均有相关的保密条款，并以支付保密费等形式确定员工对公司商业秘密的保密义务。

2011 年 1 月，邢某任市场营销事业部副总监；2012 年 2 月，李某荣任纤维生产副厂长。二被告人均以在合同上签名和领取保密费的方式承诺在石金公司工作期间及离职后承担保密义务。2014 年 3 月、4 月，被告人李某荣、邢某先后从石金公司离职。

2014 年 1 月，被告人邢某即与胡某（另案处理）共同出资成立宁波求新新材料科技有限公司（以下简称求新公司），两人各占 50% 股份，其中被告人邢某为公司法定代表人，并担任公司经理，胡某担任公司监事。后被告人邢某联系被告人李某荣到求新公司负责玄武岩纤维的生产。被告人邢某以不正当手段获取石金公司的技术秘密后，伙同被告人李某荣和胡某决定使用石金公司的技术制造生产玄武岩纤维的熔炉，并由被告人邢某、李某荣将石金公司的工艺文件及图纸用于生产使用。被告人李某荣明知相关文件及图纸是石金公司的商业秘密，系通过不正当手段获取，仍使用该文件及图纸组建拉丝炉台。同时，

求新公司又使用石金公司的拉丝漏板图纸到无锡英特派金属制品有限公司（以下简称英特派公司）定制拉丝漏板。最终，在被告人李某荣的带领下，求新公司先后制作出三台玄武岩纤维熔炉用于生产玄武岩纤维。

经鉴定，石金公司的"全电熔玄武岩熔融拉丝技术"的相关技术信息是不为公众所知悉的技术信息，该技术信息与求新公司所使用的技术信息具有同一性。该技术许可使用费在 2014 年 1 月至 2015 年 8 月鉴定价值为人民币 643300 元。

案发后，公安机关依法扣押求新公司生产的玄武岩纤维成品短切纱 81 吨、400 孔铂铑合金拉丝漏板 2 块。

虚开增值税专用发票事实。求新公司向英特派公司共采购三块铂铑合金的拉丝漏板。2015 年 3 月，求新公司要退掉一块拉丝漏板，英特派公司的李某（另案处理）决定自己将拉丝漏板买下，李某遂联系北京兴旺玻璃纤维有限公司（以下简称兴旺公司，另案处理）的李某旺、张某飞（均另案处理）及被告人邢某，在没有发生实际交易的情况下，被告人邢某让求新公司的员工杨某甲、杨某乙开具项目名称为树脂的价税合计人民币 329500 元增值税专用发票给兴旺公司。李某先将人民币 329500 元钱汇至兴旺公司，兴旺公司再汇给求新公司。兴旺公司于 2015 年 7 月将价税合计人民币 329500 元、税额为人民币 47876 元的发票向税务部门抵扣。案发后，兴旺公司已对抵扣的税款进行补缴。

被告人李某荣协助公安机关抓获其他犯罪嫌疑人 1 名（姓名在案），经查证属实。

法院视角

原审法院依法作出如下判决：①被告人邢某犯虚开增值税专用发票罪，免予刑事处罚；②被告人邢某犯侵犯商业秘密罪，判处有期徒刑一年，并处罚金人民币 2 万元（刑期从判决执行之日起计算。判决执行以前先行羁押的，羁押一日折抵刑期一日；罚金限本判决生效后一个月内缴纳）；③被告人李某荣犯侵犯商业秘密罪，判处有期徒刑九个月，缓刑一年，并处罚金人民币 2 万元（缓刑考验期限从判决确定之日起计算；罚金限本判决生效后三日内缴纳）；④公安机关依法扣押的涉案财物由扣押机关依法处理。

二审法院认为，被告人邢某、李某荣以不正当手段获取权利人的商业秘密并使用，给商业秘密的权利人造成重大损失，其行为均已触犯刑律，构成侵犯商业秘密罪。对被告人邢某提出其不构成侵犯商业秘密罪的辩解，本院经审理认为：①浙江省科技咨询中心出具的司法鉴定报告、石金公司管理手册、保密制度、863 计划新材料领域课题验收结论书、验收意见表等证据相互印证，全电熔玄武岩熔融拉丝技术是石金公司的核心技术，且石金公司采取了相应的保密措施进行保护，不为公众所知悉，该技术作为商业秘密，应受法律保护。②相关证据证实被告人邢某、李某荣作为石金公司职工在工作期间以及离职后负有保密义务的事实；③被告人邢某、李某荣在公安侦查阶段的供述及证人李某提供的宁波求新公司提供给无锡英特派的图纸复印件、证人杨某甲、陈某的证言等证据，证实被告人邢某、李某荣在未经石金公司许可擅自利用石金公司技术制作生产玄武岩纤维的熔炉的事实；④经鉴定，求新公司制作的玄武岩纤维熔炉所使用的技术与石金公司的"全电熔玄武岩熔融拉丝技术"具有同一性。石金公司的该技术许可使用费经鉴定在 2014 年 1 月至 2015 年 8 月价值为人民币 643300 元，以此认定造成本案权利人的重大损失，符合相关法律规定。综上，应以侵犯商业秘密罪追究被告人邢某、李某荣的刑事责任，被告人邢某就此所提辩解，本院不予采纳。被告人邢某、李某荣在侵犯商业秘密共同犯罪中地位、作用基本相当，不宜区分主、从犯。被告人李某荣归案后如实供述基本的犯罪事实，依法可以从轻处罚；被告人李某荣归案后协助公安机关抓获其他犯罪嫌疑人，属有立功表现，依法可以从轻处罚。被告人李某荣当庭认罪，可予以从轻处罚。根据本案被告人李某荣的犯罪情节及其悔罪表现，依法可以宣告缓刑，不宜单处罚金刑。被告人邢某虚开增值税专用发票部分，因立案追诉标准发生变化，其行为不构成虚开增值税专用发票罪，原判就此部分作出处理不妥，本院依法予以纠正。被告人邢某就此所提辩解成立，本院予以采纳。金华市人民检察院出庭检察员提出的被告人邢某、李某荣构成侵犯商业秘密罪、被告人邢某不构成虚开增值税专用发票罪的建议，本院予以采纳。原判认定事实清楚，对被告人邢某、李某荣侵犯商业秘密部分的定罪正确，量刑妥当。审判程序合法。依法判决如下：

撤销浙江省东阳市人民法院（2018）浙 0783 刑初 537 号刑事判决的第一项，维持判决的其余部分。即被告人邢某犯侵犯商业秘密罪，判处有期徒刑一年，并处罚金人民币 2 万元（刑期从判决执行之日起计算。判决执行以前先行羁押的，羁押一日折抵刑期一日；罚金限本判决生效后一个月内缴纳）；被告人李某荣犯侵犯商业秘密罪，判处有期徒刑九个月，缓刑一年，并处罚金人民币 2 万元（缓刑考验期限从判决确定之日起计算；罚金限本判决生效后三日内缴纳）；公安机关依法扣押的涉案财物由扣押机关依法处理。

本判决为终审判决。

本案启示

本案涉及"863"计划产业成果秘密。重大重要的科技成果在涉及侵权时，往往能够得到更多的资源支持，尽快采用刑事措施也会为及时制止泄密带来良好的实践效果。同时，企业应注重自身技术的保密，好的保密管理应当做到"互相监督，分区控制"，特别对于此类重大技术一定不能在某人的电脑中有全套方案。另外，对于企业发展的重要员工，应配以"金手铐"，合理利用股权期权制度，从而实现"不让走"到"不想走"的转变。

No. 16【（2014）潭中刑终字第 326 号】李某湘等人侵犯商业秘密案

案情介绍

湘潭市某某实业有限公司（以下简称甲公司）成立于 1999 年 5 月，主要从事矿山运输机械设备的开发、制造、销售，公司研制开发的矿山架空乘人索道（俗称猴车），技术含量高、使用效果好，是全国最大的矿山架空乘人索道生产企业。公司制定了保密制度，与能接触公司商业秘密的职工签订了保密协议，在协议中明确公司商业秘密的范围，并发放保密费。

驱动轮是煤矿架空乘人装置中必不可少的重要部件之一，其质量的好坏对猴车的安全运行起着至关重要的作用。从 2006 年 7 月开始，公司组织技术人员讨论焊接驱动轮制造方案，经详细分析、多方论证、试制、检测和试验，2007 年 12 月焊接驱动轮已定型并投入生产，完全取代铸造轮。

被告人李某湘于 2006 年 7 月至 2008 年 12 月，2009 年 2 月到 2010 年 7 月在甲公司从事机械技术员工作，熟悉掌握甲公司矿山用架空乘人装置的各项技术。被告人朱某某于 2008 年在甲公司从事销售工作。两被告人均与甲公司签订了劳务合同、保密协议，并领取保密费，被告人李某湘还与甲公司签订《商业秘密保护和竞业禁止协议》。2009 年 3 月，被告人朱某某跳槽到乙公司任经理。2010 年 7 月，被告人李某湘跳槽到乙公司任技术员。2010 年 8 月前后，李某湘单独做了一个焊接驱动轮的设计图。2010 年 10 月李某湘离开该公司，2011 年 2 月又重新回到乙公司任技术部长，主要设计了猴车用的焊接驱动轮，且投入了实际生产。

经北京某某科技知识产权司法鉴定中心鉴定：甲公司的煤矿架空乘人装置用焊接驱动轮、水平转弯装置、固定抱索器三产品的 23 张设备图纸中的 10 张图纸载有不为公众所知悉的技术信息（其中有 3 张焊接驱动轮图纸），该 10 张设备图纸信息是不为公众所知悉的技术信息。乙公司的焊接驱动轮、水平转弯装置、固定抱索器三产品的 10 张图纸载有的部分技术信息与甲公司的相对应图纸中不为公众所知悉的技术信息具有同一性。湘潭潭城司法鉴定所作出潭城司鉴所（2014）价鉴字第 34 号司法鉴定报告书，鉴定意见为：鉴定标的焊接驱动轮技术于鉴定基准日的公开市场价值为 311.11 万元。

法院视角

原审判决认为，被告人李某湘违反商业秘密权利人甲公司有关保守商业秘密的要求，应被告人朱某某要求，披露其所掌握的由甲公司采取保密措施的技术信息；被告人朱某某明知被告人李某湘与甲公司签订了保密协议，有保守商业秘密的义务，而要求其披露商业秘密，并获取该商业秘密，给权利人甲公司造成特别严重后果，两被告人的行为均已构成侵犯商业秘密罪。两被告人均起主要作用，均为主犯，应当按照其参与的全部犯罪处罚。依法判决：①被告人李某湘犯侵犯商业秘密罪，判处有期徒刑三年，并处罚金人民币 5 万元。②被告人朱某某犯侵犯商业秘密罪，判处有期徒刑三年，并处罚金人民币 5 万元。

二审法院认为，原审判决认定事实清楚、证据确实充分、定罪准确，对上诉人李某湘的量刑适当，审判程序合法。其辩护人的辩护意见经查与法律和事实不符，本院不予采纳。上诉人朱某某在本院二审开庭后主动缴纳部分罚金，写出悔罪书，认罪态度好，取得了受害方湘潭市甲实业有限公司的谅解，没有再犯罪的危险，宣告缓刑对其所居住社区没有重大不良影响；湖南省湘潭市雨湖区司法局出具调查评估意见书建议对上诉人朱某某实行社区矫正，本院予以认可，决定对上诉人朱某某宣告缓刑。依法判决如下：

（1）维持湖南省韶山市人民法院（2014）韶刑初字第 34 号刑事判决第一项对上诉人（原审被告人）李某湘的定罪量刑部分及第二项中对上诉人（原审被告人）朱某某的定罪部分。

（2）撤销湖南省韶山市人民法院（2014）韶刑初字第 34 号刑事判决第二项中对上诉人（原审被告人）朱某某的量刑部分。

（3）上诉人（原审被告人）朱某某犯侵犯商业秘密罪，判处有期徒刑三年，宣告缓期四年，并处罚金 5 万元。（已缴纳 2 万元；缓刑考验期限，从判决确定之日起计算。）

本判决为终审判决。

本案启示

本案是销售、技术人员跳槽至新公司形成侵犯商业秘密罪共犯的情形，一审与二审均认定二人为主犯，却因销售人员朱某某庭后主动缴纳部分罚金，写出悔罪书改判缓刑，李某湘刑期不变，对于技术人员跳槽泄密应为警醒。

No. 17【（2019）冀 0132 刑初 211 号】元氏县槐阳锂能科技有限公司、耿某泉侵犯商业秘密案

案情介绍

元氏县槐阳锂能科技有限公司（以下简称槐阳锂能）的前身为元氏县槐阳碳素有限公司（以下简称槐阳碳素）、槐阳热电厂，槐阳碳素于 2002 年开始进行锂电池负极材料的石墨化加工，公司于 2008 年开始研发利用箱式石墨化炉生产锂电池负极材料的新型生产工艺，即"锂电池负极材料箱体石墨化技术"，后于 2014 年研发成功并投产使用。自此，槐阳碳素全部产能转为锂电池负极材料的生产制造，公司同行业产品国内市场占有率达 10% 左右。为保护公司商业秘密，槐阳碳素与研发小组组长李某签订了保密协议，由李某转达研发小组其他成员，制定了相关保密制度，采取了一定的保密措施。2015 年 7 月 29 日，槐阳碳素将该新型生产工艺的核心技术"一种生产锂电池负极材料的艾奇逊石墨化炉用箱体"申请了实用新型专利，授权公告日为 2015 年 12 月 23 日。

2015 年 5—7 月，槐阳碳素研发小组成员耿某泉私自以技术入股的形式与赞皇汉能合作建厂，将"锂电池负极材料箱体石墨化技术"投入生产。经鉴定，赞皇汉能的石墨化炉用箱体与槐阳碳素实用新型专利权利要求书中所体现的"艾奇逊石墨化炉用箱体构造中的底板、箱壁侧墙、沉降板及箱体内置加热体的组合"相同。后槐阳碳素将耿某泉开除。2015 年 7 月前后，耿某泉又将"锂电池负极材料箱体石墨化技术"披露给瑞盛公司使用，并在瑞盛公司担任技术负责人；经鉴定，瑞盛公司的石墨化炉用箱体与槐阳碳素实用新型专利权利要求书中所体现的"艾奇逊石墨化炉用箱体构造中的底板、箱壁侧墙、沉降板及箱体内置加热体的组合"技术密点相同。2015 年 9 月，耿某泉将"锂电池负极材料石墨化炉以及石墨化工艺"申请了发明专利；经鉴定，该发明专利的技术特征全面覆盖了槐阳碳素实用新型专利权利要求书中所体现的所有

相关技术特征。

耿某泉将槐阳锂能研发的"锂电池负极材料箱体石墨化技术"归个人所有并非法公开、使用，给槐阳锂能造成巨大经济损失。经鉴定，槐阳锂能拥有的"锂电池负极材料箱体石墨化技术"商业秘密研发费用的评估值为人民币259万元；耿某泉侵犯槐阳锂能拥有的该技术商业秘密对该公司造成的许可费损失的评估值为人民币1816万元。

法院视角

本院认为，被告人耿某泉作为槐阳锂能的员工及研发小组成员，违反公司有关保守商业秘密的要求，向他人披露、使用其所掌握的商业秘密，给槐阳锂能造成特别严重后果，其行为已经构成侵犯商业秘密罪，依法应予追究刑事责任，法定刑为三年以上七年以下有期徒刑，并处罚金。公诉机关指控耿某泉犯侵犯商业秘密罪的事实清楚，证据确实、充分，指控罪名成立，本院予以支持。对于耿某泉实施犯罪行为所获取的非法所得问题，公诉机关提交的瑞盛公司《聘用合同》及工资明细表显示，耿某泉于2015年7月至2019年1月在瑞盛公司实发工资1572197.26元。但该薪酬的取得，除了是因为耿某泉提供相关商业秘密外，还有其自身具备的技能、经验的付出等其他对价因素，公诉机关的证据未能对此进行合理区分，耿某泉侵犯商业秘密获取的违法所得数额证据存疑，本院按照有利于被告人的原则不予认定。已经扣押的联想牌笔记本电脑系被害人公司财物，应予返还被害人，没有证据证明扣押在案的苹果牌手机与耿某泉实施犯罪行为有关联，应予返还被告人，其他扣押物品因涉及本案商业秘密，依法应予没收。综上，根据被告人耿某泉的犯罪事实、性质、情节和对于社会的危害程度，依法判决如下：

（1）被告人耿某泉犯侵犯商业秘密罪，判处有期徒刑三年六个月，并处罚金人民币15万元。

（刑期从判决执行之日起计算。判决执行以前先行羁押的，羁押一日折抵刑期一日，即自2018年12月26日起至2022年6月25日止。罚金于本判决生效之日起三十日内缴纳）。

（2）扣押在案的赞皇汉能项目简介材料、单柱组合锯清单一张及手绘图纸一张予以没收。（未随案移送，由扣押机关依法处置）

（3）扣押在案的联想笔记本电脑返还被害人元氏县槐阳锂能科技有限公司。（已随案移送，由本院执行）

（4）扣押在案的苹果牌手机返还被告人耿某泉。（未随案移送，由扣押机

关执行）

本案启示

本案反映出两个问题，一是被告人作为研发小组成员却存有整个项目的技术资料，二是专利申请同时也是泄密渠道。对于第一个问题，企业应尽量降低信息整体外泄的风险，特别是大型的生产装置，应有专门的存放技术信息的地方或设备，公司核心信息不应存放于任何个人能控制的设备中，审核与调取的权限也应分离。对于第二个问题，窃密者往往为了美化自身，会将技术信息抢先申请专利，从而伪装成知识产权的拥有者。适当关注竞争对手的专利信息，往往能第一时间发现泄密事件。

No. 18【（2018）闽 0102 刑初 961 号】李某、周某源、詹某杰侵犯商业秘密案

案情介绍

福州市鼓楼区人民检察院指控，被告人李某原系福建某某高科技有限公司（以下简称某某公司）销售经理，被告人周某源原系某某公司技术研发人员，被告人詹某杰原系某某公司装配工人。2017 年 6 月，被告人李某从某某公司离职，投资成立福建汉农智能设备有限公司（以下简称汉农公司），李某担任汉农公司总经理兼法定代表人。聘请被告人周某源担任技术研发人员、被告人詹某杰担任副厂长负责日常行政管理及机械装配。2017 年 9 月，被告人李某、周某源利用从某某公司带出的"香菇套袋机"和"冲孔贴胶机"的设计图纸，生产出与某某公司具有同样功能的"香菇套袋机"和"冲孔贴胶机"，先后销往四川、河北等地。被告人詹某杰明知李某、周某源利用某某公司的设计图纸进行设计，仍组织工人装配生产。截至案发，汉农公司已与其他公司签订销售香菇套袋机、冲孔贴胶机合同 31 台，已实际销售 6 台香菇套袋机和 5 台冲孔贴胶机，获利达人民币 499107.54 元。

经鉴定，某某公司的香菇套袋机和冲孔贴胶机部分设计图纸属于"不为公众所知悉"的技术信息，某某公司已对其采取相应保密措施，属于某某公司的商业秘密。上述被告人利用某某公司的设计图纸进行生产销售的行为已造成某某公司损失达人民币 1658272.74 元。

2018 年 3 月 2 日，被告人李某、周某源、詹某杰被公安民警抓获。

法院视角

关于某某公司的损失如何计算。公诉机关列举了某某公司三部分损失：一是合同销售额毛利润影响金额 1241083.6 元，二是律师费和鉴定费 130000 元，三是与山东七河公司合同的差价损失 287189.14 元。

首先，合同销售额毛利润影响金额应为 460729.1 元。公诉机关提交的审计报告中将某某公司合同销售额毛利润影响分为两部分，一部分是汉农公司已签约并履行合同影响金额 460729.1 元，另一部分是已签约未履行合同影响金额 780354.5 元。本院认为，权利人的损失应为直接损失，不包括间接损失。已签约未履行合同尚未生效，并未实际造成损失，相关影响金额不能计入某某公司直接损失。关于李某辩护人、周某源辩护人辩称的审计报告在计算某某公司成本时，将未含冲孔贴胶机订单成本以包含冲孔贴胶机成本计算，本院认为，在销售合同明确载明销售额的情况下，即使存在上述计算错误，亦只会增加实际成本，降低实际利润，对被告人更有利，故对审计报告中某某公司成本的计算，本院予以采纳。

其次，律师费与鉴定费 130000 元系某某公司自行委托产生的费用，非本案侵权行为必然导致的直接损失，该部分费用不能计入损失。

最后，与山东七河公司合同的差价 287189.14 元应计入损失。因汉农公司的竞争，某某公司将此前平均单价 188513.51 元的 14 台产品以 168000 元单价销售给山东七河公司，造成差价损失 287189.14 元。被告辩护人称汉农公司从未向山东七河公司报过低价，某某公司的差价损失与汉农公司无关。本院认为，据山东七河公司采购副经理康某证言，其在与某某公司谈判时，曾以汉农公司为由向某某公司施压，导致某某公司最终让步。可见，即使汉农公司没有直接实施压价行为，其与某某公司生产相同产品，处于同一市场竞争，本身即会导致买方以此还价。故与山东七河公司合同差价应计入某某公司的损失。关于差价的计算，李某辩护人称某某公司香菇套袋机平均销售价格 188513.51 元偏高，应区分单层与双层套袋机；且公诉机关认定的成交单价 168000 元与合同金额不一致，仅凭某某公司销售经理蔡某端的单方陈述，无法认定最终成交单价为 168000 元。本院认为，李某辩护人未能举证证明审计报告中的合同价格未区分单双层套袋机，故应以审计报告审定的平均售价为准；除了某某公司蔡某端的陈述外，山东七河公司采购副经理康某的陈述亦可以佐证，某某公司与山东七河公司最终以 168000 元单价成交。因此，某某公司与山东七河公司合同差价损失 287189.14 元。

综上，某某公司损失总额为实际履行合同销售额毛利润影响460729.1元与差价损失287189.14元，共计747918.24元。

另外，关于汉农公司获得的利润问题。公诉机关提交的审计报告中载明，由于提供的汉农公司账本及会计凭证不全，不能按企业会计准则及相关会计制度进行准确配比核算，故以某某公司2017年生产同类生产线平均制造成本来参照核算汉农公司的销售合同金额毛利润。审计报告以此计算出汉农公司利润499107.54元。周某源辩护人认为不应以某某公司成本计算汉农公司利润，并提交了汉农公司毛利润计算材料，提出汉农公司利润应为342415.64元。本院认为，本案某某公司损失的计算采用订单损失与差价损失相加的方法，根据现有证据已能够全面衡量某某公司损失数额，无须考量汉农公司的利润，但可以作为确定罚金数额的依据。在某某公司成本计算中参照汉农公司的利润确有不妥，而周某源辩护人提交的证据虽未经司法鉴定，亦可作为被告人自认的利润金额，本院将在确定罚金数额时酌情考虑。

综上，被告人李某、周某源违反权利人有关保守商业秘密的要求，使用其所掌握的商业秘密，被告人詹某杰明知或应知上述行为，仍与周某源、李某共同使用商业秘密，给商业秘密权利人造成损失达747918.24元，犯罪事实清楚，证据确实、充分，应当以侵犯商业秘密罪追究其刑事责任。福州市鼓楼区人民检察院指控被告人李某、周某源、詹某杰犯侵犯商业秘密罪罪名成立。在量刑情节上，被告人李某、周某源在共同犯罪中起主要作用，是主犯。被告人詹某杰在共同犯罪中起次要作用，是从犯，应当从轻处罚。被告人李某、周某源、詹某杰如实供述自己的罪行，可以从轻处罚。被告人詹某杰曾因犯罪被判处刑罚，酌情从重处罚。公诉机关的量刑建议与本院认定基本相符。被告人李某、周某源到案后如实供述自己的罪行，认罪态度较好，已主动缴纳罚金，有悔罪表现，适用缓刑不致再危害社会，故对被告人李某、周某源可以适用缓刑。综上，依法判决如下：

（1）被告人李某犯侵犯商业秘密罪，判处有期徒刑一年，缓刑一年六个月，并处罚金200000元（缓刑考验期限从判决确定之日起计算，罚金已预缴纳）。

（2）被告人周某源犯侵犯商业秘密罪，判处有期徒刑一年，缓刑一年六个月，并处罚金200000元（缓刑考验期限从判决确定之日起计算，罚金已预缴纳）。

（3）被告人詹某杰犯侵犯商业秘密罪，判处有期徒刑十个月，并处罚金100000元（刑期从判决执行之日起计算；判决执行以前先行羁押的，羁押一日折抵刑期一日，即自2019年12月17日至2019年12月29日止）。

（4）扣押在案的物品予以没收，由扣押机关依法处理。

如不服本判决，可在接到判决书的第二日起十日内，通过本院或者直接向福州市中级人民法院提出上诉。书面上诉的，应当提交上诉状正本一份，副本二份。

本案启示

本案从销售毛利润和差价损失两个角度确认了被告人犯罪情节的严重程度，并处相应的罚金，将推定利润与被告人自认利润作为平衡罚金数额的依据。刑事案件中律师费非侵权行为必然导致的直接损失，该部分费用不能计入损失。原销售经理和研发人员被认定为主犯，未参与图纸盗窃的原装配工人被认定为从犯。主犯因预缴纳罚金，同时被判处缓刑，从犯并未判处缓刑，说明认罪态度较好并主动缴纳罚金，属于有悔罪表现会酌情适用缓刑。

No. 19【（2019）冀 0291 刑初 5 号】刘某权、张某辉侵犯商业秘密案

案情介绍

唐山开元阻焊设备有限公司（以下简称开元阻焊公司）与唐山开元焊接自动化技术研究所有限公司（以下简称开元研究所）均系唐山开元电器集团有限公司（以下简称开元集团）独资子公司。开元阻焊公司为了降低成本和提高产品竞争力，于 2012 年 12 月，与开元研究所合作，成立了专门的项目研发组，立项研发中频逆变电阻焊控制器系列产品。时任开元阻焊公司研发部部长的被告人刘某权任该研发项目组的负责人，时任开元研究所研发人员的被告人张某辉任该研发项目组的研发人员。按照开元集团保密制度的要求，二被告人在职期间均与所在公司签订了保密协议。

2016 年 2 月，被告人张某辉离职。2017 年 4 月 6 日，被告人刘某权与被告人张某辉签订劳动合作协议书，合作经营中频逆变电阻焊控制器。同时，被告人刘某权将私自复制的开元阻焊公司的中频逆变电阻焊控制器项目的相关电子技术资料交给被告人张某辉使用。2017 年 6 月，开元阻焊公司的中频逆变电阻焊控制器技术研发成功，并使用该技术制作出电阻焊机样机，2017 年 7 月该研发项目做了结题汇报，计划于 2017 年下半年进行量试，2018 年开始批量生产。结题汇报后被告人刘某权离职，离职时带走了开元阻焊公司中频逆变电阻焊控制器的相关数据、图纸等电子技术资料。

2017 年 8 月 24 日，被告人刘某权成立唐山极远智能科技有限公司（以下

简称极远公司）。其中，被告人刘某权负责中频逆变电阻焊控制器结构、外观设计等全面性工作，被告人张某辉负责中频逆变电阻焊控制器电路板设计和软件编程，被告人刘某权招聘部分从开元阻焊公司离职的员工到极远公司从事机械结构设计、销售等工作。自2018年1月29日至9月12日，共销售中频逆变电阻焊控制器及电阻焊机82台，销售收入891239.28元。

被告人刘某权、张某辉的上述行为，影响了开元阻焊公司中频逆变电阻焊控制器系列产品2018年批量生产计划的实施，开元阻焊公司产品的技术优势被削弱，预期产品竞争力下降，开元阻焊公司的中频逆变电阻焊控制器系列产品经过技术升级后于2019年上半年开始上市销售。截至2017年6月，开元阻焊公司为中频逆变电阻焊控制器系列产品研发支出费用2078448.52元；2018年7月1日至11月30日，开元阻焊公司为中频逆变电阻焊控制器技术升级支出研发费用318318元。2017年度开元阻焊公司为采购中频逆变电阻焊控制器向天津商科数控技术股份有限公司、那电久寿机器（上海）有限公司、小原（南京）机电有限公司、上海博世力士乐液压及自动化有限公司支出费用4450918元。

法院视角

本院认为，唐山开元阻焊设备有限公司研发的中频逆变电阻焊控制器技术，不为公众所知悉，能为其带来经济利益，具有实用性并采取了保密措施，属于商业秘密。被告人刘某权、张某辉作为中频逆变电阻焊控制器项目研发组成员，均与公司签订了保密协议，依照该协议约定，离职不解除保密义务。二被告人违反该保密协议中有关保守商业秘密的约定，使用开元阻焊公司的商业秘密，生产出与开元阻焊公司中频逆变电阻焊控制器技术核心部分高度一致的中频逆变电阻焊控制器，先于开元阻焊公司入市销售，给开元阻焊公司造成重大损失，二被告人的行为均已构成侵犯商业秘密罪，公诉机关的指控成立。成都三方电气有限公司及其鉴定人员具有法定的鉴定资质，鉴定人员出庭接受了询问，其出具的鉴定意见及技术意见，规范、科学，可以认定开元阻焊公司研发的中频逆变电阻焊控制器技术属于商业秘密。

为维护正常的社会秩序，惩治犯罪，依法判决如下：

（1）被告人刘某权犯侵犯商业秘密罪，判处有期徒刑一年零四个月，并处罚金10万元。

（2）被告人张某辉犯侵犯商业秘密罪，判处有期徒刑十个月，缓刑一年，并处罚金3万元。

本案启示

本案为前任研发部长伙同研发人员窃密创业。在司法实践中，技术部门的主要负责人往往是泄密的关键环节，在保密管理中，技术部门的主要负责人往往是保密管理具体措施的阻碍。技术部门负责人总是不由自主地想要自己控制所有的技术，如果没有专业的保密部门，企业往往安排技术部门负责人去负责技术保密工作，如果有人既有手铐又有钥匙，难免不会监守自盗。建议每个走研发路线的技术型企业都做一遍商业秘密合规，以防出事后方才追悔莫及，亡羊补牢，为时已晚。

No. 20【（2012）浦刑（知）初字第 42 号】吴某侵犯商业秘密案

案情介绍

无锡药明康德新药开发有限公司（以下简称无锡药明康德公司）与上海药明康德公司先后与辉瑞公司签订协议，约定由上海药明康德公司根据辉瑞公司的订单提供合成化学服务，产生的知识产权归辉瑞公司所有，上海药明康德公司对相应信息负有保密义务。协议履行中，由辉瑞公司下达订单并提供部分结构式的合成路径建议，上海药明康德公司以该合成路径建议为基础或自行设计的合成路径进行具体的合成实验，最终向辉瑞公司交付实验报告和相应化合物。实验报告内容包括订单信息、是否可以合成目标化合物、合成的具体方法和过程等，报告上有"confidential"（即保密）字样。

被告人吴某自 2008 年 3 月 18 日起在上海药明康德公司处工作，岗位为辉瑞项目组的合成研究员。吴某签署《雇员保密信息和发明转让协议》约定。2010 年 9 月、10 月间，被告人吴某先后数次采用秘密拆换电脑硬盘的方式，窃取上海药明康德公司其他研究人员电脑中的相关研究材料，其中包括公诉机关指控的 89 个化合物结构式及合成过程信息。同年 10 月 16 日晚，吴某在以上述方式窃取研究资料时被保安当场抓获。10 月 20 日，吴某办理离职手续，并书面确认离职后不向任何人透露其知悉的公司或其客户的任何商业秘密。2011 年 3 月 2 日和 11 日，吴某将其窃取并编辑整理的化合物结构式，以尚未成立的上海艾娜科生物医药科技有限公司（以下简称艾娜科公司）的名义，在 SciFinder 和 ACDFIND 数据库及艾娜科公司的网站上公开披露，其中包括公诉机关指控的 89 个化合物结构式。艾娜科公司于 2011 年 6 月 2 日注册成立，吴某系法定代表人。

公安机关于 2011 年 12 月 22 日接上海药明康德公司报案，经调查取证，并委托科技咨询中心进行相关鉴定后，于 2012 年 4 月 13 日作出立案决定。吴某到案后，如实供认其实施了上述行为。

法院视角

本院认为，上海药明康德公司直接参与涉案商业秘密的研发，对商业秘密所有人即辉瑞公司负有保密义务，并为此采取实际的保密措施，且被告人吴某系直接从上海药明康德公司处窃取涉案商业秘密。上述事实表明，上海药明康德公司虽非涉案商业秘密的所有权人，但与涉案商业秘密的形成有直接关系，是商业秘密的直接持有人和保管人，并可能因被告人窃取和披露商业秘密的行为遭受损失，可以作为被害单位参与本案诉讼。因此，对辩护人关于上海药明康德公司不可作为本案被害单位的意见，本院不予采纳。本案的争议焦点为：一是公诉机关指控的 89 个结构式及其合成信息是否构成商业秘密；二是被告人披露的 89 个结构式是否与辉瑞公司的 89 个结构式具有同一性；三是被告人行为给被害单位造成的损失。由于各方对于结构式的同一性问题争议较大，而这直接影响涉案商业秘密的范围，故以下先就被告人披露的 89 个结构式是否与辉瑞公司的相应结构式具有同一性进行判断，再就具有同一性的结构式及其合成信息是否构成商业秘密进行认定，最后在此基础上确定被害单位的损失范围。

被告人吴某以盗窃手段非法获取辉瑞公司的商业秘密，并披露窃取的商业秘密，辉瑞公司因此而遭受的研究开发成本损失在结构式合成阶段即达 260 余万元，给被害单位造成特别严重后果，故吴某的行为构成侵犯商业秘密罪。公诉机关指控吴某犯侵犯商业秘密罪罪名成立，本院予以支持。吴某到案后如实供述自己的罪行，依法可以从轻处罚。此外，辉瑞公司因吴某的行为遭受的损失还包括结构式的设计成本，而由于吴某披露的仅系结构式而非全部技术信息，辉瑞公司投入的研究开发成本并非全部损失殆尽，还可进一步投入研发以就结构式做其他利用。吴某采取盗窃手段获取商业秘密，行为性质恶劣。其行为还直接损害了上海药明康德公司作为医药研发外包企业的商业信誉，对我国医药研发外包服务行业在国际社会也产生了不利影响。上述情节，本院在量刑时会酌情予以考虑。鉴于被告人吴某并未利用涉案商业秘密进行生产经营，也无其他违法所得，本院综合考虑其犯罪行为给权利人造成的损失、社会危害性等情节，依法判处罚金。据此，依法判决如下：

（1）被告人吴某犯侵犯商业秘密罪，判处有期徒刑三年六个月，罚金人民币 10 万元。

（2）扣押的移动硬盘一块予以没收。

本案启示

本案是研发外包服务行业泄密案，窃密方式极为初级，为私拆硬盘；泄密事件发生后，公司对私拆硬盘行为的处理也显稚嫩，说明该公司的商业秘密整体管理水平并不专业，最终产生严重泄密的后果，对我国医药研发外包服务行业在国际社会也产生了不利影响。

在这里着重强调一下，企业研发做新项目新产品时，必须计入商业秘密保护的成本，这块成本因公司而异，一般在公司研发投入的 5%～10%，是必须花出去的钱。受害人的姿态固然可怜，但对商业秘密保护的漠视证明这是自食其果。

No. 21【（2019）京 0109 刑初 106 号】田某印侵犯商业秘密案

案情介绍

2017 年 2 月至 3 月，被告人田某印从北京精雕公司离职前，利用该公司数据管理系统（PLM）漏洞，从精雕科技服务器数据库下载文件共计 162 次，以网络共享传输的方式从个人办公电脑拷贝文件到公用电脑共计 7 万余次，后用 U 盘、移动硬盘等设备将所下载文件窃走，其中涉及非田某印参与设计文件 33745 个。被告人田某印到深圳创世纪公司工作后，以玻璃机项目副总经理的身份使用其窃取的北京精雕公司型号为"x 设备"的图纸和技术方案，设计、生产出型号为 x 设备并出售，给北京精雕公司造成经济损失人民币 215.468 万元。同时经被告人田某印允许，深圳创世纪公司申请了"一种新型机床床身结构"专利，该专利对北京精雕公司型号为 x 设备加强筋技术方案予以了披露。

经鉴定，北京精雕公司的 x 设备的床身加强筋技术方案、关键结构（床身、横梁体、右立柱等）图纸在 2017 年 2 月 9 日前不为公众所知悉；深圳创世纪公司 x 设备的床身加强筋技术方案与北京精雕公司 x 设备的床身加强筋技术方案相同。

2018 年 12 月 27 日，被告人田某印在深圳市被北京市公安局门头沟分局民警传唤到案，其到案后自愿如实供述了自己的罪行。

法院视角

本院认为，被告人田某印盗窃他人商业秘密使用并披露，给商业秘密权利人造成重大损失，其行为已构成侵犯商业秘密罪，应依法惩处。北京市门头沟区人民检察院指控被告人田某印犯侵犯商业秘密罪的事实清楚，证据确实、充分，罪名成立。鉴于被告人田某印到案后能够如实供述所犯罪行，可依法从轻处罚；其自愿认罪认罚，可依法从宽处理。公诉机关及辩护人的相应意见，本院予以采纳。综上，依法判决如下：

（1）被告人田某印犯侵犯商业秘密罪，判处有期徒刑一年十个月，罚金人民币 10 万元。

（2）随案移送的 TOSHIBA 移动硬盘一个、黑色 U 盘一个，予以没收；指纹打卡机二个、ThinkStation 电脑主机六台，发还北京精雕科技集团有限公司；设备采购合同一套、相关资料一套、项目工作计划一套、联想 Miix520 笔记本电脑一台、ThinkPad 笔记本电脑一台、绿色 U 盘一个、DELL 电脑主机一台、金属色 U 盘一个、图纸一套，退回北京市门头沟区人民检察院依法处理。

本案启示

离职员工在离职前批量下载资料的情况屡见不鲜，企业的数据管理系统应能留痕、预警、加密。很可惜本案受害人的系统仅能留痕，而且还是案发一年以后才被发现。企业的保密管理一定不能只是软性的制度和规范，而应该辅以硬件和系统。虽然本案被告人最终受到应有惩罚，但是企业应有的保密措施在哪里？企业的核心秘密已被泄露的损失已无法挽回。

No. 22 【（2019）粤 1972 刑初 3865 号】李某强侵犯商业秘密案

案情介绍

伯恩光学（惠州）有限公司（以下简称伯恩公司）系被害单位 OPPO 广东移动通信有限公司（以下简称 OPPO 公司）研发的 OPPO 牌 Reno 手机背壳的生产供应商。2018 年 11 月，被告人李某强入职伯恩公司，在非保密车间工作，并在入职时签署《入职告知书》，被告知因产品和技术保密要求，员工上班时间不得将手机、内存卡等存储设备带入生产区域。2019 年 3 月 9 日至 3 月

10 日，因工作需要，李某强临时被抽调到伯恩公司保密车间工作。李某强明知保密车间不允许携带手机，仍偷偷将手机藏在无尘衣中躲避保安人员的检查，将手机携带进入保密车间。后李某强用手机拍摄了 5 张尚未发布上市的 OPPO 牌 Reno 手机背壳的照片，发送到"我们不一样"QQ 群（群成员 81 人），后上述照片被该群成员转发到"联想 Z5S—基佬交流"QQ 群（群成员 265 人），再被该群成员转发到新浪微博，并引起其他人员再度转发。OPPO 公司发现该情况后立即联系相关平台，删除了上述照片。2019 年 3 月 18 日，OPPO 公司报案。2019 年 3 月 27 日，公安人员在伯恩公司抓获李某强。经鉴定，OPPO 公司 Reno 手机背壳设计所包含的技术信息，于 2019 年 3 月 10 日前（不含当天）属于"不为公众所知悉的技术信息"。经鉴定，OPPO 公司的 Reno 手机背壳所包含的技术信息价值的评估值为 330 万元。

法院视角

本院认为，被告人李某强违反权利人有关保守商业秘密的要求，披露权利人的商业秘密，造成特别严重的后果，其行为已构成了侵犯商业秘密罪，依法应予惩处。公诉机关指控被告人李某强犯侵犯商业秘密罪，事实清楚，证据确实、充分，罪名成立，本院予以支持。

辩护人提出被告人李某强的行为属于无心之举，其主观上没有侵犯商业秘密的故意的辩护意见。经查，被告人李某强在入职时已被告知因产品和技术保密要求上班不得将手机、内存卡等设备带入生产区域，而李某强故意违反该规定，偷偷将手机藏在无尘衣中躲避保安人员的检查，将手机带入保密车间并拍摄了案涉商业秘密的手机背壳后进行披露，被告人李某强在主观上明显具有披露案涉商业秘密的故意，故对该辩护意见不予采纳。该辩护人还提出案发后被害单位已联系相关平台立即删除被披露的照片，没有造成实际损失，在这种情况下按研发成本计算损失有些牵强的辩护意见。本院认为，被告人李某强在互联网上披露被害单位的商业秘密，致使被害单位研究、开发的技术信息丧失秘密性，使这种技术信息失去了其作为商业秘密的价值，这明显给被害单位造成了损失。案涉商业秘密采用成本法评估得出其所包含的技术信息价值的评估值为 330 万元，以该价值确定本案的损害赔偿额，合法有据，本院予以采纳，对该辩护意见不予采纳。

依法判决如下：被告人李某强犯侵犯商业秘密罪，判处有期徒刑三年，缓刑四年，并处罚金 2 万元。

本案启示

本案是典型的员工拍照泄密案,提醒公司需要加强对年轻员工的教育培训。特别对于高科技公司,产品未上市发布前的保密应涉及每个环节,研发、打样、运输至门店,特别是未发布先运输至供应链的产品。保密措施、保密制度能不能很好地遵守,需要有定期的保密培训与明确的保密奖惩制度。另外在泄密事件的反应上,OPPO公司为广大企业提供了很好的范例,一个月内发现泄密行为并删除相关资料,及时诉诸刑事手段警醒企业内部员工。

No.23【(2015)廊开刑初字第058号】宋某侵犯商业秘密案

案情介绍

被告人宋某2008年11月到梅花生物科技集团股份有限公司(以下简称梅花集团公司)的全资子公司通辽梅花生物科技有限公司(以下简称通辽梅花公司)从事技术研发岗位工作并签署保密协议。2009年7月至2013年5月梅花集团公司研发团队对"色氨酸生产技术开发"项目进行研发,宋某是该研发团队成员。工作期间宋某私自复制了一份该"色氨酸提取工艺试生产总结"的电子版并存放在自己的笔记本电脑中。2013年8月宋某从通辽梅花公司辞职。2013年10月16日,宋某以网名"梅花"在互联网"发酵人论坛"上发帖公布"色氨酸提取技术方案"。经北京国威知识产权司法鉴定中心司法鉴定,梅花集团公司"色氨酸提取工艺试生产总结"在2013年10月16日之前是不为公众所知悉的技术信息,系梅花集团公司的商业秘密。宋某在互联网上所披露的"色氨酸提取技术方案"与梅花集团公司的"色氨酸提取工艺试生产总结"中记载的相关信息实质上相同。经河北金诚会计师事务所有限公司专项审计,梅花集团公司的"色氨酸生产技术开发"项目研发成本为人民币16897060.21元。

法院视角

本院认为,被告人宋某披露以不正当手段获取的商业秘密,造成特别严重后果,其行为已构成侵犯商业秘密罪。公诉机关指控的犯罪事实清楚,证据确实、充分,指控的犯罪成立。被告人宋某的辩护人辩称,被告人宋某到案后如实供述犯罪行为,系坦白,依法可以从轻处罚的辩护意见正确,本院予以采纳；辩称梅花公司未向宋某支付保密费用，梅花公司与宋某签订的保密协议并不生效且梅花公司的损失数额不能确定，经庭审举证、质证，通辽梅花公司与宋某签订的保密协议明确约定了相关的保密条款，该保密协议并没有支付保密费用的约定，被告人宋某使用不正当的手段获取了梅花集团公司"色氨酸提取工艺试生产总结"这一商业秘密并在互联网上予以披露，导致梅花集团公司投入1600多万元研发资金的这一研发成果进入公众领域，从而使该商业秘密失去了应有的商业价值，造成特别严重后果，故该辩护意见不能成立，本院不予采纳。根据被告人宋某的犯罪事实、性质、情节和对社会的危害程度，依法判决如下：被告人宋某犯侵犯商业秘密罪，判处有期徒刑五年，并处罚金人民币50万元。

本案启示

论坛、网盘、知识星球在方便技术交流的同时，也为保密管理带来很大难度。企业内部需要设置合适的保密技术软件，防止类似事件的发生。本案是员工违规复制技术资料并在论坛发布，从而发生的泄密事件。被告人在本案中也并未获利，只是获得一些论坛币，更说明企业在日常工作中的保密工作不到位，以致离职人员保密意识淡薄，最终造成严重后果。

No.24【（2014）徐刑（知）初字第12号】张某、泽某侵犯商业秘密案

案情介绍

2005年10月、2006年7月，被告人泽某、张某分别加入易罗公司，先后担任公司研发经理及产品部经理、副总经理，两被告人入职时均与公司签订了劳动合同及员工保密合同。

2010年起，易罗公司开始自主研发"集思宝"移动GIS数据采集器，其中一款定名为E750型。被告人张某、泽某担任研发工作的主要组织、领导者，两人均掌握了GIS采集器的相关技术信息及经营信息，包括该产品核心部件PCBA板设计的相关技术秘密。2010年底，两被告人共谋离开易罗公司自行另设新公司并经营原公司的同类产品，遂委托上海恒途信息科技有限公司设计、制作PCBA板，欲再自行采购其他零部件后组装出类似GIS采集器销售后牟利。2011年1月17日，被告人张某违反公司相关保密规定，通过其个人邮箱，将包含有E750产品PCBA板设计图纸等的邮件发送给上海恒途信息科技有限

公司吴某，用于设计、制作其 GIS 采集器的 PCBA 板。同月 25 日，被告人泽某通过私人邮箱将包含有 E750 产品制板工艺文件等的邮件发送给吴某，同年 3 月又将包含有 E750 产品相关技术内容的邮件通过私人邮箱发送给吴某。后上海恒途信息科技有限公司共计交付两被告人 PCBA 板 500 余片。

2011 年 3 月，被告人张某与冯某（系被告人泽某之丈夫）、宋某三人成立了昊纬公司，注册资金 100 万元，张某为法定代表人。同年 4 月，被告人张某、泽某从易罗公司离职后进入昊纬公司，张某担任总经理，泽某为研发经理。两被告人组织他人将上海恒途信息科技有限公司生产的 PCBA 板及采购的其他零部件组装成 GIS 数据采集器，并定型为 S10 对外销售。2011 年 9 月，被告人张某又委托深圳中恒泰电子科技有限公司生产 PCBA 板，由昊纬公司员工潘某（原易罗公司硬件工程师，负责 E750 等产品的开发，2011 年 6 月被公司开除）根据两被告人提供的 S10 采集器设计出改进图纸，并由被告人泽某将相关文件发送给深圳中恒泰电子科技有限公司，据此该公司共计生产 PCBA 板 1000 余片，亦由两被告人组织他人组装成 GIS 数据采集器，并定型为 S12 对外销售后牟利。

另查，就易罗公司研发的基于 Windows Mobile 智能系统的 GIS 数据采集器，侦查机关委托中国科学院上海科技查新咨询中心进行了技术秘密查新检索，就国内外有无相同或类似文献与研究公开报道，作对比分析及新颖性判断。最终查新结论为国内外虽然已有针对 GIS 采集器关键技术方面的报道，但这些研究皆侧重于某些关键技术，这些研究与 GIS 采集器的终端产品相距甚远，还需要大量的开发研究工作，除来源于委托方的产品外，公开的同类产品均未采用"海思 K3 平台参考设计方案"，且这些产品仅公开了产品功能与特点，未涉及产品工业化的设计方案。与委托项目不同，除来源于委托方的产品外，国内外未见有述及与委托项目"基于 Windows Mobile 智能系统的 GIS 数据采集器"相同的产品公开报道，该项目具有新颖性。侦查机关另委托上海辰星电子数据司法鉴定中心就易罗公司研发的 E750 型 GIS 数据采集器与昊纬公司生产 S10、S12 型 GIS 数据采集器 PCBA 板是否存在相同或实质性相似进行了比对鉴定，结论为 E750、S10、S12 均为 GIS 数据采集器，其基本功能、可扩展功能和应用领域基本相同。就 E750 型与 S10 型比对，硬件电路原理图均基于海思公开的 K3 HI3611 芯片参考设计进行设计，但两种 GIS 的 PCBA 与 K3 参考设计的 PCBA 的相似度低于 10%；两种 GIS 的 PCBA 之间具有 95% 以上的相似度，基于该 PCB 设计基本常识可以断定：E750 型与 S10 型的 PCBA 设计不具有独立性。就 E750 型与 S12 型比对，两种 GIS 的 PCBA 板均基于海思公开的 K3 HI3611 芯片参考设计进行设计制造，两种 GIS 的 PCBA 之间具有

81.9%的加权平均相似度,基于该 PCB 设计基本常识可以断定:E750 型与 S12 型的 PCBA 设计不具有独立性。

另经上海公信中南会计师事务所有限公司司法鉴定,2011 年 8 月 18 日至 2012 年 4 月 26 日,昊纬公司共计销售 GIS 采集器 1520 台,合计金额 3806555 元;易罗公司的 GIS 采集器系由该公司先销售给合众思壮公司下属子公司,再由下属子公司销售给直接用户。2011 年 1 月至 7 月,易罗公司销售给合众思壮公司下属子公司 GIS 产品的平均销售单价为 1709.40 元,平均单位销售利润为 552.27 元;合众思壮公司下属子公司销售给直接用户的平均销售单价为 3607.90 元,平均销售利润为 1898.50 元。

2012 年 4 月 24 日,被告人泽某在昊纬公司经营场所被公安人员抓获后到案,次日,被告人张某经公安人员联系,至公安机关接受讯问。

法院视角

本院认为,被告人张某、泽某结伙违反权利人有关保守商业秘密的要求,使用其所掌握的商业秘密,给权利人造成达人民币 83 万余元的重大损失,其行为均已构成侵犯商业秘密罪,应予处罚。公诉机关的指控成立。被告人张某虽经公安机关传唤后主动到案,但到案后对自己的犯罪事实并未作如实供述,依法不应认定为自首,对其辩护人的相关辩称不予采纳。被告人泽某依法不具有自首情节,但庭审中被告人泽某能如实供述自己的犯罪事实,认罪态度较好,依法可予以从轻处罚;被告人张某在庭审中对自己的犯罪事实及行为的性质也有了较好的认识,可酌情从轻处罚。根据本案被告人犯罪的事实、性质、情节和对于社会的危害程度,依法判决如下:

(1)被告人张某犯侵犯商业秘密罪,判处有期徒刑一年三个月,缓刑一年三个月,并处罚金人民币 5 万元。

(2)被告人泽某犯侵犯商业秘密罪,判处有期徒刑一年,缓刑一年,并处罚金人民币 5 万元。

(3)被告人张某、泽某的违法所得责令退赔给被害单位。

(4)查获的侵权产品及犯罪工具等予以没收。

张某、泽某在社区中,应当遵守法律、法规,服从监督管理,接受教育,完成公益劳动,做一名有益社会的公民。

本案启示

商业秘密的鉴定属于知识产权司法鉴定。商业秘密鉴定只能对事实问题

（如技术信息的非公知性、同一性）进行鉴定，而不能对法律问题（是否构成商业秘密）进行鉴定，只能对技术信息的非公知性、同一性和重大损失进行鉴定，对经营信息的重大损失进行鉴定。司法部《司法鉴定执业分类规定（试行）》第十六条规定：对被侵权的技术和相关技术的特征是否相同或者等同进行认定，对技术秘密是否构成法定技术条件进行认定。因此，商业秘密鉴定主要包括以下三类：

（1）"非公知性鉴定"，是指公众对该技术信息的非知悉性进行鉴定，并不包括经营信息。此处的"公众"是指与特定技术信息的所有人或者使用人具有竞争关系领域的人员，而非普通的社会公众。

（2）"同一性鉴定"，是指案涉技术信息与该商业秘密的秘密点是否构成相同或等同进行鉴定。技术信息与专利具有相似性，要求具有新颖性、创造性，但新颖性、创造性标准不如专利标准要求高，即不能用专利的"三性"去评价商业秘密是否构成。技术信息应当具有秘密点，秘密点相当于专利的技术特征，但不要求秘密点构成一个完整的技术方案。

（3）"重大损失鉴定"，是指通过市场份额的减少出现亏损甚至破产、保密费损失、商业秘密的研制开发成本等进行鉴定。

第十章　商业秘密合规

一、ISO 37301 合规管理体系

近年来，全球贸易关系愈加复杂，全球产业链进入深度调整与重构时期。各国建立了严格的合规监管制度，监管机构加强了立法深度和执法力度，引导和督促企业实施更加主动的合规经营。

2021年4月，国际标准化组织（ISO）发布《合规管理体系　要求及使用指南》（ISO 37301：2021）（以下简称 ISO 37301），代替了原先的《合规管理体系　指南》（ISO 19600：2014），正式在合规管理领域将 B 类指导性标准升级为 A 类可认证标准，企业可依照 ISO 37301 进行合规管理体系建设并开展合规认证。企业开展合规管理，不仅能保证经营活动的合法性，防范法律风险，提高可持续发展能力，而且有助于维护市场经济秩序，促进经济社会的高质量发展。

企业通过 ISO 37301 合规认证，具有以下重要意义：

1. 国际证明

企业可据此向国内外监管机构证明企业已经搭建完善的合规管理体系并且有效运行，一方面有助于为可能的行政监管活动提供反馈，实现精准应对监管；另一方面在涉及刑事责任时，企业可向有关部门展示其具备良好的合规管理体系以及持续改进企业合规管理的诚意，并为企业合规整改和第三方监管验收提供正面依据。同时，ISO 37301 的国际可认证性，在企业合规治理、传递商业信任、向监管机构证明存在合规管理体系、作为企业向司法机关提供关于违规量刑的正面证据、争取合规不起诉等方面提供了重要支持。

作为企业向监管机构证明存在合规管理体系获得 ISO 37301 认证的企业，在应对监管机构的检查时，一方面，能够将基于 ISO 37301 确立的合规管理理念用于行政监管活动的反馈；另一方面，能够通过对企业合规管理体系运行情

况的评价结果来匹配相应的监管手段与措施，实现精准应对监管。

2. 商业形象

企业可据此向商业伙伴展示企业诚信合规的商业形象，取得商业伙伴的信任，从而为贸易与合作提供便利、提升企业的商业价值，乃至取得收获新客户、打开新市场、迈向新阶段的契机。

在海内外复杂严苛的合规监管环境背景下，ISO 37301 作为企业获得第三方认证的依据，能够展示企业符合国际标准的合规管理能力，较高程度满足商业伙伴的合规管理要求，帮助企业在客户合作、多边合作、政府合作中传递商业信任。

3. 融合管控

ISO 37301 采用 Plan（计划）- Do（实施）- Check（检查）- Act（改进）("PDCA")理念，完整覆盖了合规管理体系建立、运行、保持和改进的全流程，基于合规治理原则，为企业建立并运行合规管理体系、传播积极的合规文化提供了整套解决方案。企业可与其他遵循 PDCA 理念的 ISO 体系进行融合，降低管控成本，提升管理效率，保持企业运行的系统性和协调性。

4. 刑事合规正面证据

《2019—2020 企业家刑事风险分析报告》显示，在 2019 年 12 月 1 日至 2020 年 11 月 30 日公开的刑事判决案例中，共检索出企业家犯罪案例 2635 件，企业家犯罪 3278 次。在 3278 次企业家犯罪中，共涉及犯罪企业家 3095 人。企业家犯罪往往同时暴露出企业合规管理问题，牵涉单位犯罪，严重的甚至危及企业存续。

对于涉嫌刑事犯罪的企业而言，获得检察机关认可的不起诉处理具有相当的积极作用。获得不起诉的处理意味着该企业不必因其违法犯罪行为而被迫终止运营或破产，同时企业雇员也免于遭受失业风险；更为重要的是，合规不起诉制度为企业运营创造了一定的激励制度，促进企业合规体系的建立与落实，为企业后续的合规经营打下坚实基础。

ISO 37301 认证可以帮助涉嫌刑事犯罪的企业向司法机关展示企业具备良好的合规管理体系，以及持续改进企业合规管理的诚意。该认证既能作为司法机关对涉嫌刑事犯罪的企业量刑的考量依据，也能作为落实依法不捕不诉不提出判实刑建议等司法意见、制定合规指引、督促企业合规整改和第三方监管验收的正面依据。

综上，企业取得 ISO 37301 认证，对董事会和员工是证明运营风险管理的合格证；对监管部门和投资方是企业的信用证；对顾客和国际供应链是通行证。2021年初，美的集团便获得全国首张ISO 37301：2021合规管理体系国际标准证书，标准化的合规实践犹如一张全球有效的签证，有利于消减准入障碍与疑虑。经过专家层面的技术共识、利益相关方的协商一致，得到各界认同的合规管理ISO标准，让企业的合规管理体系更容易被相关方接受和认同。

二、国资企业合规管理

2022年10月，《中央企业合规管理办法》（以下简称《办法》）正式颁布实行。中央企业应在国务院国有资产监督管理委员会（以下简称国资委）要求下深入贯彻落实该办法，着力抓好"五个关键"，确保"五个到位"：将首席合规官作为关键人物，全面参与重大决策，确保管理职责到位；把合规审查作为关键环节，加快健全工作机制，确保流程管控到位；聚焦关键领域，扎实做好"三张清单"，确保风险防范到位；将风险排查作为关键举措，坚持查改并举，确保问题整改到位；把强化子企业合规作为关键任务，通过信息化手段加强动态监测，确保要求落实到位。通过建设、运行、维护和改进合规管理体系，可以引导企业树立合规经营理念，不断完善合规制度，严格履行合规义务，保障其经营目标得以实现。

《办法》不仅对国企提出了合规管理新要求，也为国企搭建合规管理体系提供了更强的实操性指引。对于国资委和国企来说，《办法》更多的是提供原则性、框架性的指导与要求，要达到《办法》的要求，仍需要结合国内外合规管理最佳实践的方法论落地。

强化合规已成为企业健康发展的内生动力。在国内国际两个市场都高度重视合规的时代背景下，企业开展合规管理已经从满足外部监管要求和遵守自由市场竞争规则，真正演变成企业自身发展的现实需要，成为企业增强竞争力的内生动力。一方面更高水平的合规建设能够为企业带来切实的经济利益，合规已成为企业参与项目竞标时的重要加分指标。另一方面开展合规建设也是企业树立良好品牌形象的重要标签，是企业赢得潜在合作方、避免和防止刑事制裁的不二选择。

2022年国资委推动开展"合规管理强化年"活动，这是对企业法治建设特别是合规管理工作的又一次升华。任何存在违规风险、脱离合规监管的企业，都难以在国际市场竞争中站稳脚跟，也必将因为违法违规行为付出惨重代价。特别在各国政府普遍重视企业合规管理，普遍对中国企业参与本国经济活动采取日趋严格的监管措施的前提下，国资企业要想更好地参与国际竞争，就无可避地要接受境外项目所在国更加全面、更加深入的合规审查、合规监管，就不得不完善自身合规体系、增强全员合规能力。崇尚合规、尊重合规、践行合规已经成为国资企业员工的普遍共识，也必然推动合规建设向更高层次、更深领域发展。

三、合规体系搭建及认证基本程序

第三方认证机构在对企业进行 ISO 37301 认证时，并非机械地对企业合规管理模块、流程进行单点打分，而是基于 ISO 37301 的要求，依照 ISO 19011《管理体系审核指南》以及机构的认证管理规则，以一种系统性的过程评审方式进行。这对企业的启发是：要获得 ISO 37301 认证，企业需要通过有效的方法论，并结合企业实际情况，实施 ISO 37301，以衔接 ISO 37301 的标准要求与企业的合规体系，实现企业合规体系与 ISO 37301 适配。

要使合规管理形成企业经营的"防火墙"，保护企业免受因合规风险所带来的严重影响或重大损失，企业应当根据其行业特点和经营管理模式搭建具有针对性的合规体系。而一个行之有效的合规体系的搭建，离不开合理的制度和程序、高层参与、风险评估、尽职调查、培训和沟通、监督和审核六大组成部分，这六大组成部分也是 ISO 37301 合规管理体系对基本要素的要求。具体如下。

（一）合理的制度和程序

企业应制定合理的制度和程序，其作为企业合规体系的核心，是企业所有员工履行职责的基本要求。主要分为以下四个方面：

（1）企业行为准则，这是企业经营管理和文化建设的纲领性文件，包括企业愿景、使命、核心价值观、合规方针、社会责任等方面。

（2）企业合规管理制度，这是企业合规部门进行合规管理的程序性规章制度，包括合规组织制度、合规风险管理流程、合规审查流程、违规举报、调查与处置流程、合规报告程序等方面。

（3）职能部门管理规章，企业不同的职能部门涉及不同的合规规范的执行与遵守，例如，管理、财务、人事行政、法务、内控等部门均有相对应的合规规范。

（4）业务合规流程，企业各业务领域涉及不同的合规规范，例如传统的业务合规流程、网络安全合规流程、产品合规流程、跨境电商领域合规流程等，具备较强的专业性，往往需要企业合规部门与业务部门合作制定和修改相关的业务合规流程。

(二) 高层参与

企业合规运作应有高层的参与，形成较为成熟的合规组织体系。高层参与能够使企业形成上下连贯的合规组织结构，如公司自上而下设立合规委员会、分支机构和职能部门中的合规部门。合规部门直接向公司合规委员会和首席合规官汇报，这样能够确保企业管理层及时识别合规风险并采取应对措施。

(三) 风险评估

定期或不定期地对企业活动中存在的合规风险进行识别与评估。例如，在投融资或收购项目中，企业需要对该项目进行合规风险评估，评估结果作为决策参考，降低企业风险。

(四) 尽职调查

合规部门针对已存在的合规风险进行调查和研究，形成合规风险报告，并研究制定和实施降低风险的措施。

(五) 培训和沟通

企业需要定期组织培训和沟通，一方面能够确保员工了解最新的法律法规、监管规定、企业内部规章制度等方面内容；另一方面也能够保证企业高层管理者与其他层级员工维持一种稳定的沟通，使企业高层管理者的合规理念与态度能够顺畅传达至企业各层级员工，形成合规文化。

(六) 监督和审核

企业应建立合规监控体系，包括监督和审核。监督是指企业的高层管理者或员工在进行业务活动时，都应在其职责范围内进行可持续的管理与监督，检查每一项业务活动是否存在违规行为。审核是企业对合规管理体系运行情况的评审，企业通过审核及时发现问题并加以整改，有助于持续提升合规管理能力，确保企业的合规体系在全球各地得到良好的贯彻执行。

四、商业秘密合规计划书

在刑事涉案企业合规不起诉制度推广中，特别在商业秘密案件的合规整改中，合规计划书是落实整个整改活动的纲领性文件。合规不起诉业务是典型的控方市场业务，检察机关需要从大量提出申请的涉案企业中挑选，除了要求涉案企业的犯罪情节、企业经营情况符合规定，还可能要求审查整改工作的可行性、有效性，以及企业整改后合规发展的意义和价值。

撰写商业秘密合规计划书主要包括以下步骤：

（一）商业秘密管理内部调查

如果将合规项目中的案卷材料定位为"侦查机关给涉案企业犯罪事实做的一份调查报告"，通过侦查机关的讯问、调查取证、证据梳理，涉案事实以及背后企业业务流程、制度管理、个人权责等方面存在的问题，都已经清清楚楚整理出来了。内部调查则是带着了解企业情况、了解业务流程、寻找企业刑事风险点、考虑如何预防犯罪的思路，快速了解涉案企业的重点情况，同时对涉案企业开展全面有效的内部调查，基于涉案事实对企业进行专项整改，并适度考虑全面性整改，调查出与企业侵犯商业秘密罪有密切联系的企业内部治理结构、规章制度、人员管理、管理流程等方面存在的问题。根据不同行业、企业性质、涉案罪名去具体分析内部调查所需内容，通过对涉案企业主营业务的了解，判断主营业务涉商业秘密犯罪高发风险领域。

（二）梳理商业秘密犯罪事实，剖析犯罪成因

犯罪成因分析是制定有效整改措施的基石。要明确企业真正问题所在，才能精确定位企业刑事合规风险点，才能制定出全面、有针对性的措施。结合企业运行实际情况分析管理制度存在的漏洞、业务流程存在的缺陷，每个问题的表现形式，是如何一步步影响企业最终走向犯罪。结合这些具体问题，提出应当建立何种决策机制，增加哪些核查审批环节，设立哪些监督审查部门，配套哪些运行制度等，从而深入准确地分析犯罪成因，顺利推动合规计划通过第三方专家的审查。

（三）制定有效整改措施

涉案企业合规整改的重要目的之一，就是修复导致犯罪行为发生的经营管理漏洞，降低企业再犯的可能性。因此，与日常的企业合规项目不同，涉案企业在合规计划书中的整改措施必须围绕犯罪事实，找出与之相关的组织架构、人员、制度、流程所存在的漏洞和问题，有针对性地制定相应的整改计划。

具体而言，整改措施包括但不限于以下几个方面：

（1）调整企业治理结构及决策流程。

（2）建立商业秘密合规管理体系。

（3）调整业务流程，包括人员进出审查、资料查阅审批、做好培训与监

督等。

（4）修改企业已有制度，包括保密管理制度、员工手册、合规手册等。

（5）建立合规举报、投诉、调查机制以及合规风险识别、应对机制。

（四）可行性、有效性、全面性论证

根据涉案企业合规检查改革的规范性文件要求，审查合规计划书时遵循的是三大原则：可行性、有效性、全面性。

关于可行性审查，需要考察涉案企业是否具备执行合规计划书各具体措施的多方面能力；涉案企业能否在办案机关要求的期限内完成所有的整改措施，需要结合企业规模、人数、行业特性等进行论证。

关于有效性审查，需要考察整改措施是否能够弥补或减轻犯罪行为对社会产生的损害；是否能够切实防范涉案企业再次犯罪或者其他法律风险，需要结合涉案事实以及犯罪成因分析等；需要说明整改措施对于以往保密薄弱环节的修补作用。

关于整改措施的全面性，需要考察是否全面涵盖涉案企业在合规领域的薄弱环节和明显漏洞。商业秘密专项整改计划，需要在短短三到六个月时间内，完成企业内部整改，还需分阶段向检察机关、第三方组织提交书面的整改报告，配合现场考察等。

第五篇

泄密危机管理

第十一章　商业秘密的救济方式

一、救济方式

从管理控制的角度来看，对风险的控制应分为事前、事中、事后控制。事后救济并不能达到令人完全满意的效果，同时，由于商业秘密的特殊性，其侵权行为往往比秘密本身更为保密，所以事中控制也难以实施。综上可知，事前控制是权利人必然关注的焦点，需要给予足够的重视，企业商业秘密事前控制的主要手段是商业秘密合规工作。

商业秘密的价值主要在于其保密性和秘密性：正因为其不为人所知，所以能够成就权利人在竞争中的优势。而商业秘密一旦被同行业的竞争对手获取，权利人的竞争优势就会丧失于瞬间，其后果将是难以挽回的。所以事前控制的重点应该是采取系列措施保护商业秘密不被窃取，而不是使其沦为一种形式。在开展事前控制时应注意避免以下误区，即将精力主要放在采取一定的措施上，以方便在被侵权后，可以在行政机关调解时或启动司法程序后拿出一定的证据，证明自己曾经采取过一定的保密措施，从而满足商业秘密的保密性属性，以求得补偿。

（一）自力救济

当发生失密事件时，企业应第一时间启动内部管理措施。指定内部受理泄密事件报告窗口的负责人，并公开联系方式；制定泄密事件处理流程和应对预案；商业秘密合同纠纷如能和解的，在确定商业秘密不至于泄露，并能够附之以描述完善之协议，应首选和解方式解决。企业内部商业秘密纠纷，应请专业第三方机构，评估泄密风险之严重性，给出合适解决方案；鉴于商业秘密泄露的不可逆性，企业应当及时采取措施防止进一步泄露，包括采取保护措施防止信息进一步扩散或损失扩大；调查原因、涉事人员、责任人等；收集并固定证据；启动内部处罚或外部维权；形成报告和改进方案。

（二）民事救济

在启动内部管理措施避免损失扩大、采取一定措施固定证据后，企业可结合失密事件的具体情形，通过一系列外部维权手段维护权益，具体包括：向侵权人所在地等有管辖权的市场监督管理机构举报，要求查处商业秘密侵权行为的证据，责令侵权人停止侵权并予以行政处罚。

向有侵权行为发生地或侵权人所在地等有管辖权的人民法院起诉，必要时申请诉前禁令。

违反竞业限制协议等属于劳动仲裁受案范围的应先向企业所在地等有管辖权的劳动仲裁委员会申请劳动仲裁。

第三方企业违反协议约定的保密义务，且约定有商事仲裁管辖条款的应向约定的仲裁委员会申请仲裁。

如泄露的商业秘密信息涉及国家秘密的，应立即向当地国家安全机关、保密行政管理部门或公安机关报告。

当企业内部发现存在侵犯商业秘密现象时，需要有应对机制对违规违法行为及时进行处理。

（三）行政与刑事救济

侵犯商业秘密刑事风险应对机制一般可分为内部调查、应急领导、积极处理三个方面。

第一，收到侵犯商业秘密刑事风险线索后，企业应启动内部调查程序，收集与侵权行为相关的证据材料，应对商业秘密被公开使用、企业合理保密措施、内外部侵权人明知保密义务等有关的书证、证人证言和电子证据等进行收集，并根据具体的调查情况起草泄密事故调查报告。

第二，识别侵犯商业秘密刑事风险点和风险主体后，应当及时向管理层、法务团队、专业合规律师顾问团队，沟通了解相应情况，由决策机构按照企业相关处罚规定对侵权人进行处理，包括支付违约金、赔偿损失、解除合同等。

第三，在侵犯商业秘密刑事风险暴露后，企业需要及时准备完整的证据资料，积极寻求利用刑事手段获取侵权证据，防止在诉讼过程中，商业秘密犯罪风险进一步扩大。

二、商业秘密侵权赔偿数额的确定

对于赔偿数额的认定，我国目前确定赔偿数额有以下三种方式：权利人因侵权而遭致的损失，侵权人的侵权获利，以上两种均难以查清的适用定额赔偿。受现有法律规定的局限及以往司法理念与实践经验的影响，传统上我国绝大多数法院在适用前两种方法时比较保守：他们一般认为，权利人的损失仅指销售利润损失及侵权调查费用损失；侵权人的侵权获利也仅指其销售侵权产品得到的利润（《反不正当竞争法》第二十条即做如此规定）。而事实上，与专利权不同，技术秘密权遭受侵权后具有不可完全恢复性。技术秘密的价值主要取决于其垄断性、周期性和实用性，垄断性越高、可供利用的周期越长、实用性越大，技术秘密的价值也就越大。侵权人的侵权行为无疑会加快技术秘密进入公知领域的速度，有时甚至会使技术秘密完全进入公知领域、导致其价值丧失殆尽！反过来，侵权人的侵权行为不仅可以得到销售利润，还可节约本来应当支出的研制开发成本、取得不应有的市场竞争优势。所以，在技术秘密权的保护上，如果仍坚持传统观念和做法，将无法真正体现法律规定的"公平"及"填平"原则。所以笔者认为，权利人因被侵权而遭致的损失，不仅只是销售利润的损失，还应包括侵权行为导致技术秘密商业价值的减损或丧失；侵权人的侵权获利也不仅应指销售侵权产品获得的利润，还应包括其因侵权而节省的部分或全部研发成本。

《反不正当竞争法》第二十条规定：经营者违反本法规定，给被侵害的经营者造成损害的，应当承担损害赔偿责任，被侵害的经营者的损失难以计算的，赔偿额为侵权人在侵权期间因侵权所获得的利润；并应承担被侵害的经营者因调查该经营者侵害其合法权益的不正当竞争行为所支付的合理费用。

从上述规定来看，商业秘密侵权赔偿额的确定包括以下两种方式：

（一）权利人因侵权行为遭受的损失

以权利人因侵权行为遭受的损失作为赔偿额，对保护权利人的利益无疑具有积极意义。但问题在于，该损失应如何合理确定？赔偿是否仅以权利人的直接损失为限？换言之，对权利人的间接损失是否应予赔偿？这些均有待于立法及司法实践予以探讨解决。

侵犯商业秘密如披露其非法获取的商业秘密，则有可能导致商业秘密完全公开。在这种情况下，赔偿额可根据权利人开发研制商业秘密的费用或该商业秘密的市场评估价格以及权利人使用该商业秘密的预期收益加以合理确定。此外，侵犯商业秘密若仅导致权利人收入减少，赔偿额可综合考虑权利人所减少的收入及权利人竞争优势的下降等因素合理确定。

在司法实践中，不少法院仅以权利人的直接损失作为赔偿额，而不考虑间接损失。笔者认为，这种做法不甚妥当。因为商业秘密侵权的结果，不仅使权利人遭受直接损失，而且更为重要的是损害了权利人因拥有商业秘密而在市场上的未来竞争优势地位。对间接损失不予考虑，不利于保护权利人的利益。

（二）侵权人在侵权期间因侵权获得的利润

以这种方式确定赔偿额在司法实践中同样也存在难以解决的问题，如该利润是指"净利润"还是指"毛利润"？以侵权人所获得的利润作为赔偿额能否充分弥补权利人的损失？此外，在实践中还可能出现这样一种情况，即侵权人以非法手段获取权利人的商业秘密后并不现实地使用，而是以此来改进或提高自己的技术或方案，从而获得未来市场上更强的竞争优势。在这种情况下，若以侵权人所获得的利润作为赔偿额，权利人势必一无所得。商业秘密侵权从侵权人主观上来看，有故意与过失之分。相比较而言，故意侵权的危害性更大。

三、商业秘密司法鉴定

多数技术秘密纠纷案件最终可能都会采取司法鉴定的方式解决技术事实查明问题。审判实践中，部分案件在司法鉴定环节仍然存在较多问题，往往直接影响到鉴定结论的可采信度，对案件审理形成障碍。

1. 委托鉴定事项的准确性、具体性和可鉴定性

第一，准确性。对鉴定事项的归纳要准确，应属于鉴定机构有权鉴定的技术事实范畴。实务中的主要问题是，对委托鉴定事项的表述不准确，如表述为"该技术信息是否属于技术秘密""被告是否剽窃了原告的技术秘密"。而正确表述应当是："该技术信息是否不为公众所知悉""原、被告的技术是否相同或实质性相同。"因为"该技术信息是否属于技术秘密""被告是否剽窃了原告的技术秘密"不属于技术事实的认定，而属于法律认定问题，不应由鉴定机构代替法官作出评价。

第二，具体性。鉴定事项要做到具体明确，根据原告确认的秘密点进行鉴定和技术对比，尽量避免对原告主张的技术信息不作区分，笼统地要求鉴定机构对全套技术方案的秘密性进行鉴定。

第三，可鉴定性。鉴定事项要具备可操作性。这主要是为了避免将一些无法通过技术手段解决的问题无谓地交由鉴定机构判定，影响审判效率。在确定鉴定事项前，可要求双方当事人提供技术专家作为辅助人参与诉讼，对鉴定事项的可鉴定性作出说明；法官也可以事先向相关技术机构进行咨询，确保鉴定事项具备可鉴定性。

2. 鉴定报告的预审查机制

鉴定报告的预审查机制是指在鉴定报告正式出具之前，由鉴定机构向合议庭提供鉴定报告的初稿，合议庭对鉴定结论是否符合委托鉴定事项要求、鉴定结论依据是否充分等事项进行审查，并在不影响鉴定机构独立鉴定的前提下提出建议的一种工作机制。江苏法院已经在技术秘密纠纷案件中普遍适用了该项机制，并且取得了较好的实际成效。

3. 司法鉴定报告的质证程序

这一问题主要包括鉴定材料和司法鉴定报告的质证环节。

第一，鉴定材料的质证。在早期知识产权案件审理中，为防止商业秘密外泄，往往对一方当事人提供的鉴定材料不向另一方当事人公开。对此，最高人民法院在伊莱利利诉豪森药业公司侵犯专利权纠纷一案中，明确要求加以纠正。目前在审判实践中，委托鉴定事项确定后，法院均会组织当事人固定鉴定材料并进行质证。鉴定机构在鉴定过程中要求补充鉴定材料的，仍应组织当事人对补充的鉴定材料进行质证。此外，鉴定中需要组织现场勘验的，应由法院书面通知各方当事人、鉴定机构和鉴定专家等共同到达勘验现场，并完整记录勘验过程，以防止勘验程序违反规定，以致勘验结论无法采信。

需要注意的是，防止技术秘密鉴定过程中的"二次泄密"，是原、被告均普遍关心的问题，这往往也是一些当事人拒绝交付技术资料的理由之一。对此可以采取的应对措施包括：一是要求双方当事人及委托代理人、技术专家等诉讼参与人签署保密协议，承诺承担泄露商业秘密的法律责任。二是在确定每一方当事人除律师外，均有权委任相关技术人员参与技术资料质证的原则下，可以由当事人就参加技术资料质证环节的技术人员人数以及特殊回避事由进行协商确定。三是在确定每一方当事人的律师、参与质证的技术人员均有权查阅、摘抄对方技术资料的原则下，可以由当事人就查阅的具体方式，包括是否准许复制、拍照等事项进行协商确定。四是在已经给当事人提供了合理防止泄密的措施之后，当事人仍以保密为由拒绝提供鉴定材料的，应当向其释明不利的法律后果。如经释明当事人无正当理由仍拒绝提供的，则由其承担鉴定结论无法做出的法律后果。

第二，鉴定结论的庭审质证。鉴定报告出具后，应当开庭组织当事人对鉴定结论进行质证，并要求鉴定人员及鉴定机构出庭接受质询。实践中，对于应当是要求鉴定人员全体出庭还是鉴定人员派代表出庭，存在争议。笔者认为，应当要求全体鉴定人员出庭，如全体出庭有困难的，鉴定机构应向法院出具书面申请并说明理由。需要特别注意的是，在质证过程中，鉴定机构仅能就鉴定程序问题发表意见，不得代替鉴定人员回答鉴定中的技术性问题。需要强调的是，实践中，一些鉴定机构认为其仅有义务向委托鉴定法院出庭质证，而并无义务参加其后的二审或者再审程序的质证活动，这一认识显然是欠妥的和需要纠正的，鉴定机构在该起诉讼的每一个程序中均有出庭向法庭解释鉴定报告的法律责任。

四、诉讼程序中商业秘密保护

实践中各地法院为防范"诉讼泄露"采取的一些措施，对平衡诉讼双方利益，保护商业秘密权利人的合法利益，产生了一定效果。

《江苏省高级人民法院侵犯商业秘密民事纠纷案件审理指南（2020修订）》中规定在保全、证据交换、质证、现场勘验、鉴定、询问、庭审等诉讼活动中，对于涉及当事人或者其他利害关系人秘密信息的证据、材料，经其书面申请或者经记录在案口头申请采取保密措施的，法院应当采取必要的保密措施。违反前款所称保密措施的要求，擅自披露或者在诉讼活动之外使用或者允许他人使用在诉讼中接触、获取的秘密信息的，应当依法承担民事责任。构成《民事诉讼法》第一百一十一条规定情形的，法院可以依法采取强制措施。构成犯罪的，依法追究刑事责任。法院工作人员对其接触或知悉的秘密信息承担保密义务。对违反保密义务者，视不同情况，依照相关法律规定，依法处理。

具体细节上增加了《保密承诺书》和《保密令》，即在保全、证据交换、质证、现场勘验、鉴定、询问、庭审等诉讼活动中，法院应当要求当事人及其诉讼代理人、其他允许参加诉讼的人员签署书面承诺；当事人可以申请法院责令被申请人不得披露、使用或允许他人使用其在各项诉讼活动中接触到的秘密信息内容。经审查，确有必要采取保密令措施的，法院可以作出民事裁定（见附件：保密令裁定书），责令被申请人承担保密义务，禁止从事上述行为。并且要求办案系统中装设相应保密软件，如对商业秘密案件在流转程序中添加保密提示标签，并通过权限配置等方式，仅限合议庭成员、执行人员、法官助理、书记员查看涉密材料。

《北京知识产权法院侵犯商业秘密民事案件诉讼举证参考》中规定涉及商业秘密的案件，双方当事人可以申请不公开审理。当事人可以申请法院在互联网公布裁判文书时删除涉及商业秘密的信息。此外，允许双方当事人所提交证据涉及商业秘密或者其他需要保密的商业信息的，当事人可以申请法院在证据保全、证据交换、举证质证、委托鉴定、询问、开庭等诉讼活动中采取必要的保密措施。

五、泄密危机管理案例解析

No.1【（2015）民申字第 2035 号】【（2012）沪高民三（知）终字第 62 号】【（2010）沪一中民五（知）初字第 183 号】**新发药业有限公司、亿帆鑫富药业股份有限公司与新发药业有限公司、亿帆鑫富药业股份有限公司等侵害商业秘密案**

案情介绍

亿帆鑫富药业股份有限公司（以下简称鑫富公司）是一家主要生产 D-泛酸钙的公司，公司发明所有的"微生物酶拆分制备 D-泛解酸内酯及用于生产 D-泛酸钙与 D-泛醇"的技术获得了 2003 年度国家技术发明二等奖。公司对相关生产技术信息均采取了保密措施。

新发药业有限公司（以下简称新发公司）为提高生产 D-泛酸钙的生产技术和能力，派公司保安部部长、被告姜某海到临安寻找原告鑫富公司职工，实施非法获取原告鑫富公司生产技术和信息材料的行为。

2006 年初，被告姜某海通过临安三鑫宾馆经营者陈某红、陈某英结识了原告鑫富公司职工谢某龙，遂将谢某龙介绍给李某发等人。谢某龙在得知李某发等人的用意后，在临安三鑫宾馆，分两次将从陈某处复印的原告鑫富公司制酶工序操作规程、D-泛醇岗位原始记录、泛醇岗位操作规程、分离岗位操作规程，以及其自己所掌握的 3000 吨流化床原始记录，提供给李某发，并将陈某介绍给被告姜某海及李某发，共计非法获利 23000 元。

2006 年初，在临安三鑫宾馆，陈某将从严某钦处拿来的四张制酶工序原始记录交给李某发，并将严某钦介绍给被告姜某海及李某发，共计非法获利 13000 元。后严某钦又将欧盟将在其饲料行业推行的 FAML-QS 认证标准和制酶工段的操作规程提供给李某发，并将姜某祥介绍给被告姜某海及李某发，共计非法获利 8000 元。姜某祥应李某发的要求又将被告马某锋介绍给李某发等人。

2006 年初至 2007 年 9 月，姜某祥、被告马某锋，利用被告马某锋在原告鑫富公司当生产调度员掌握大量技术信息资料的机会，一起在临安、杭州、上海等地，先后将泛酸钙生产系列的操作规程（整本）、喷雾干燥设备安装图、工艺规程图、水解操作记录原件、生物酶种子液、精馏塔操作原始记录、转化操作原始记录、泛酸钙成品小样、新建水解原料及配料系统图、水解设备分布图、内脂精馏塔工艺流程图、萃余精馏塔条件图、再沸条件图、萃取塔平面图等资料，采取直接交付、邮寄等方式提供给被告新发公司的李某发、被告姜某海及张某国（新发公司生产厂长）、王某峰（新发公司分厂厂长）、彭某伟（新发公司职工）等人；此外被告马某锋还利用被告新发公司送给其的联想手提电脑，通过电子邮件解答被告新发公司王某峰提出的有关喷雾干燥、脱轻精馏上的技术问题，并与姜某鑫一起应被告新发公司的邀请到被告新发公司厂里，为被告新发公司提供技术上的指导。其间被告马某锋共计非法获利95500元，姜某祥共计非法获利43500元。

经科学技术部知识产权事务中心鉴定，其出具的国科知鉴字〔2007〕90号《技术鉴定报告书》认定原告鑫富公司所主张的微生物酶法拆分生产D-泛酸钙工艺中的技术指标、生产操作的具体方法和要点、异常情况处理方法等技术信息、5000T泛酸钙的工艺流程图中记载技术信息的整体组合为非公知技术信息。

经中磊会计师事务所有限责任公司鉴定，其出具的中磊专审字〔2008〕第9001号《司法会计鉴定报告》认定原告鑫富公司研发D-泛解酸内酯的生物酶法拆分技术而发生的研发投入价值为31557903.87元。

原告鑫富公司为本案支付律师费100万元。

2008年12月20日，浙江省临安市人民法院作出（2008）临刑初字第358号刑事判决，判决被告人姜某海犯侵犯商业秘密罪，判处有期徒刑三年六个月并处罚金30000元，被告人马某锋犯侵犯商业秘密罪，判处有期徒刑三年并处罚金25000元。2009年2月23日，浙江省杭州市中级人民法院作出（2009）浙杭刑终字第75号刑事裁定，对上述刑事判决予以维持。

法院视角

原审法院判决：①被告新发公司立即停止对原告鑫富公司享有的微生物酶法拆分生产D-泛酸钙工艺中的技术指标、生产操作的具体方法和要点、异常情况处理方法等技术信息、5000T泛酸钙的工艺流程图中记载技术信息的整体组合商业秘密的侵犯；②被告姜某海、马某锋、新发公司赔偿原告鑫富公司经济损失31557903.87元及合理费用10万元，三被告对上述债务互负连带责任；③驳回原告鑫富公司的其余诉讼请求。本案一审案件受理费226092元，由原告鑫富公司负担15950元，被告姜某海、马某锋、新发公司共同负担210142元。

二审法院判决：①维持原审判决第一项，即"被告新发药业有限公司立即停止对原告浙江杭州鑫富药业股份有限公司（现已更名为亿帆鑫富药业股份有限公司）享有的微生物酶法拆分生产 D‒泛酸钙工艺中的技术指标、生产操作的具体方法和要点、异常情况处理方法等技术信息、5000T 泛酸钙的工艺流程图中记载技术信息的整体组合商业秘密的侵犯"；②变更原审判决第二项"被告姜某海、马某锋、新发药业有限公司赔偿原告浙江杭州鑫富药业股份有限公司经济损失人民币 31557903.87 元及合理费用人民币 10 万元，三被告对上述债务互负连带责任"为"被告新发药业有限公司、姜某海、马某锋在本判决生效之日起十日内赔偿原告浙江杭州鑫富药业股份有限公司（现已更名为亿帆鑫富药业股份有限公司）经济损失人民币 900 万元、合理费用人民币 10 万元，三被告对上述债务互负连带责任"；③撤销原审判决第三项，即"驳回原告浙江杭州鑫富药业股份有限公司的其余诉讼请求"；④驳回被上诉人亿帆鑫富药业股份有限公司的其余诉讼请求。

再审法院认为：

（1）针对在先刑事判决及裁定认定的事实能否作为一、二审判决认定的事实，在先刑事案件中的《技术鉴定报告》在本案中是否可以采信，新证据即北京市司法局司法鉴定管理处出具的说明及新发公司提交的《技术对比报告》是否能够推翻涉案技术信息为商业秘密的认定。

在询问当事人时，新发公司认可，在鉴定材料 3‒10 中，鉴定材料 5 即酶水解池结构图、鉴定材料 7 即 5000T 泛酸钙‒水解系统工艺流程图，在在先刑事案件案卷新发公司非法获取的技术材料中不存在；鉴定材料 9 即 5000T 泛酸钙‒喷雾流化床干燥系统工艺流程图与在先刑事案件案卷新发公司非法获取的相应技术材料部分内容不一致，鉴定材料 3、4、6、8、10 存在于在先刑事案件案卷新发公司非法获取的技术材料中。经审查新发公司提供的在先刑事案件侦查卷第 7 卷和第 11 卷，马某锋非法向李某发提供的水解设备分布图与鉴定材料 6 即 5000T 泛酸钙‒原料及配料系统工艺流程图和鉴定材料 7 即 5000T 泛酸钙‒水解系统工艺流程图一致，马某锋于 2007 年 4 月 19 日通过电子邮件向新发公司提供技术指导时所涉及的问题是在鉴定材料 9 即 5000T 泛酸钙‒喷雾流化床干燥系统工艺流程图基础上提出的，而且在先刑事判决第 12 页也载明马某锋在上海明珠大酒店将其偷来的喷雾干燥工艺流程图给李某发。上述在先刑事案件案卷中新发公司非法获取的技术材料虽然系侦查机关从鑫富公司调取，但其上均有马某锋的签字，表明其认可其向李某发或者新发公司非法提供了上述技术材料。综上，目前只有鉴定材料 5 即酶水解池结构图尚无法证明属于新发公司非法获取的技术材料。但是，在上述 10 份鉴定材料中，鑫富公司在本院询问当事人时称鉴定材料 3 和 4 是其核心技术秘密，分别有 8 页和 5

页，鉴定材料 5 仅有 1 页，即使原审判决错误认定新发公司非法获取了鉴定材料 5，对于其侵权行为性质的认定及侵权责任的确定也不会产生太大影响。

（2）针对二审判决新发公司赔偿鑫富公司经济损失 900 万元及合理费用 10 万元是否存在法律适用错误。

中磊会计事务所有限责任公司《司法会计鉴定报告》证明，截至 2007 年 9 月末，鑫富公司涉案商业秘密研发投入价值为人民币 3155 万余元。该《司法会计鉴定报告》的鉴定对象所涉及的技术并未超出鑫富公司涉案技术信息的范围。鉴于鑫富公司并未提供证据证明涉案商业秘密因新发公司及姜某海、马某锋的侵权行为而为公众所知悉，因此不能以涉案商业秘密的研发投入来确定损害赔偿数额，本案中鑫富公司的损失难以准确计算。新发公司在 2006 年以及 2007 年 1—9 月经营所获利润也难以认定全部归因于涉案商业秘密，新发公司因侵权所获利润亦难以准确计算。同时，本案无证据表明有合理的许可费可资参照。但是，新发公司 2005 年经营亏损，而 2006 年获利达 4661478.46 元、2007 年前 9 个月获利达 93880684.16 元。本案被诉侵权行为发生于 2006 年初至 2007 年 9 月，新发公司在此期间生产经营的获利，与其侵权行为之间存在一定的因果关系。在案证据表明新发公司侵权获利数额远在法定赔偿限额 100 万元之上，因此，本案不应适用法定赔偿方法确定赔偿数额，而应在法定赔偿限额 100 万元之上酌情确定赔偿数额。鉴于新发公司及姜某海、马某锋的侵害行为主观恶意明显、持续时间较长，新发公司在侵权期间的经营利润高、侵权获利数额非常可观，再结合鑫富公司投入的技术研发费用数额高达 3000 余万元等实际情况，二审法院依法酌情确定损害赔偿额为 900 万元和合理维权费用 10 万元，不存在法律适用错误。

综上，裁定如下：驳回新发药业有限公司的再审申请。

本案启示

本案是典型的先刑后民，民事程序历经一审、二审、再审，最终判定赔偿数额 900 万元，有力保障了当事人权益和公平的市场经济环境。但是，与被告新发药业有限公司 2007 年前 9 个月获利 9000 万元相比，更能反映出商业秘密案件损失大、后果无法充分弥补的特点。3000 万元的前期研发投入、国家技术发明二等奖的技术，不正是窃密者冥思苦想要获得的技术吗？企业在大规模技术投入时，一定不要吝啬技术保密的投入，要分得清"该花的钱和必须花的钱"，出了事再事后找补，就算能就一事圆场，但难免技术满天飞，形成扩散至全行业渠道的不可弥补的损失。

No.2【(2019)最高法知民终7号】【(2017)沪73民初716号】优铠（上海）机械有限公司与曹某等侵害技术秘密纠纷案

案情介绍

优铠（上海）机械有限公司（以下简称优铠公司）系国内第一家生产优选锯的木工机械生产商，在中国市场取得同类产品的市场的份额超过40%，占有率第一。李某于2008年1月入职优铠公司，担任售后服务工作。曹某于2007年10月入职优铠公司，担任销售工作。周某于2008年5月入职优铠公司，担任技术工作。李某、曹某、周某能够接触到优铠公司的技术图纸、供应商资料、设备软件程序，知悉涉案技术秘密，且李某、曹某、周某均与优铠公司签订了劳动合同与保密合同，承诺保守涉案技术秘密。李某、曹某、周某于2011年12月12日作为股东注册设立路启公司后，从优铠公司离职，其中曹某持股50%，李某、周某各持股25%。2012年2月20日，曹某、周某、刘某、任某某签订《股权转让协议书》，约定曹某将其所占路启公司50%股份转让给刘某，周某将其所占路启公司25%的股份转让给任某某。2015年2月5日，路启公司的股东由任某某、刘某、李某，变更为李某、周某。

2012年，优铠公司向公安机关指控曹某、李某、周某、路启公司侵犯其技术秘密，在该刑事程序中，优铠公司主张了4项技术信息。其中，第1项技术信息与本案技术信息表述相同；第2项为"基于Simotion控制系统开发的软件源程序"；第3项为"机械图纸中难以在产品上反映出来的公差配合、技术要求等工艺参数"；第4项为"Simotion系统硬件与软件程序的匹配"。优铠公司将承载上述4项技术信息的载体提供给了鉴定机构浙江科协，包括机器核心源代码纸质文档（共84页）及电子版（U盘储存）、机械图纸纸质文档（171页）、《关于优必选优选锯技术说明》《MAXcut整体技术》《OC程序》《关于Maxcut优选锯机械结构的说明》《程序源代码与电控硬件的唯一性和匹配说明》。随后，浙江科协出具的浙科2号报告认定，前三项技术信息构成"不为公众所知悉的技术信息"；浙科2-2号报告认定，"边测量边锯切的设计"技术信息是包含工艺、设备、目标功能的综合内容。路启公司的B200优选锯侵犯了优铠公司第1项技术信息内容。

优铠公司曾经向山东省青岛市中级人民法院起诉请求认定李某、周某、曹某、路启公司侵害其技术秘密［(2017)鲁02民初829号］。该案中，优铠公司主张的被诉侵权产品为路启公司制造的 H18 优选锯、F308 优选锯。在本案原审审理中，李某、周某、路启公司曾于 2017 年 12 月 12 日在庭审中明确自认，本案的 V200 优选锯与青岛案件的 H18 优选锯使用的是同一技术方案，S200 优选锯与青岛案件的 F308 优选锯使用的是同一技术方案。据此，优铠公司撤回了对青岛案件的起诉，将青岛案件的 H18、F308 两个型号的被诉侵权产品合并到本案中一并主张。

2018 年 7 月 30 日，原审法院准许优铠公司的部分鉴定申请，委托国创司鉴所就涉案技术问题（即路启公司制造的 Q80、V200、S200、F308、H18 优选锯所体现的技术信息中，是否存在与涉案技术秘密相同或实质相同的内容）进行技术鉴定。2018 年 12 月 4 日，国创司鉴所向原审法院出具了国创鉴定报告，鉴定结论为路启公司生产的 F308、H18、S200、V200 优选锯所体现的技术信息与优铠公司"边测量边锯切的设计"的技术信息相同且实质相同。

涉案技术秘密是优铠公司通过案外人上海威迈木工机械有限公司委托中国石油大学研发的技术，项目研发费用为 52 万余元。2008 年 5 月至 2013 年 12 月期间，涉案技术秘密产品累计销售 82 台，销售收入共计 39239486.81 元，销售毛利共计 21752076.92 元，毛利率为 55.43%。

法院视角

二审中，根据当事人的申请，最高人民法院组织各方当事人进行现场勘验并进行技术比对。最高人民法院经审理认为，根据二审勘验的实验结果，被诉侵权产品的锯切方式和结果遵循了涉案技术秘密的工艺流程，并且实现了涉案技术秘密的技术效果，属于侵害技术秘密的行为，故撤销一审判决，判令路启公司停止侵权，赔偿经济损失及合理开支 600 万元。同时，针对鲁丽公司无正当理由毁损人民法院查封证据的行为，对鲁丽公司作出罚款决定。

本案涉及复杂的技术事实查明与法律适用问题，通过多次庭审逐步明确技术秘密的实质内涵，借助现场勘验手段查明侵权事实，合理分配举证责任减轻权利人的举证负担，充分彰显了严惩不诚信行为、维护公平竞争秩序的司法导向。同时，针对当事人毁损重要证据的行为作出的罚款决定也表明了人民法院倡导诚实守信、惩戒失信，构建知识产权诉讼诚信体系的司法态度。

本案启示

本案经二审法院纠偏，最终获赔 600 万元。人民法院确定侵犯技术秘密案件赔偿数额的，可以考虑技术秘密的性质、商业价值、研究开发成本、创新程度、能带来的竞争优势以及侵权人的主观过错、侵权行为的性质、情节、后果等因素。

技术秘密内容的确定往往涉及繁重的事实认定和复杂的法律判断。随着诉讼进程的推进，各方当事人的辩论、筛选和甄别，技术秘密的内容会逐渐从原来范围较大、界限较为模糊变得范围更为合理、界限不断明晰，从而划分出技术秘密与公知信息的边界。

侵害技术秘密案件中，权利人原则上应当在一审法庭辩论结束前明确所主张的技术秘密具体内容，对于一审法庭辩论结束后提出的技术秘密内容，人民法院一般不予审查。但是，如果权利人有证据证明其在一审法庭辩论结束后提出的内容仅是对主张的技术秘密具体内容的解释和说明，并未超出其主张的技术秘密的内容，也没有改变其所主张的技术秘密内容，则这种解释和说明不会损害各方当事人的权利，有利于人民法院在充分理解技术秘密内容的基础上作出公正裁判，通常不会违反诚信原则。

No. 3【(2020)最高法知民终 1667 号】嘉兴市中华化工有限责任公司、上海欣晨新技术有限公司与王龙集团有限公司等侵害技术秘密纠纷案

案情介绍

嘉兴市中华化工有限责任公司（以下简称嘉兴中华化工公司）、上海欣晨新技术有限公司拥有使用乙醛酸法制备香兰素工艺的技术秘密。嘉兴中华化工公司基于该工艺一跃成为全球最大的香兰素制造商，占全球市场约 60% 的份额。王龙集团有限公司（以下简称王龙集团公司）及其法定代表人等通过嘉兴中华化工公司香兰素车间副主任非法获取了该技术秘密，并使用该技术秘密工艺大规模生产香兰素产品，导致香兰素产品价格下滑、嘉兴中华化工公司的市场份额缩减。嘉兴中华化工公司等遂诉至法院。

第一，关于嘉兴中华化工公司与上海欣晨公司的主体情况及涉案技术信息的研发过程。

（1）嘉兴中华化工公司。

嘉兴中华化工公司前身为嘉兴市中华化工总厂，该厂于 1995 年经浙江省嘉兴市秀城区人民政府批准组建成立嘉兴中华化工集团公司，嘉兴市中华化工总厂厂名继续保留。2003 年 2 月 19 日，嘉兴市中华化工总厂改制后成立嘉兴中华化工公司，所有债权债务由嘉兴中华化工公司承继，其后嘉兴中华化工集

团公司名称被注销。

嘉兴中华化工公司的注册资本5000万元,经营范围:年产邻氨基苯甲醚1万吨、氮气288万立方米、氧气180万立方米、氢气720万立方米、邻硝基苯酚600吨、甲醇(回收)1万吨、乙醇(回收)8000吨、甲苯(回收)3.5万吨(凭有效许可证经营)。黄樟油、愈创木酚、氯化铵、食品添加剂、香兰素、乙基香兰素、5-醛基香兰素的生产(凭有效的生产许可证经营);化工产品及化工原料的销售;乙醛酸、硫酸钠、氯化钠、香精的销售;市场投资与管理;道路货物运输;自有房屋租赁。

嘉兴中华化工公司系全球主要的香兰素制造商,具有较强的技术优势。2003年1月,嘉兴市中华化工总厂四分厂的"食品添加剂香兰素"经浙江省科学技术厅认定为高新技术产品。2008年、2011年嘉兴中华化工公司连续获得浙江省科学技术厅、财政厅联合颁发的"高新技术企业"证书。2010年,嘉兴中华化工公司被中国轻工业联合会评为"2009年度中国轻工业香料香精行业十强企业"第一名。2011年,嘉兴中华化工公司和上海欣晨公司的"香兰素清洁生产新技术及工程应用"项目获浙江省科学技术奖二等奖。同年,嘉兴中华化工公司的"香兰素生产绿色工艺"获"中国轻工业联合会科学技术进步一等奖"。2013年,嘉兴中华化工公司与上海欣晨公司作为完成单位的"香兰素分离技术及工程应用"通过中国轻工业联合会科学技术成果鉴定。

(2)上海欣晨公司。

上海欣晨公司成立于1999年11月5日,注册资本100万元,经营范围:生物、化工专业领域内的技术服务、技术咨询、技术开发、技术转让及新产品的研制。

(3)涉案技术秘密的研发过程。

2002年11月22日,嘉兴中华化工集团公司作为甲方与上海欣晨公司作为乙方签订《技术开发合同》《技术转让合同》及补充合同,主要内容包括:乙方以交钥匙方式向甲方交付年产3000吨香兰素新工艺的工艺配方、操作规程、质量控制要求、原材料质量要求、生产装置的设计技术要求和参数等的技术资料;技术成果的归属由乙方所有;专利权归甲方共同申请并所有;项目中的技术资料由双方共有;工业化项目工程设计、设备非标设计由双方协商指定相当资质的设计单位进行正规系统设计,设计费由甲方支付。合同约定的研究开发经费及报酬500万元由嘉兴中华化工集团公司、嘉兴中华化工公司先后付清。

2005—2006年,嘉兴中华化工公司为其技改项目购买设备、工程安装支付了相关费用。

2006年9月26日,嘉兴中华化工公司与上海欣晨公司签订技术转让合同,嘉兴中华化工公司委托上海欣晨公司在已有研发成果的基础上，设计采用乙醛酸法生产香兰素新工艺的生产线。该合同还约定：由上海欣晨公司在合同签订240天内向嘉兴中华化工公司交付可行性研究报告、工艺流程图、设备布置图、设备一览表、非标设备条件图、土建基础施工图，以及工艺、土建、仪表、电器、公用工程等全套工程设计文件；相关技术仅在甲方（嘉兴中华化工公司）用乙醛酸法生产甲基香兰素车间内使用；相关技术属双方共有。

2007年2月8日，浙江省嘉兴市南湖区经济贸易局批复同意嘉兴中华化工公司扩建产能10000吨/年合成香料（乙醛酸法）新技术技改项目，项目建设期1年。同年6月19日，浙江省嘉兴市环境保护局批准嘉兴中华化工公司1万吨合成香料（乙醛酸法）新技术技改项目，新建甲基香兰素生产装置2套，乙基香兰素生产装置1套及配套设施，项目建成后产能达到甲基香兰素9000吨/年，乙基香兰素1000吨/年。同年10月，嘉兴中华化工公司委托通州市平潮压力容器制造有限公司制造香兰素生产所需非标设备共199种，合同约定两个月内交货。设备图由南通职大永泰特种设备设计有限公司根据嘉兴中华化工公司提供的条件图设计完成。华东理工大学工程设计研究院接受嘉兴中华化工公司与上海欣晨公司委托，设计完成项目所需工艺管道及仪表流程图。2007年12月，嘉兴中华化工公司新技术技改项目土建、安装工程竣工。嘉兴中华化工公司于2007年12月29日前向上海欣晨公司支付了技术转让款350万元。

2008年7月16日，嘉兴中华化工公司与上海欣晨公司签订《关于企业长期合作的特别合同》，约定：上海欣晨公司放弃对外一切经营业务，仅作为为嘉兴中华化工公司一家进行技术研发的企业，在合同规定的合作期间研发的所有技术成果知识产权归嘉兴中华化工公司所有，合同期10年；双方合作之前签署所有技术合同的履行、结算与新的合作合同无关。

第二，关于嘉兴中华化工公司与上海欣晨公司主张的涉案技术秘密。

嘉兴中华化工公司与上海欣晨公司主张其共同研发了乙醛酸法制备香兰素的新工艺，包括缩合、中和、氧化、脱羧等反应过程，还包括愈创木酚、甲苯、氧化铜和乙醇的循环利用过程。嘉兴中华化工公司与上海欣晨公司主张的技术秘密包括六个秘密点：①缩合塔的相关图纸；②氧化装置的相关图纸；③粗品香兰素分离工艺及设备；④蒸馏装置的相关图纸；⑤愈创木酚回收工艺及相应设备；⑥香兰素合成车间工艺流程图。

上述技术秘密载体为：涉及58个非标设备的设备图287张（包括主图及部件图）、工艺管道及仪表流程图（第三版）25张。

第三，关于嘉兴中华化工公司与上海欣晨公司采取保密措施情况。

自 2003 年起，嘉兴中华化工公司先后制定了文件控制程序、记录控制程序、食品安全、质量和环境管理手册、设备/设施管理程序等文件。

2010 年 3 月 25 日，嘉兴中华化工公司制定《档案与信息化管理安全保密制度》，内容包括：对于公司纸质或电子形式存在的技术方案、操作规程、设备图纸、实验数据、操作记录等作为公司涉密信息，公司所有职工必须保守秘密；任何部门及个人不得私自查阅公司档案信息；公司工作人员发现公司秘密已经泄露或者可能泄露时，应当立即采取补救措施；公司与接触相关技术和操作规程的员工签订保密协议等。2010 年 4 月起，嘉兴中华化工公司与员工陆续签订保密协议，对商业秘密的范围和员工的保密义务作了约定，傅某根以打算辞职为由拒绝签订保密协议。

嘉兴中华化工公司与上海欣晨公司之间签订的《技术开发合同》《技术转让合同》《关于企业长期合作的特别合同》均有保密条款的约定。上海欣晨公司的法定代表人以及主要技术人员向嘉兴中华化工公司出具《承诺和保证书》，保证嘉兴中华化工公司已开发的所有技术成果及其他知识产权不被泄露或披露给任何第三方。上海欣晨公司提交的《上海欣晨新技术有限公司管理条例》及其与员工的劳动合同中订有保密条款，明确公司商业、管理及技术资料为涉密信息。

第四，关于王龙集团公司、王龙科技公司、喜孚狮王龙公司、傅某根、王某军的主体情况及被诉侵权行为。

王龙集团公司成立于 1995 年 6 月 8 日，注册资本 8000 万元，经营范围为食品添加剂山梨酸钾的研发、生产，化工产品（除危险化学品）的制造、销售等，王某军任监事。

王龙科技公司成立于 2009 年 10 月 21 日，由王某军与王龙集团公司共同出资成立，其注册资本 10180 万元，经营范围包括食品添加剂山梨酸、山梨酸钾、香兰素、脱氢醋酸、脱氢醋酸钠的研发、生产，羧酸及其衍生物的研发、生产等，王某军任法定代表人。

宁波王龙香精香料有限公司成立于 2017 年 2 月 24 日，由王龙科技公司以实物方式出资 8000 万元成立，经营范围为实用香精香料（食品添加剂）的研发、生产等，主要产品为香兰素，王某军任法定代表人。

2017 年 6 月 22 日，王龙科技公司将其所持有的宁波王龙香精香料有限公司 51% 的股权出售给凯美菱精细科学有限公司（Camlin Fine Sciences Limited，以下简称凯美菱科学公司）与喜孚狮欧洲股份公司，王龙科技公司以设备和专利等出资，占注册资本的 49%，公司经营范围变更为香兰素的研发、生产、销售和交易等。2017 年 7 月 26 日，宁波王龙香精香料有限公司企业名称变更为喜孚狮王龙公司。

傅某根自1991年进入嘉兴中华化工公司工作，2008年起担任香兰素车间副主任，主要负责香兰素生产设备维修维护工作。

2010年春节前后，冯某某与傅某根、费某某开始商议并寻求香兰素生产技术的交易机会。同年4月12日，三人前往王龙集团公司与王某军洽谈香兰素生产技术合作事宜，以嘉兴市智英工程技术咨询有限公司（以下简称嘉兴智英公司）作为甲方，王龙集团香兰素分厂作为乙方，签订《香兰素技术合作协议》，主要内容包括：第一条，甲方以其所持有国内外最新、最先进生产香兰素新工艺技术为该项目入股王龙集团香兰素分厂，甲方暂定为该项目技术价值500万元，折算为香兰素产品的8%股份。第二条，甲方提供有关的技术资料，进行技术指导、传授技术诀窍，使该技术顺利转让给乙方。乙方掌握所有产品的工艺技术，包括产品工艺流程图、设备平面布置图、非标设备加工图、涉及香兰素项目的所有技术资料。第七条，甲方技术人员小组（四人）应跟乙方一起联合，筹建该项目各种事务及筹备销售业务渠道等，确保甲方帮助销售一年一千吨以上销量及各方面工作。落款处甲方由"嘉兴市智英工程技术咨询有限公司（筹）"签章，法定代表人处由冯某某签字，乙方由"王龙集团"签章，保证人栏由冯某某、傅某根、费某某签字。

2010年4月12日，王龙集团公司向嘉兴智英公司开具100万元银行汇票，冯某某通过背书转让后支取100万元现金支票，从中支付给傅某根40万元、费某某24万元。随后，傅某根交给冯某某一个U盘，其中存有香兰素生产设备图200张、工艺管道及仪表流程图14张、主要设备清单等技术资料，冯某某转交给了王某军。2010年4月15日，傅某根向嘉兴中华化工公司提交辞职报告，同年5月傅某根从嘉兴中华化工公司离职，随即与冯某某、费某某进入王龙科技公司香兰素车间工作。

2010年5月9日，王龙科技公司与案外人上海宝丰机械制造有限公司签订买卖合同，购买一批非标压力容器。同年6月4日，王龙科技公司与浙江杭特容器有限公司（以下简称杭特公司）签订买卖合同，购买一批非标设备。上述合同均约定供方按需方的工艺条件图设计图纸，经需方确认后按图施工。浙江省嘉兴市南湖区公安分局调取了王龙科技公司向杭特公司提供的设备图105张，其中部分设备图显示设计单位为南通职大永泰特种设备设计有限公司，部分图纸上有傅某根、费某某签字或"技术联系傅工01516859×××× 王龙"字样，傅某根确认该移动电话号码系其所有。同期，王龙科技公司向其他厂家购买了离心机、干燥机等设备。以上合同均已实际履行完毕。

2011年3月15日，浙江省宁波市环境保护局批复同意王龙科技公司生产山梨酸（钾）、醋酐、双乙烯酮及醋酸衍生产品、香兰素建设项目环境影响报告书，批准香兰素年产量为5000吨。同年6月，王龙科技公司开始生产香兰素。2013年4月，浙江省宁波市科学技术局批复对王龙科技公司"乙醛酸法新工艺技术制备香兰素及产业化"科技项目给予经费支持，项目负责人包括王某军、傅某根等三人，王龙科技公司在申报材料中自称傅某根曾任嘉兴中华化工公司香兰素项目技术负责人之一，参与年产1万吨乙醛酸法合成香兰素连续化生产线设计及建设。2015年8月18日，浙江省宁波市环境保护局批准王龙科技公司新建2套共0.6万吨香兰素生产装置，香兰素的生产采用愈创木酚乙醛酸法。王龙科技公司向该局申报的《年产6万吨乙醛、4万吨丁烯醛、2万吨山梨酸钾、0.6万吨香兰素生产项目环境影响报告书》包含了碱化与缩合酸化单元、木酚萃取单元、氧化单元氧化工序、氧化单元亚铜回收工序、脱羧单元、香兰素萃取、分馏单元、香兰素结晶和乙醇回收单元、辅助工段9张工艺流程图。

喜孚狮王龙公司自成立时起持续使用王龙科技公司作为股权出资的香兰素生产设备生产香兰素。

第五，关于嘉兴中华化工公司与上海欣晨公司主张的侵权损害赔偿依据以及其为本案支出的费用情况。

嘉兴中华化工公司提交的损害赔偿经济分析报告结论为：假定本案侵害商业秘密成立，经济量化分析表明，王龙集团公司、王龙科技公司、喜孚狮王龙公司、傅某根、王某军侵害涉案技术秘密并进入香兰素市场，导致嘉兴中华化工公司遭受重大经济损失，包括但不限于本报告估算的7.9亿元的价格侵蚀影响。

嘉兴中华化工公司与上海欣晨公司为本案一审诉讼支付律师代理费200万元，为制作损害赔偿经济分析报告支付7万美元。

第六，其他相关事实。

2010年6月14日，嘉兴中华化工公司向浙江省嘉兴市南湖区人民法院起诉冯某某侵害其商业秘密，王龙集团公司为该案第三人。同年11月12日，嘉兴中华化工公司以"本案可能涉及刑事案件"为由撤回起诉。

2016年1月5日，嘉兴中华化工公司向浙江省嘉兴市南湖区人民法院起诉王龙科技公司、王某军、傅某根侵害其商业秘密，指控以王某军为发明人、王龙科技公司为申请人的"一种香兰素的乙醛酸法生产工艺"发明专利申请侵害了嘉兴中华化工公司关于香兰素制造方法的商业秘密，其在该案中主张的秘密点为乙醛酸法制备香兰素生产工艺中的缩合技术、氧化技术、脱羧技术。浙江省嘉兴市南湖区人民法院经审理认定王龙科技公司、王某军、傅某根构成对嘉兴中华化工公司商业秘密的侵害，于 2016 年 11 月 3 日作出（2016）浙 0402 民初 45 号民事判决，判令王龙科技公司、王某军、傅某根停止侵害行为，共同赔偿嘉兴中华化工公司损失 50 万元。该案二审期间，冯某某向浙江省嘉兴市南湖区公安分局大桥派出所反映情况，并提交了 U 盘和香兰素设备图、工艺管道和仪表流程图、香兰素技术合作协议、银行汇票等材料。浙江省嘉兴市中级人民法院认为有新证据显示案件涉及经济犯罪嫌疑，遂作出（2016）浙 04 民终 2304 号民事裁定，撤销该案一审判决，驳回嘉兴中华化工公司的起诉，将案件移送公安机关处理。2017 年 6 月 14 日，浙江省嘉兴市南湖区公安分局作出嘉南公（大刑）立字（2017）11823 号立案决定书，对嘉兴中华化工公司被侵害商业秘密案予以立案侦查。2020 年 1 月 7 日，浙江省嘉兴市南湖区公安分局以"对犯罪嫌疑人未采取强制措施，自立案之日起二年内仍然不能移送审查起诉或者依法作其他处理"为由，决定撤销该案。

2017 年 12 月 5 日，根据浙江省嘉兴市南湖区公安分局的委托，上海市科技咨询服务中心知识产权司法鉴定所出具了三份鉴定意见书：第一，（2017）沪科咨知鉴字第 48-1 号《知识产权司法鉴定意见书》，委托鉴定事项为嘉兴中华化工公司主张的技术秘密是否构成不为公众所知悉的技术信息，鉴定意见为嘉兴中华化工公司"香兰素制备工艺"中①香兰素缩合反应关键工艺；③氧化铜化学氧化回收工艺；④连续式缩合反应塔装置；⑤连续式氧化釜装置；⑥香兰素蒸馏装置；⑦香兰素生产设备技术图纸在 2015 年 5 月 30 日和 2017 年 8 月 21 日之前分别构成不为公众所知的技术信息；②氧化铜化学氧化工艺不构成不为公众所知的技术信息。上海市浦东科技信息中心出具的检索结论为，除查新点②氧化铜化学氧化工艺被公开外，其余查新点均未查到有相同文献报道。第二，（2017）沪科咨知鉴字第 48-2 号《知识产权司法鉴定意见书》，委托鉴定事项为王龙科技公司发明专利申请是否包含嘉兴中华化工公司技术秘密点，结论为王龙科技公司的发明专利申请部分披露了秘密点①香兰素缩合反应关键工艺中的部分技术，其他秘密点没有披露。第三，（2017）沪科咨知鉴字第 48-3 号《知识产权司法鉴定意见书》，委托鉴定事项为嘉兴中华化工公司香兰素新工艺生产设备图秘密点鉴定，以及冯某某提供的图纸是否包含上述秘密点，结论为冯某某提供的设备图纸"缩合塔 7 张""蒸馏装置 15 张""氧化釜 12 张"分别与嘉兴中华化工公司的对应图纸相同，包含了上述秘密点④⑤⑥⑦。

法院视角

一审法院判决：①王龙集团公司、王龙科技公司、喜孚狮王龙公司、傅某根立即停止侵害涉案技术秘密的行为，即停止以不正当手段获取、披露、使用、允许他人使用涉案设备图和工艺管道及仪表流程图记载的技术秘密；该停止侵害的时间持续到涉案技术秘密已为公众所知悉时止。②王龙集团公司、王龙科技公司、傅某根自本判决生效之日起十日内连带赔偿嘉兴中华化工公司、上海欣晨公司经济损失300万元、合理维权费用50万元，共计350万元；喜孚狮王龙公司对其中7%即24.5万元承担连带赔偿责任。③驳回嘉兴中华化工公司、上海欣晨公司的其他诉讼请求。一审案件受理费2551800元，由嘉兴中华化工公司、上海欣晨公司负担1258109元；由王龙集团公司、王龙科技公司、傅某根负担1293691元，喜孚狮王龙公司对其中90558元承担连带责任；鉴定人员出庭费用20000元（已由嘉兴中华化工公司垫付给鉴定机构），由王龙集团公司、王龙科技公司、喜孚狮王龙公司、傅某根负担。

最高人民法院二审认为，王龙集团公司系其法定代表人为侵权而设立的企业，且其法定代表人积极参与侵权行为的实施，故王龙集团公司与其法定代表人构成共同侵害全部技术秘密，应当承担连带赔偿责任。

关于原审法院确定损害赔偿责任、维权费用及诉讼费分担是否恰当，对于侵害商业秘密行为，判决停止侵害的民事责任时，停止侵害的时间一般应当持续到该商业秘密已为公众所知悉时为止。对于侵害技术秘密案件的损害赔偿数额，可以综合考虑侵权行为的性质和情节等具体因素，并可以按照营业利润或者销售利润计算。

第一，关于责任形式。

王龙集团公司、王龙科技公司、傅某根、王某军以不正当手段获取涉案技术秘密，并披露、使用、允许他人使用该技术秘密的行为，以及喜孚狮王龙公司使用前述技术秘密的行为，均侵害了涉案技术秘密，上述侵权人应当承担停止侵害、赔偿损失的民事责任。

第二，关于赔偿数额。

（1）嘉兴中华化工公司与上海欣晨公司主张的三种赔偿数额计算方式。

① 按营业利润计算，合计为178698829.50元。

② 按销售利润计算，合计为155829455.20元。

③ 按价格侵蚀计算，损害高达790814699元。

（2）本案确定损害赔偿责任需要考虑的因素。

王龙集团公司等被诉侵权人采用非法手段获取、披露、使用或许可他人使用涉案技术秘密，侵害了嘉兴中华化工公司与上海欣晨公司主张的涉案技术秘密，造成了严重损害后果，依法应当承担损害赔偿等法律责任。具体而言，在确定本案赔偿数额时，本院考虑如下因素：

① 王龙集团公司等被诉侵权人非法获取涉案技术秘密的手段恶劣。

② 王龙集团公司等被诉侵权人非法获取及使用的涉案技术秘密数量较多。

③ 王龙集团公司、王龙科技公司、喜孚狮王龙公司明知其行为构成对涉案技术秘密的侵害，仍然持续、大量使用侵害涉案技术秘密的设备及工艺流程生产香兰素产品，故其显然具有侵害涉案技术秘密的恶意。

④ 涉案技术秘密具有较高的商业价值。

⑤ 喜孚狮王龙公司、王龙科技公司均系实际上以侵权为业的公司。

⑥ 王龙集团公司等被诉侵权人侵害涉案技术秘密的行为对全球市场形成严重冲击。

⑦ 王龙集团公司等被诉侵权人拒绝提交侵权产品销售数量等证据，存在举证妨碍、不诚信诉讼等情节。

⑧ 王龙集团公司、王龙科技公司、喜孚狮王龙公司、傅某根拒不执行原审法院的生效行为保全裁定，其在二审庭审时亦承认被诉侵权行为仍在持续。

（3）本案因当事人的诉讼请求等原因难以适用惩罚性赔偿。

从本院查明事实来看，涉案侵权行为本可适用惩罚性赔偿，但因当事人的诉讼请求及新旧法律适用衔接的原因，本案不宜适用惩罚性赔偿。

（4）关于本案赔偿数额的确定。

本案中，第一种计算方式和第二种计算方式采用的嘉兴中华化工公司原审证据真实可靠，计算出的赔偿数额均有一定合理性；第三种计算方式中相关数据和计算方法的准确性受制于多种因素，本院仅将其作为参考。根据本院查明的事实，王龙科技公司2011年获准投产的年产量为5000吨的香兰素，四年后即2015年再次申报并获准新建2套共6000吨香兰素生产装置；王龙集团公司、王龙科技公司曾自述其2013年的香兰素产量为2000吨；王龙集团公司、王龙科技公司、喜孚狮王龙公司2018年4月1日至2019年3月1日以及2019年香兰素产量均超过2000吨。基于上述情况，嘉兴中华化工公司与上海欣晨公司在本案中主张2011—2017年王龙集团公司、王龙科技公司及喜孚狮王龙公司实际利用涉案技术秘密每年生产和销售香兰素2000吨具有事实依据。本院亦据此认定王龙集团公司、王龙科技公司及喜孚狮王龙公司于2011—2017年实际利用涉案技术秘密每年生产和销售香兰素至少2000吨，并据此计算侵权损害赔偿额。同时，嘉兴中华化工公司与上海欣晨公司提供了其营业利润率、销售利润率和价格侵蚀的基础数据。在上述事实和数据的基础上，本案具备按照实际损失或者侵权获利计算赔偿数额的基本条件。原审法院以嘉兴中华化工公司与上海欣晨公司提交的证据不足以证明其因侵权行为受到的实际损失为由，以法定赔偿方式计算本案赔偿数额，认定事实和适用法律均有错误。

综合考虑前述本案确定损害赔偿责任需要考虑的八项因素，特别是王龙集团公司等被诉侵权人侵权恶意较深、侵权情节恶劣、在诉讼中存在妨碍举证和不诚信诉讼情节，以及王龙科技公司、喜孚狮王龙公司实际上系以侵权为业的公司等因素，本院依法决定按照香兰素产品的销售利润计算本案侵权损害赔偿数额。由于王龙集团公司、王龙科技公司及喜孚狮王龙公司在本案中拒不提交与侵权行为有关的账簿和资料，本院无法直接依据其实际销售香兰素产品的数据计算其销售利润。考虑到嘉兴中华化工公司香兰素产品的销售价格及销售利润率可以作为确定王龙集团公司、王龙科技公司及喜孚狮王龙公司香兰素产品相关销售价格和销售利润率的参考，为严厉惩处恶意侵害技术秘密的行为，充分保护技术秘密权利人的合法利益，本院决定以嘉兴中华化工公司香兰素产品2011—2017年的销售利润率来计算本案损害赔偿数额，即以2011—2017年王龙集团公司、王龙科技公司及喜孚狮王龙公司生产和销售的香兰素产量乘以嘉兴中华化工公司香兰素产品的销售价格及销售利润率计算赔偿数额。

按照上述方法计算，王龙集团公司、王龙科技公司及喜孚狮王龙公司2011—2017年因侵害涉案技术秘密获得的销售利润为155829455.20元。该销售利润数额虽高于按照嘉兴中华化工公司营业利润率计算得出的实际损失，但仍大幅低于嘉兴中华化工公司因被诉侵权行为造成价格侵蚀所导致的损失数额，且与本案各侵权人侵害涉案技术秘密的恶性程度、危害后果等具体情节相适应，具有合理性和适当性。

此外，原审法院认定嘉兴中华化工公司与上海欣晨公司为本案原审诉讼支付律师代理费200万元，为完成涉案损害赔偿经济分析报告支付7万美元，折算为人民币483196元，两项合计2483196元。嘉兴中华化工公司与上海欣晨公司二审主张其为本案支出了律师代理费100万元及公证费用9020元，合计1009020元，并提交了诉讼代理合同、转账凭证及发票等证据。综合原审及二审情况，嘉兴中华化工公司与上海欣晨公司为本案支出的合理费用共计3492216元。将本院确定的损害赔偿数额155829455.20元加上上述合理支出3492216元合计为159321671.2元，尚未超出嘉兴中华化工公司与上海欣晨公司上诉主张的177770227.92元赔偿总额，故本院确定本案损害赔偿总额为159321671.20元。同时，鉴于喜孚狮王龙公司成立时间较晚，嘉兴中华化工公司与上海欣晨公司仅请求其在7%的范围内承担损害赔偿责任具有一定合理性，本院对此予以支持。

基于上述事实和理由，王龙集团公司、王龙科技公司、喜孚狮王龙公司、傅某根有关原审判决确定的赔偿金额明显偏高的上诉理由缺乏依据，本院不予支持。嘉兴中华化工公司与上海欣晨公司有关原审判决确定的赔偿数额不当的上诉理由具有事实和法律依据,本院予以支持并依法予以改判。

综上,嘉兴中华化工公司与上海欣晨公司关于涉案技术秘密被实际使用的范围、王某军构成共同侵权人并应承担连带赔偿责任、原审判决确定的损害赔偿数额错误等部分上诉请求成立,应予支持;王龙集团公司等被诉侵权人的上诉请求不能成立,应予驳回。依法判决如下:①撤销浙江省高级人民法院(2018)浙民初25号民事判决;②王龙集团有限公司、宁波王龙科技股份有限公司、喜孚狮王龙香料(宁波)有限公司、傅某根、王某军立即停止侵害嘉兴市中华化工有限责任公司、上海欣晨新技术有限公司技术秘密的行为,即停止以不正当手段获取、披露、使用、允许他人使用涉案设备图和工艺管道及仪表流程图记载的技术秘密,该停止侵害的时间持续到涉案技术秘密为公众所知悉时止;③王龙集团有限公司、宁波王龙科技股份有限公司、傅某根、王某军自本判决生效之日起十日内连带赔偿嘉兴市中华化工有限责任公司、上海欣晨新技术有限公司经济损失155829455.20元,合理维权费用3492216元,共计159321671.20元,喜孚狮王龙香料(宁波)有限公司对其中7%即11152516.98元承担连带赔偿责任;④驳回嘉兴市中华化工有限责任公司、上海欣晨新技术有限公司的其他诉讼请求;⑤驳回王龙集团有限公司、宁波王龙科技股份有限公司、喜孚狮王龙香料(宁波)有限公司、傅某根的上诉请求。本判决为终审判决。

本案启示

本案二审推翻了一审判决的350万元赔偿,最终判赔1.59亿元,体现出近年来商业秘密诉讼案件的最大变化,即判决支持的赔偿额度高,值得每个涉嫌侵权的企业引以为戒,也值得每个被窃密企业仔细研究学习。

No. 4【(2019)最高法民再135号】武汉大西洋连铸设备工程有限责任公司、宋祖兴公司盈余分配纠纷案

案情介绍

2010年9月29日,宋某与武汉大西洋连铸设备工程有限责任公司(以下简称大西洋公司)签订《备忘录》,约定宋某与大西洋公司解除聘用关系。同日,双方签订《离职后义务协议》,约定宋某担任大西洋公司高级管理人员职务并全面知晓大西洋公司的技术秘密和其他商业秘密,承诺离职后,不得有任

何损害大西洋公司利益的行为,并对保密约定的范围、技术秘密的范围作了约定;关于竞业限制,约定自宋某离职之日起两年内,不得到与大西洋公司生产或者经营同类产品、从事同类业务的其他用人单位内担任任何职务,不得为同类经营性组织提供咨询、建议服务等;大西洋公司给予宋某经济补偿和奖励。恒瑞谷公司及杨某涉嫌侵犯大西洋公司商业秘密罪的刑事立案侦查和起诉后,法院作出(2016)鄂0102刑初17号判决书认定,恒瑞谷公司及杨某构成侵犯大西洋公司商业秘密罪,该判决书已经生效。

大西洋公司向法院起诉请求:判令宋某向大西洋公司返还已收取的奖励款10514462.44元及支付违约赔偿金。

法院视角

本案一审判决认为,恒瑞谷公司及杨某涉嫌侵犯商业秘密罪刑事案,经公安机关侦查终结,侦查结果并未涉及宋某,亦无宋某侵犯大西洋公司商业秘密的事实认定。根据该刑事案件的侦查结果,恒瑞谷公司及杨某涉嫌侵犯商业秘密的行为与宋某无涉。一审法院判决:驳回大西洋公司的诉讼请求。

本案二审判决认为,大西洋公司列举的大量证实宋某违约行为的证据来源于刑事侦查阶段卷宗及单方鉴定结论,而刑事起诉书并不涉及对宋某的指控,亦无宋某侵犯大西洋公司商业秘密的事实认定。二审中,大西洋公司不能举出充分证据证明宋某存在违反竞业限制义务或侵犯商业秘密的行为,仅凭刑事侦查阶段的笔录、证言、非要式邮件文稿或资金流向等并不能证明宋某出资设立恒瑞谷公司并系该公司实际控制人,违反约定另行组建与大西洋公司具有同业经营性的其他公司,或在类似公司中担任职务及提供技术性服务。二审法院判决:驳回上诉,维持原判。

再审焦点:

本案再审审理的争议焦点为:宋某是否违反了离职后义务协议中的竞业限制约定和保密约定。

改判要旨:

最高人民法院再审认为,与本案相关的刑事案件,刑事起诉并未指控宋某,刑事判决自然不可能涉及宋某是否参与实施犯罪行为,亦不会就宋某的行为是否违反离职后义务协议作出明确认定。因此,宋某与恒瑞谷公司是否有关、关系如何这部分事实在先行刑事案件中未涉及,更不能据此直接在后行民事案件中认定宋某与恒瑞谷公司无关。根据(2016)鄂0102刑初17号刑事案件侦查卷宗中的资金流向图等,可以认定恒瑞谷公司的1000万元注册资金全部来源于与宋某或其配偶密切相关的公司；根据公安机关对杨某使用的邮箱×××＠163.com 远程勘验记录显示，内有以"宋某"命名的来自××××＠126.com 邮箱的关于恒瑞谷公司的"股权代持协议书"等材料。现有证据已足以认定宋某是恒瑞谷公司的实际出资人，其在离职后两年内以隐蔽手段隐名组建了恒瑞谷公司，违反了竞业限制的约定。基于已经生效的（2016）鄂0102 刑初17 号判决书认定的恒瑞谷公司构成侵犯大西洋公司商业秘密罪，特别是在恒瑞谷公司发现了大西洋公司技术图纸的基本事实，结合本案前述宋某隐名出资设立恒瑞谷公司，是恒瑞谷公司的实际控制人，违反竞业限制约定的认定，可以推定宋某的行为亦违反前述《离职后义务协议》第二条关于保密义务约定这一待证事实存在高度可能性。最高人民法院再审改判：撤销一审、二审判决，判令宋某向大西洋公司支付应退还的奖励补偿款及违约金共计13668801.17 元。

本案启示

民刑交叉案件中，刑事裁判认定的事实一般对于后行的民事诉讼具有预决效力。但是，先行刑事案件中无罪的事实认定则需要区分具体情况。刑事裁判认定无罪，并不导致民事案件必然认定侵权行为或违约行为不存在，相关行为是否存在还需结合证据进行判断和认定。

No.5【（2019）最高法知民终562 号】【（2017）粤73 民初2163 号】广州天赐公司等与安徽纽曼公司等侵害技术秘密纠纷案

案情介绍

卡波也称卡波姆（Carbomer），中文别名聚丙烯酸、羧基乙烯共聚物。中和后的卡波是优秀的凝胶基质，广泛应用于乳液、膏霜、凝胶中。2000 年6 月6 日，广州天赐公司登记成立。2007 年10 月30 日，九江天赐公司登记成立，独资股东是广州天赐公司。两天赐公司为证明两者之间存在卡波技术的许可使用关系，提交了两份《授权书》。2011 年8 月29 日，安徽纽曼公司登记成立，成立时法定代表人是刘某，股东是刘某（出资比例70%）、彭某（出资比例25%）、吴某成（出资比例5%）。现法定代表人变更为吴某成，股东变更为刘某玉、吴某成。

2012年至2013年，华某在广州某某高新材料股份有限公司工作期间，利用其卡波产品研发负责人的身份，以撰写论文为由向任职单位的子公司九江某某高新材料有限公司的生产车间主任李某索取了卡波生产工艺技术的反应釜和干燥机设备图纸，还违反公司管理制度，多次从其办公电脑里将公司的卡波生产项目工艺设备的资料拷贝到外部存储介质中。华某非法获取公司卡波生产技术中的生产工艺资料后，先后通过U盘拷贝或电子邮件发送的方式将公司的卡波生产工艺原版图纸、文件发送给刘某、朱某、胡某等人，并且对卡波生产工艺技术进行了使用探讨，后由胡某对设计图进行修改，并负责相关设备的采购。以刘某为法定代表人的安徽某某精细化工有限公司利用华某非法获取的卡波生产工艺及设备技术生产卡波产品，并向国内外销售。

2007年12月30日，华某（乙方）与广州天赐公司（甲方）签订劳动合同及商业保密、竞业限制协议，续签的2010年12月31日—2013年12月30日劳动合同复印件（原件称丢失），同样有上述保密约定。2008年10月20日，华某签收了广州天赐公司的《员工手册》，该手册条款对商业秘密的具体保护进行了规定。2009年6月2日，华某（乙方）与广州天赐公司（甲方）签订专项培训协议，约定培训日期为2009年9月—2012年9月。

2013年11月8日，华某以无法适应目前的工作环境为由申请离职，广州天赐公司《离职证明》显示，华某入职日期是2004年3月30日，离职生效日期是2013年11月8日。广州天赐公司还提交了其与胡某春、朱某良、吴某金签订的劳动合同，商业保密、竞业限制协议，商业技术保密协议，员工档案，社会保险缴费历史明细表，员工离职手续与审批清办单，胡某春、朱某良、吴某金签收《员工手册》的证明等。这些劳动合同和保密协议中关于保密的约定与华某的劳动合同和保密协议相同。

2014年11月28日，广东省知识产权研究与发展中心司法鉴定所（以下简称广东知识产权鉴定所）根据广州天赐公司委托对其卡波研发、设计、生产相关信息是否属于不为公众所知悉的技术信息作出粤知司鉴所（2014）鉴字第24号鉴定意见书，鉴定受理日期是2014年9月10日。

2015年3月23日，广东知识产权鉴定所根据九江市公安局委托对卡波研发、设计、生产相关信息是否属于不为公众所知悉的技术信息作出粤知司鉴所（2015）鉴字第6号鉴定意见书，鉴定受理日期是2015年3月17日。

2015年6月1日，广东知识产权鉴定所根据九江市公安局委托对公安机关提取的安徽纽曼公司卡波生产工艺、生产设备图纸，与广州天赐公司卡波生产工艺、生产设备图纸是否相同或相似，作出粤知司鉴所（2015）鉴字第07号鉴定意见书，鉴定受理日期是2015年3月17日。

2015年9月8日，广东知识产权鉴定所根据九江市公安局委托对其提取的安徽纽曼公司的资料及样品的技术信息，与广州天赐公司不为公众所知悉的卡波研发、设计、生产相关信息是否相同或近似，作出粤知司鉴所（2015）鉴字第10号鉴定意见书，鉴定受理日期是2015年5月14日。鉴定组将广州天赐公司和九江天赐公司简称为A方，安徽纽曼公司简称为B方。

2015年9月8日，广东泽信司法会计鉴定所（以下简称泽信鉴定所）根据九江市公安局委托对华某等人因涉嫌侵犯商业秘密给广州天赐公司造成的损失作出粤泽信鉴字（2015）第80019号鉴定意见。

2016年1月18日，泽信鉴定所根据九江市公安局委托对华某等人因涉嫌侵犯商业秘密给广州天赐公司造成的损失作出粤泽信鉴字（2015）第80027号鉴定意见。

2016年11月7日，广东诚安信会计师事务所有限公司（以下简称诚安信公司）根据九江市公安局委托对九江天赐公司卡波产品毛利率作出粤诚审字（2016）927号专项审计报告（以下简称第927号审计报告）。2016年11月7日，广东诚安信司法会计鉴定所（以下简称诚安信鉴定所）根据九江市公安局委托对安徽纽曼公司销售涉嫌侵权产品的营业收入作出粤诚司鉴字（2016）101号鉴定意见书。

2017年11月24日，北京京洲科技知识产权司法鉴定中心（以下简称京洲鉴定中心）根据湖口县人民检察院委托对九江天赐公司卡波生产技术过程中的工艺流程、工艺参数、作业指导书及操作记录，生产设计图纸等相关信息是否不为公众所知悉作出京洲科技司鉴中心（2017）知鉴字第045号鉴定意见书，鉴定受理日期是2017年8月18日。

2018年1月19日，湖口县人民法院作出（2017）赣0429刑初49号刑事判决，认定华某、刘某、朱某良犯侵犯商业秘密罪，分别判决有期徒刑两年十个月、两年十个月、一年，并处罚金100万元、100万元、25万元，并对公安机关扣押的作案工具及涉及商业秘密的资料予以没收、销毁。华某、刘某、朱某良不服，再次提起上诉。2018年11月21日，九江市中级人民法院作出（2018）赣04刑终90号刑事判决，确认原审判决认定的事实，改判朱某良免于刑事处罚，其余维持原审判决。该判决已经发生法律效力。

生效刑事判决认为：华某在广州天赐公司工作期间，违反公司保密规定，将其掌握的广州天赐公司及其子公司九江天赐公司已采取保密措施的"不为公众所知悉"的卡波有关生产工艺、设备等原版技术信息非法披露给安徽纽曼公司；刘某明知华某系违法披露给其有关卡波的商业秘密仍然予以使用；朱某良明知华某非法披露其所掌握的有关卡波的商业秘密仍然为其提供帮助，给商业秘密的权利人造成重大损失，其三人的行为均构成侵犯商业秘密罪。在共同犯罪中，华某、刘某起主要作用，系主犯；朱某良起次要或辅助作用，系从犯，依法从轻处罚。朱某良案发后主动投案，如实供述自己的罪行，系自首，依法从轻处罚；其取得了九江天赐公司的完全谅解，依法酌情从轻处罚；结合其犯罪情节及认罪态度、悔罪表现，对其可适用免予刑事处罚。

2019年4月17日，广东粤信会计师事务所有限公司（以下简称粤信公司）根据广州天赐公司委托对其编制的2015—2018年卡波销售收入表及销售毛利作出粤信（2019）专字19194号专项审计报告。

广州天赐公司、九江天赐公司主张华某、刘某、安徽纽曼公司、吴某某、胡某某、朱某某、彭某侵害其"卡波"制造工艺技术秘密，向广州知识产权法院提起诉讼，请求判令停止侵权、赔偿损失、赔礼道歉。

法院视角

一审法院认为，在案证据可以证明安徽某某精细化工有限公司、华某、刘某、胡某、朱某存在侵犯广州某某高新材料股份有限公司、九江某某高新材料有限公司技术秘密的行为，应按照侵权获利的2.5倍取整后确定侵权惩罚性赔偿数额，华某、刘某、胡某、朱某承担部分连带责任。广州某某高新材料股份有限公司、九江某某高新材料有限公司、安徽某某精细化工有限公司、华某、刘某提起上诉。广州知识产权法院认定被诉侵权行为构成对涉案技术秘密的侵害，考虑侵权故意和侵权情节，适用了2.5倍的惩罚性赔偿。广州天赐公司、九江天赐公司和安徽纽曼公司、华某、刘某均不服一审判决，向最高人民法院提起上诉。

最高人民法院二审认为，被诉侵权行为构成对涉案技术秘密的侵害，但一审判决在确定侵权赔偿数额时未充分考虑涉案技术秘密的贡献程度，确定惩罚性赔偿时未充分考虑侵权行为人的主观恶意程度和以侵权为业、侵权规模大、持续时间长、存在举证妨碍行为等严重情节，遂在维持一审判决关于停止侵权判项基础上，以顶格五倍计算适用惩罚性赔偿，改判安徽纽曼公司赔偿广州天赐公司、九江天赐公司经济损失3000万元及合理开支40万元，华某、刘某、胡某某、朱某某对前述赔偿数额分别在500万元、3000万元、100万元、100万元范围内承担连带责任。

本案启示

该案系最高人民法院作出判决的首例知识产权侵权惩罚性赔偿案。该案判决充分考虑了被诉侵权人的主观恶意、以侵权为业、举证妨碍行为以及被诉侵权行为的持续时间、侵权规模等因素，适用了惩罚性赔偿，最终确定了法定的惩罚性赔偿最高倍数（五倍）的赔偿数额，明确传递了加强知识产权司法保护力度的强烈信号。设立惩罚性赔偿制度的初衷在于强化法律威慑力，打击恶意严重侵权行为，威慑、阻吓未来或潜在侵权人，有效保护创新活动，对长期恶意侵权行为人应从重处理。

因不正当竞争行为受到损害的经营者的赔偿数额，按照其因被侵权所受到的实际损失确定；实际损失难以计算的，按照侵权人因侵权所获得的利益确定。经营者恶意实施侵犯商业秘密行为，情节严重的，可以按照上述方法确定数额的一倍以上五倍以下确定赔偿数额。赔偿数额还应当包括经营者为制止侵权行为所支付的合理开支。

侵权损害赔偿数额按照侵权人因侵权所获得的利益确定时，侵权人的侵权获利应当与侵权行为之间具有因果关系，因其他权利和生产要素产生的利润应当合理扣减，即在计算侵权损害赔偿额时应考虑涉案技术秘密在被诉侵权产品生产中所占的技术比重及其对利润的贡献。侵权为业公司的法定代表人、实际控制人全程参与生产经营活动，在侵权活动中起主要作用的，应对公司的全部赔偿数额承担连带责任。

No.6【（2019）粤知民终457号】【（2016）粤73民初1693号】珠海仟游科技有限公司、珠海鹏游网络科技有限公司侵害技术秘密纠纷案

案情介绍

珠海仟游科技有限公司（以下简称仟游公司）、珠海鹏游网络科技有限公司（以下简称鹏游公司）是关联公司，且均系帝王霸业网络游戏软件的开发、运营者。徐某、肖某均为仟游公司的员工，在职期间参与开发前述游戏。二人离职后，与他人共同成立策略公司，经营页游三国、三国逐鹿游戏。以上两款游戏的著作权人登记为南湃公司，而南湃公司的法定代表人系肖某的同学。仟游公司主张徐某、肖某将其前述游戏源代码带走后进行少量修改，以页游三国、三国逐鹿的游戏名称进行运营。

仟游公司、鹏游公司明确主张徐某、肖某、策略公司、南湃公司侵犯其商业秘密即"帝王霸业"游戏软件源程序及相关文档，具体是指软件名称为"帝王霸业"游戏软件计算机软件著作权登记证上的商业秘密所代表的源程序和文档。《计算机软件著作权登记证书》记载，软件名称：帝王霸业游戏软件（简称：帝王霸业）V1.0；著作权人：珠海市鹏游网络科技有限公司；开发完成时间：2013年6月1日。《计算机软件著作权登记证书》记载，软件名称：页游三国游戏软件（简称：页游三国）V1.0；著作权人：上海南湃网络科技有限公司。《计算机软件著作权登记证书》记载，软件名称：三国逐鹿游戏软件（简称：三国逐鹿）V1.0；著作权人：上海南湃网络科技有限公司。

2011年6月11日，仟游公司与徐某签订劳动合同。2015年3月3日，仟游公司与徐某签订解除劳动关系协议。2011年6月11日，仟游公司与肖某签订劳动合同。2015年3月3日，仟游公司与肖某签订解除劳动关系协议。

仟游公司、鹏游公司主张该公司每个员工入职时均有一个对应的英文名，徐某的英文名为"scott"，肖某的英文名为"miles"，徐某作为仟游公司副总经理、肖某作为该游戏的策划总监，具有访问"帝王霸业"游戏软件源代码库的全部权限，可以对源代码进行编辑或修改；电脑保存肖某在2012年8月至2013年2月、徐某2014年1月的修改记录，因此，徐某、肖某有获得鹏游公司"帝王霸业"游戏软件源代码的权限和机会。

仟游公司、鹏游公司于2016年2月2日向广东省珠海市香洲区人民法院起诉。后向该院申请证据保全。该院于2016年3月21日作出（2016）粤0402民初字1518号民事裁定书，裁定采取复制、拍照方法保全相关证据。但该法院工作人员于2016年4月21日向策略公司进行上述民事裁定的证据保全时，经工作人员释明，策略公司仍拒绝提供上述民事裁定书所列的证据事项。

法院视角

一审法院判决：驳回仟游公司、鹏游公司的全部诉讼请求。

二审法院认为：

第一，仟游公司、鹏游公司穷尽其方法提供证据，已经初步证明其主张的待证事实具有一定可能性。徐某、肖某、策略公司和南湃公司持有证明该待证事实的直接证据，但其无正当理由拒不提供，该行为有违诉讼诚信原则。本院推定仟游公司、鹏游公司主张的待证事实成立，即被诉游戏软件源代码与涉案商业秘密构成实质相同。

第二，仟游公司、鹏游公司已经举证证明涉案游戏服务器源代码属于商业秘密，以及被诉游戏与商业秘密源代码实质相同，徐某、肖某、策略公司和南浠公司存在不正当行为等事实，而对方并未提出足够的理由和证据反驳，因此，本院认定徐某、肖某、策略公司和南浠公司构成侵害仟游公司、鹏游公司涉案商业秘密。

第三，本院综合考虑涉案商业秘密的商业价值，徐某、肖某、策略公司和南浠公司主观过错程度，被诉侵权行为的规模、性质和持续时间以及仟游公司、鹏游公司为本案支出的合理维权费用等因素，酌情确定侵害损失赔偿数额以及合理维权费用为500万元。

综上所述，仟游公司、鹏游公司的上诉请求部分成立，应予支持。一审判决认定事实有误，本院予以纠正。依法判决如下：①撤销广州知识产权法院（2016）粤73民初1693号民事判决；②深圳策略一二三网络有限公司、上海南浠网络科技有限公司、徐某、肖某于本判决生效之日起立即停止侵害珠海仟游科技有限公司、珠海鹏游网络科技有限公司"帝王霸业"游戏软件服务器源代码商业秘密；③深圳策略一二三网络有限公司、上海南浠网络科技有限公司、徐某、肖某于本判决生效之日十日内赔偿珠海仟游科技有限公司、珠海鹏游网络科技有限公司经济损失及合理维权费用共计500万元。④驳回珠海仟游科技有限公司、珠海鹏游网络科技有限公司的其他诉讼请求。

本案启示

网络游戏软件行业中，不正当获取他人合法权益，扰乱市场竞争秩序的情形偶有发生。在该类案件诉讼中，被诉游戏源代码或者目标代码由被诉侵害人掌控，权利人难以直接取证，导致权利人在诉讼中所负担的"被诉游戏软件源代码与商业秘密实质性相同"等证明责任难以完成。法院以发现真实和追求公平为主旨，通过在诉讼进程中公平合理地分配行为意义上的证明责任，促使双方当事人交替履行证明责任。基于原告方已经穷尽举证途径且已经证明待证事实具有较高可能性，而被诉一方拒绝履行披露证据的诚信义务，法院判令由其承担举证不利后果，为本案判决结果获得公正性支点。本案正确适用有关法律规定，厘清了被诉侵权源代码与权利人游戏源代码同一性的举证责任分配问题，规范了市场竞争秩序，有利于互联网游戏行业的健康发展。

No.7【(2018)沪民申318号】【(2017)沪73民终248号】【(2015)杨民三(知)初字第691号】【(2016)沪0110民初6392号】马格内梯克控制系统(上海)有限公司、懋拓自动化控制系统(上海)有限公司等与施某某侵害商业秘密纠纷案

案情介绍

原告马格内梯克控制系统(上海)有限公司(以下简称马格内梯克公司)授权案外人达实公司参与某市地铁项目的投标。被告李某某、张某某、施某某为原告的员工,劳动合同中约定了保密义务。被告李某某利用担任原告销售经理的便利向D公司称被告MA香港公司是原告的关联公司,最终达实公司与MA香港公司签约。经查,MA香港公司系李某某前妻被告朱某某担任唯一股东的公司。被告李某某、张某某、施某某从原告处辞职后到被告懋拓自动化控制系统(上海)有限公司(以下简称懋拓公司)工作,懋拓公司协助MA香港公司履行合同。被告懋拓公司的股东和法定代表人为被告李某某父亲被告潘某某。原告向法院起诉称,李某某、张某某、施某某违法将原告的商业秘密泄露给朱某某及MA香港公司并允许其使用,懋拓公司、潘某某提供配合与协助,七被告的行为已严重侵害原告的商业秘密,且违反诚实信用原则和商业道德,构成不正当竞争。

法院视角

一审法院认为,原告实际掌握的经营信息即达实公司在某市地铁项目中向原告采购德国公司生产的行人通道扇门模块产品,符合《反不正当竞争法》第十条第三款的规定,属于原告的商业秘密。李某某、张某某在原告工作期间掌握了原告的涉案商业秘密,MA香港公司提供的产品与原告的涉案商业秘密的内容实质相同且无合法来源,懋拓公司明知所获知的涉案商业秘密归原告所有却使用上述信息协助履行合同,被告李某某、张某某、MA香港公司、懋拓公司的行为共同侵害了原告的商业秘密,遂判决被告李某某、张某某、MA香港公司、懋拓公司共同赔偿原告经济损失1400000元及合理费用1641.92元并刊登声明、消除影响;被告朱某某、潘某某分别对被告MA香港公司、懋拓公司的付款义务承担连带责任。双方当事人不服一审判决,提起上诉。

上海知识产权法院经审理认为,马格内梯克公司所主张的经营信息具有秘

密性、价值性和保密性的特点，构成商业秘密。本案各被告未能提供充分证据证明其通过合法方式取得涉案商业秘密，且各被告共同侵害了马格内梯克公司的涉案商业秘密，其应就此向马格内梯克公司承担连带赔偿责任，遂判决驳回上诉，维持原判。

本案启示

本案对于单一潜在客户的采购意向是否构成侵害商业秘密的行为进行了深入分析，准确把握了商业秘密构成的实质要件，认定此类信息可为权利人带来一定的价值或竞争优势，若符合秘密性、价值性和保密性的特征，可以认定构成商业秘密。同时本案各被告共同实施侵害商业秘密的行为具有一定复杂性和隐蔽性，本案判决厘清了各被告间所具体实施的行为，准确界定了主体间的法律关系，并以此确定相应的法律责任。司法实践中，有关客户名单类信息是商业秘密案件审理的难点，本案判决对于加强此类商业秘密保护，保障市场交易公平有序具有积极意义。本案被评为2018年上海法院十大典型案件，2018年上海法院知识产权司法保护十大案例。

No.8【(2020)浙04民终512号】【(2018)浙0483民初4627号】浙江华章科技有限公司诉唐某超、嘉兴绿方舟环保技术有限公司侵害商业秘密纠纷案

案情介绍

浙江华章科技有限公司（以下简称华章公司）成立于2001年7月19日，2004年以来，唐某超先后与华章公司及其关联企业签订劳动合同，并担任华章公司的监事、副总经理兼采购总监、带机产品经理、高级工程师等。2012年5月12日，华章公司与唐某超签订《保密协议》。2013年9月1日起，华章公司实施新《员工手册》，该手册附则《华章科技违纪违规管理细则》约定不得透露公司保密材料等，唐某超对此熟悉。

2013年2月19日，唐某超及其配偶张某燕受让了嘉兴绿方舟环保设备有限公司的部分股权，在此基础上，两人与其他两名股东重新组建公司，并将公司更名为嘉兴绿方舟环保技术有限公司（以下简称绿方舟公司），选举张某燕为执行董事，任公司法定代表人，唐某超任公司经理。两人为控股股东。以上事实唐某超未告知华章公司。

华章公司曾与华南理工大学洽谈科研合作，结识了在该校任职的朱某林。2014 年 7 月 29 日，朱某林与其他人投资成立了广州博依特节能科技有限公司（以下简称博依特公司）。后华章公司指派唐某超等人与博依特公司进行业务洽谈，博依特公司对华章公司承接的同类项目进行了考察。出于对华章公司实力的信任，博依特公司愿意全部采购华章公司的设备，后经唐某超建议，其分别与绿方舟公司、华章公司签订了市政污泥深度处理设备供货合同，约定绿方舟公司向博依特公司提供三台预脱水过滤机和饼泥破碎机（合同总金额 100 万元），华章公司向博依特公司提供三台钢带式压榨过滤机（合同总金额 160 万元），前述设备属于同一流水线的前后道设备，其中钢带式压榨过滤机为主要设备，其他为辅助设备。

华章公司认为唐某超及绿方舟公司侵犯了其商业秘密，故起诉至桐乡市人民法院。

法院视角

一审法院认为，因采取了合理有效的保密措施，可认为华章公司的客户资料（包括客户名称、联络人姓名、联系方式等）、项目合同、技术资料构成商业秘密。华章公司已经提供证据表明唐某超任职期间有渠道及机会获取华章公司的经营信息、技术信息等商业秘密，其与配偶入股并实际控制绿方舟公司，两公司在环保研发（如污泥处置）方面存在重合业务，已经使华章公司的相关商业秘密处于被披露、使用的风险中，加之两公司同一时间与同一客户签订了同一项目中的关联设备的供货合同，华章公司已完成了其商业秘密被侵犯的初步举证责任，唐某超与绿方舟公司应当证明其不存在侵犯商业秘密的行为，但唐某超与绿方舟公司未能提供相关证据。据此，认定唐某超、绿方舟公司均构成对华章公司商业秘密的侵害，判决二者共同赔偿 30 万元。

二审法院认为：本案焦点是原审确定唐某超、绿方舟公司承担的赔偿金额 30 万元是否恰当。本案中，双方均未充分举证证明华章公司因被侵权遭受的具体损失或者唐某超、绿方舟公司的具体获利，故可适用法定赔偿方法。考虑到唐某超、绿方舟公司属于恶意侵权，侵权人付出了一定的维权成本，原审酌情确定赔偿金额 30 万元，属于行使自由裁量权的合理范围，且对恶意侵权予以从重处罚有利于维护正常的竞争秩序，本院二审予以维持。

二审法院认为：唐某超、绿方舟公司的上诉请求不能成立，应予驳回；一审判决认定事实清楚，适用法律有误，本院予以纠正，但一审判决实体处理并无不当，应予维持。依法判决如下：驳回上诉，维持原判。

唐某超、绿方舟公司不服，向浙江省高级人民法院申请再审，后被驳回。

本案启示

本案涉及员工任职期间即参股、成立与原单位有同业竞争关系的公司并攫取了公司商业机会的情形，非离职后实施的竞业行为。一、二审法院从降低商业秘密权利人维权难度的角度出发，在权利人已经初步举证的前提下，准确运用证据规则，依法灵活转移举证责任，认定侵权成立，有力维护了企业的商业秘密。

虽然商业秘密相关司法解释规定，被诉侵权行为人举证证明客户系基于对员工个人的信赖而自愿与员工离职后入职的新单位进行交易的，可认定员工不构成不正当竞争。但是，如果员工在任职期间即参股、成立与原单位有同业竞争关系的公司，对员工不侵权的认定应当从严把握。员工在职期间成立与所在单位有同业竞争关系的公司，如果不能举证证明公司交易机会的具体来源，结合相关事实，可以推定该交易系剥夺了所任职单位的交易机会，构成侵害公司客户名单的不正当竞争行为。

No. 9【(2020)京73民终2215号】【(2018)京0105民初59642号】康某等与北京霍兰德贸易有限公司案

案情介绍

北京霍兰德贸易有限公司（以下简称霍兰德公司）成立于1997年1月24日，从2004年开始对外出口国产工业设备。因出口的设备属于工业用设备，设备类型较为特定，属于非易损耗产品，市场需求量较小。霍兰德公司主要通过派员工参加国际展会、谷歌线上推广、阿里巴巴平台线上推广、向有需求可能性的企业主动发邮件等方式开发潜在客户。

2012年8月27日，康某入职霍兰德公司，担任销售部门业务经理一职。双方签署的劳动合同期限自2012年8月27日至2013年8月27日。前述劳动合同到期后，双方未另行续签劳动合同，但康某一直在霍兰德公司持续工作至2018年3月，其间康某主要负责冶金机械设备及周边产品的销售。霍兰德公司按照康某的工作业绩支付工资及销售提成，并为康某连续缴纳了各项社会保险及住房公积金。

康某的英文名为"Jeff"，在霍兰德公司工作期间主要使用霍兰德公司工作邮箱代表霍兰德公司对外洽谈业务。按照霍兰德公司的要求，康某须每周向公司办公室邮箱发送周工作总结以及下周的工作计划，年终须提交年度工作总结。霍兰德公司主张前述康某霍兰德工作邮箱中所记载的客户名称、联系人、联系方式、地址、需求、价格承受能力、商务往来等信息构成霍兰德公司的商业秘密。

2016年3月，康某作为发起人召集投资人罗某甲、郭某、刘某、罗某乙四人开始筹备设立汇百亿公司，2016年3月29日，汇百亿公司取得了工商营业执照。康某与罗某丙系夫妻关系，罗某丙与罗某乙系亲姐弟关系，罗某甲、刘某、郭某三人系堂姐弟和表姐弟关系。工商登记备案的股东为罗某甲、刘某，法定代表人为刘某。

2016年5月3日，康某以其配偶罗某丙名义与刘某、罗某甲、郭某四人共同签署了《湖南汇百亿科技有限公司股东协议》，康某以罗某丙的名义担任汇百亿公司的总经理职务，其余股东同样作为员工身份参与公司经营。汇百亿公司的薪酬体系为康某提取业务提成，罗某丙、罗某乙、罗某甲、郭某、刘某等成员按月发放工资，年底会根据营收情况按照股权进行分红。

"湖南汇百亿科技有限公司"建立微信工作群，其聊天内容主要是康某询问其他成员对于交办任务的督促和完成情况，询问海外客户需求的沟通进展、为上游采购和出口报关等订单履行中遇到的问题提供具体指导等方面内容，对公司的各项经营进行决策。根据（2018）京海诚内民证字第03324号公证书记载，2016年6月到2017年11月，康某向微信群中发送的业务文件中含有部分带有"北京霍兰德贸易有限公司"抬头的交易文件。2016年6月17日，康某将其霍兰德公司工作邮箱及登录密码公布在微信群中，并告知其他公司成员通过上述康某霍兰德公司工作邮箱去找询价人的邮箱或者联系方式，并将霍兰德公司的开发信以及铝项目和钢铁项目相关资料发给了罗某甲，要求罗某甲转发给郭某、刘某进行整理归档，用于汇百亿公司的业务经营。

2017年10月，关于汇百亿公司的运营及收益分配，股东之间产生了较大分歧。2017年12月5日，罗某甲、刘某、郭某退出汇百亿公司，工商登记备案股东变更为罗某乙。罗某甲退出公司股份后，于2018年1月从汇百亿公司离职。2018年4月28日，工商登记显示汇百亿公司的备案股东为罗某丙和罗某乙二人，目前，汇百亿公司仍处于正常经营状态。

2018年3月，霍兰德公司发现康某存在被诉涉嫌侵害商业秘密的行为，故禁用了康某的霍兰德公司工作邮箱。2018年3月9日，康某通过kangzhe191@sina.com邮件向霍兰德公司发送了主题为"离职事宜"的电子邮件，从霍兰德公司离职。

本案中，霍兰德公司主张的商业秘密为 METALES Y ALEACIONESESPECI-ALES 公司（简称墨西哥 MAE 公司）、PT. Bina Sarana Sukses（简称 PT. BSS 公司，印度尼西亚）、CINKARNA 公司、Almeida Metais 公司（巴西）、MTR 公司、Latrobe Magnesium Ltd（简称 Latrobe Magnesium 公司，澳大利亚）、巴基斯坦科学研究中心、Atharva Metalloy pvt ltd（简称 Atharva Metalloy 公司，印度）、ATS 公司、Johnson Controls International plc（简称 JC 公司，墨西哥）、J. B. Metal Industries（印度）、Kingfisher Group（孟加拉）、Acemplus（突尼斯）、METAL-FACH Jacek Kucharewicz（简称 MF 公司，波兰）14 家海外公司的客户信息，具体包括前述客户的名称、联系人、联系方式、地址、具体需求、既往交易合同、交易习惯、价格承受能力、过往商务往来等经营信息，前述 14 家公司均曾在康某向霍兰德公司发送的周度和年度工作总结中有所提及（具体信息详见附件）。康某、汇百亿公司否认上述霍兰德公司主张的 14 家客户名单信息构成商业秘密，并否认其实际披露或使用了上述客户名单信息。

法院视角

一审法院依法判决如下：①康某、湖南汇百亿科技有限公司立即停止侵害北京霍兰德贸易有限公司商业秘密的行为，即在两年内停止披露、使用北京霍兰德贸易有限公司的涉案 14 家客户信息，在两年内停止与北京霍兰德贸易有限公司的涉案 14 家客户进行磋商及交易；②康某、湖南汇百亿科技有限公司于判决生效之日起十日内共同赔偿北京霍兰德贸易有限公司经济损失 2510000 元；③康某、湖南汇百亿科技有限公司于判决生效之日起十日内共同赔偿北京霍兰德贸易有限公司维权合理开支 190225 元；④驳回北京霍兰德贸易有限公司的其他诉讼请求。如果未按判决指定的期间履行给付金钱义务，应当依照《民事诉讼法》第二百五十三条规定，加倍支付迟延履行期间的债务利息。

二审法院经审理查明的案件事实与一审法院查明的事实一致，故对一审法院查明的事实予以确认。

二审法院认为：康某和汇百亿公司的责任承担。

康某违法披露霍兰德公司客户信息的行为，违反了《反不正当竞争法》第九条第一款第（三）项的规定，侵害了霍兰德公司的商业秘密，应当承担相应法律责任。汇百亿公司在明知康某违法披露霍兰德公司客户信息的情况下，仍然获取并积极使用该客户信息，同样构成侵犯商业秘密。因康某是涉案客户信息的披露者，同时也是最终使用者汇百亿公司的实际控制人，其本人亦间接参与了汇百亿公司的经营管理,故康某与汇百亿公司构成共同违法使用霍兰德公司商业秘密的行为,依法应当对其侵权行为承担连带责任。鉴于康某的披露商业秘密行为所造成的后果能够被其后续与汇百亿公司共同使用商业秘密的行为所吸收,霍兰德公司亦主张康某、汇百亿公司共同就其实施的所有侵害商业秘密的行为承担连带责任,一审法院在确定停止侵权、赔偿损失等法律责任时,不再对康某的披露行为以及康某和汇百亿公司的共同使用行为进行分别判定,而判令康某和汇百亿公司共同就其侵犯商业秘密的行为承担停止侵害、赔偿损失等民事责任并无不当,本院予以确认。

《最高人民法院关于审理不正当竞争民事案件应用法律若干问题的解释》第十六条规定,人民法院对于侵犯商业秘密行为判决停止侵害的民事责任时,停止侵害的时间一般持续到该项商业秘密已为公众知悉时为止。依据前款规定判决停止侵害的时间如果明显不合理的,可以在依法保护权利人该项商业秘密竞争优势的情况下,判决侵权人在一定期限或者范围内停止使用该项商业秘密。本案中,针对霍兰德公司提出的要求康某和汇百亿公司停止侵害商业秘密的主张,因霍兰德公司主张的客户信息属于商业经营信息,该类信息在市场中一直处于动态变化中,其作为商业秘密体现的现实或潜在价值也处于动态变化中,在充分保护霍兰德公司前述商业秘密竞争优势的前提下,一审法院综合考虑霍兰德公司对于涉案商业秘密的形成所付出的努力,霍兰德公司所实施保密措施程度,类似业务的市场规模,康某和汇百亿公司实施侵权行为的性质、情节、主观过错程度等因素,酌情确定康某和汇百亿公司停止使用涉案商业秘密的期限为两年符合法律规定,本院予以确认。

针对霍兰德公司提出的赔偿损失的具体金额。《反不正当竞争法》第十七条规定,经营者违反本法规定,给他人造成损害的,应当依法承担民事责任。因不正当竞争行为受到损害的经营者的赔偿数额,按照其因被侵权所受到的实际损失确定;实际损失难以计算的,按照侵权人因侵权所获得的利益确定。经营者恶意实施侵犯商业秘密行为,情节严重的,可以在按照上述方法确定数额的一倍以上五倍以下确定赔偿数额。赔偿数额还应当包括经营者为制止侵权行为所支付的合理开支。经营者违反本法第六条、第九条规定,权利人因被侵权所受到的实际损失、侵权人因侵权所获得的利益难以确定的,由人民法院根据侵权行为的情节判决给予权利人300万元以下的赔偿。本案中,霍兰德公司未举证证明其因康某和汇百亿公司的侵权行为遭受的实际损失,并提出按照常德海关和常德国税部门出具的在2016年3月到2019年9月汇百亿公司报关及出口退税情况计算赔偿损失的具体金额。对此,本院认为,一方面,鉴于前述证据所记载的汇百亿公司相应期间出口的商品名称、价格、税额等信息和汇百亿公司与墨西哥 MAE 公司、PT. BSS 公司等两家客户的成单合同形成对应，能够反映汇百亿公司客观经营情况，一审法院参照康某和汇百亿公司使用该两个客户信息所获得的利润计算违法所得，即按照"出口价格（经汇率折算）－进货价格＋出口退税"的计算公式计算的获利情况作为本案主张损失的参考，具有事实依据。而且，根据前述计算方式计算出的侵权获利数额实际上已超出霍兰德公司主张的损害赔偿金额，一审法院判决确定的赔偿金额系在参照根据前述计算方式所得出的金额基础上酌定。另一方面，根据侵权获利确定赔偿金额，应当运用证据规则，采用优势证据标准，考虑知识产权的市场价值、贡献率等因素酌情确定。确定侵权人的获利，一般以营业利润为准；侵权人完全以侵权为业的，可以销售利润为准。本案中，如前文所述，康某在霍兰德公司工作期间，违反对公司的忠诚义务和保密义务，伙同他人发起设立汇百亿公司，并作为汇百亿公司的实际控制人，将其在霍兰德公司载有大量客户信息的工作邮箱账号和密码公布在"湖南汇百亿科技有限公司"微信群中，并明确引导汇百亿公司其他成员去从中找寻客户询单，该行为使得康某在霍兰德公司工作期间为霍兰德公司积累的所有秘密信息置于随时可被汇百亿公司获悉的状态，严重地损害了霍兰德公司的合法经营信息，造成霍兰德公司的合法竞争优势的严重减损，该行为性质恶劣，情节严重，已经具有了"完全以侵权为业"的特征，该情节在法院根据侵权获利确定赔偿金额时应当予以考量；此外，关于 CIKARNA 公司等其余 12 家客户，如前文所述，在康某向汇百亿公司违法披露了相应客户信息后，汇百亿公司与前述客户进行了实际联系，这属于对他人违法披露商业秘密的使用，亦侵害了霍兰德公司的商业秘密。由于现无证据显示汇百亿公司与前述 12 家客户形成最终交易，霍兰德公司并未对该侵权行为主张具体的赔偿数额，但该情节在法院根据侵权获利确定本案赔偿金额时亦应当适当予以考量。因此，综合考量本案在案证据情况和相关情节，一审法院对于霍兰德公司主张的 2510000 元的经济损失予以全额支持并无不当，本院予以确认。关于合理开支问题，本案涉及大量公证、翻译文件，律师工作量较大，且霍兰德公司就其主张的合理开支提供了相应合同及发票，其主张的公证费、律师费、翻译费确属本案维权合理开支，对于该部分诉讼请求，一审法院予以全额支持亦无不当，本院予以确认。

综上，一审判决认定事实清楚，适用法律正确，审理程序合法。上诉人康某的上诉理由均缺乏事实和法律依据，本院不予支持。依法判决如下：驳回上诉，维持原判。

本案启示

本案当事人通过诉讼取得较好的胜诉结果：大额的赔偿金、维权合理开支的支持，以及两年不能与名单客户联系的禁令。但是，如果不是被告当事人公司内讧，相关侵害行为并不容易被发现，很明显大量证据其实来源于窃密人中的告密人，这种情况在商业秘密案件中其实极为罕见，诉讼证据的取得还是应该依靠平常的好的保密管理，扎实的基础工作才是企业长治久安的基石。

No. 10【（2020）浙民终111号】义乌市泉顺户外野营用具有限公司、台州市百凯休闲用品有限公司侵害商业秘密纠纷案

案情介绍

聂某选于2013年9月28日进入台州市百凯休闲用品有限公司（以下简称百凯公司）工作，中途离职后重返工作岗位。2018年3月10日，聂某选谎称经公司领导授意其学习CAD制图，从杨司线切割厂（系原告模具委托生产加工厂）负责人处骗取了100多张2017年原告新款产品的模具加工图纸。2018年3月11日，被告聂某选违反百凯公司"未经许可严禁拍照"的规定，使用手机在原告公司拍摄了大量产品配件图纸照片。2018年3月23日，聂某选在未办理离职手续的情况下非正常离职，经前同事王某贵介绍进入义乌市泉顺户外野营用具有限公司（以下简称泉顺公司）上班，负责新产品设计、图纸制作，并享有泉顺公司的产值分成。聂某选应泉顺公司的要求，仿照百凯公司的折叠桌样品，设计制作类似的折叠桌。

2018年11月20日，台州市椒江区市场监督管理局针对聂某选作出椒市监处字（2018）477号《行政处罚决定书》，该决定书认为，百凯公司设计研发的折叠桌产品每年不断更新，不为公众所知悉，具有一定的商业价值，且该公司制定、实施了商业秘密保护制度，采取了切实有效的商业秘密保护措施。聂某选与百凯公司签订有包含商业秘密保护条款的岗位聘用协议书，应当负有商业秘密保护责任。聂某选的行为属于违反约定或违反权利人有关保守商业秘密的要求，披露、使用或者允许他人使用其所掌握的商业秘密的行为，已构成侵犯商业秘密的行为。并对聂某选处以罚款。

2018年12月21日，义乌市市场监管局针对被告泉顺公司作出义市监管罚字（2018）00341号《行政处罚决定书》，该决定书认定泉顺公司的主要违法

事实为：泉顺公司经营户外野营用具生产销售，主要产品为折叠桌椅等。泉顺公司于 2018 年 4 月通过员工介绍聘请聂某选到泉顺公司处负责产品设计制图等工作。当事人为仿制百凯公司的折叠桌产品，在得知聂某选有相关折叠桌产品的设计图之后，明知设计图纸为百凯公司的商业秘密，仍然要求聂某选对部分图纸修改后（部分图纸并未修改）用于生产折叠桌产品。聂某选提供给泉顺公司使用的设计图纸，为其在百凯公司离职前通过欺骗的方式，从该公司下游模具加工点处获取，并对泉顺公司处以罚款。

泉顺公司成立于 2012 年 8 月 13 日，注册资本 500 万元。2018 年 5 月 15 日，泉顺公司与露营者户外用品有限公司签订《合同书》。

法院视角

一审法院判决如下：①被告聂某选、义乌市泉顺户外野营用具有限公司自本判决生效之日起停止侵害原告台州市百凯休闲用品有限公司涉案商业秘密的行为，即立即停止使用原告台州市百凯休闲用品有限公司包含商业秘密的涉案图纸的行为；②被告聂某选、义乌市泉顺户外野营用具有限公司于本判决生效之日起十日内赔偿原告台州市百凯休闲用品有限公司经济损失 20 万元（含合理费用）；③驳回原告台州市百凯休闲用品有限公司的其他诉讼请求。

二审法院认为，综合泉顺公司的上诉请求、理由，以及百凯公司的答辩意见，本案二审的争议焦点在于：一审判决确定的赔偿数额是否合理。本案中，由于百凯公司的实际损失、泉顺公司的侵权获利均难以具体确定，本案适用法定赔偿。本院综合考虑以下因素：第一，涉案设计图纸系百凯公司聘用专业人员设计，百凯公司为研发该图纸投入了一定的人力物力。第二，涉案设计图纸能够提升产品的美观度和产品制作合格率，具有一定的创新性。第三，泉顺公司在使用涉案设计图纸时对该图纸系百凯公司所有是明知的，主观上侵权故意明显。第四，聂某选于 2018 年 4 月到泉顺公司工作后，泉顺公司于 2018 年 5 月即与案外人签订了部分订单，极大节省了其研发模具的费用和时间，且客观上使百凯公司丧失了与该部分客户的交易机会，同时使得百凯公司的涉案图纸处于随时可能被公开的状态。第五，百凯公司为制止侵权支出了律师费、差旅费等合理费用。故一审法院确定赔偿数额 20 万元在合理范围内，并无不当。

综上，泉顺公司的上诉请求不能成立，依法应予驳回。

本案启示

本案当事人维权时巧妙地运用行政与民事措施,在义乌举报泉顺公司、在台州举报聂某选,并在作出行政处罚决定后提起民事诉讼,不但及时制止了当事人的侵权行为,防止损害后果加重,还通过行政救济措施中的取证,最终取得了一审、二审法院的支持。

No. 11【(2021)鲁民终2092号】济南左月商贸有限公司、济南同富家用电器有限公司等侵害商业秘密纠纷案

案情介绍

济南左月商贸有限公司(以下简称左月公司)成立于2014年8月21日,股东为卫某(大股东,持股比例75%)、何某梅,隋某军为该公司监事。济南同富家用电器有限公司(以下简称同富公司),成立于2018年12月28日,系自然人独资有限责任公司,法定代表人王某福。案外人银宇公司,成立于2011年6月20日,系自然人独资有限责任公司,法定代表人为卫某。卫某与隋某军系夫妻关系,王某英、王某福亦系夫妻关系。左月公司认可左月公司与银宇公司系关联公司,但表示两公司为独立法人、独立核算,并否认了隋某军为两公司的实际控制人。

2016年12月28日,银宇公司与王某福签订合作协议,约定:将银宇公司与海尔签订的海尔售后服务权交予王某福具体操作,自2017年1月1日合作生效起至合作结束所产生的服务投诉罚款由王某福全部承担,……该协议盖有银宇公司的公章及隋某军签字,王某福亦在该协议上签字。

2019年6月17日、2020年4月21日银宇公司向同富公司出具了规格型号为"滤芯"的发票各一张。2020年6月1日,左月公司出具的《公司员工离职通告函》显示,其公司原售后主管王某福因个人原因与其公司解除合作关系,王某福认可该证据的真实性。

王某英于2019年12月9日至2020年6月30日在左月公司工作,但双方并未签订保密协议及劳动合同。2020年7月30日左月公司向王某英发送通知函,要求其两日内来左月公司办理交接工作或交接信息留档;9月4日左月公司报警要求王某英归还派单专用手机,王某英遂归还该手机。左月公司、王某英对上述事实皆无异议。

左月公司以其提交的《客户明细表》及济南高新区公证处于 2020 年 12 月 6 日作出的（2020）鲁济南高新证经字第 1872 号公证书共同作为商业秘密载体，为 4030 名客户信息。左月公司主张客户信息中具体的姓名、联系方式、住址、购买机型、编号等信息构成商业秘密。一审庭审中左月公司表示，上述信息采取了 HCC 系统及 5A 系统加密方式，经法定代表人及信息员掌握该系统的登录口令，才能够接触到完整的客户信息；同富公司认为上述信息来源于海尔集团公司下属的日日顺公司，所有加盟日日顺公司的皆能获取，并非左月公司独有。

2020 年 8 月 27 日，左月公司委托律师向王某福发送《律师函》，要求王某福停止侵犯左月公司商业秘密的行为并归还相关财物。2020 年 9 月 4 日，王某福向左月公司出具收款证明及承诺书，承诺今后不再骚扰左月公司的"中邮物流公司"客户并收到了相应的款项。

2020 年 12 月 12 日，日日顺公司对左月公司进行了处罚，后查明该笔订单收款人为张某，收款日期为 12 月 6 日，同富公司表示张某系左月公司员工与其无关，左月公司表示张某此时已非其员工。

法院视角

在本案中，左月公司提供的客户信息系来源于日日顺公司，并非左月公司独有，而在客户购买产品及其型号确定以后，不管是左月公司还是其他公司，不管是王某福、王某英还是左月公司其他的工作人员，在提供售后的时候，不可能提供不同的服务和收取不同的价格。且在左月公司通过微信群派单的情况下，王某福、王某英等人作为微信群成员能够通过正常的工作安排掌握上述客户信息，据此可以获得客户所购产品型号、机器编号的具体信息，在此情形下，与客户发生交易的内容及价格无须付出一定的代价均能够轻易获得，并非不为其所属领域的相关人员普遍知悉和容易获得。故即使左月公司为相关客户提供了售后服务，也不存在不为公众所知悉的客户信息。左月公司没有证据证明采取了保密措施。HCC 系统是海尔公司旗下的日日顺公司研发的，虽然左月公司主张王某英系信息员，掌握密码，但一方面，其并未提供有效证据证明王某英手机中存在该系统，另一方面，左月公司也没有与王某英签订保密协议，没有对相关信息采取有效措施防止信息泄露。另外，虽然客户信息来源于日日顺公司，但系左月公司为客户提供服务，在这个过程中，左月公司能够通过自身提供的服务获得相应的收益，故涉案信息具有商业价值。一审法院仅以左月公司提供了部分免费服务而认定上述信息不必然给企业带来商业价值不当，应予纠正。

二审法院认为，侵害商业秘密行为虽然属于不正当竞争行为，但不正当竞争行为并不仅包括侵害商业秘密行为，因此，如权利人主张被诉侵权人既构成侵害商业秘密行为也构成不正当竞争，一审法院应该首先查明权利人主张的不正当竞争行为是否就是其主张的商业秘密，如果不是同一概念，应该就权利人主张的不正当竞争行为属于何种行为、适用法律依据进行审理。本案二审中，虽然左月公司主张一审法院要求左月公司在侵害商业秘密和不正当竞争中择其一主张权利，但在一审庭审要求左月公司明确停止侵害何种权利时，左月公司明确要求停止侵害商业秘密的行为，故一审法院就此审理并无不当。左月公司二审主张还构成其他不正当竞争行为，但因一审并未提出该主张，本院二审不予审查。

综上，左月公司的上诉请求不能成立，依法应予驳回；一审判决认定事实基本清楚，判决结果正确，依法应予维持。

本案启示

本案是经销商渠道商业秘密保护问题，实践中经销商群体并不稳定，经营中多依赖品牌方的经营管理系统，侵犯经营信息的商业秘密案件中，该类信息因其他经销商也能访问获取并不能被认为是当事人独有的客户信息。对于众多品牌经销商，如要保护自身商业秘密，需要在品牌信息系统基础上，建立自身客户管理系统，并需要深挖客户信息，加之诸如客户交易习惯、客户分析、客户画像、客户交易预测等信息，方能被司法实践所认可。

第十二章 泄密危机管理合规

一、泄密危机管理

(一) 何为泄密危机

通过对泄密事件的警觉性，以及对泄密事件处理的态度，可以判断出企业3—5年经营状况发展的走向。对于国有企业单位来说，领导干部可犯的错误无非三种"安全环保、违规泄密、贪污腐败"，管理层的重点如不在经营则必然有内部的争权夺利，如不是垄断性企业则经营状况好不过两三年。对于民营企业单位来说，企业对于自身商业秘密的淡漠，反映出企业主关注的重点已经不在经营上，费尽心机五年甚至十年以上构建的经营优势正在被竞争对手蚕食和超越，江河日下成败不过三五年之间。

诚如此，再小的泄密事件也应当给予重视，无论企业所有制的性质如何，都需要以危机管理的心态和方法防微杜渐，让企业经营发展时刻警觉。理想的危机管理是在危机真正出现之前的安定、客观的环境下开始的，源于对组织风险的彻底检查和对可能造成重大问题的组织危险的识别。渐生的危机有很多，且通常都会有很多危机迫近的信号。

(二) 危机应急预案

大部分案例中难以把一些危机的可能性或潜在影响降低到可接受的程度，规避危机行不通时，就必须做好意外事故的应急预案。由于危机来临或发生时，通常时间会非常紧迫，更没有足够的时间来分析测试行动和选择，因此此类预案需要在危机出现之前充分构思，投入足够多的时间和精力来分析所有的选择、通盘考量事件、讨论不同反应的优点，以及测试行动准备的可靠性。

应急预案的主要目的是减轻危机的负面影响，使局面迅速恢复常态，有效的应急预案通常包括以下五个步骤：

1. 组织一个制定计划的团队

一个选择恰当的团队，尽可能吸收对应对潜在危机的各方面都有经验和才能的成员，保证重要的东西不被忽略，不要吝啬，要大胆启用"外脑"，以有效应对面临的复杂性、非常规性的问题。

2. 估计问题的范围

考量危机出现将会引发的问题和需要关照的事情。

3. 制定计划

问题被提炼成行动目标后，需要制定计划以应对每个目标。合适的计划应当是一整套行动方案，以消除或遏制潜在危机的重要方面。每个行动计划还应当包括沟通方案，确定一个能够与相关者交流的机制。一个应急沟通计划可以是简单的紧急联络名单，或复杂的描述消息流的沟通树状图。

4. 测试计划

计划一定要在模拟情况下进行测试，以对计划求得最佳改进，这对于增强组织控制和消除迫近危机能力的自信心，也是最佳的方法。

5. 不断更新计划

预案作出之后不能只是被搁置，情况在变化，计划也需要定期更新并且定期进行模拟训练。

二、商业秘密合规风险管理

（一）证据固定

即当商业秘密失密事件发生时，企业应及时采取内部管理应急措施、自主固定证据并积极采取外部维权手段，维护自身合法权益、妥善处理商业秘密争议。

发现商业秘密可能被泄露或侵权时，企业可向专业的商业秘密管理服务机构寻求取证、鉴定、评估等指引和协助，应注意收集并固定如下证据：①商业秘密的权属证据；②商业秘密信息的具体内容和载体；③商业秘密信息不为一般公众普遍知悉、容易获得；④企业对商业秘密信息采取的保密措施；⑤商业秘密信息的商业价值；⑥泄密人员的身份、工作信息；⑦泄密人员接触了商业秘密信息；⑧被泄露信息与商业秘密信息实质性相似；⑨泄密人员以不正当手段获取、披露、使用商业秘密信息等反不正当竞争法规定的侵权行为；⑩因泄密产生的损失或侵权人的获利、许可使用费，产生商业秘密信息的开发费用等成本；⑪因维权产生的律师费、鉴定费、评估费等。

对于商业秘密信息的非公知性、同一性、损失数额的确定，企业可向有资质的专业机构申请协助鉴定或评估。

（二）FMEA 风险分析工具

1. 概述

FMEA（Failure Mode and Effect Analysis）是一种用来确定潜在失效模式及其原因的分析方法，最初形成于 20 世纪 50 年代，可以应用到各行业来评估潜在风险。

2. 基本步骤

（1）准备阶段。

准备阶段主要完成三个任务：建立风险分析小组；建立分析程序；收集和分析相关信息。

（2）确立详细的流程图。

这个步骤要求确定足够详细的流程图，也应分配足够的时间来完成，因为它是整个分析的起点，如果此处的流程图过于粗糙或者有错误，对后续工作会造成很大的影响。这个步骤有时也会被归入准备阶段，在保密管理中该步骤也被用来定义工作流程中的涉密信息。

（3）分析故障发生的位置和影响。

根据流程分析可能发生的故障，对故障进行描述，并尽可能阐述故障发生后可能产生的影响或后果。

（4）分析严重性等级、概率等级和检测难度等级。

对每个风险都从三个方面入手分析：确定每个风险的严重性等级；确定每个风险的发生概率等级；确定每个风险的检测难度等级。

（5）按照风险大小排列故障。

按照这些风险大小排列潜在风险，从而对其处理的优先级有清晰的认识。

（6）分类故障并制定改进措施。

改进措施可以从三个方面开展：降低发生的可能性等级；降低严重程度等级；提高检测的可能性。

三、泄密危机合规管理

合规调查主要是对保密措施的合规落实的审计和检查，以及泄密举报或泄密事件的处理，以下是合规管理规定示例（节选）。

（一）保密工作检查、提醒规定

1. 根据《保密手册》，制定本规定。
2. 保密办公室负责组织对保密工作的检查，各职能处室协助进行。
3. 每年组织1—2次保密检查。检查内容包括部门领导的保密职责落实情况、职工的保密意识、涉密文件的管理、办公自动化设备的保密防范、各项保密规章制度的落实情况；文件资料制作到归档全过程的专项保密检查；对涉外保密工作进行督查；对专项会议、科研实验现场进行巡检。保密办公室要对保密部门、部位，特别是要害部门、部位的"人防""物防""技防"措施的落实情况进行检查。
4. 保密办公室针对保密检查中发现的漏洞和问题，及时发出书面整改意见和加强防范的措施建议。督促检查整改并做整改的复查及记录工作。
5. 部门第一责任人、项目负责人对下属人员出差、参加会议、参加试验以及制作、存放、保管、携带、传递涉密文件和载体负有执行保密法规、遵守保密纪律的提醒责任。
6. 在对外科技交流活动中涉及科学技术发展战略、方针、政策、科技规划、计划、科技项目、课题及其经费预决算、实施方案、关键设备、资料、物品、科研成果及其用途等事项，单位领导和业务主管部门工作人员负有履行保密提醒的责任。

（二）报告失泄密事件规定

1. 为规范报告失泄密事件的程序，使公司及保密工作部门及时掌握发生失泄密事件的情况，加强对失泄密事件查处工作的指导和监督，制定本规定。
2. 失泄密事件，是指违反保密法律法规或公司保密制度规定，使国家秘密或公司涉密事项被不应知悉者知悉，或者超出限定的接触范围，而不能证明未被不应知悉者知悉的事件。
3. 发生失泄密事件的公司、厂或职能处室，应在发现后的12小时内，向保密办公室书面报告。
4. 发生失泄密事件，保密办公室在向公司保密委员会领导报告的同时，应向所在地政府保密工作部门报告。情况紧急时，可先口头报告简要情况。

5. 报告失泄密事件，应当包括以下内容：

5.1 被泄露国家秘密或公司涉密事项的内容、密级、数量及其载体形式；

5.2 失泄密事件的发现经过；

5.3 失泄密责任人的基本情况；

5.4 失泄密事件发生的时间、地点及经过；

5.5 失泄密事件造成或可能造成的危害；

5.6 已进行或拟进行的查处工作情况；

5.7 已采取或拟采取的补救措施。

6. 失泄密事件的查处工作，由蓝星保密办公室牵头负责，纪检监察审计处及所在单位参加查处工作。应在事发后的三个月内，向主管单位书面报告失泄密事件查处结果。

7. 报告失泄密事件结果，应当包括以下内容：

7.1 失泄密事件的发生、发现过程；

7.2 失泄密事件已经或可能造成的危害；

7.3 造成失泄密事件的主要原因；

7.4 对有关失泄密责任人的处理情况；

7.5 采取的补救措施和加强保密工作的情况。

8. 失泄密事件的查处工作，因特殊情况在3个月内未能结案，不能在规定时间内报告查处结果的，应当在规定的时限内报告查处进展情况和未查结的原因。

9. 保密办公室负责对发生的失泄密事件或失泄密事件查处结果，及时并上报主管单位。

10. 保密办公室牵头负责，由纪检监察审计处、人力资源处参加，对全公司发生的失泄密事件情况进行监督检查。未按本规定报告泄密事件的，将对事发单位及其责任人进行通报批评；对发生失泄密事件隐匿不报或故意拖延报告时间，造成严重后果的，追究有关单位负责人及责任人的责任。

（三）失泄密事件查处规定

1. 为了加强对失泄密事件的查处工作，规范保密管理，制定本办法。

2. 本办法适用于各公司、厂、中心和职能处室等所发生的秘密级及以上的失泄密事件。

3. 失泄密事件的查处，是指对丢失、泄露国家秘密和公司涉密事项的调查处理，主要包括：

3.1 查明所失泄露国家秘密和公司涉密事项的内容及密级、危害程度、主要情节和有关责任者；

3.2 采取的必要补救措施；

3.3 根据有关法律、法规及政策规定对失泄密责任者提出处理意见或做出处理决定；

3.4 针对失泄密事件暴露出的问题，提出改进和加强保密工作的意见。

4. 失泄密事件的查处要坚持实事求是、惩戒与教育相结合的原则，严格按照有关法律法规和政策规定办理。

5. 保密办公室负责对发生的失泄密事件及时填报《失泄密事件报告表》，对下列重大失泄密事件，以专题书面形式向上级保密工作部门和主管领导报告：

5.1 失泄露机密级国家秘密或公司涉密事项的；

5.2 以谋取私利为目的，窃取或非法使用、转让涉密技术的；

5.3 失泄露国家秘密文件及其物品，情节后果严重的；

5.4 公司要害部门和岗位重要涉密人员，失泄露国家秘密或公司涉密事项的。

6. 保密办公室依照职责权限，负责对公司内失泄密事件查处的组织、指导和协调。公司纪检监察、安全保卫及事发单位参加查处工作。

7. 保密办公室组织，公司有关部门参加，查处下列失泄密事件：

7.1 谋取私利泄露公司涉密技术的；

7.2 违反保密规定或工作失职造成失泄密事件的；

7.3 上级保密工作部门交办查处的；

7.4 领导交办查处的。

8. 发生的失泄密事件若涉及涉外、国防军工秘密等特殊情况或遇案情复杂及跨区域等问题，应及时向上级保密工作部门及主管领导报告。

9. 泄密事件查实后，对构成违纪的责任人员应给予党纪政纪处分；构成犯罪的，移送司法机关依法处理。

10. 失泄密事件查结后，由保密办公室负责对案卷材料的归档工作。归档材料主要包括：

10.1 失泄密事件线索材料；

10.2 失泄密事件情况报告表；

10.3 调查取证材料；

10.4 调查情况报告；

10.5 失泄密责任者对失泄密事件的检查认识材料；

10.6　对失泄密责任者的处理决定或意见。

11. 失泄密事件查处的终结期一般为三个月。自报告之日起三个月内未能终结的，保密办公室应向公司保密委员会领导和上级保密工作部门书面报告，说明其原因。

后　记

感谢大家耐心地读完此书。谢谢！

在这里笔者想讲讲写本书的初衷：

本书是写给企业管理者看的。商业秘密不是保卫战，是商业信息攻防战。一个完全不懂商业秘密的企业经营管理者，是无法做好经营管理工作的。

市面上不缺法学理论的长篇论述，美国法、德国法翻译得再好，也解决不了中国公司的实际问题，商业秘密的保护更需要理论联系实际。对于小企业来说，看完就可实操。对于大企业，一定是先借鉴，再找专业机构来帮助完善。真正好的项目与技术，最少需要配套占项目投资额1%~3%的商业秘密保护相关投入。

虽然商业秘密被定义为一项重要的知识产权法，但是商业秘密直接关乎企业竞争，光讲法理是保护不好商业秘密的。商业秘密保护要想效果好，需在各领域下足功夫，商业秘密是刑法、行政法、知识产权法、经济学、保密技术、管理学相交叉的学科，需要内部团队和外部顾问团队以及律师团队合作完成。

本书选取的案例大都是最近五年的，且为公开案例，读者可根据案号在中国裁判文书网上下载研读细节，结合二审与再审的司法判决，判断自身一审败诉案件是否继续进行，同时可了解法院尺度和优秀企业标杆措施，改进自身保密管理的不足。

本书会继续再版与修订，力争早日成为优秀企业家的必读书目。

庞力衡

二〇二四年一月写于明光桥